PORTUGUÊS SISTEMATIZADO

Gramática e Interpretação de Texto

REGINALDO DE CARVALHO MACHADO

PORTUGUÊS SISTEMATIZADO

Gramática e Interpretação de Texto

- ✔ Questões atualizadas de várias bancas de concursos públicos
- ✔ Perguntas e respostas com as dúvidas mais frequentes
- ✔ Dicas de Português Jurídico

1ª EDIÇÃO

Editora
LETRAMENTO

Belo Horizonte

2014

EDITORES
Gustavo Abreu e Cláudio V. C. Macedo

FICHA TÉCNICA

Produção Editorial
Editora Letramento

Projeto gráfico, capa e diagramação
Bruno Marques Oliveira

Revisão
Cláudio Lúcio Firmo da Silveira

Este livro foi editado respeitando as novas regras ortográficas.

806.90=5 Machado, Reginaldo de Carvalho.

M149p
2014 Português sistematizado / Reginaldo de Carvalho Machado. – Belo Horizonte: Editora Letramento, 2014.
552 p.; il.

ISBN: 978-85-63035-43-1

1. Língua Portuguesa. 2. Português. 3. Linguagem. 4. Gramática. 5. Estudo e ensino. I. Machado, Reginaldo de Carvalho. II. Título.

Ficha elaborada por: Reinaldo Cândido da Costa – CRB6/3014

Editora
LETRAMENTO
www.editoraletramento.com.br

Impresso no Brasil.
Printed in Brazil.

Para Maria Clara e Valentina, princesinhas que, a cada dia,
encantam mais as nossas vidas.

Não tenho sentimento nenhum político ou social.
Tenho, porém, num sentido, um alto sentimento patriótico.
Minha pátria é a língua portuguesa.

– Fernando Pessoa

PREFÁCIO

Reginaldo é bacharel em letras. Formou-se na Universidade Federal de Minas Gerais. Leciona português há vários anos. É, também, bacharel em Direito pela Pontifícia Universidade Católica de Minas Gerais. Exerce, ainda, o cargo de assessor judiciário no Tribunal de Justiça de Minas Gerais, onde também ministra aulas de Português na Escola Judicial Edésio Fernandes.

Utiliza-se das letras, palavras, frases e períodos para se expressar nas salas de aula e nos textos jurídicos que redige. Com simplicidade e fluência, transmite a língua portuguesa a seus alunos, fazendo com que aprendam a usar corretamente a língua pátria. Com a mesma característica, aplica o Direito aos casos concretos na correta interpretação da norma.

Sua escrita é leve, com muita clareza e de fácil aprendizado.

A gramática que oferece é uma oportunidade para todos aqueles que queiram entender, aprender e usar corretamente o português.

Brasileiros e estrangeiros, certamente, encontrarão, neste livro, a solução para uma boa compreensão e interpretação de textos.

Espero que, em breve, o autor nos ofereça outros livros.

Mariza de Melo Porto

Desembargadora do Tribunal de Justiça de Minas Gerais

SUMÁRIO

GRAMÁTICA

INTERPRETAÇÃO DE TEXTO

APRESENTAÇÃO

O Português é uma língua rica e fascinante. Tal riqueza é resultado de uma extensa, diversificada e complexa relação semântico-sintática que precisa ser desvendada. Grande parte dos nossos alunos lida com a gramática de modo intuitivo, dificultando as interações cognitivas. Agindo assim, muitas vezes não enxergam o quão lógica e exuberante é a nossa Língua Portuguesa, e não é uma exceção, aqui, outra acolá, que vai dilapidar um de nossos importantes traços culturais. Devido a diversos fatores, que não nos cabe aqui relatar, estudamos a Língua Portuguesa anos a fio e, raramente, dominamos suas estruturas básicas, o que muito prejudica nossos papéis de escritores e de intérpretes.

A presente obra tem o intuito de sistematizar a estrutura da nossa língua e é resultado de muita pesquisa, observação e prática docência. Vale ressaltar que sistematizar não é empobrecer nosso objeto de estudo, resumindo-o, ou, muito menos, defender a ideia de que tudo é permitido em relação à linguagem. Circula, hoje, a máxima de que tudo pode. E nós sabemos bem que, em várias ocasiões, como nos concursos, por exemplo, não é bem assim.

O melhor registro linguístico é aquele com o qual podemos comunicar-nos em um processo de interação verbal. O que ocorre é que ninguém se comunica da mesma forma, com todas as pessoas e em qualquer situação. Por isso, conhecer os variados registros que o nosso idioma comporta é uma tarefa importantíssima.

Prescinde de ensinamento a linguagem com a qual você vai se relacionar com o grupo de amigos, sua namorada, seus pais ou os colegas de trabalho. Tal registro é inerente a cada um de nós e a linguagem aí utilizada é aquela convencionada pelo grupo. Atingida a comunicação, a linguagem prestou-se ao seu papel. No entanto, é temerário defender a ideia de que podemos falar do modo como quisermos em qualquer situação. O modo como falamos em uma entrevista de emprego, a escrita de um e-mail formal para determinada autoridade ou mesmo a interpretação de um texto mais bem elaborado evidenciam situações em que o português padrão predomina. Não dominar esse registro é privar-se de um conhecimento importantíssimo e segregador. O uso da linguagem nas situações em que o padrão culto é necessário, muitas vezes, apresenta-se repleto de dúvidas. É esse o foco do nosso livro.

A gramática é ferramenta fundamental e será de grande valia nos processos interpretativos que também abordaremos aqui. É uma via de mão dupla: a gramática auxiliando no processo interpretativo e a própria linguagem interpretativa construindo e inovando as estruturas gramaticais. Para que nos tornemos competentes intérpretes, é necessário desvendar um oceano de palavras, frases, períodos, textos e acumular todo um conhecimento que será de suma importância na escrita, na argumentação e por que não na própria interpretação, uma vez que um texto não se faz sem outros textos, conforme veremos em breve.

É preciso salientar ainda que, como usuários dessa língua tão peculiar, e que queremos cada vez mais dominar, é indispensável a prática, que não é mais uma mera *decoreba* de tópicos gramaticais. O nosso principal objetivo é evidenciar que dominar as particularidades que envolvem o idioma, estudar suas estruturas e aplicar todo esse aparato no nosso dia a dia é uma tarefa que pode ser prazerosa e, com certeza, enriquecedora.

Por isso, apresentamos, aqui, o conteúdo de uma forma didática, objetiva e bastante exemplificativa. Em cada tópico teórico, temos uma bateria de exercícios atualizados, muitos deles já de 2013, e em conformidade com as principais bancas organizadoras de concurso público em nosso país como é o caso da Fundação Carlos Chagas (**FCC**), Centro de Seleção e de Promoção de Eventos (**Cespe**), Fundação de Desenvolvimento da Pesquisa (**Fundep**), Fundação Mariana Resende Costa (**Fumarc**), Vestibular da Universidade Estadual Paulista (**Vunesp**), Centro de seleção ao ensino Superior do Grande Rio (**Cesgranrio**), Escola de Administração Fazendária (**Esaf**), Consultoria e Planejamento em Gestão Pública (**Consulplan**), Fundação Getúlio Vargas (**FGV**) e outros. Além disso, no final de cada tópico teórico, há uma seção com as principais dúvidas, traduzidas em perguntas e respostas, acerca do conteúdo abordado.

O trabalho é deveras árduo! Não vamos mentir. Mas não se deixem desanimar nesta gloriosa busca pelo saber. Rendam-se ao universo encantador das letras e nele mergulhem. Aprender a interpretar e utilizar as estruturas gramaticais de maneira correta não acontece da noite para o dia. Mas precisamos começar. *Bernard Shaw* disse, certa feita, que as pessoas comuns olham para as coisas e perguntam "por quê?" Enquanto as ousadas olham e perguntam "por que não?" Então, mãos à obra e vamos em frente...

Um abraço grande,

Reginaldo.
regis.machado2000@bol.com.br

GRAMÁTICA

"A gramática, a mesma árida gramática, transforma-se em algo parecido a uma feitiçaria evocatória; as palavras ressuscitam revestidas de carne e osso, o substantivo, em sua majestade substancial, o adjetivo, roupa transparente que o veste e dá cor como um verniz, e o verbo, anjo do movimento que dá impulso à frase".

– *Charles Baudelaire*

I. MORFOLOGIA: CLASSES DE PALAVRAS

Morfologia (do grego **morphê** = forma + **logia** = estudo) é a parte da gramática que estuda a estrutura, a formação e a classificação das palavras. Essas classes de palavras são divididas, na Língua Portuguesa, em dois grandes grupos: **variáveis** (substantivo, adjetivo, artigo, numeral, pronome e verbo) e **invariáveis** (advérbio, preposição, conjunção e interjeição).

1. SUBSTANTIVO

> "Se recebo um presente dado com carinho por pessoa de quem não gosto – como se chama o que sinto? Uma pessoa de quem não se gosta mais ou não gosta mais da gente – como se chama essa mágoa e esse rancor? Estar ocupada, e de repente parar por ter sido tomada por uma desocupação beata, milagrosa, sorridente e idiota – como se chama o que se sentiu? O único modo de chamar é perguntar: como se chama? Até hoje só consegui nomear com a própria pergunta. Qual é o nome? E este é o nome."
>
> – *Clarice Lispector*

Substantivo é a palavra com a qual nomeamos os seres, as coisas, as ideias, objetos, qualidades, sensações, sentimentos, etc. O substantivo pode variar em gênero, número e grau.

Quando antecedidas por um artigo, qualquer palavra pode se tornar um substantivo. A esse processo damos o nome de **substantivação** ou

nominalização. Tomemos como base os seguintes exemplos: O *olhar* era de mistério / O *jovem* chegará tarde. Como podemos observar, o termo 'olhar' (que, geralmente, é um verbo) e o termo 'jovem' (adjetivo) são, nos contextos em questão, classificados como substantivos.

Quanto à classificação, o substantivo pode ser:

Comum	designa genericamente qualquer elemento de uma espécie.	estrela, boca, rio, homem, mulher
Próprio	individualiza os seres da espécie.	Maria, Brasil, Ceará
Concreto	designa seres reais ou fictícios que tenham existência independente ou imagem própria.	Deus, saci, mulher, casa
Abstrato	designa qualidades, ações, estados, sensações e sentimentos. O substantivo abstrato precisa sempre de um pré-requisito que favoreça o seu surgimento.	ódio, trabalho, mentira
Coletivo	exprime ideia de pluralidade, mesmo estando a palavra no singular.	coro, batalhão, tertúlia
Simples	é aquele formado por um só radical, uma só palavra.	peixe, flor, pedra
Composto	é aquele formado por dois ou mais radicais, duas ou mais palavras.	peixe-espada, flor-de-lis, pedra-sabão
Primitivo	não provém de outra palavra existente na língua portuguesa.	pedra, couve, barba
Derivado	provém de outra palavra, daí o sugestivo nome - derivado	peixaria, florista, pedregulho

• Lições Opostas

A professora ensinava: Substantivo abstrato é o que existe, mas nós não o vemos. Exemplificava: *penúria, angústia, dor, fome, tristeza e miséria*. Tudo é substantivo abstrato. Hoje, com a minha experiência, eu lhe responderia: – Então professora, na favela não existe substantivo abstrato. (Marilita Pozzoli)

**Alguns substantivos coletivos:

Substantivo	Coletivo	Substantivo	Coletivo
abelha	enxame, colmeia	alho	réstia
animal	fauna; tropa (de carga), lote (de raça)	anjo	coro, falange, legião
arroz	batelada	artigo	mixórdia
árvore	bosque; alameda (em linha)	asno	manada, récova, récua
astro	constelação	ave	bando, nuvem
avião	esquadrão, esquadrilha, flotilha	bispos	prelatura
boi	boiada, rebanho, tropa	bomba	bateria
borboleta	panapaná	botão	abotoadura; carreira (quando em fileiras)
burro	comboio	cabelo	chumaço, madeixa
cabra	fato, malhada, rebanho	cadeira	carreira, fileira, renque
camelo	cáfila	caminhão	frota
canção	cancioneiro	cão	matilha
capim	feixe	cardeal	conclave
carro	comboio; corso	carta	correspondência
casa	quarteirão, quadra	cavaleiro	cavalhada, tropel
cavalo	manada, tropa	cebola	réstia
chave	molho, penca	célula	tecido
cigano	cabilda, pandilha	desordeiro, ladrão	caterva, corja, malta, pandilha, súcia, troça, turba, choldra
deputado	câmara, assembleia	tripulante	tripulação, guarnição
diabo	legião	dinheiro	bolada
doze	dúzia	elefante	manada
empregado	pessoal	escrito	antologia, coletânea, florilégio, seleta

Substantivo	Coletivo	Substantivo	Coletivo
estado	federação, confederação, república	estrela	constelação
faculdade	universidade	feijão	batelada
feiticeiro	conciliábulo	feno	braçada
filhote	ninhada	filme	filmoteca, cinemateca
fio	meada, mecha	flor	ramalhete, buquê, cacho
foguetes	girândola	força naval	armada
força terrester	exército	formiga	formigueiro
frade	comunidade, convento, ordem	colheita	safra
fotografia	álbum	gafanhoto e outros insetos	nuvem, praga
gato	gatarrada, gataria	grão	mão, punhado
graveto, lenha	feixe	habitante	povo, população
gravura	iconoteca	hiena e lobos	alcateia
hino	hinário	ilha	arquipélago
índio	maloca, tribo	jornal	hemeroteca
jumento	récova, récua	jurado	júri, conselho de sentença, corpo de jurados
letras	alfabeto	lei	código, consolidação, corpo
livro	pilha, ruma, acervo, catálogo	louças	baixela, serviço
macaco	bando, capela	mantimento, mercadoria	sortimento, provisão
mapa	atlas, mapoteca	máquina	maquinaria, maquinismo

Substantivo	Coletivo	Substantivo	Coletivo
mentira	enfiada	metal	ferragem
ministro	conselho, ministério	montanha	cordilheira, serra, serrania
mosca	moscaria, mosquedo	móvel	mobília, aparelho, trem
munições, armas	arsenal	música	repertório
músico	banda,charanga, filarmônica,orquestra	nação	aliança, coligação, união, confederação, federação, liga,
navio	frota, esquadra, armada, marinha	nome	lista, rol
nota	maço, pacote	obras artísticas	acervo
onda	marouço	órgão	aparelho, sistema
orquídea	orquidário	osso	ossada, ossaria, esqueleto
ovelha	rebanho	ovo	postura, ninhada
padre	clero, clerezia	palavra	vocabulário, léxico, dicionário
papel	bloco, maço, caderno, resma	parente	família
partido político	aliança, coalização ou coalizão, liga	pássaro	passaredo, passarada
passarinho	nuvem, bando	peixe	cardume, aquário
pena	plumagem	pilha	bateria
planta	pomar, horta, flora	poema	cancioneiro
porco	manada, persigal, piara, vara	quadro	pinacoteca, galeria
roupa	enxoval, trouxa	soldado	tropa, legião
trechos literários selecionados	antologia	trabalhador	rancho, leva

Substantivos coletivos de pessoas

Substantivo	Coletivo
acompanhante	comitiva, cortejo, séquito
aluno	classe, turma
artista	companhia (quando trabalham juntos), elenco
ladrão, malfeitor	caterva, corja, horda, malta, súcia, turba, bando, canalha, choldra, hoste, quadrilha, farândola
cliente	clientela, freguesia
credor	junta, assembleia
crente	grei, rebanho
escravo	senzala (quando da mesma morada), comboio (quando para o mesmo destino), bando (quando aglomerados)
espectador	assistência (em geral), auditório, concorrência, claque (quando contratados para aplaudir)
estudante	classe, turma (quando da mesma escola), estudantina (quando em grupo cantam ou tocam), tuna (quando em excursão dão concertos), república (quando vivem na mesma casa)
freguês	clientela, freguesia
garoto	cambada, bando, chusma
gente	grupo, multidão, chusma (em geral), magote, patuleia, poviléu (quando indivíduos reles)
imigrante	leva (quando em trânsito), colônia (quando radicados)
marinheiro	maruja, marinhagem, campanha, equipagem, tripulação, chusma
menino	grupo, bando (em geral), cambada (depreciativamente)
peregrino	caravana, romaria, romagem
povo	aliança, coligação, confederação, liga (nação)
prisioneiro	leva (quando em conjunto), comboio (quando a caminho para o mesmo destino)
professor	corpo docente
serviçal	queira
velhaco	súcia, velhacada

1.1. As flexões do substantivo

a) Flexão de gênero

Biforme	apresenta duas formas para a indicação do gênero	garoto - garota
Uniforme	apresenta uma só forma para indicar o masculino e o feminino.	colega, jacaré testemunha

Epiceno	apresenta um só gênero. Geralmente designam nomes de animais e plantas, utilizando as palavras macho e fêmea.	a onça macho a onça fêmea
Comum de dois gêneros	apresenta o radical de maneira imutável; o gênero é evidenciado pelo determinante	o cliente a cliente
Sobrecomum	não apresenta qualquer modificação, seja em relação ao radical, seja em relação ao artigo.	o carrasco a criança
Heterônimo	é aquele que marca a o singular e o plural com uma palavra cujo radical á completamente diferente.	genro - nora bode - cabra

Observações:

1) Os substantivos 'mascote' (feminino), 'modelo' (masculino) e 'ídolo' (masculino), de acordo com os dicionários, são sobrecomuns, isto é, apresentam apenas uma forma que será utilizada tanto no masculino quanto no feminino. No entanto, no dia a dia, as pessoas consideram os dois primeiros como sendo comuns de dois gêneros (o mascote, a mascote; o modelo, a modelo) .

2) As siglas usadas como nome próprios apresentam o gênero do primeiro termo. "**O** IPVA foi aumentado pela segunda vez" (**o** imposto, daí o gênero masculino).

3) Não há flexão de gênero quando, dependendo do artigo do termo, o sentido for modificado. Por exemplo: "***o*** **grama** (unidade de medida) e ***a*** **grama** (relva)", "***o*** **lenho** (tronco, madeiro) e ***a*** **lenha** (madeira para combustível)", "***o*** **cisma** (separação) e ***a*** **cisma** (desconfiança)", "***o*** **caixa** (funcionário da caixa) e ***a*** **caixa** (setor de pagamentos)", "***o*** **moral** (o ânimo) e ***a*** **moral** (honestidade, ética)".

4) O feminino de peixe-boi é peixe-mulher; parente – parenta (ou então *parente* mesmo); hóspede – hóspeda (ou então *hóspede* mesmo) e elefante – elefanta (*aliá* é uma espécie de elefante, de porte menor, comum no Sri Lanka; e 'elefoa' nunca existiu).
5) Vejam abaixo alguns substantivos com o respectivo gênero, de acordo com a gramática:

• Masculino:

o ágape – refeição de confraternização

o apêndice – parte anexa

o caudal – rio caudaloso

o clã – pessoas com parentalidade sanguínea

o champanha – vinho espumante

o dó – piedade, pena

o eclipse – fenômeno astronômico

o eczema – inflamação de pele

o estigma – sinal

o estratagema – ardil

o guaraná – bebida

o herpes – erupção cutânea de pele

o lança-perfume – recipiente cilíndrico que contém éter

o magma – massa natural, ígnea

o preá – mamífero roedor

o praça – soldado de polícia; militar sem graduação

o telefonema – chamada telefônica

• Feminino:

a alface – verdura

a aluvião – inundação

a agravante – que torna mais grave

a bacanal – festa em honra de Baco

a cal – substância resultante da calcinação de pedras calcárias

a cataplasma – papa medicamentosa

a cólera – ira

a comichão – coceira

a faringe – cavidade posterior às fossas nasais

a gênese – começo, criação

a hélice – peça propulsora de navios e aviões

a libido

a omoplata – osso que forma a parte do ombro

a sentinela – soldado

a xérox – a cópia

• masculino ou feminino:

o diabetes ou diabete – a diabetes ou diabete

o laringe – a laringe

o personagem – a personagem

> **DICA DO PROFESSOR**
>
> Existem alguns substantivos que são idênticos na forma, porém de gêneros e significados diferentes, por exemplo: o grama / a grama; o lenho / a lenha; etc.
>
> Não confunda gênero com sexo. O gênero é gramatical, isto é, mostra se a palavra em questão é masculina ou feminina. O texto abaixo, de Veríssimo, mostra bem isso.

SEXA

- Pai...
- Hmmm?
- Como é o feminino de sexo?
- O quê?
- O feminino de sexo.
- Não tem.
- Sexo não tem feminino?
- Não.
- Só tem sexo masculino?
- É. Quer dizer, não. Existem dois sexos. Masculino e feminino.
- E como é o feminino de sexo?
- Não tem feminino. Sexo é sempre masculino.
- Mas tu mesmo disse que tem sexo masculino e feminino.
- O sexo pode ser masculino ou feminino. A palavra 'sexo' é masculina. O sexo masculino, o sexo feminino.
- Não devia ser "a sexa"?
- Não.
- Por que não?
- Porque não! Desculpe. Porque não. "sexo" é sempre masculino.
- O sexo da mulher é masculino?
- É. Não! O sexo da mulher é feminino.
- E como é o feminino?
- Sexo mesmo. Igual ao do homem.
- O sexo da mulher é igual ao do homem?
- É. Quer dizer... Olha aqui. Tem sexo masculino e sexo feminino, certo?

O garoto sai e a mãe entra. O pai comenta:

- Temos que ficar de olho nesse guri...
- Por quê?
- Ele só pensa em gramática.

Luís Fernando Veríssimo

b) Flexão de número

O substantivo apresenta dois números: singular e plural. Há, no entanto, alguns substantivos que são utilizados apenas no plural como é o caso de 'férias', 'pêsames', 'núpcias', etc. O substantivo 'costas', parte do corpo, é usado sempre no plural. O singular – costa – passa a designar a região litorânea.

Outros substantivos, porém, apresentam apenas uma forma, utilizada tanto no singular quanto no plural. É o caso de 'lápis', 'ônibus', 'pires', etc. Só dentro de um contexto específico, é possível avaliar se o substantivo em questão está aplicado no singular ou plural.

Vale ressaltar ainda que as palavras terminadas em vogais fazem o plural apenas com 'S'. É o caso de chapéus, troféus, degraus, etc. (**nunca** usem chapéis, troféis, degrais).

Os substantivos compostos apresentam algumas regras especiais que devem ser observadas. São elas:

1) Regra geral – são variáveis o substantivo, o adjetivo e o numeral.
Ex.: tenentes-coronéis, medidas-provisórias, terças-feiras.

2) Quando as palavras do composto forem ligadas por intermédio de uma preposição, só vai variar o primeiro elemento. **Ex.**: pés de chinelo, chefes de seção.

3) Quando as palavras do composto forem repetidas ou onomatopaicas, só o segundo elemento vai variar. **Ex.**: tico-ticos, pingue-pongues.

4) Quando o segundo elemento determina o primeiro, dando-lhe uma ideia de finalidade ou semelhança, é comum que apenas o primeiro elemento varie. No entanto, a tendência moderna é variar os dois elementos. **Ex.**: cartas-bomba, homens-rã. (cartas-bombas, homens-rãs)

ATENÇÃO:

• *Arco-íris* e *louva-a-deus* não são flexionados no plural.

• *Bem-me-quer* e *João-ninguém* apresentam as formas especiais *bem-me-queres* e *joões-ninguém*.

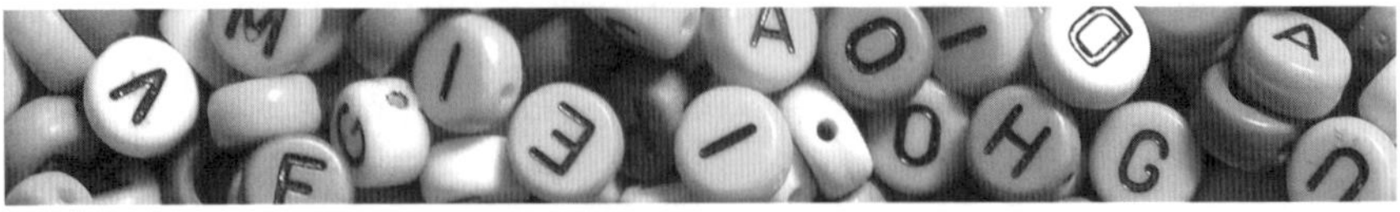

ATENÇÃO:

• O plural de Júpiter é Jupíteres; Lúcifer – Lucíferes; júnior – juniores. Como podemos observar, no tocante à acentuação, o máximo que o acento prosódico (sílaba tônica) adentra em uma palavra é na posição de proparoxítona, daí a mudança na posição do acento nas duas primeiras. No entanto, na última palavra, o acento simplesmente desaparece. Para isso, não há uma regra específica; é preciso conhecer os termos.

• **Alguns** nomes terminados em 'o' apresentam, no plural, uma variação na pronúncia chamada de ***metafonia***, que é o fato de se pronunciar a vogal 'o' de maneira mais aberta: porco - porcos; osso - ossos; ovo - ovos. No entanto, o termo cachorro no plural ou no singular não sofre nenhuma mudança de pronúncia.

Obs.: De acordo com a Associação Brasileira de Normas Técnicas (ABNT), as abreviaturas oficiais não fazem plural: 50 kg; 100 km; 20 h; etc. Já as siglas fazem plural com o acréscimo de um "s" (minúsculo) e sem apóstrofo: CDs, IPVAs, IPTUs, Ufirs, Detrans, Apaes.

c) Flexão de grau

O grau é a forma em que o substantivo demonstra as variações do tamanho da coisa ou do ser em questão. Os substantivos podem se apresentar no grau diminutivo ou aumentativo.

A indicação do grau do substantivo pode ser feita de duas maneiras: analítico (quando se emprega um termo que indique aumento ou diminuição em relação ao tamanho normal) e sintético (quando o substantivo recebe sufixos que vão determinar a ideia de aumento ou diminuição).

Substantivo	Aumentativo Analítico	Aumentativo Sintético	Diminutivo Analítico	Diminutivo Sintético
Carro	carro grande	carrão	carro minúsculo	carrinho
Menino	menino enorme	meninão	menino pequeno	menininho

Vale lembrar ainda que, quando vamos flexionar em grau um substantivo que se encontra no plural, acrescentando os sufixos ***inho*** ou ***zito***, é necessário retirar o 'S' da palavra, acrescentar o sufixo e só então voltar com o 'S'. Exemplos:

- Papéis – papei + zinho + 'S' = papeizinhos
- Flores – flore + zinha + 'S' = florezinhas
- Balões – balõe + Zinho + 'S' = balõezinhos

Observe que, se houver acento gráfico, ele será retirado, pois a sílaba tônica é a antepenúltima (papeiZInhos).

Observe também que o til permanece pois não é acento (= é sinal de nasalização): balõeZInhos.

Assim sendo, o plural de BARZINHO seria **BAREZINHOS**. No entanto, devido ao uso consagrado, alguns autores aceitam a forma **BARZINHOS**. Isso vale para as palavras terminadas em "R": florezinhas ou florzinhas, mulherezinhas ou mulherzinhas, etc.

DICA DO PROFESSOR

Os graus do substantivo são utilizados muitas vezes para evidenciar um tom pejorativo (gentinha, jornaleco, gentalha) ou expressar um sentido carinhoso (netinho, Luisinho).

O texto a seguir é composto apenas por substantivos. Apreciem!

CIRCUITO FECHADO

Ricardo Ramos.
Circuito fechado: contos, 1978.

Chinelo, vaso, descarga. Pia, sabonete. Água. Escova, creme dental, água, espuma, creme de barbear, pincel, espuma, gilete, água, cortina, sabonete, água fria, água quente, toalha. Creme para cabelo, pente. Cueca, camisa, abotoadura, calça, meias, sapatos, gravata, paletó. Carteira, níqueis, documentos, caneta, chaves, lenço, relógio. Jornal. Mesa, cadeiras, xícara e pires, prato, bule, talheres, guardanapo. Quadros. Pasta, carro. Mesa e poltrona, cadeira, papéis, telefone, agenda, copo com lápis, canetas, bloco de notas, espátula, pastas, caixas de entrada, de saída, vaso com plantas, quadros, papéis, telefone. Bandeja, xícara pequena. Papéis, telefone, relatórios, cartas, notas, vale, cheques, memorando, bilhetes, telefone, papéis. Relógio, mesa, cavalete, cadeiras, esboços de anúncios, fotos, bloco de papel, caneta, projetor de filmes, xícara, cartaz, lápis, cigarro, fósforo, quadro-negro, giz, papel. Mictório, pia, água. Táxi. Mesa, toalha, cadeira, copo, pratos, talheres, garrafa, guardanapo, xícara. Escova de dentes, pasta, água. Mesa e poltrona, papéis, telefone, revista, copo de papel, telefone interno, externo, papéis, prova de anúncio, caneta e papel, telefone, papéis, prova de anúncio, caneta e papel, relógio, papel, pasta, cigarro, fósforo, papel e caneta. Carro. Paletó, gravata. Poltrona, copo, revista. Quadros. Mesas, cadeiras, prato, talheres, copos, guardanapos. Xícaras. Poltrona, livro. Televisor, poltrona. Abotoaduras, camisa, sapatos, meias, calça, cueca, pijama, chinelos. Vaso, descarga, pia, água, escova, creme dental, espuma, água. Chinelos. Coberta, cama, travesseiro.

A PERGUNTA QUE NÃO QUER CALAR...

1. Posso dizer SÃO AGOSTINHO?

Não. Se usamos a palavra santo ou são, vai depender da letra que começa o nome do santo. Se for vogal, usamos SANTO: **Santo** Agostinho, **Santo** Inácio, **Santo** André. Se for consoante, usamos SÃO: **São** Paulo, **São** José, **São** Bento, **São** Caetano, **São** Vicente. No entanto, **há exceções**: Santo Domingo, Santo Toríbio, Santo Tomás de Aquino...

2. O certo é a presidente Dilma Rousseff ou a presidenta Dilma Rousseff?

As duas formas são corretas e plenamente aceitáveis. A forma PRESIDENTA segue a tendência natural de criarmos o termo feminino com o uso da desinência "a": menino e menina, médico e médica, etc.

Há palavras que aceitam as duas possibilidades: o chefe e A CHEFE ou o chefe e A CHEFA; o parente e A PARENTE ou o parente e A PARENTA; o presidente e A PRESIDENTE ou o presidente e A PRESIDENTA...

Se fizermos uma retrospectiva histórica, veremos que, até bem pouco tempo, no Brasil, a mulher não podia sequer votar; ser a presidenta do país, então, nem pensar. A língua apresenta, muitas vezes, um papel machista: não havia "necessidade" do termo, pois a mulher não ocuparia tais cargos. Mas, ainda bem, não só a mentalidade das pessoas mudou, como também mudou o papel político-social da mulher. Mudanças que a gramática precisa acompanhar. É o que acontece também nas forças armadas. Os termos lá utilizados são basicamente masculinos. Timidamente, são flexionados alguns termos.

Temos, então, uma questão que transcende o viés gramatical e apresenta a questão social de igualdade entre os sexos. Ocupando o cargo mais alto do executivo, nossa presidenta faz questão de ser assim chamada, evidenciando-se, pela primeira vez, a posição ocupada por uma mulher no nosso país.

3. Qual e a diferença entre *complementação* e *suplementação*?

Complementação é aquilo que completa alguma coisa. Suplementação é um adicional, está além de alguma coisa. Receber a complementação de verba orçamentária significa receber a segunda parte dessa verba. Uma suplementação seria receber uma quantia além daquilo que estava previsto e já foi recebido. Num jogo de futebol, por exemplo, a etapa complementar é o segundo tempo; uma etapa suplementar seria uma prorrogação.

4. É certo dizer que vivemos num *ciclo vicioso*?

Não! O certo seria dizer num círculo vicioso. Ciclo diz respeito a período (ciclo do ouro). No caso em tela, o que se aborda são problemas que se repetem, parecem sem fim, por isso o melhor é círculo.

5. Posso dizer que "A chance de ele ser condenado é enorme."?

Não! *Chance* e *oportunidade* são palavras de carga positiva: "Ele tem chance de ser absolvido"; "Finalmente, eles têm a oportunidade de serem os campeões". Para coisas negativas, a palavra "risco" é mais apropriada. Assim, melhor seria dizer que "o risco de ele ser condenado é enorme". Vejam outro exemplo:

- Ele foi *tachado* de corrupto. (*tachado* também apresenta carga negativa – ninguém diria que ele foi tachado de herói.)

EXERCÍCIOS DE FIXAÇÃO

SUBSTANTIVO

I) Coloque "C" para as frases corretas e "E" para as erradas de acordo com a Norma Culta da Língua:

01) Os jogadores colocaram a bola na marca do cal.

02) Todas as obras-primas do museu serão expostas às quinta-feiras.

03) Era paradoxal um casarão como aquele localizado em um vilarejo.

04) As pessoas ficaram com uma dó imensa da menina.

05) O analfabetismo é um agravante na formação de qualquer personalidade.

06) Minha filha é uma sósia de Ana Paula Arósio.

07) Depois de muitos corre-corres e empurra-empurras, todos foram atendidos.

08) No campo, avistavam-se apenas vários louva-a-deus e joãos-de-barro.

09) A xérox estava completamente apagada.

10) O arquipélago de ilhas estava na rota do furacão.

11) O narigão, o pezão e a mãozona eram apenas detalhes daquele corpanzil desajeitado.

12) Comprou o champanha, o açúcar,

a alface. Tudo conforme a lista.

13) Naquele último mês, uma elefanta e uma perdiz morreram no zoológico.

14) Rezaram, todos, vários pais-nossos, aves-marias e salve-rainhas.

15) A girândola iluminava o céu naquela noite.

16) Aquela chusma, na verdade, era uma choldra.

17) Na festa, estavam presentes o bonachão e a sabichona da sua mulher.

18) A gente que mora na cidade usa muitas vezes o termo caipira com sentido pejorativo.

19) Margaret Thatcher foi certamente uma primeiro-ministro de peso.

20) Depois de comprar mais um castelo, a marani deu-se por satisfeita.

21) A discrição não foi a tônica no último movimento dos sem-terras.

22) Depois de tantos porquês, enfim aceitaram o acordo.

23) Só ontem a Polícia Militar realizou duas *blitz* na região da Savassi.

24) Infelizmente, Dircineida teve problemas em suas duas gravidezes.

25) Tudo isso é perca de esperança.

26) Na antessala, o advogado preparava às pressas a contrarrazão.

27) Desde que engasgou com espinho de peixe, resolveu não comer mais tal carne.

28) Sempre que recorre a cabelereiros, prefere fazê-lo na Europa.

29) O viver é perigoso, já dizia Guimarães Rosa. O pensar é mais ainda.

30) Fez questão de lhe proporcionar as mais hospitaleiras acomodações.

GABARITO	
01) E (da cal)	16) C
02) E (quintas-feiras)	17) C
03) C	18) C
04) E (um dó imenso)	19) E (primeira-ministra)
05) E (uma agravante)	20) C
06) E (um sósia)	21) C (Para o Cegalla, o termo é invariável)
07) C	22) C
08) E (Joões-de-barro)	23) E (blitze - palavra alemã)
09) C	24) C
10) E (pleonasmo - escreva apenas arquipélago)	25) E (perda)
11) E (manzorra ou manopla)	26) C (atente para as novas regras ortográficas!)
12) C	27) E (espinha)
13) C	28) E (cabeleireiros)
14) E (ave-marias)	29) C
15) C	30) E (questão)

TESTES

01. Há palavras substantivadas em todas as opções, EXCETO na:

a) O pró e o contra se aplicam ao mesmo conjugado que gera a oscilação e o conflito.
b) Uma história que começava em qualquer lugar e terminava em qualquer lugar, desurdida e fragmentária, e na qual o depois precedia o antes.
c) Uma doce e fria paz descia sobre ele na noite subitamente estagnada.
d) O pisar do burro, quase inaudível a princípio, cresceu depressa.

02. (**TJ**) Assinale a alternativa que contenha a informação incorreta:

a) "Presidenta" é a forma feminina de "presidente".
b) Quanto ao gênero, o substantivo "testemunha" é sempre feminino.
c) Deus, fada e saci são substantivos tipicamente abstratos.
d) Pode-se dizer, indiferentemente, "o personagem", ou "a personagem".

03. (**TA**) Nas sentenças a seguir, os substantivos grifados são femininos, **EXCETO**:

a) Não aceitei o drinque porque não bebo aguardente.
b) Na verdade o que ele tinha na pele era eczema.
c) Toda festa na casa de João vira bacanal.
d) De entrada, comeremos salada de alface.

04. (**TA**) Todos os substantivos têm somente uma forma para ambos os números, EXCETO:

a) porta-jóias
b) clipes
c) pires
d) conta-gotas

05. Assinale a alternativa incorreta quanto ao gênero do substantivo:

a) A oficial entregará o documento logo.
b) O cabeça do bando foi preso ontem.
c) O rádio precisa ser consertado.
d) A personagem principal do conto é o Luís.

06. (**FGV - 2013**) Assinale alternativa em que a forma verbal sublinhada funciona como substantivo.

a) "Estenderam-se na praia para descansar"
b) "Ficamos meio cegos, incapazes de perceber seja o que for acima da mediocridade".
c) "Então eles, os heróis, chegaram a uma ilha deserta chamada Tinis, ao alvorecer".
d) "Em terra de gente que lê sem ler..."

07. (**TJ**) De acordo com a norma culta e tendo em vista o substantivo grifado, a frase correta é

a) Comprei duzentas gramas de mortadela.
b) Era imensa a clã dos césares.
c) Por que você tomou tanta champanha?
d) Recebeu várias telefonemas naquele dia.
e) Tenho muito dó desses infelizes.

08. (**AL**) Marque o substantivo grifado que faz plural com metafonia:

a) O gosto varia de um para o outro.
b) Para essa opinião, eu não nego meu endosso.
c) Construiu-se um grande fosso em volta dessa fortificação.
d) Cada concorrente deve comparecer acompanhada de seu esposo.
e) Não consigo firmar-me no dorso desse animal.

09. (**TRE**) Ambos os termos indicam que um ser teve seu tamanho normal diminuído em:

a) lugarejo - fornalha
b) copázio - diabrete
c) riacho - chuvisco
d) fogaréu - serrote
e) calhamaço - montículo

10. (**TJ**) São exemplos de substantivos sobrecomuns:

a) testemunha – intérprete
b) selvagem - estudante
c) pessoa - artista
d) dentista - indivíduo
e) criança – criatura

11. (**Fumarc – 2010**) “Era uma **caçada**.” A palavra destacada, que pertence ao grupo dos substantivos, subclassifica-se como, EXCETO:

a) comum
b) concreto
c) abstrato
d) simples

12) (**Fundep - Ag. de endemias – 2012**) “Nos mais velhos, o crescimento foi de 33% a 47%.” A palavra sublinhada pode ser considerada, nessa frase, como

a) Adjetivo
b) Advérbio
c) Pronome
d) Substantivo

13) (**UFSC**) Há substantivos que têm um só gênero gramatical para designar pessoas de ambos os sexos.
Uma das alternativas seguintes constituída de três substantivos desta espécie é:

a) a criança, a vítima, o selvagem
b) a criança, a testemunha, o agente
c) a vítima, a jovem, o parente
d) a criança, a vítima, o cônjuge
e) a testemunha, a patroa, o mestre

14) (**PUC-PR**) Assinale a alternativa em que os sentidos foram trocados.

a) a coma: juba; o coma: estado mórbido
b) a gênese: geração; o gênese: 1.º livro do Pentateuco
c) a grama: erva rasteira; o grama: unidade de massa
d) a guia: documento; o guia: aquele que conduz
e) a crisma: óleo usado em alguns sacramentos; o crisma: o sacramento da confirmação

15 (**Mackenzie-SP**) Indique a alternativa que não contém um substantivo no grau diminutivo:

a) Todas as moléculas foram conservadas com as propriedades particulares, independentemente da atuação do cientista.
b) O ar senhoril daquele homúnculo transformou-o no centro de atenções na tumultuada assembleia.
c) Através da vitrina da loja, a pequena observava curiosamente os objetos decorativos expostos à venda, por preço bem baratinho.
d) De momento a momento, surgiam curiosas sombras e vultos apressados na silenciosa viela.
e) Enquanto distraía as crianças, a professora tocava flautim, improvisando cantigas alegres e suaves.

16) (**UM-SP**) Assinale a alternativa em que há um substantivo cuja mudança de gênero não altera o significado.

a) cabeça, cisma, capital
b) águia, rádio, crisma
c) cura, grama, cisma
d) lama, coral, moral
e) agente, praça, lama

17. (**Vunesp – 2012**) A flexão de número do termo "preços-sombra" também ocorre com o plural de

a) guarda-costa.
b) reco-reco.
c) guarda-noturno.
d) sem-vergonha.
e) célula-tronco.

18) (**Unimep-SP**) Classificam-se como substantivos as palavras destacadas, exceto em:

a) "... o idiota com quem os moleques mexem...".
b) "... visava a me acostumar à morna tirania...".
c) "Adeus, volto para meus caminhos...".
d) "... conheço até alguns automóveis...".
e) "...todas essas coisas se apagarão em lembranças...".

19. (**FUMARC/2012**) O substantivo composto "vale-transporte" se constitui de dois substantivos justapostos. Observe o verbete abaixo transcrito e, por analogia, indique a alternativa em que o plural de "vale-brinde" tenha sido **CORRETAMENTE** indicado:

vale-transporte *s.m.* vale que o empregador fornece ao funcionário, seja a título de complementação salarial, seja mediante desconto no seu salário, para ser utilizado no pagamento do transporte de ida e volta ao trabalho ıGRAM pl.: *vales-transporte* e *vales-transportes* (Dicionário *Houaiss*).

a) vale-brindes e vales-brindes
b) valem-brindes e vale-brindes
c) vales-brinde e vales-brindes
d) vales-brinde e valem-brindes

20) (**FMU-FIAM-SP**) Indique a alternativa em que só aparecem substantivos abstratos.

a) tempo, angústia, saudade, ausência, esperança, imagem
b) angústia, sorriso, luz, ausência, esperança, inimizade
c) inimigo, luto, luz, esperança, espaço, tempo
d) angústia, saudade, ausência, esperança, inimizade
e) espaço, olhos, luz, lábios, ausência, esperança, angústia

GABARITO				
01. C	02. C	03. B	04. B	05. A
06. C	07. E	08. C	09. C	10. E
11. B	12. D	13. D	14. E	15. C
16. E	17. E	18. C	19. C	20. D

2. ADJETIVO

Impressionista

Uma ocasião
meu pai pintou a casa toda
de **alaranjado brilhante**.
Por muito tempo moramos numa casa
como ele mesmo dizia:
constantemente amanhecendo.

– *Adélia Prado*

Adjetivo é a palavra que caracteriza, modifica o substantivo, atribuindo-lhe qualidades, defeitos, modos de ser, indicando-lhe um aspecto ou um estado, ou restringindo a ideia do substantivo dentro do referido contexto.

Quanto à classificação, o adjetivo pode ser:

Primitivo	é aquele que não deriva de outra palavra	triste pobre
Derivado	é aquele que deriva de outras palavras	tristonho pobretão
Simples	é o adjetivo formado por um só radical	surdo brasileiro
Composto	é o adjetivo formado por mais de um radical	surdo-mudo luso-brasileiro

2.1. Adjetivos pátrios

São os adjetivos que indicam a nacionalidade, o lugar de origem do ser. Vejam abaixo alguns exemplos de adjetivos pátrios, bem como a forma reduzida de alguns deles.

RELAÇÃO DE ALGUNS ADJETIVOS PÁTRIOS DE USO NACIONAL

Acre = acreano	Manaus = manauense
Alagoas = alagoano	Marajó = marajoara
Amapá = amapaense	Maranhão = maranhense
Amazonas = amazonense ou baré	Mato Grosso = mato-grossense
Aracaju = aracajuano ou aracajuense	Mato Grosso do Sul = mato-grossense do sul
Bahia = baiano	Natal = natalense ou papa-jerimum
Belém = belenense	Niterói = niteroiense
Belo Horizonte = belo-horizontino	Nova Iguaçu = iguaçuano
Boa Vista = boa-vistense	Pará = paraense
Bragança = bragantino	Paraíba = paraibano
Brasil = brasileiro	Paraná = paranaense
Brasília = brasiliense	Pernambuco = pernambucano
Cabo Frio = cabo-friense	Petrópolis = petropolitano
Campinas = campineiro ou campinense	Piauí = piauiense
Campos = campista	Porto Alegre = porto- alegrense
Campos do Jordão = jordanense	Porto Velho = porto-velhense

Cananéia = cananeu	Recife = recifense
Ceará = cearense	Ribeirão Preto = riberopretano
Cuiabá = cuiabano	Rio Branco = branquense
Dois Córregos (SP) = duocorreguense	Rio de Janeiro (cidade) = carioca
Espírito Santo = espírito-santense ou capixaba	Rio de Janeiro (estado) = fluminense
Fernando de Noronha = noronhense	Rio Grande do Norte = rio-grandense do norte
Florianópolis = florianopolitano	Rio Grande do Norte = potiguar
Fortaleza = fortalezense	Rio Grande do Sul = gaúcho
Foz do Iguaçu = iguaçuense	Rondônia = rondoniano ou rondoniense
Goiânia = goianiense	Salvador = salvadorense ou soteropolitano
Goiás = goiano	Santa Catarina = catarinense ou barriga verde
Guarulhos = guarulhense	Santarém = santarense
Ilhéus = ilheense	São Luís = são-luisense
Jabuticabal = jabuticabense	São Paulo (cidade) = paulistano
Jacareí = jacariense	São Paulo (estado) = paulista
Jaú = jauense	São Vicente = vicentino
João Pessoa = pessoense	Sergipe = sergipano
Juiz de Fora = forense	Sertãozinho = sertanesino
Lajes = lajiano	Teresina = teresinense
Leme = lemense	Três Corações = tricordiano
Macapá = macapaense	Vitória = vitoriense
Maceió = maceioense	Xavantes = xavantino

RELAÇÃO DE ALGUNS ADJETIVOS PÁTRIOS DE USO INTERNACIONAL

Afeganistão = afegane ou afegão	Haiti = haitiano
Alasca = alasquense	Honduras = hondurenho
Angola = angolano	Hungria = húngaro ou magiar
Argélia = argelino ou argeliano	Índia = indiano ou hindu
Atenas = ateniense	Irã = iraniano
Belém = belemita	Iraque = iraquiano

Bélgica = belga	Israel = israelense
Bogotá = bogotano	Japão = japonês ou nipônico
Boston = bostoniano	Java = javanês ou jau
Braga = bracarense	Jerusalém = hierosolimitano
Buenos Aires = bonaerense ou portenho	La Paz = pacenho ou pacense
Bulgária = búlgaro	Lima = limenho
Caracas = caraquenho	Lisboa = lisboeta ou olisiponense
Catalunha = catalão	Madri = madrilenho
Ceilão = cingalês	Malásia = malaio
Chipre = cipriota	Minho = minhoto
Coimbra = coimbrão	Mongólia = mongol ou mongólico
Córsega = corso	Montevidéu = montevideano
Costa Rica = costarriquenho	Moscou = moscovita
Croácia = croata	Nápoles = napolitano ou partenopeu
Damasco = damasceno	Panamá = panamenho
Egito = egípcio	Parma = parmesão ou parmense
El Salvador = salvadorenho	Patagônia = patagão
Estados Unidos = norte-americano	Porto Rico = porto-riquenho
Estados Unidos = estadunidense	Provença = provençal
Flandres = flamengo	Quito = quitenho
Florença = florentino	Sardenha = sardo
Galiza = galego	Trás-os-Montes = transmontano
Grécia = grego	URSS = soviético
Guatemala = guatemalteco	Varsóvia = varsoviano
Guimarães = vimaranense	Zâmbia = zâmbio

RELAÇÃO DE ALGUNS ADJETIVOS PÁTRIOS EM FORMA REDUZIDA

África = afro-	Finlândia = fino-
Alemanha = germano- ou teuto-	França = franco- ou galo-
América = américo-	Grécia = greco-
Ásia = ásio-	Holanda = holando- ou batavo-
Austrália = australo	Índia = indo-
Áustria = austro-	Inglaterra = anglo-

Bélgica = belgo-	Itália = ítalo-
Bolívia = bolivo-	Japão = nipo-
Brasil = brasilo-	Malásia = malaio-
China = sino-	Polônia = polono-
Colômbia = colombo-	Portugal = luso
Dinamarca = dano-	Síria = siro-
Espanha = hispano-	Suíça = helveto-
Europa = euro-	Zâmbia = zambo-

Não esqueça:

Na formação do adjetivo pátrio composto, usamos a forma reduzida, quando ela existir, para o primeiro elemento: afro-descendente; brasilo-iraquiano; luso-brasileiro.

2.2. Locuções adjetivas

É um conjunto de duas ou mais palavras com função adjetiva. Podem fazer referências a partes do corpo, animais e outros seres.

de abelha = apícola	de estrela = estelar	de orelha = auricular
de abóbora = cucurbitáceo	de éter = etéreo	de outono = outonal
de abutre = vulturino	de fábrica = fabril	de ouvido = ótico
de açúcar = sacarino	de face = facial	de ouro = áureo
de Adão = adâmico	de falcão = falconídeo	de osso = ósseo
de águia = aquilino	de fantasma =espectral	de ovelha = ovino
de alface = lactúceo	de faraó = faraônico	de pai = paterno, paternal
de alma = anímico	de farinha = farináceo	de paixão = passional
de aluno = discente	de fêmur = femural	de palato = palatal
de amígdalas = tonsilar	de fera = feroz, ferino	de pântano = palustre
de amor = erótico	de ferro = férreo	de papa = papal
de andorinha = hirundino	de fígado = figadal, hepático	de paraíso = paradisíaco
de anel = anular	de filho = filial	de parede = parietal
de anjo = angelical	de fogo = ígneo	de páscoa = pascal

de ano = anual	de folha = foliáceo	de peixe = ictíaco, ictíico
de aranha = aracnídeo	de formiga = formicular	de pele = cutâneo, epidérmico
de asno = asinino	de frente = frontal	de pênis = peniano, fálico
de astro = sideral	de gado = pecuário	de pescoço = cervical
de audição = ótico	de gafanhoto = acrídeo	de Platão = platônico
de aves de rapina = acipitrino	de galinha = galináceo	de plebe = plebeu
de baço = esplênico	de ganso = anserino	de porco = suíno, porcino
de bálsamo = balsâmico	de gato = felino, felídeo	de prata = argênteo, argentino, argírico
de bexiga = vesical	de gelo = glacial	de professor = docente
de bílis = biliar	de gesso = gípseo	de prosa = prosaico
de bispo = biliar	de Golias = goliardo	de proteína = protéico
de boca = bucal, oral	de guerra = bélico	de pulmão = pulmonar
de bode = hircino	de homem = humano, viril	de pus = purulento
de boi = bovino	de idade = etário	dos quadris = ciático
de borboleta = papilionáceo	de Idade Média = medieval	de raio = fulgural
de bosque = nemoral	de igreja = eclesiástico	de raposa = vulpino
de brejo = palustre	de ilha = insular	de rato = murino
de bronze = brônzeo, êneo	de insetos = entômico	de rei = real
de cabeça = cefálico, capital	de intestino = intestinal, entérico, cilíaco	de rim = renal
de cabelo = capilar	de inverno = hibernal	de rio = fluvial, potâmico
de cabra = caprino	de irmão = fraterno, fraternal	de rocha = rupestre
de caça = venatório, cinegético	de joelho = genicular	de romance = romanesco
de campo = rural	de junho = junino	de rosa = róseo
de cana = arundíneo	de lado = lateral	de sabão = saponáceo
de cão = canino	de lago = lacustre	de seda = sérico, seríceo
de cardeal = cardinalício	de lágrima = lacrimal	de selo = filatélico
de Carlos Magno = carolíngio	de leão = leonino	de selva = silvestre

de carneiro = arietino	de lebre = leporino	de sobrancelha = superciliar
de cavalo = equídeo, equino, hípico	de leite = lácteo, láctico	de sonho = onírico
de cela, célula = celular	de limão = cítrico	de sol = solar
de chumbo = plúmbeo	de lobo = lupino	de sul = meridional, austral
de chuva = pluvial	de lua = lunar, selênico	de tarde = vesperal, vespertino, crepuscular
de cidade = citadino, urbano	de macaco, símio = simiesco	de teatro = teatral
de cílio = ciliar	de maçãs do rosto = malar	de tecido = têxtil
de cinza = cinéreo	de madeira, lenho = lígneo	de terra = terrestre, terreno, telúrico
de circo = circense	de madrasta = novercal	de terremoto = sísmico
de cobra = colubrino, viperino	de mãe = materno, maternal	de tijolo = laterário
de cobre = cúprico	de manhã = matinal	de tio = avuncular
de coelho = cunicular	de mar = marinha, marítimo, equóreo	de tórax = torácico
de coração = cardíaco, cordial	de marfim = ebúrneo, ebóreo	de touro = taurino, táureo
de correio= postal	de margem = marginal	de trás = traseiro
de corujas = estrigídeos	de mármore = marmóreo	de trigo = tritíceo
de costas = dorsal	de memória = mnemônico	de túmulo = tumular
de coxa = crural	de mestre = magistral	de umbigo = umbilical
de crânio = craniano	de moeda = monetário, numismático	de universo (habitado) = ecumênico
de criança = pueril, infantil	de Moisés = mosaico	de unha = ungueal
de dança = coreográfico	de monge = monacal, monástico	de vaca = vacum
de daltonismo = daltônico	de monstro = monstruoso	de vasos sanguíneos = vascular
de dedo = digital	de morte = mortal, letal, mortífero	de veado = cerval, elafiano
de Descartes = cartesiano	de nádegas = glúteo	de velho, velhice = senil

de diamante = adamantino, diamantino	de nariz = nasal	de vento = eólio, eólico
de dinheiro = pecuniário	de navio = naval	de verão, estio = estival
de direito = jurídico	de neve = níveo, nival	de víbora = viperino
de éden = edênico	de Nilo = nilótico	de vida = vital
de eixo = axial	de noite = noturno	de vidro = vítreo, hialino
de embriaguez = ébrio	de norte = setentrional, boreal	de vinho = vínico, vinário, vinosos, víneo
de enxofre = sulfúrico, sulfúreo, sulfuroso	de noz = nucular	de vinagre = acético
de erva = herbáceo	de nuca = occipital	de violeta = violáceo
de espelho = especular	de óleo = oleaginoso	de virilha = inguinal
de esposa = uxoriano	de olhos = ocular, óptico, oftálmico	de virgem = virginal
de esposos = esponsal	de Olimpo = olímpico	de visão = óptico (ótico)
de esquilo = ciurídeo	de opala = opalino, opalescente	de vontade = volitivo

2.3. As flexões do adjetivo

O adjetivo também é uma classe variável de palavras. Assim sendo, também pode ser classificado como uniforme, isto é, a mesma forma para o masculino e feminino (feliz, doce) ou biforme, quando apresentar formas distintas para designar o masculino e o feminino (atento, macio). Vejam as outras classificações:

a) Flexão de gênero (masculino e feminino) – aluno atento, aluna atenta;

b) Flexão de número (singular e plural) – menina feliz, meninas felizes.

No que tange ainda ao número do adjetivo, é importante trazer à baila as regras referentes ao plural dos adjetivos compostos:

- Regra geral – Nos adjetivos compostos, somente o último elemento varia se esse último não for um substantivo. (camisas verde-claras, sapatos marrom-café)
- Os adjetivos compostos *ultravioleta*, *azul-celeste*, *azul-marinho*, *furta-cor* e *cor-de-rosa* são invariáveis. Já o adjetivo **surdo-mudo** flexiona os dois elementos (surdos-mudos), assim como o adjetivo **mau-caráter** cujo plural é maus-caracteres.

c) Flexão de grau – a adjetivo pode se apresentar no grau comparativo e superlativo.

c.1) Comparativo – Sua principal característica é a existência de dois seres postos numa relação de confronto, em que um deles se mostra numa relação inferior, superior ou igual ao outro no que se refere a suas qualidades. Vejam os exemplos abaixo:

- Comparativo de igualdade – Demerval é tão falastrão quanto a irmã.
- Comparativo de superioridade – Demerval é mais falastrão do que a irmã.
- Comparativo de inferioridade – Demerval é menos falastrão do que a irmã.

DICA DO PROFESSOR

• As expressões 'mais grande' e 'mais pequeno' podem ser utilizadas no âmbito comparativo, desde que se refiram a um mesmo sujeito: Esta sala é mais grande do que pequena. (Mas nunca 'essa sala é mais grande que a outra') / A casa era mais grande do que arejada / Ele era mais bom do que atencioso.

• Os adjetivos **bom**, **mau**, **pequeno** e **grande** apresentam as formas especiais **melhor**, **pior**, **menor** e **maior** respectivamente.

• A locuções formadas por COR + DE + SUBSTANTIVO são invariáveis (cor-de-rosa; cor-de-café).

c.2) Superlativo – No superlativo, os adjetivos expressam o grau mais elevado da característica atribuída ao substantivo. Pode se dividir em relativo ou absoluto.

No caso do superlativo relativo, o adjetivo atribuído ao substantivo é intensificado para mais ou para menos e colocado em uma relação de comparação com outro ser. Vejam os exemplos abaixo:

- Relativo de superioridade – Deocleciano é o mais inteligente da família.
- Relativo de inferioridade – Deocleciano é o menos inteligente da família.

Já no superlativo absoluto, não é estabelecida qualquer comparação com outro ser. Aqui prevalece o ápice da intensidade.

- Absoluto analítico – Promoveram um bazar extremamente beneficente.
- Absoluto sintético – Promoveram um bazar beneficentíssimo em Boi Solto.

Quanto à formação do superlativo, é importante observar que muitos são formados a partir do radical latino da palavra (muito livre – libérrimo; *liber* é radical latino que significa livre, daí os termos 'liberdade', 'liberal', 'libertinagem', etc.) e não devem ser utilizados misturados com o registro coloquial de linguagem. Por exemplo, hoje, grande parte das pessoas usa o adjetivo 'chiquérrimo' para mencionar algo muito chique, enquanto a forma correta é 'chiquíssimo'.

Outra questão que vale a pena mencionar é o superlativo de magro. A forma 'macérrimo' é a preferível. Ninguém discorda disso. Alguns autores aceitam também a forma 'magérrimo' e 'magríssimo', a primeira está registrada no VOLP inclusive. No entanto, Gladstone Chaves de Melo diz que "o superlativo *magérrimo* é errado e inaceitável". Rocha lima diz que "a palavra *magérrimo* é bárbara" (bárbara no sentido lato). **Portanto, se não quiser se indispor com ninguém use o termo macérrimo, principalmente, nos concursos públicos.**

Veja abaixo alguns exemplos de superlativos:

PRINCIPAIS SUPERLATIVOS	
Grau normal	**Superlativos**
acre	**acérrimo**
ágil	**agilíssimo**
agradável	**agradabilíssimo**
agudo	**acutíssimo ou agudíssimo**
alto	**altíssimo, sumo ou supremo**
amargo	**amaríssimo ou amarguíssimo**
amável	**amabilíssimo**
amigo	**amicíssimo**
antigo	**antiquíssimo**
áspero	**aspérrimo**
atroz	**atrocíssimo**

PRINCIPAIS SUPERLATIVOS	
Grau normal	**Superlativos**
baixo	**baixíssimo ou ínfimo**
bélico	**belacíssimo**
benéfico	**beneficentíssimo**
benévolo	**benevolentíssimo**
bom	**ótimo ou boníssimo**
capaz	**capacíssimo**
célebre	**celebérrimo**
cheio	**cheiíssimo**
comum	**comuníssimo**
cristão	**cristianíssimo**
cruel	**crudelíssimo**
difícil	**dificílimo**
doce	**dulcíssimo ou docíssimo**
eficaz	**eficacíssimo**
fácil	**facílimo**
feliz	**felicíssimo**
feroz	**ferocíssimo**
fiel	**fidelíssimo**
frágil	**fragílimo**
frio	**frigidíssimo ou friíssimo**
geral	**generalíssimo**
grande	**grandíssimo ou máximo**
horrível	**horribilíssimo**
honorífico	**honorificentíssimo**
humilde	**humílimo**
incrível	**incredibilíssimo**
inimigo	**inimicíssimo**
inconstitucional	**inconstitucionalíssimo**
integro	**integérrimo**
jovem	**juveníssimo**
livre	**libérrimo**
louvável	**laudabilíssimo**

PRINCIPAIS SUPERLATIVOS	
Grau normal	**Superlativos**
macio	**maciíssimo**
magnífico	**magnificentíssimo**
magro	**macérrimo**
maledicente	**maledicentíssimo**
maléfico	**maleficentíssimo**
malévolo	**malevolentíssimo**
manso	**mansuetíssimo**
mau	**péssimo ou malíssimo**
miserável	**miserabilíssimo**
mísero	**misérrimo**
miúdo	**minutíssimo**
negro	**nigérrimo**
nobre	**nobilíssimo**
notável	**notabilíssimo**
pequeno	**mínimo ou pequeníssimo**
perspicaz	**perspicacíssimo**
pessoal	**personalíssimo**
pio	**pientíssimo / piíssimo**
pobre	**paupérrimo**
possível	**possibilíssimo**
precário	**precaríssimo**
preguiçoso	**Pigérrimo**
pródigo	**prodigalíssimo**
próspero	**prospérrimo**
provável	**probabilíssimo**
público	**publicíssimo**
rústico	**rusticíssimo**
Sábio	**sapientíssimo**
sagrado	**sacratíssimo**
salubre	**salubérrimo**
semelhante	**simílimo**
senil	**senílimo**

PRINCIPAIS SUPERLATIVOS	
Grau normal	**Superlativos**
sensível	**sensibilíssimo**
Sério	**seriíssimo**
simpático	**simpaticíssimo**
simples	**simplicíssimo**
singular	**singularíssimo**
soberbo	**superbíssimo**
sumário	**sumaríssimo**
Tenaz	**tenacíssimo**
tenro	**teneríssimo**
terrível	**terribilíssimo**
tétrico	**tetérrimo**
vão	**vaníssimo**
velho	**vetérrimo**
veloz	**velocíssimo**
visível	**visibilíssimo**
Voraz	**voracíssimo**
Vulgar	**vulgaríssimo**
vulnerável	**vulnerabilíssimo**

A PERGUNTA QUE NÃO QUER CALAR...

1. Ele é um **aficionado** ou **aficcionado** por computador?

O certo é "Ele é um aficionado por computador". Embora muita gente use aficcionado, com "c" dobrado, os nossos bons dicionários e o **Vocabulário Ortográfico da Língua Portuguesa**, da **Academia Brasileira de Letras**, só registram a forma aficionado.

2. É certo dizer que "O Ministério da Agricultura vai receber a **mesma** verba do Ministério dos Transportes."?

Melhor seria dizer que "O Ministério da Agricultura vai receber uma verba **igual à** do Ministério dos Transportes."

Muitos pensam que MESMO e IGUAL são palavras sinônimas. Não são: MESMO é "um só"; IGUAL é "outro".

Nesse exemplo, se os dois ministérios fossem receber a MESMA verba, significaria que essa verba seria dividida entre os dois. Na verdade, o autor queria dizer que a verba de um era IGUAL à do outro, ou seja, duas verbas de MESMO valor.

3. Posso dizer que "as lâmpadas florescentes são mais econômicas"?

Melhor seria dizer que as lâmpadas fluorescentes são mais econômicas. Vejam algumas palavras similares empregadas em seus respectivos contextos:

a) "Analistas afirmaram que a fabricante de celulares inteligentes, que concorre com o iPhone, da Apple, e com o Pre, da Palm, nesse **florescente** mercado, estava de olho no acervo de patentes de comunicação sem fio da Nortel, para aquisição a preço de pechincha." Folha de São Paulo, 21/07/2009.

b) "Na fototerapia, uma lâmpada **fluorescente** de pelo menos 2,5 mil lux (unidade de medida de luz) é colocada perto dos olhos da pessoa, sem que essa precise olhar diretamente para a lâmpada. As sessões duram cerca de 30 minutos por dia." Folha de São Paulo, 16/07/2009.

c) Madonna comenta ainda seu maior erro em termos de moda: "foi a combinação batom roxo e suéter verde **fosforescente**", admite, acrescentando: "tudo bem, eram os anos 1980. Era uma era do cabelo cafona. Vamos admitir". Folha de São Paulo, 15/10/2009.

4. O herói foi *desmistificado* ou *desmitificado*?

O herói foi desmitificado, isto é, deixou de ser um mito. Desmistificar = acabar com uma mistificação. Uma mistificação é uma farsa, uma mentira. Acabar com uma mistificação é desmistificar. Vejam outros exemplos:

a) "A recente obra ajuda a **desmistificar** o dilema de que sustentabilidade não combina com bons negócios." Folha de São Paulo, 08/10/2009.

b) "O objetivo é **desmitificar** os fenômenos científicos e aproximar o público das leis que regem a natureza, colocando-as a toda prova, explicaram os organizadores." Folha de São Paulo, 02/06/2011.

5. A frase "É preciso escolher alimentos que não contenham substâncias cancerosas" está correta?

Não! As substâncias são cancerígenas, isto é, provocam câncer. Uma célula que foi acometida pelo câncer é uma célula cancerosa. Não há possibilidade de uma substância ser vítima de câncer.

6. Os jogos são paraolímpicos ou paralímpicos?

Nos dicionários, só há registro de PARAOLIMPÍADAS e de jogos paraolímpicos. A palavra ***paralímpicos*** vem do inglês "*paralimpic games*" e há uma tendência em padronizar o termo.

7. Existe alguma diferença entre os adjetivos 'nato' e 'inato' ou são considerados sinônimos?

Apesar de alguns dicionários tratarem os adjetivos em questão como sendo sinônimos, na verdade não o são. O sentido é bastante similar, mas não idêntico. Quando dizemos que "Jotalhão é um político nato" isso significa que Jotalhão já nasceu político. No entanto, se dissermos que "A política é inata dele", isso significa que ele não tem a política no sangue, isto é, ***a política não nasceu nele***, mas é congênita, ***nasceu com ele***.

EXERCÍCIOS DE FIXAÇÃO

ADJETIVO

I) Se necessário, corrija as frases abaixo de acordo com a norma culta da língua:

01) Moravam todos em uma pequena casinha.

02) Ismênia era uma grandessíssima vigarista.

03) Gumersindo é mais grande do que pequeno.

04) Desde tempos adâmicos, os soteropolitanos promovem festas animadíssimas.

05) Iguais aos anos sessenta, os dourados, nunca mais.

06) Uma casa germinada atenderia ao casal.

07) A situação está russa já faz tempo.

08) As declarações das testemunhas, por si sós, já bastavam para condená-los.

09) As vítimas foram reconhecidas pelos olhos castanhos-claros e as roupas amarelo-canário.

10) O sapientíssimo mestre tinha um dever amaríssimo.

11) A chapa torácica revelou um pulmão purulento.

12) Desligou apressadamente a TV em cores que tinha ganhado no último carnaval.

13) Dorinha é uma das pessoas mais pão-dura que conheço.

14) Mariquinha estava toda-poderosa na quermesse.

15) O óculos escuro que comprara na feira não protegia contra os raios ultravioleta.

16) Generval é semi-analfabeto, coitado!

17) Preciso encontrar um Banco Brasileiro-Iraquiano urgentemente.

18) "Detalhes tão pequenos de nós dois (...)" Roberto Carlos e Erasmo Carlos

19) Preciso que me ajude a resolver um problema seríssimo.

20) Realizaram ontem pela manhã o bazar beneficiente.

21) Os carros pratas já estavam estacionados no pátio.

22) Preciso de quatro camisas verde-garrafa para compor o figurino.

23) Você está mencionando aquela publicação jurídica-empresarial?

24) Os ternos azul-marinho eram caríssimos.

25) As crianças magérrimas da reportagem eram africanas.

26) As crianças surdas-mudas foram encaminhadas à clínica para tratamento.

27) Era uma pessoa iminente e famigerada.

28) O novo modelo já vem com banco em couro de série.

29) Os cinco empresários que lá estavam reunidos eram maus-caráteres.

30) O assaltante era de menor daí a necessidade do promotor acompanhar o caso.

GABARITO	
01) E (pleonasmo)	16) E (semi-alfabetizado)
02) C	17) E (brasilo-iraquiano)
03) C	18) E (pleonasmo)
04) C	19) E (seriíssimo)
05) C (No entanto, o Sacconi considera errado. Para ele devia ser anos sessentas)	20) E (beneficente)
06) E (geminada)	21) E (prata)
07) E (ruça)	22) C
08) C	23) E (jurídico-empresarial)
09) E (castanho-claros)	24) C
10) C	25) E (macérrimas)
11) C	26) C
12) C	27) E (Eminente)
13) E (pão -duro)	28) E (banco de couro) - A preposição "em" indica várias circunstâncias, mas não a de "matéria", que é indicada pela prep. "de": casa de madeira, sapato de pelica, terno de linho...
14) E (todo-poderosa)	29) E (maus-caracteres)
15) E (os óculos escuros)	30) E (escreva apenas menor e não "de menor")

TESTES

01. (**TJ**) Tendo em conta o emprego do adjetivo, assinale a alternativa correta:

a) Quando determinam substantivos femininos, os adjetivos "europeu", "judeu" e "plebeu" assumem as formas "europeia", "judeia" e "plebeia".
b) Quando determinam substantivos no plural, os adjetivos "infravermelho" e "ultravioleta" assumem as formas "infravermelhos" e "ultravioletas".
c) Na expressão "cachorrinho pequinês", o adjetivo se refere às dimensões físicas do animal.
d) "Simplicíssimo" e "superbíssimo" são formas superlativas absolutas sintéticas dos adjetivos "simples" e "soberbo", respectivamente.

02. Assinale a alternativa incorreta quanto à correspondência entre a locução e o adjetivo.

a) argênteo - de prata
b) ebúrneo - de marfim
c) insípido - sem sabor
d) viperino - de vespa

03. (**TC**) A opção em que o superlativo sintético está incorreto é:

a) cruel - cruelíssimo
b) difícil - dificílimo
c) notável - notabilíssimo
d) atroz - atrocíssimo
e) sério - seriíssimo

04. A expressão grifada não é locução adjetiva em:

a) briga de foice
b) camisa de brim
c) bolinha de gude
d) depois do almoço
e) taxa de conservação

05. Em todas as alternativas, a palavra grifada é um adjetivo, **EXCETO** em:

a) O tempo continua encoberto, mas propenso à mudança.
b) O dia raiava cinzento, frustrando possíveis passeios.
c) O menino era ligeiro, mas muito desajeitado.
d) O homem falava alto, gesticulando muito nervoso.
e) O perdedor parte abatido, mas disposto a se reabilitar.

06. A palavra grifada não é adjetivo na opção:

a) Agora vinha aquela coisa amarela na direção da chácara.
b) A situação estava confusa, cheia de boatos.
c) As coxilhas se estendiam à luz intensa do sol.
d) A arcada dentária superior avançava à feição de limpa-trilhos.
e) A gratuidade era um luxo de intelectual decadente.

07. **Não** há correspondência correta entre o adjetivo e a locução adjetiva na opção

a) nervo ciático - nervo da coluna
b) depósito salino - depósito de sal
c) sindicato patronal - sindicato dos patrões
d) pedra ígnea - pedra de fogo

08. Em todas as opções, foi estabelecido corretamente o grau superlativo sintético do adjetivo, exceto:

a) chique - chiquíssimo / agudo - acutíssimo
b) nobre - nobilíssimo - beneficente - beneficientíssimo
c) ágil - agílimo / preguiçoso - pigérrimo
d) humilde - humílimo / manso - mansuetíssimo

09. Considere a frase abaixo e marque: "Eu não sou propriamente um autor defunto, mas um defunto autor..." (Machado de Assis)

I) Na primeira oração, *autor* é substantivo; *defunto* é adjetivo.

II) Na segunda oração, *defunto* é substantivo; *autor* é adjetivo.

III) Em ambos os casos têm-se um substantivo composto.

a) Se I e II forem verdadeiras.
b) Se I e III forem verdadeiras.
c) Se II e III forem verdadeiras.
d) Se todas forem verdadeiras.

10. Assinale a alternativa em que o termo **cego(s)** é um adjetivo.

a) "O cego de Ipanema representava naquele momento todas as alegorias da noite escura da alma."
b) "Todos os cálculos do cego se desfaziam na turbulência do álcool."
c) "... da terra que é um globo cego girando no caos."
d) "Naquele instante era só um pobre cego."

11. (**Fumarc - 2010**) As palavras foram classificadas segundo sua correta classe gramatical em:

a) O **velho** levantava-se muito cedo. (adjetivo)
b) Dizem que os brasileiros são muito **alegres**. (substantivo)
c) Quanto custa seu **seguro** de vida? (substantivo)
d) A **feiticeira** sentiu-se ameaçada. (adjetivo)

12) (**EFOA-MG**) "... onde predomina o corte de cabelo afro-oxigenado." A concordância do adjetivo destacado acima com o substantivo a que se refere manteve-se correta em:

a) cabelos afros-oxigenado
b) cabeleiras afras-oxigenadas
c) cabelos afros-oxigenados
d) cabeleiras afra-oxigenadas
e) cabelos afro-oxigenados

13) (**UFPR**) Em qual dos casos o primeiro elemento do adjetivo composto não corresponde ao substantivo entre parênteses?

a) Indo-europeu (Índia)
b) Ítalo-brasileiro (Itália)
c) Luso-brasileiro (Portugal)
d) Sino-árabe (Sião)
e) Anglo-americano (Inglaterra)

14) (**ITA-SP**) Dadas as afirmações de que os adjetivos correspondentes aos substantivos:

1. enxofre 2. chumbo 3. Prata são, respectivamente, 1. sulfúreo 2. plúmbeo 3. argênteo

Verificamos que está(ão) correta(s):

a) apenas a afirmação 1.
b) apenas a afirmação 2.
c) apenas a afirmação 3.
d) apenas as afirmações 1 e 2.
e) todas as informações.

15) (**ITA-SP**) Durante uma Copa do Mundo, foi veiculada, em programa esportivo de uma emissora de TV, a notícia de que um apostador inglês acertou o resultado de uma partida, porque seguiu os prognósticos de seu burro de estimação. Um dos comentaristas fez, então, a seguinte observação: "Já vi muito comentarista burro, mas burro comentarista é a primeira vez." Percebe-se que a classe gramatical das palavras se altera em função da ordem que elas assumem na expressão. Assinale a alternativa em que isso NÃO ocorre:

a) obra grandiosa
b) jovem estudante
c) brasileiro trabalhador
d) velho chinês
e) fanático religioso

16) (**FGV-SP**) Aponte a alternativa em que corretamente se faz a concordância dos termos destacados.

a) disputas sino-soviética, informações econômico-financeiras, camisas azul-piscinas, camisas pastéis
b) disputas sino-soviéticas, informações econômicas-financeiras, camisas azuis-piscinas, camisas pastéis
c) disputas sinas-soviéticas, informações econômicas-financeiras, camisas azul-piscina, camisas pastéis
d) disputas sino-soviéticas, informações econômicas-financeiras, camisas azul-piscinas, camisas pastéis
e) disputas sino-soviéticas, informações econômico-financeiras, camisas azul-piscina, camisas pastel

17) (**Fatec-SP**) Indique a alternativa em que não é atribuída a ideia de superlativo ao adjetivo.

a) É uma ideia agradabilíssima.
b) Era um rapaz alto, alto, alto.
c) Saí de lá hipersatisfeito.
d) Almocei tremendamente bem.
e) É uma moça assustadoramente alta.

18) (**ITA-SP**) Os adjetivos lígneo, gípseo, níveo, braquial significam,

respectivamente,

a) lenhoso, feito de gesso, alvo, relativo ao braço.
b) lenhoso, feito de gesso, nivelado, relativo ao crânio.
c) lenhoso, rotativo, abalizado, relativo ao crânio.
d) associado, rotativo, nivelado, relativo ao braço.
e) associado, feito de gesso, abalizado, relativo ao crânio.

19) (**PUC-SP**) No trecho "... o homem não fala simplesmente uma língua, não a usa, como mero instrumento de comunicação...", o termo destacado é um

a) substantivo e significa "simples".
b) advérbio e significa "genuíno".
c) adjetivo e significa "quase".
d) advérbio e significa "estreme".
e) adjetivo e significa "puro".

20) (**FGV-SP**) Aponte a alternativa que traga os superlativos absolutos sintéticos de acordo com a norma culta.

a) celebérrimo, crudelésimo, dulcíssimo, nigérrimo, nobilíssimo
b) celebésimo, crudelíssimo, dulcíssimo, nigérrimo, nobérrimo
c) celebérrimo, crudelíssimo, dulcíssimo, nigérrimo, nobilíssimo
d) celebríssimo, cruelérrimo, dulcésimo, negérrimo, nobérrimo
e) celebríssimo, crudelérrimo, dulcíssimo, negérrimo, nobérrimo

GABARITO									
01. D	02. D	03. A	04. D	05. D	06. E	07. A	08. B	09. A	10. C
11. C	12. E	13. D	14. E	15. A	16. E	17. D	18. A	19. E	20. C

3. ADVÉRBIO

"Outrora eu era **daqui** e **hoje** regresso estrangeiro
forasteiro do que vejo e ouço, velho de mim
já vi tudo, ainda o que **nunca** vi, nem o que **nunca** verei
eu reinei no que **nunca** fui."

– *Fernando Pessoa*

Advérbio é a palavra invariável que modifica o verbo, adjetivo ou o próprio advérbio, exprimindo uma determinada circunstância. Vejam a contextualização do termo nas frases abaixo:

a) Falavam alto. (alto modifica o verbo e atribui ao contexto uma circunstância de modo);

b) Falavam alto demais. (alto continua modificando o verbo. Já a palavra demais passa a modificar o advérbio alto, atribuindo ao contexto uma ideia de intensidade);

c) O livro é muito raro. (raro é um adjetivo, já que modifica a palavra livro. Muito, por sua vez, modifica a palavra raro, atribuindo também uma circunstância de intensidade ao contexto).

Quando tal circunstância é expressa por um conjunto de palavras, temos uma **locução adverbial**.

Exemplos: Viajamos **no último verão**.

Cortou o bolo **com a espátula**.

3.1. Quanto à classificação

3.1.1. *Advérbios*

Circunstância	Advérbio	Exemplo
Tempo	Ontem, hoje, amanhã, etc.	Terminou, ontem, o prazo para o recurso.
Modo	devagar, suavemente, lentamente, etc.	Lentamente elas se aproximavam do carro.
Intensidade	bastante, demais, muito, etc.	Beberam muito no último carnaval.
Negação	não, nenhum, nunca, etc.	Nunca aceitariam tal proposta.
Dúvida	talvez, acaso, provavelmente, quiçá, porventura, etc.	Talvez encontrem o resultado esperado.
Afirmação	sim, certamente, deveras, realmente, etc.	Certamente, Isilda era a melhor candidata.

1.1.2. Locuções adverbiais

É muito comum as locuções adverbiais serem formadas com o auxílio de uma preposição. Vejam abaixo a lista de algumas preposições formadoras das locuções adverbiais:

a) Circunstâncias indicadas pela preposição "a":

- Causa: Handula acordou **aos gritos.**
- Conformidade: É notório que Clebelino puxou **ao pai.**
- Destino: São mais de 200 km daqui **a Salvador.**
- Instrumento: Fechou o portão **a cadeado.**
- Lugar: Sempre vão **a Londres** de trem.
- Medida: Gosto de comprar **a quilo** apenas naquela banca. (nesse caso, pode-se usar também a preposição 'por')
- Modo: Cassandra chegou **aos prantos.**
- Tempo: Feche a porta **ao entrar.**
- Transformação: Passaram a **cobrar ingresso** / Começamos **a ganhar dinheiro.**

b) Circunstâncias indicadas pela preposição "ante":

- Lugar: Parou **ante a casa de Bella** sem hesitar.
- Causa: **Ante a ideia súbita**, esbugalharam os olhos vermelhos. (Hoje, há uma tendência em substituir a expressão 'ante a' por 'diante da')

c) Circunstâncias indicadas pela preposição "após":

- Lugar: A minha casa fica **após o supermercado.**
- Tempo: **Após alguns momentos**, Reivany começou a aula.

d) Circunstâncias indicadas pela preposição "até":

- Lugar: Arrastou-se com dificuldade **até ao quarto.** (ou até o quarto)
- Tempo: Ventou **até meados do mês.**

e) Circunstâncias indicadas pela preposição "com":

- Causa: Gildetina assustou-se **com o trovão.**
- Companhia: Venceslau saiu **com Querubina** ontem à tarde.
- Idade: Vitinho já estava **com dois anos.**
- Instrumento: As donzelas pudicas acenavam **com um lenço.**
- Modo: Tratava os filhos **com um carinho** incomensurável.

f) Circunstâncias indicadas pela preposição "contra":

- Oposição: Lutou **contra as adversidades**.

g) Circunstâncias indicadas pela preposição "de":

- Assunto: Falava **de política** o tempo todo.
- Causa: Desmaiou **de tanta fome** que sentia.
- Estado: Estava **de dieta**, havia anos!
- Lugar: Telefonei-lhe **de casa**.
- Modo: Saiu **de mansinho** da reunião.
- Tempo: **De manhã**, faremos a reunião.
- Instrumento: Ferido **de faca**, foi socorrido pelos amigos.

h) Circunstâncias indicadas pela preposição "desde"

- Lugar: Vim andando **desde a escola**.
- Tempo: Trabalhava **desde cedo**.

i) Circunstâncias indicadas pela preposição "em":

- Causa: **Em face das circunstâncias**, desistimos da compra.
- Condição: **Em continuando a revolta**, seremos mais duros.
- Conformidade: **Em verdade** vos digo.
- Cálculo ou avaliação: Avaliamos a casa **em duzentos mil reais**.
- Estado: Fique **em paz**.
- Finalidade: **Em protesto**, tirou toda a roupa e ficou nu.
- Lugar: Estava **em casa**, quando a luz acabou / Ficaram **no clube** o dia todo.
- Modo: O cortejo seguia **em silêncio** absoluto.
- Tempo: **Em vida**, muito ensinou a todos nós / Formamos **na década passada**.

j) Circunstâncias indicadas pela preposição "entre":

- Companhia: Eu estava **entre um grupo de amigos**.
- Dúvida: O doce custa **entre dez e quinze reais**.
- Escolha: Eu fiquei **entre uma questão e outra**.
- Lugar: Evilásio estava **entre os aprovados**.
- Reciprocidade: Há certa semelhança **entre mim e ti**.
- Tempo: A casa foi construída **entre 1840 e 1850**.
- Totalidade: Existiam trezentas pessoas no avião **entre tripulantes e passageiros**.

k) Circunstâncias indicadas pela preposição "para":

- Direção: Odeth Roithman inclinou a cabeça **para a direita**.

- Duração: Há combustível **para poucos quilômetros.**
- Finalidade: Eu voltei, voltei **para ficar.**
- Lugar: Prudência foi **para Salvador.**
- Necessidade ou conveniência: Robesnaldo está **para ser operado.**
- Proporção: Rosa está **para a literatura assim como Freud para a Psicanálise.**
- Tempo: Estou **para sair** / Viajaremos **para o final do ano.**
- Referência ou opinião: **Para mim,** ela está mentindo.
- Quantia / quantidade: Clebermara tem **para mais de 3000 CDs.**

l) Circunstâncias indicadas pela preposição "perante":

- Lugar: Parou **perante o mar** e contemplou a imensidão azul.
- Reciprocidade: Não existe mais nada **perante mim e Ziza.**

m) Circunstâncias indicadas pela preposição "por" e suas variantes "pelo" e "pela":

- Causa: Dalila casou-se com Sansão **por interesse** / **Por coincidência,** encontrei Lindinalva na rua.
- Conformidade: Tocava violino **pela partitura.**
- Lugar: Clebão gostava de passear **pela cidade** / Andei **por Manaus.**
- Meio: Gricélia enviou os livros **pelo correio.**
- Preço: Comprou o sorvete **por dez reais.**
- Quantidade: O Cruzeiro perdeu **por 2 a 0.**
- Tempo: Dercy viveu **por muitos anos.**

n) Circunstâncias indicadas pela preposição "sem":

- Falta ou ausência: Ticão vivia **sem dinheiro.**
- Modo: É próprio do gato sair **sem pedir licença** e voltar **sem dar satisfações.**

o) Circunstâncias indicadas pela preposição "sob":

- Lugar: Atalaia ficou **sob o viaduto,** curtindo um amargo silêncio.
- Modo: Os esbulhadores saíram **sob protestos.**

p) Circunstâncias indicadas pela preposição "sobre":

- Assunto: Conversávamos **sobre você.**
- Lugar: Aproveitando o céu nórdico, opalino, voou **sobre a floresta.**

- Tempo: E a festa avançava **sobre a madrugada**.

Observação: Na contemporaneidade, não usamos mais a preposição **'trás'** senão nas locuções adverbiais 'para trás' e 'por trás' e na locução prepositiva 'por trás de'. Todas dão ideia de lugar. Vejam os exemplos abaixo:

Afaste-se ***para trás*** *e ponha as mãos na nuca.*

Andaram ***por trás*** *da fazenda, contemplando as hortênsias que insistiam em florir.*

Espiaram o movimento ***por trás do*** *muro caiado.*

3.2. Palavras denotativas

Algumas palavras e locuções, que antes eram consideradas advérbios, são classificadas por alguns gramáticos como partículas denotativas. Tais palavras e locuções denotam:

a) Inclusão – até, inclusive, também, etc.

Ex.: Ele *também* foi à festa.

b) Exclusão – salvo, menos, exceto, etc.

Ex.: Todos, *exceto* Lindalva, foram à festa.

c) Explicação – isto é, por exemplo, *ou seja*, etc.

Ex.: Ele, *por exemplo*, não veio à festa.

d) Retificação – aliás, ou melhor, ou seja, etc.

Ex.: Amanhã, *aliás*, depois de amanhã, iremos à festa.

e) Realce – é que

Ex.: Lindalva *é que* não pôde comparecer.

f) Situação – afinal, então

Ex.: *Afinal*, quem vai à festa?

h) Limitação – só, apenas, somente

Ex.: *Apenas* a diretoria foi à festa.

Observação:

O **Vocabulário Ortográfico da Língua Portuguesa** (**VOLP**) ainda classifica as palavras denotativas anteriores como advérbio.

3.3. Flexão do advérbio

Como já dito anteriormente, o advérbio é uma classe de palavra **invariável** em gênero e número. No entanto, em relação ao grau, ele pode sofrer variações que, assim mesmo, não alteram a estrutura, a grafia da palavra.

a) Claudomira chegou tão cedo quanto eu.
b) Claudiomar chegou mais cedo que eu.

c) Cleontina chegou menos cedo que eu.
d) Clarismar chegou o mais cedo possível.

As locuções adverbiais (a meu ver, a par, a sós, etc.), também são invariáveis, isto é, são utilizadas no masculino, feminino, singular ou plural mantendo uma grafia única. Exemplos:

***A meu ver**, a situação pode ser contornada.*

*Eles acabaram ficando **a sós**.*

*Juventina ficou **a sós**.*

3.4. Advérbios interrogativos

a) de causa:
Por que...? – Por que você chegou tão tarde?
b) de lugar:
Onde...? – Onde você mora?
c) de modo:
Como...? – Como ele faz isso?
d) de tempo:
Quando...? – Quando Virgulino volta?
e) de valor:
Quanto...? – Quanto custou a mercadoria?

A PERGUNTA QUE NÃO QUER CALAR...

1. É certo dizer "É preciso reduzir a mortalidade infantil ao máximo?"

Tal expressão de valor adverbial, apesar de plenamente utilizada no dia a dia, apresenta certa incoerência. Em relação à lógica seria melhor utilizar a expressão "REDUZIR AO MÍNIMO".

2. Existe ou não o hífen na expressão "organização não governamental"?

O novo acordo ortográfico decretou o fim do hífen com o elemento "não", seja advérbio de negação, seja fazendo papel de prefixo. Devemos escrever sem hífen: organização não governamental, tratado de não agressão, diante do não pagamento, o relatório apresentou muitas não conformidades...

3. O certo é "entrega à domicílio" ou "entrega a domicílio"?

Estão ambos errados . O certo é 'entrega em domicílio'. Se você entrega, você entrega alguma coisa em algum lugar.

4. É certo dizer "Por ora, vamos analisar apenas os casos urgentes"?

Sim. A expressão 'por ora' tem o sentido de "por enquanto, no momento". Ora é um advérbio de tempo que significa "agora, no presente momento". Hora com "h" é a unidade de medida de tempo que equivale a 60 minutos: "Nesta avenida, a velocidade máxima permitida é 80 quilômetros por hora".

Também devemos usar ora sem "h" se for interjeição que exprime impaciência, surpresa, dúvida ou ironia. É o famoso "ora bolas!". Também usamos ora sem "h" quando se trata de conjunção alternativa: "Ora trabalha ora estuda". Isso não significa que se trabalha durante uma hora e em outra hora se estuda. "Ora... ora" significa que se trabalha e se estuda em momentos alternados.

5. Como devo usar a expressão **junto a**?

Junto a significa *colado a, ao lado de*. No entanto, hoje a referida expressão virou modismo. É comum encontrarmos frase do tipo "O Brasil contraiu um empréstimo junto ao Banco Mundial"; "O problema deve ser resolvido junto à diretoria". Não existe nenhuma instituição financeira ao lado do Banco Mundial. Muito menos uma salinha que fica colada à sala da diretoria. Tais construções estão erradas. Melhor seria utilizar: "O Brasil contraiu um empréstimo no Banco Mundial" e "O problema deve ser resolvido com a diretoria".

No meio jurídico, é muito comum escutar que "o problema será resolvido junto à 14ª Vara Cível". Outro erro! Será que se faz referência à 13ª ou à 15ª vara? Ao lado da 14ª...

6. Qual é o significado da expressão "*ipsis litteris*"?

Ipsis litteris é uma locução adverbial, de origem latina, que significa "pelas mesmas letras", "literalmente" ou "nas mesmas palavras". Utiliza-se para indicar que um texto foi transcrito fielmente, na íntegra. Pode-se também utilizar uma expressão de mesmo significado, *ipsis verbis*, que quer dizer "pelas mesmas palavras", "textualmente". Como toda expressão latina ou latinizada deve ser grafada em itálico. Ex.: O voto do relator dizia *ipsis litteris* que os réus estavam mancomunados em desfavor das vítimas, formando assim uma quadrilha.

TESTES

01. (**Fazles - SP**) assinale a função morfológica de caro em "Ele vendeu caro as mercadorias".

a) Substantivo
b) Adjetivo
c) Advérbio
d) Pronome

02. (**UFV-MG**) em todas as alternativas há dois advérbios, exceto em:

a) Ele permaneceu muito calado.
b) Amanhã não iremos ao cinema.
c) Ontem, ele cantou desafinadamente.
d) Tranquilamente, realizou-se, hoje, o jogo.
e) Ele falou calma e sabiamente.

03. A frase em que o advérbio expressa simultaneamente ideias de tempo e negação:

a) Falei ontem com os embaixadores.
b) Não me pergunte as razões da atitude.
c) Eles sempre chegam atrasados.
d) Jamais acreditei que você viesse.
e) Agora seremos felizes.

04. Assinale a opção em que a palavra destacada é um advérbio:

a) Um som de tuba tremula **perdido** no ar.
b) A canção se recolhe **dolorida**.
c) **Devagar**, o raio tecerá ninhos.
d) **Rápidos**, os vaga-lumes quebrarão a sombra.

05. (**TJ**) Não há advérbio ou locução adverbial em:

a) As mais das vezes, conhecemos as pessoas pelo meio que frequentam.
b) O mal é uma barreira entre Deus e o homem.
c) O homem honrado nunca jura.
d) Quem quiser viver bem neste mundo procure não se deixar enganar.
e) Uma criança que se queimou terá sempre medo de brincar com fogo.

06. (**TJ**) A expressão sublinhada não é exemplo de locução adverbial em:

a) Saiu <u>às pressas</u> sem que ninguém o visse.
b) <u>À proporção</u> que corríamos, ouvíamos seus gritos.
c) <u>De súbito</u>, sem maiores explicações, foram todos embora.
d) Os médicos diziam que <u>com certeza</u> não haveria solução.
e) Pediu-me que eu ficasse <u>à vontade</u> se ele demorasse.

07. (**TJM**) Tendo em conta as frases abaixo, o emprego do advérbio está **adequado** em:

I) Zidane literalmente perdeu a cabeça e agrediu violentamente Materazzi.

II) Esta é, sabidamente, a única cerveja que desce redondo.

III) Aparentemente, algumas máquinas já vieram todo montadas.

a) II, apenas.
b) I e II, apenas.
c) II e III, apenas.
d) I, II e III.

08. (**TJ**) "Nossa postura diante do inesperado, do diferente, **raramente** é de atenção, abertura, escuta." É correto afirmar que, nessa frase, a palavra destacada exerce uma função

a) adjetiva.
b) adverbial.
c) conectiva.
d) substantiva.

09. (**FUNDEP**) Assinale a alternativa em que a palavra ou expressão destacada, na frase transcrita, **não** expressa uma

ideia de modo.

a) ***De repente***, ele se levantou, espreguiçou-se e abriu a boca.

b) Notei que ***agora*** fechava os olhos e parecia dormir.

c) Um homem falava ***baixinho***, consigo mesmo.

d) Veio se aproximando ***devagar***, como que pedindo licença.

10. (**FUNDEP**) Em todas as alternativas, na frase transcrita, há uma palavra ou expressão que denota tempo, EXCETO em

a) Depois me olhava e se deitava.

b) Nunca mais voltei a ver esse cão.

c) Pousou a cabeça entre as patas dianteiras e ficou ali.

d) Sempre que fazia isso, levantava as orelhas, procurando escutar melhor.

11. (**Fumarc - 2011**) Em "Não me interprete mal. Acredito que a reciclagem é boa.", os termos destacados são, respectivamente,

a) adjetivo - adjetivo.

b) advérbio - adjetivo.

c) adjetivo - advérbio.

d) advérbio - advérbio.

12. (**FUNDEP - 2012**) "[...] os que malham compulsivamente [...]"

A palavra sublinhada nesse fragmento de frase pode ser adequadamente substituída, no texto, por

a) deliberadamente.

b) incessantemente.

c) obrigatoriamente.

d) prazerosamente.

13. (**FUNDEP - 2012**) "[...] os que cortam radicalmente doces e bebidas [...]"

Nesse fragmento de frase, **NÃO** se pode considerar que a palavra sublinhada tenha o sentido de

a) completamente.

b) integralmente.

c) ousadamente.

d) totalmente.

14. (**FUNDEP - 2012**) "A vida não permite satisfação o tempo todo [...]"

A expressão sublinhada tem, nessa frase, um sentido de

a) espaço.

b) modo.

c) origem.

d) tempo.

15. (**FUMARC - 2012**) No texto lê-se "(...) **desde as** máquinas mais remotas e modestas **até** os computadores mais recentes e avançados..."

Os termos negritados acima têm, respectivamente, a equivalência de

a) modo/ lugar.

b) tempo/limite.

c) assunto/posse.

d) causa/origem.

16. (**UFMG**) Em todas as alternativas, a forma destacada indica circunstância

de tempo de modo, EXCETO em:

a) É extremamente sóbria no que toca às suas despesas pessoais.

b) Devo ter-me enrubescido ridiculamente, como donzela pudica.

c) Lucas Lesma passava repetidamente os dedos pela calva reluzente.

d) Da repetição, foi diretamente para casa, evitando passar pelo bar.

e) Um pouco maldosamente observou que ela estava muito feliz.

17. (**PUCMG**) Em todas as alternativas, a mudança proposta para o período em destaque alterou o sentido, EXCETO em:

a) Ela levantou lentamente os olhos para o céu. - Ela levantou os olhos lentamente para o céu.

b) Devo encontrá-lo apenas no shopping. - Devo apenas encontrá-lo no shopping.

c) O meu pedido foi só que ele estivesse aqui no horário marcado. - O meu pedido foi que ele estivesse aqui só no horário marcado.

d) Ele disse que necessariamente conseguiria resultados para a pesquisa. - Ele disse que conseguiria necessariamente resultados para a pesquisa.

e) Carmem gosta de pensar muito antes de agir. - Carmem gosta muito de pensar antes de agir.

18. (**UNIBH**) Quanto ao emprego do advérbio, está de acordo com a norma culta:

a) A garota estava meio cansada, estava com um ar tristonho e abatido.

b) Naquele tempo, onde tudo era mais difícil de encontrar, todos se ajudavam mais.

c) Cada vez menas pessoas são privilegiadas pelos decretos governamentais.

d) Aonde o barco quiser me levar eu vou indo.

19. (**FDMC**) Os termos destacados apresentam natureza adverbial, EXCETO:

a) Viver nas trevas é cuspir no progresso da humanidade.

b) (...) a pretidão feia caía de novo.

c) Só se sentia o cheiro do sangue.

d) Não tem luz... Pois não tem mesmo.

e) Belém já estava perto.

20. Em relação à ideia expressa no trecho "Estão sujos. Muito sujos.", pode-se afirmar que o advérbio, anteposto ao adjetivo, cumpre o papel de

a) enfatizar a relação entre os adjetivos termos da oração.

b) estabelecer circularidade ao que está sendo exposto.

c) reforçar o sentido expresso pelo adjetivo na primeira oração.

d) expor a ambiguidade entre as duas orações.

e) atribuir ideia de oposição entre os dois períodos.

GABARITO									
01. C	02. A	03. D	04. C	05. B	06. B	07. C	08. B	09. B	10. C
11. B	12. B	13. C	14. D	15. B	16. A	17. D	18. A	19. A	20. C

4. PREPOSIÇÃO

O Menino Doente
O menino dorme
Para que o menino
Durma sossegado
Sentada **a**o seu lado
A mãezinha canta:

"Dodói, vai-te embora!
Deixa o meu filhinho,
Dorme... dorme... meu..."

Morta **de** fadiga,
Ela adormeceu.
Então, **n**o ombro dela,
Um vulto **de** santa,
Na mesma cantiga,
Na mesma voz dela,
Se debruça e canta:

"Dorme, meu amor.
Dorme, meu benzinho..."

E o menino dorme.

– *Manuel Bandeira*

Preposição é o termo invariável que atua como conectivo entre as palavras, estabelecendo sempre uma relação de subordinação (dependência). Chama-se de **locução prepositiva** o conjunto de duas ou mais palavras que têm o valor de uma preposição (*a fim de*, *em via de*, *a par de*, etc.). Geralmente, são formadas por advérbios ou locuções adverbiais + preposições. As locuções prepositivas são invariáveis. (Ele vive *à custa* do pai)

As preposições podem ser essenciais, isto é, palavras que são sempre preposição (a, ante, após, até, com, contra, de, desde, em, entre, para, perante, por, sem, sob, sobre, trás) ou acidentais, palavras de outras classes, funcionando como preposição (segundo, salvo, senão, mediante, durante, consoante, conforme, afora, exceto, visto, etc.).

De acordo com o modo que se ligam a outras palavras, podemos ter o que chamamos de **combinação**, isto é, quando não há perda de fonema na ligação da preposição com outro termo (Eu não queria ir **a**onde eles foram, por isso fui **a**o cinema) ou contração, quando algum fonema é perdido em razão da ligação da preposição com outros termos (**No** momento em que cheguei, saíram todos correndo **pelo** portão).

A PERGUNTA QUE NÃO QUER CALAR...

1. "Lá em casa, somos em nove". Está correta essa frase?

Rigorosamente, não! Existe uma regra (um pouco já esquecida) que diz que não se deve usar a preposição 'em' entre o verbo ser e um numeral. Portanto, uma melhor construção seria: "Lá em casa somos nove".

2. Qual é a diferença entre a expressão 'ao encontro de' e 'de encontro a'?

'Ao encontro de' sugere situação favorável, conformidade, enquanto 'de encontro a' evidencia oposição, choque, contrariedade. Vejam: O filho correu **ao encontro do** pai, tropeçou e acabou indo **de encontro a** ele, derrubando-o.

É comum políticos dizerem que "seus planos vão **de encontro aos** anseios da população". Por incrível que pareça, até que neste ponto, falam a verdade! No entanto, melhor seria que tais planos fossem **ao encontro da** população, favorecendo-a. É isso que se espera de políticos comprometidos.

3. Posso dizer que "ela é atenciosa para com todos os fregueses"?

Sim. 'Até a' e 'para com' são locuções prepositivas, formadas excepcionalmente por duas preposições.

4. Está certa a frase "Fui ao cinema ao invés de estudar"?

Não! A palavra 'invés' significa inverso, contrário; por isso, a expressão 'ao invés de' deve ser utilizada para evidenciar uma ideia de oposição (Ao invés de vingar-se, ele lhe perdoou). Assim, o certo seria "Fui ao cinema em vez de estudar". Em vez de equivale a 'no lugar de'.

5. Posso usar 'pra' em vez da preposição 'para'?

Apenas no registro oralizado ou literário. Em músicas, é muito comum (*Eu vou pra Maracangalha, eu vou*). No entanto, no âmbito formal e escrito, evite sempre.

6. O certo é "eu tenho que estudar" ou "eu tenho de estudar"?

Ambas estão corretas. O 'que' funciona no caso em tela como preposição acidental.

5. Artigo

Canção mínima

N**o** mistério d**o** Sem-Fim,
equilibra-se **um** planeta.
E, n**o** planeta, **um** jardim,
e, n**o** jardim **um** canteiro;
n**o** canteiro **uma** violeta,
e sobre ela **o** dia inteiro,
entre **o** planeta e **o** Sem-Fim,
a asa de **uma** borboleta.

– *Cecília Meireles*

Artigo é a palavra variável que precede, determina ou generaliza o substantivo, indicando-lhe o gênero e o número. Podem ser definidos (*o*, *a*, *os*, *as*) e indefinidos (*um*, *uma*, *uns*, *umas*).

O artigo transforma qualquer palavra em substantivo (O andar era cauteloso) e ainda distingue os significados dos homônimos (o caixa, a caixa). É usado antes de nomes de continentes, mares, rios, desertos, montes, vulcões, oceanos, arquipélago, estados brasileiros, nomes de bairros, letras, números, notas musicais, clubes e agremiações, festas religiosas, obras artísticas e literárias, pontos cardeais e nomes com sentidos opostos (Ele ficou entre a vida e a morte).

Temos ainda artigo definido antes de nomes indicadores de ideias abstratas (Sempre amou a justiça / A prosperidade é mais perigosa para a alma que a adversidade para o corpo), antes de nomes de idiomas (Ainda não domino o alemão) e antes de nomes no singular ou no plural que designam espécies e gêneros (O homem é um ser racional / As orquídeas são flores mimosas).

Antes de nomes de lugares não se usa o artigo (*Passei as férias em Portugal / Brasília é a capital da República*), porém alguns nomes admitem o uso de tal classe (*Faz muito calor no Piauí / Passei as férias no Brasil*). Se o nome de lugar for feminino e admitir o uso do artigo, temos uma das condições satisfeitas para a ocorrência da crase (a outra condição é a preposição). Nos casos em que o lugar aparecer determinado, o uso do artigo é obrigatório (*A grande Belo Horizonte foi o centro do noticiário ontem*).

Não utilizamos o artigo antes de nomes de personagens históricas e não íntimas, nomes de algumas cidades que não se deixam determinar, planetas (exceto a Terra), antes das palavras Dom e Dona, antes do vocativo, antes de provérbios e antes de nomes dos meses do ano.

DICA DO PROFESSOR

- Omite-se o artigo antes da palavra casa, usada em sentido geral. **Ex.**: Não saio de casa; Já estou indo para casa. E também depois do pronome relativo cujo e flexões. **Ex.**: Este é o autor cuja obra aprecio.

- O uso do artigo é facultativo antes de pronomes possessivos e nomes próprios. **Ex.**: Esta é (a) minha irmã; Voltaram com (a) Maria da escola.

- Antes de nomes de revistas, obras literárias e jornais não se deve unir o artigo integrante dos nomes próprios à preposição. **Ex.**: Ele leu a notícia em O Globo; Encenaram um episódio de *Os Lusíadas*.

Fique atento: Depois do pronome indefinido *todo*, emprega-se o artigo quando a ideia é de totalidade (inteiro). Já quando a ideia é de qualquer, omite-se o artigo. **Ex.**: Andou por toda a loja (inteira); Todo país tem seu governo (qualquer).

6. NUMERAL

Podres Poderes

Será será que será que será que será
Será que essa minha estúpida retórica
Terá que soar, terá que se ouvir
Por mais ***zil*** anos?
– *Caetano Veloso*

Numeral é toda e qualquer palavra que exprime uma ideia de número. Podem ser cardinais (um, dez, cem), ordinais (primeiro, décimo, centésimo), multiplicativos (dobro, triplo, quádruplo) e fracionários (meio, metade, terço, quarto). O numeral pode flexionar ou não.

Empregamos os numerais para designar papas, reis, séculos e parte em que se divide uma obra.

Quando o numeral vem depois de um substantivo, utilizamos os ordinais até o décimo e, a partir daí, os cardinais: João Paulo II (segundo); João XXIII (vinte e três).

Para designar leis, decretos e portarias, utiliza-se o 'ordinal' até o nono e o 'cardinal' de dez em diante: Artigo 2º (segundo); Artigo 15 (quinze).

Quando o numeral estiver anteposto ao substantivo, geralmente, utiliza-se a forma ordinal: décimo terceiro capítulo.

DICA DO PROFESSOR

- Ambos/ambas são consideradas numerais duais, isto é, referem-se a um par de coisas ou pessoas, daí a expressão "ambos os dois" ser considerada pleonasmo.

- Também está errada a construção "João e Maria vieram. Todos os dois são médicos". A palavra todos só se emprega de três em diante. Por exemplo: "João, Maria e Joaquim chegaram. Todos três são médicos". Com o numeral dois, use o termo ambos: "João e Maria vieram. Ambos são médicos".

A PERGUNTA QUE NÃO QUER CALAR...

1. Posso suprimir o artigo depois de 'ambos' e dizer 'ambos alunos chegaram'?

Não! O numeral 'ambos' exige o artigo posposto. "Ambos os alunos chegaram".

2. A frase "O gol foi marcado ao um minuto de jogo" está correta?

Também não! Melhor seria dizer que "O gol foi marcado ao primeiro minuto de jogo". No entanto, de dois em diante usamos os cardinais: "O gol foi marcado apenas aos quarenta e oito minutos do segundo tempo".

3. Como devemos abreviar as palavras hora e minuto que acompanham os números?

Assim: 9h30min ou 9h30. Nunca usem: 9:30 / 9H / 9hs.

7. INTERJEIÇÃO

Não se admire se um dia um beija-flor invadir
A porta da tua casa te der um beijo e partir...
Fui eu que mandei o beijo que é pra matar meu desejo
Faz tempo que não lhe vejo, **Ah!** que saudade d'ocê...

– *Vital Farias*

Interjeição é a palavra invariável que exprime emoções, sensações, estados de espírito, ou que procura agir sobre o interlocutor, levando-o a adotar certo comportamento sem que, para isso, seja necessário fazer uso de estruturas linguísticas mais elaboradas.

Hoje, há uma discussão ampla em torno de a interjeição ser uma classe de palavra separada ou não. Muitos a consideram apenas como mais um tipo de frase que a Língua Portuguesa dispõe. Outros afirmam que as interjeições representam a parte menos racional da linguagem (M. Said Ali), por não traduzirem nenhuma estrutura sintática.

Principais interjeições:

Dor	Ai!; Ui!
Alegria	Ah!; Oh!; Aleluia!
Admiração	Ah!; Oh!; Puxa!
Animação	Avante!; Eia!; Força!; Vamos!
Aplauso	Bis!; Bravo!; Viva!
Apelo ou invocação	Olá!; Psiu!; Psit!
Desejo	Oh!; Oxalá!; Tomara!
Silêncio	Psiu!; Silêncio!
Pavor ou terror	Ui!; Credo!; Cruzes!
Espanto ou surpresa	Chi!; Uai!; Caramba!
Indignação	Apre!; Morra!; Fora!
Suspensão	Basta!; Alto!; Alto lá!
Advertência	Cuidado!; Atenção!
Descontentamento	Hum!; Heim!
Repulsa	Safa!; Fora! Aff!

As interjeições podem formar locuções, como por exemplo, "Credo em cruz", "Puxa vida", "Deus me livre", "Raios me partam", "Nossa senhora", "Muito obrigado", etc.

Algumas interjeições, como é o caso de "Oh!" podem denotar alegria, surpresa, espanto, desejo, dependendo do contexto em que se encontram e da entonação do falante. Vale lembrar que no vocativo escrevemos sempre "Ó", sem 'h'.

Ex.: Ó MAR SALGADO, quanto do teu sal são lágrimas de Portugal.

EXERCÍCIOS DE FIXAÇÃO

I) Considerando o Português padrão, corrija as frases abaixo se necessário:

01) O médico operou o paciente calmo.
02) O réu foi absolvido posto que não havia provas contra ele.
03) A reunião não acontecerá mais às 20h.
04) Face ao exposto, peço a condenação do réu.
05) Estava ao par dos esforços familiares.
06) Olhei-o dura e fixamente.
07) As crianças mais bem preparadas são as minhas.
08) O presidente do Brasil foi convidado para sentar na mesa com o presidente da França.
09) As vendas no comércio caíram em 50%.
10) O ônibus passa na porta de casa.
11) Todo o edifício ficou às escuras.
12) Todo edifício tem escadas.
13) O filme foi gravado mal e porcamente.
14) Luís, cujo o filho serve na Marinha, anda preocupado.
15) Todos os dois chegaram atrasados novamente.
16) Repetiu outra vez o relatório que estava a folhas 15.
17) Em que pese à incompetência generalizada, vamos caminhando.

18) Fez questão de entregar o convite de formatura em mão.
19) Antes de mais nada, gostaria de por as cartas na mesa.
20) Inobstante o seu comportamento, o pedido foi deferido.
21) Através do documento, pôde-se notar a falta de compromisso com a escrita.
22) A nível de educação, precisamos avançar muito!
23) Em longo prazo, serão necessárias inúmeras mudanças para a conquista do mercado.
24) Os computadores chegaram todos arranhados.
25) Ele estava em vias de perder o emprego.
26) O número de casos de gripe suína está crescendo, haja visto o último relatório do ministério da saúde.
27) Eram pessoas tremendamente mau-educadas.
28) A água congela a zero graus Celsius.
29) Esta água gelada vem ao encontro da minha sede.
30) Procurou o médico pela segunda vez e o mesmo não estava.

GABARITO	
01) E (frase ambígua)	16) E (pela segunda vez)
02) E (uma vez que)	17) C
03) C	18) C (A forma 'em mãos' também já é aceita)
04) E (Em face do/ diante do)	19) E (tudo)
05) E (a par)	20) E (não obstante)
06) C	21) E (por meio do)
07) C	22) E (em nível)
08) E (à mesa)	23) C (não use a longo prazo) Vejam: Fez o serviço em três dias /Em que prazo você fez o serviço? Não cabe a preposição 'a' nessas construções.
09) E	24) E
10) E (à porta)	25) E (em via de – locução invariável)
11) C	26) E (haja vista)
12) C	27) E (mal)
13) E (parcamente – vem de parco)	28) E (grau)
14) E	29) C
15) E (ambos)	30) E (ele)

8. VERBO

Além da Terra, além do Céu

Além da Terra, além do Céu,
no trampolim do sem fim das estrelas,
nos rastros dos astros,
na magnólia das nebulosas,
além, muito além do sistema solar,
até onde alcançam o pensamento e o coração
vamos!
vamos conjugar
o verbo fundamental, essencial,
o verbo transcendente, acima das
gramáticas
e do medo e da moeda e da política,
o verbo sempreamar
o verbo pluriamar,
razão de ser e de viver.

– *Carlos Drummond de Andrade*

Verbo é a palavra que se flexiona em número, pessoa, tempo, modo e voz. Pode indicar ação (correr, brincar); estado ou mudança de estado (ser, ficar); fenômeno natural (chover, anoitecer); ocorrência (acontecer, suceder). O verbo pode aparecer sozinho dentro do contexto ou em locução (conjunto formado por um verbo auxiliar + uma forma nominal).

8.1. Estrutura das formas verbais

a) Radical – é a parte (morfema) que concentra a significação básica do verbo. Não sofre variação e é obtida quando retiramos do verbo as terminações **-ar, -er, -ir**.

Pul-ar / **aprend**-er / **part**-ir

b) Vogal temática – é a vogal que liga o radical às desinências e indicam a conjugação: **-ar** (1ª conjugação); **-er** (2ª conjugação) e **–ir** (3ª conjugação)

Pul-**a**-r / aprend-**e**-r / part-**i**-r

Obs.: O verbo pôr e seus derivados (dispor, repor, compor, etc.) pertencem à 2ª conjugação, pois sua forma arcaica era *poer*.

c) Tema – é o conjunto formado pelo radical e pela vogal temática.

d) Desinências – São morfemas que se acrescentam ao tema para indicar as flexões do verbo.

Pulássemos (*sse* – desinência modo temporal / *mos* – desinência número-pessoal)

e) Formas **rizotônicas** (do grego 'rhiza', significa raiz) - Quando a sílaba tônica do verbo vem inserida no seu radical.

Ex.: amo – canto – parta – venda – bebam.

f) Formas **arrizotônicas** – são aquelas em que o acento recai na vogal temática ou desinência.

Ex.: amarei – cantemos – partirá – vendeis – venderíamos.

Geralmente, encontramos as formas rizotônicas na 1ª, na 2ª e na 3ª pessoas do singular e na 3ª pessoa do plural do presente do indicativo e do presente do subjuntivo, bem como as correspondentes do imperativo. As demais são arrizotônicas.

8.2. Modos verbais

8.1.1. Modo indicativo (expressa certeza, um fato real)

a) **Presente** – expressa um fato que ocorre no momento em que se fala. Todavia, em construções diferenciadas, também pode indicar ação passada ou futura. Vejam os exemplos abaixo:

*A água **ferve** a 100 graus Celsius.*

*Usain Bolt **assume** a liderança e vence facilmente a corrida.*

*Eu **venho** amanhã e trago os livros de filologia.*

b) **Pretérito** – expressa um fato que ocorreu numa época anterior ao momento em que se fala. Subdivide-se em:

- **Perfeito** (fato totalmente concluído). Quando composto, exprime geralmente a repetição de um fato ou a sua continuidade.

***Desenvolvi** o projeto inteiro sozinho.*

***Tenho viajado** muito ultimamente.*

- **Imperfeito** (fato não concluído – podendo indicar

ainda a duração ou a repetição de uma ação);

*O som **corria** todo o ambiente.*

*Clebernalda **levantada** cedo todos os dias.*

- **Mais-que-perfeito** (fato anterior a outro igualmente passado).

*Não **salvei** nada porque a enchente **arrastara** tudo.*

c) **Futuro** – expressa o fato que está por vir. Subdivide-se em:

- **Futuro do presente** – anuncia um fato que está por vir e que tem relação com o tempo presente. Pode ainda ser usado com valor imperativo.

***Passarei** no concurso e **ficarei** tranquilo breve, breve.*

***Honrarás** (=**honre**) teu pai e tua mãe.*

- **Futuro do pretérito** – expressa um fato posterior e relacionado com outro fato já passado, indicando geralmente certa dependência.

***Tivéssemos** um carro mais potente, **chegaríamos** a tempo.*

8.2.2. Modo subjuntivo (Expressa fatos hipotéticos, duvidosos, incertos ou eventuais)

a) **Presente** – expressa uma ação subordinada à outra e que se desenvolve no momento atual:

*Para o curso é preciso que **tenham** livros atualizados.*

b) **Pretérito imperfeito** – expressa uma ação passada, posterior e dependente de outra também no passado:

*Não **acreditei** que ele **tivesse** conseguido.*

c) **Futuro** – expressa uma ação futura (condicional, temporal ou conformativa), dependente de outra ação também no futuro:

*Quando **tivermos** todos os documentos, entraremos com a ação.*

*Se **for** preciso, eu te ajudarei.*

Obs.: Geralmente, associamos a palavra *que* com o **presente do subjuntivo**; a palavra *se* com o **pretérito imperfeito do** subjuntivo e *quando*, com o **futuro do subjuntivo**.

8.2.3. Modo Imperativo (expressa ordem, proibição ou pedido)

O imperativo é formado a partir do presente do indicativo sem o **s** final (Tu amas - ama tu). Na negativa, usaremos as formas do presente do subjuntivo (não ames tu).

8.3. Formas nominais

Tem esse nome porque são as formas verbais que mais se

assemelham a um nome, desempenhando tal papel. Na frase "Nadar faz bem" o verbo 'nadar', forma nominal, é visto como substantivo e recebe a função de sujeito da oração. As formas nominais podem ser assim classificadas:

a) **Infinitivo** – terminação -R (andar, correr, partir, compor): Indica uma ação propriamente dita, desempenhando uma função semelhante a do substantivo. O infinitivo é a única forma nominal que admite flexão de pessoa. **Ex.**: Convém **apresentar** soluções; A saída era **chamarmos** um mecânico;

b) **Gerúndio** – terminação -NDO (andando, correndo, partindo, compondo): Indica uma ação em curso e desempenha uma função semelhante a do adjetivo e advérbio. Não apresenta flexão. **Ex.**: Conhecendo o caminho, chegarás a tempo; Os meninos, brincando na grama, pareciam tranquilos;

c) **Particípio** – terminação -ADO, -IDO ou forma irregular (cantado, corrido, partido, composto): Indica uma ação já acabada, desempenhando função semelhante a dos adjetivos. **Ex.**: Reveladas as razões, puderam sair.

8.4. Verbos regulares

Não sofrem alteração no radical. Flexionam-se de acordo com o paradigma da conjugação a que pertencem. Vejam os exemplos abaixo:

Presente do indicativo		
1ª conjugação	2ª conjugação	3ª conjugação
canto	vendo	parto
cantas	vendes	partes
canta	vende	parte
cantamos	vendemos	partimos
cantais	vendeis	partis
cantam	vendem	partem
Pretérito perfeito do indicativo		
cantei	vendi	parti
cantaste	vendeste	partiste
cantou	vendeu	partiu
cantamos	vendemos	partimos
cantastes	vendestes	partistes
cantaram	venderam	partiram

Pretérito imperfeito do indicativo		
cantava	vendia	partia
cantavas	vendias	partias
cantava	vendia	partia
cantávamos	vendíamos	partíamos
cantáveis	vendíeis	partíeis
cantavam	vendiam	partiam
Pretérito-mais-que-perfeito do indicativo		
cantara	vendera	partira
cantaras	venderas	partiras
cantara	vendera	partira
cantáramos	vendêramos	partíramos
cantáreis	vendêreis	partíreis
cantaram	venderam	partiram
Futuro de presente		
cantarei	venderei	partirei
cantarás	venderás	partirás
cantará	venderá	partirá
cantaremos	venderemos	partiremos
cantareis	vendereis	partireis
cantarão	venderão	partirão
Futuro de pretérito		
cantaria	venderia	partiria
cantarias	venderias	partirias
cantaria	venderia	partiria
cantaríamos	venderíamos	partiríamos
cantaríeis	venderíeis	partiríeis
cantariam	venderiam	partiram

Presente do subjuntivo (que)		
cante	venda	parta
cantes	vendas	partas
cante	venda	parta
cantemos	vendamos	partamos
canteis	vendais	partais
cantem	vendam	partam
Pretérito imperfeito do subjuntivo (se)		
cantasse	vendesse	partisse
cantasses	vendesses	partisses
cantasse	vendesse	partisse
cantássemos	vendêssemos	partíssemos
cantásseis	vendêsseis	partísseis
cantassem	vendessem	partissem

Futuro do subjuntivo (quando)		
cantar	vender	partir
cantares	venderes	partires
cantar	vender	partir
cantarmos	vendermos	partirmos
cantardes	venderdes	partirdes
cantarem	venderem	partirem

Imperativo Afirmativo			
Tu	canta	vende	parte
Você	cante	venda	parta
Nós	cantemos	vendamos	partamos
Vós	cantai	vendei	parti
Vocês	cantem	vendam	partam

Imperativo Negativo			
Tu	não cantes	não vendas	não partas
Você	não cante	não venda	não parta
Nós	não cantemos	não vendamos	não partamos
Vós	não cantai	não vendei	não parti
Vocês	não cantem	não vendam	não partam

Infinitivo pessoal		
cantar	vender	partir
cantares	venderes	partires
cantar	vender	partir
cantarmos	vendermos	partirmos
cantardes	venderdes	partirdes
cantarem	venderem	partirem

Infinitivo Impessoal		
cantar	vender	partir
Gerúndio		
cantando	vendendo	partindo
Particípio		
cantado	vendido	partido

Obs.: O verbo VIGER (= vigorar, valer) é regular da 2ª conjugação. Deve seguir o modelo: temendo, perdendo, vencendo... Sendo assim, "a lei ainda está VIGENDO", isto é, ainda está VALENDO, ainda é VIGENTE, ainda está na sua VIGÊNCIA.

8.5. Verbos irregulares

São aqueles verbos que, em algum tempo ou pessoa, se afastam do modelo da conjugação, sofrendo alteração no radical ou nas desinências (passear, intermediar, crer, etc.). No exemplo abaixo, notamos a irregularidade da 1ª pessoa:

Verbo pedir
peç - o
ped - es
ped - e
ped - imos
ped - is
ped - em

8.6. Verbos defectivos

Verbos que não possuem conjugação completa.

- Pessoais: não possuem uma ou algumas pessoas, tempo ou modo (abolir, remir, caber).
- Unipessoais: só possuem as formas da 3ª pessoa (cumprir, convir, miar, florir, etc.).

Observações:

a) Os verbos ***reaver*** e ***precaver*** são conjugados apenas nas formas arrizotônicas do presente do indicativo e tempos derivados (nós reavemos; vós reaveis; nós nos precavemos; vós vos precaveis). Não há presente do subjuntivo, nem imperativo negativo. No imperativo afirmativo, temos as formas reavei vós; precavei-vos vós. Nos demais tempos, o verbo ***reaver*** é conjugado como o verbo ***haver***; e o verbo ***precaver*** como verbo regular (modelo de vender).

b) Os verbos ***abolir***, ***aturdir***, ***banir***, ***brandir***, ***carpir***, ***colorir***, ***demolir***, ***delinquir***, ***esculpir***, ***exaurir***, ***explodir***, ***fugir***, ***feder***, ***puir***, ***retorquir***, *e* ***soer*** não apresentam a 1ª pessoa do singular do presente do indicativo e as pessoas do presente do subjuntivo e do imperativo, tomadas do presente do subjuntivo.

c) Os verbos ***ventar***, ***grassar***, ***gear***, ***trovejar***, etc. só apresentam a 3ª pessoa.

d) O verbo ***falir*** é conjugado apenas nas formas arrizotônicas. Em vez de construções do tipo "Eu falo / Eles falem" use "Estou falido / Entraram em falência".

e) O verbo ***adequar*** só é conjugado nas primeiras e nas segundas pessoas do plural. Portanto, estão erradas construções do tipo "eu me adequo, ele se adequa". Prefira "Eu já me adequei" - no pretérito perfeito está correto.

f) O verbo ***caber*** apresenta irregularidade na primeira pessoa do singular (caibo), o que afeta o subjuntivo presente; não possui imperativo em função de seu significado.

g) ***Consumar*** é verbo regular; não confundir com o verbo *consumir*.

h) O verbo ***poder*** não tem imperativo.

i) O verbo ***parir*** apresenta as seguintes formas no presente do indicativo: pairo, pares, pare, parimos, paris, parem.

j) O verbo ***computar*** é defectivo. No presente do indicativo, só apresenta plural: nós computamos; vós computais; eles computam. O pretérito e o futuro são regulares. Em vez de "Ele computa" use "ele está computando" ou substituir por um sinônimo (= "ele calcula").

k) O verbo ressarcir não apresenta as formas e nem todo o presente do subjuntivo. Não use, portanto, "Tomara que o vendedor nos ressarça". Use "indenize".

8.7. verbos abundantes

São aqueles que possuem duas ou mais formas equivalentes. É comum os livros didáticos apresentarem verbos abundantes somente de particípio. A abundância de fato acontece mais nesta forma nominal, mas também ocorre em outras formas.

Há um verbo com dois infinitivos: fremer e fremir (estremecer, tremer, agitar-se).

"Apiedar" possui duas formas para o presente e imperativo: apiedo/apiado.

Construir e destruir estão nas mesmas condições: construis ou constróis, construi ou constrói, construem ou constroem; destruis ou destróis, destrui ou destrói, destruem ou destroem.

Já os verbos "instruir" e "obstruir" não possuem formas abundantes.

O verbo "comprazer" tem duas formas para todo o pretérito perfeito do indicativo: comprazi, comprazeste, comprazeu, comprazemos, comprazestes, comprazeram; ou comprouve, comprouveste, comprouve, comprouvemos, comprouvestes, comprouveram. Esta abundância é transportada também para os tempos derivados do pretérito perfeito do indicativo, como: pretérito mais-que-perfeito do indicativo, futuro do subjuntivo, pretérito imperfeito do subjuntivo.

Há também as formas abundantes: vamos/imos, entope(s)/entupe(s), faze/faz, dize/diz, traze/traz, refolgo/refólego. Algumas já são de uso arcaico.

Particípio irregulares de primeira conjugação

aceitar: aceitado / aceito
entregar: entregado / entregue
enxugar: enxugado / enxuto
expressar: expressado / expresso
expulsar: expulsado / expulso
fartar: fartado / farto
findar: findado / findo
isentar: isentado / isento
matar: matado / morto
salvar: salvado / salvo
soltar: soltado / solto
vagar: vagado / vago

Particípio irregulares de segunda conjugação

acender: acendido / aceso
benzer: benzido / bento
eleger: elegido / eleito
envolver: envolvido / envolto
incorrer: incorrido / incurso
morrer: morrido / morto
nascer: nascido / nato
prender: prendido / preso
romper: rompido / roto
suspender: suspendido / suspenso

Particípio irregulares de terceira conjugação

emergir: emergido / emerso
erigir: erigido / ereto
exprimir: exprimido / expresso
extinguir: extinguido / extinto
frigir: frigido / frito
imergir: imergido / imerso
imprimir: imprimido / impresso
incluir: incluído / incluso
inserir: inserido / inserto
omitir: omitido / omisso
submergir: submergido / submerso
tingir: tingido / tinto

Observações:

1) Os particípios regulares são empregados acompanhados dos verbos auxiliares "ter" ou "haver" (O juiz tinha expulsado o jogador).

2) Os particípios irregulares são empregados acompanhados dos verbos auxiliares "ser" ou "estar" (O jogador foi expulso).

3) Somente as formas irregulares podem ser usadas como adjetivo, por isso elas combinam com ser, estar, ficar, andar, ir e vir.

4) A forma "morto" é particípio irregular de "matar" e "morrer".

5) A forma "roto" é mais empregada atualmente como adjetivo.

6) O verbo "imprimir" possui duplo particípio somente no sentido de "estampar", "gravar". Já no sentido de "infundir", "produzir movimento" só possui a forma regular: imprimido.

7) Os verbos trazer e tragar não são abundantes. Seus particípios são trazido e tragado respectivamente. Possuem em comum apenas a 1ª pessoa do singular do presente do indicativo.

8) Os verbos *chegar*, *falar*, *empregar* e *comprar* possuem apenas a forma do particípio regular: chegado, falado, empregado e comprado.

Verbos que só possuem o particípio irregular

dizer: dito
escrever: escrito
fazer: feito
ver: visto
pôr: posto
abrir: aberto
cobrir: coberto
vir: vindo

8.8. Verbos Derivados

Como o próprio nome já diz, verbos derivados são aqueles que seguem o mesmo paradigma da conjugação dos verbos que lhes deram origem (primitivos).

a) Derivados do verbo ver: **antever**, **entrever**, **prever** e **rever**, portanto, seguem a mesma conjugação de verbo ver. Já os verbos *prover* e *desprover* (exceções) são conjugados como verbo regular, conforme exemplo abaixo:

Verbo *prover* - formas que apresentam problemas		
Pretérito perfeito do Ind.	Pretérito mais-que-perf. Ind.	Futuro do Subjuntivo
provi	provera	prover
proveste	proveras	proveres
proveu	provera	prover
provemos	provêramos	provermos
provestes	provêreis	proverdes
proveram	proveram	proverem
Particípio - provido		

b) Derivados do verbo vir: advir, convir, desavir-se, intervir, provir.

Verbo *intervir* – formas que apresentam problemas			
Pret. perfeito do Indicativo	Pret. mais-que-perfeito do Ind.	Futuro do Subjuntivo	Pret. Imperfeito do Subjuntivo
intervim	interviera	intervier	interviesse
intervieste	intervieras	intervieres	interviesses
interveio	interviera	intervier	interviesse
interviemos	interviéramos	interviermos	interviéssemos
interviestes	interviéreis	intervierdes	interviésseis
intervieram	intervieram	intervierem	interviessem
Particípio – intervindo			

c) Derivados do verbo pôr: antepor, apor, compor, contrapor, decompor, depor, dispor, expor, impor, propor, repor, supor, transpor, etc.

Verbo *compor* – formas que apresentam problemas			
Pret. perfeito do Indicativo	Pret. mais-que-perfeito do Ind.	Futuro do Subjuntivo	Pret. Imperfeito do Subjuntivo
compus	compusera	compuser	compusesse
compuseste	compuseras	compuseres	compusesses
compôs	compusera	compuser	compusesse
compusemos	compuséramos	compusermos	compuséssemos
compusestes	compuséreis	compuserdes	compusésseis
compuseram	compuseram	compuserem	compusessem

d) Verbos terminados em ***ear*** são irregulares nas formas rizotônicas do presente do indicativo e tempos derivados, pois recebem o acréscimo do <u>i</u> ao radical. Nos demais tempos são regulares.

Verbo *pentear*			
Presente do Indicativo	Presente do Subjuntivo	Imperativo afirmativo	Imperativo Negativo
penteio	penteie	***	***
penteias	penteies	penteia tu	não penteies tu
penteia	penteie	penteie você	não penteie você
penteamos	penteemos	penteemos nós	não penteemos nós
penteais	penteeis	penteai vós	não penteeis vós
penteiam	penteiem	penteiem vocês	não penteiem vocês

Verbo *frear* - formas que apresentam problemas			
Pret. perfeito do Indicativo	Pret. mais-que--perfeito do Ind.	Futuro do Subjuntivo	Pretérito Imperfeito do Subjuntivo
freei	freara	frear	freasse
freaste	frearas	freares	freasses
freou	freara	frear	freasse
freamos	freáramos	frearmos	freássemos
freastes	freáreis	freardes	freásseis
frearam	frearam	frearem	freassem

e) Verbos terminados em ***iar*** são regulares, não sofrendo assim alteração em seus radicais. Exceto: **Mediar**, **ansiar**, **remediar**, **incendiar** e **odiar**.

Verbo *ansiar*			
Presente do Indicativo	Presente do Subjuntivo	Imperativo afirmativo	Imperativo Negativo
anseio	anseie	***	***
anseias	anseies	anseia tu	não anseies tu
anseia	anseie	anseie você	não anseie você
ansiamos	ansiemos	ansiemos nós	não ansiemos nós
ansiais	ansieis	ansiai vós	não ansieis vós
anseiam	anseiem	anseiem vocês	não anseiem vocês

Verbo *mobiliar**			
Presente do Indicativo	Presente do Subjuntivo	Imperativo afirmativo	Imperativo Negativo
mobílio	mobílie	***	***
mobílias	mobílies	mobília tu	não mobílies tu
mobília	mobílie	mobílie você	não mobílie você
mobiliamos	mobiliemos	mobiliemos nós	não mobiliemos nós
mobiliais	mobilieis	mobiliai vós	não mobilieis vós
mobíliam	mobíliem	mobíliem vocês	não mobíliem vocês

* Pode também ser escrito *mobilhar* e *mobilar* (preferido em Portugal)

f) Verbos terminados em ***uar*** são regulares com sílaba tônica no **U**. Alguns apresentam deslocamento da sílaba tônica no presente do indicativo e tempos derivados.

Verbo averiguar		Verbo aguar	
Presente do Indicativo	Presente do subjuntivo	Presente do Indicativo	Presente do subjuntivo
averiguo	averigue	águo	água
averiguas	averigues	águas	águes
averigua	averigue	água	águe
averiguamos	averiguemos	aguamos	aguemos
averiguais	averigueis	aguais	agueis
averiguam	averiguem	águam	águem

Obs.: Há quem considere corretas as formas com sílabas tônicas no U (agUo, agUas, etc.), porém sem amparo nas normas cultas do Português.

8.9. Verbos anômalos

Sofrem alteração profunda no radical. Vejam os exemplos abaixo.

Verbo ser	Verbo ir
sou	vou
és	vais
é	vai
somos	vamos
sois	ides
são	vão

8.10. Outras conjugações verbais

Verbo requerer – semelhante ao verbo *querer*, exceto nos casos abaixo:				
Presente do Indicativo	Pretérito perf. do Indicativo	Pret. mais-que--perf. do Indic.	Futuro do Subjuntivo	Pret. Imperf. do subjuntivo
requeiro	requeri	requerera	requerer	requeresse
requeres	requereste	requereras	requereres	requeresses
requer	requereu	requerera	requerer	requeresse
requeremos	requeremos	requerêramos	requerermos	requerêssemos
requereis	requerestes	requerêreis	requererdes	requerêsseis
requerem	requereram	requereram	requererem	requeressem

<table>
<tr><th colspan="3">Verbo ferir – trocam o e por i na primeira pessoa do singular no presente do indicativo e em todo o presente do subjuntivo (não são defectivos)</th></tr>
<tr><th>Presente do Indicativo</th><th>Presente do subjuntivo</th><th>Seguem o mesmo modelo:</th></tr>
<tr><td>firo</td><td>fira</td><td rowspan="6">aderir, advertir, aferir, assentir, auferir, competir, conferir, conseguir, consentir, convergir, deferir, desferir, despir, diferir, discernir, divergir, divertir, expelir, gerir, impelir, inferir, ingerir, inserir, investir, mentir, perseguir, preferir, preterir, proferir, referir-se, refletir, repelir, repetir, revestir, seguir, sentir, servir, sugerir, transferir, vestir...</td></tr>
<tr><td>feres</td><td>firas</td></tr>
<tr><td>fere</td><td>fira</td></tr>
<tr><td>ferimos</td><td>firamos</td></tr>
<tr><td>feris</td><td>firais</td></tr>
<tr><td>ferem</td><td>firam</td></tr>
</table>

<table>
<tr><th colspan="3">Verbo agredir – trocam o e por i nas formas rizotônicas do presente do indicativo e em todo o presente do subjuntivo</th></tr>
<tr><th>Presente do Indicativo</th><th>Presente do subjuntivo</th><th>Seguem o mesmo modelo:</th></tr>
<tr><td>agrido</td><td>agrida</td><td rowspan="6">regredir
progredir
transgredir
prevenir
cerzir
denegrir</td></tr>
<tr><td>agrides</td><td>agridas</td></tr>
<tr><td>agride</td><td>agrida</td></tr>
<tr><td>agredimos</td><td>agridamos</td></tr>
<tr><td>agredis</td><td>agridais</td></tr>
<tr><td>agridem</td><td>agridam</td></tr>
</table>

<table>
<tr><th colspan="3">Verbo cobrir – trocam o o por u na primeira pessoa do singular no presente do indicativo e em todo o presente do subjuntivo</th></tr>
<tr><th>Presente do Indicativo</th><th>Presente do subjuntivo</th><th>Seguem o mesmo modelo:</th></tr>
<tr><td>cubro</td><td>cubra</td><td rowspan="6">encobrir
engolir
descobrir
recobrir
dormir
tossir</td></tr>
<tr><td>cobres</td><td>cubras</td></tr>
<tr><td>cobre</td><td>cubra</td></tr>
<tr><td>cobrimos</td><td>cubramos</td></tr>
<tr><td>cobris</td><td>cubrais</td></tr>
<tr><td>cobrem</td><td>cubram</td></tr>
</table>

Verbo subir – trocam o **u** por **o** nas formas rizotônicas do presente do indicativo (exceto na primeira pessoa do singular)	
Presente do Indicativo	Seguem o mesmo modelo:
subo	acudir, bulir, consumir, cuspir, entupir, escapulir, fugir e sumir.
sobes	
sobe	
subimos	
subis	
sobem	

Verbo polir – trocam o **o** por **u** nas formas rizotônicas do presente do indicativo e em todo o presente do subjuntivo		
Presente do Indicativo	Presente do subjuntivo	Seguem o mesmo modelo:
pulo	pula	sortir e despolir
pules	pulas	
pule	pula	
polimos	pulamos	
polis	pulais	
pulem	pulam	

Verbo cair – perde o **i** na 3ª pessoa do plural do presente do indicativo	
Presente do Indicativo	Seguem o mesmo modelo:
caio	atrair contrair distrair extrair retrair sair...
cais	
cai	
caímos	
caís	
caem	

Verbo frigir		
Presente do Indicativo	Presente do subjuntivo	As formas verbais trocam o **i** por **e** nas formas rizotônicas do presente do indicativo (exceto na 1ª p.s. em que troca o **g** por **j**), o mesmo ocorre em todo o presente do subjuntivo
frijo	frija	
freges	frijas	
frege	frija	
frigimos	frijamos	
frigis	frijais	
fregem	frijam	

Verbo aprazer			
Presente do Indicativo	Pretérito Perfeito	Pretérito Imperfeito	O verbo aprazer é mais usado nas 3as pessoas. O primitivo (prazer) só é usado na 3ª pessoa do singular em todos os tempos e modos.
aprazo	aprouve	aprazia	
aprazes	aprouveste	aprazias	
apraz	aprouve	aprazia	
aprazemos	aprouvemos	aprazíamos	
aprazeis	aprouvestes	aprazíeis	
aprazem	aprouveram	apraziam	

8.11. Tempos Compostos – ter / haver + particípio

Modo Indicativo			
Pret. Perfeito Composto	**mais-que-perfeito comp.**	**Fut. do pres. composto**	**Fut. do pret. composto**
tenho cantado	tinha batido	terei partido	teria falado
tens cantado	tinhas batido	terás partido	terias falado
tem cantado	tinha batido	terá partido	teria falado
temos cantado	tínhamos batido	teremos partido	teríamos falado
tendes cantado	tínheis batido	tereis partido	teríeis falado
têm cantado	tinham batido	terão partido	teriam falado

Modo Subjuntivo		
Pret. Perfeito Composto	**mais-que-perfeito comp.**	**Fut. do pres. composto**
tenha cantado	tivesse batido	tiver partido
tenhas cantado	tivesses batido	tiveres partido
tenha cantado	tivesse batido	tiver partido
tenhamos cantado	tivéssemos batido	tivermos partido
tenhais cantado	tivésseis batido	tiverdes partido
tenham cantado	tivessem batido	tiverem partido

Formas nominais compostas		
Infinitivo flexionado composto	**Infinitivo não flexionado composto**	**Gerúndio composto**
ter cantado	ter batido	tendo partido
teres cantado		
ter cantado		
termos cantado		
terdes cantado		
terem cantado		

8.12. Verbos pronominais

são aqueles verbos que vêm acompanhados de pronomes oblíquos átonos, mas não são reflexivos. Podem ser essencialmente pronominal, quando sempre vêm acompanhados de preposição (suicidar-se, apoderar-se, atrever-se, ausentar-se, queixar-se, etc.), ou acidentalmente pronominal, podendo ser conjugados com ou sem preposição (lembrar-se, esquecer-se, debater-se, enganar-se, etc.).

8.13. Vozes verbais

a) **Ativa** – sujeito agente (**Ex.**: O jornalista entrevistou o ministro). Geralmente o sujeito desencadeia a ação. Vale ressaltar a presença do verbo transitivo direto e do objeto direto.

b) **Passiva** – sujeito paciente (**Ex.**: O ministro foi entrevistado pelo jornalista. / Cobrem-se botões.) O sujeito sofre uma determinada ação.

Obs.: O objeto direto da voz ativa torna-se o sujeito da voz passiva, chamado de sujeito paciente. O sujeito da voz ativa torna-se o agente da passiva.

A voz passiva é utilizada, geralmente, por uma questão enfática. Quando se diz que "uma criança foi devorada por um leão", enfatiza-se mais o termo 'criança'. Tudo o que aparece na primeira posição dentro de uma oração torna-se mais enfático. Esse processo é chamado de *topicalização*. Faz-se da informação mais importante um tópico, por isso vem primeiro.

A voz passiva pode ser classificada da seguinte maneira:

- **Voz passiva analítica** – É importante ressaltar que o verbo auxiliar (***ser, estar***) deve ser conjugado no mesmo tempo em que se encontra o verbo principal. Os dois verbos juntos (auxiliar e principal) formam uma locução verbal. Pode aparecer ou o agente da passiva.

Ex.: Os carros foram vendidos.

Os carros foram vendidos pelos corretores.

- **Voz passiva sintética** – com verbo + se (pronome apassivador); sem agente da passiva.

Ex.: Venderam-se os carros.

c) **Voz reflexiva** – o ser a que o verbo se refere é agente e paciente do processo. E o verbo inserido no contexto é pronominal.

Ex.: O ministro afastou-se do cargo. / Ivonete cortou-se. / Ela se enfeita.

8.14. O uso do infinitivo

8.14.1. Infinitivo flexionado

Flexiona-se o infinitivo:

a) quando tiver sujeito próprio, diferente do sujeito da oração principal. Exemplos:

Julgamos ***serem*** eles os culpados.

Este astrônomo afirmou não ***existirem*** discos voadores.

Eles acham uma temeridade ***vivermos*** num lugar desses.

b) quando vierem regidos por preposição e precederem a oração principal. Exemplos:

Ao ***perceberem*** que estavam sendo filmados, os assaltantes fugiram.

Para ***chegarmos*** a uma conclusão correta, consultamos mais de cem especialistas.

Por não ***terem*** acreditado na fúria do vulcão é que muitos perderam a vida.

c) quando o infinitivo for verbo passivo, reflexivo ou pronominal. Exemplos:

É possível combatê-los sem se ***cometerem*** abusos.

Essas tintas, após se ***diluírem***, mudam de cor.

Eles mandaram os filhos se ***alistarem*** como voluntários.

As duas tribos estão acostumadas a se ***combaterem*** sempre que surgem desavenças.

Despediu-se de Felipe dizendo que não convinha ***serem*** vistos juntos. (Clarice Lispector)

Por que negar às coitadas o direito de se ***vestirem*** sem exibições grotescas? (Rachel de Queirós)

d) por questões enfáticas, também empregamos o infinitivo flexionado quando for necessário deixar claro o agente ou o sujeito da oração e também para transmitir vigor à ideia expressa pelo infinitivo. Exemplos:

É preciso ***aprendermos*** a esquecer de nós mesmos. (Ciro dos Anjos)

Acho uma temeridade ***viverem*** neste bairro sombrio.

Recebeu-me altivo com os olhos a ***faiscarem*** de cólera.

Expectativa na economia faz as ações ***subirem***.

8.14.2. *Infinitivo não flexionado*

Não se flexiona o infinitivo:

a) quando, de regra, o sujeito for o mesmo da oração principal. Exemplos:

Eles se julgam com o direito de ***invadir*** as nossas terras.

Não fomos capazes de ***estabilizar*** a economia.

b) quando formar uma locução verbal. Exemplos:

Eles não quiseram ***receber*** os presentes.

Os líderes devem, no exercício de suas funções, ***ser*** justos e corretos.

c) quando depende dos verbos causativos (mandar, fazer, deixar, e sinônimos) e dos verbos sensitivos (ver, ouvir, sentir, olhar e sinônimos) e tiver por sujeito um pronome pessoal átono. Exemplos:

Faça-os ***entrar***

Ela deixa-os ***sair*** à rua.

Sentiu-os ***aproximar***-se.

Atenção: Se o sujeito do infinitivo vier anteposto ao verbo e representado por um nome substantivo, ocorre a flexão.

Deixai os pequeninos ***virem*** a mim.

Viu ***desfilarem***, uma por uma, todas as mulheres fatais. (Camilo Castelo Branco)

Faziam, num átimos, os grãos ***saltarem*** das espigas. (Ciro dos Anjos)

d) quando a oração no infinitivo é complemento de substantivos ou adjetivos. Exemplos:

Assumimos a obrigação de ***indenizar*** as famílias.

Esses trabalhos são fáceis de ***fazer***.

Estão dispostos a ***fechar*** o contrato.

Não foram capazes de ***concluir*** a obra.

e) quando, precedido da preposição a, formar locução verbal equivalente a um gerúndio. Exemplos:

Viviam a ***elogiar*** aqueles homens sem lei.

Passavam o dia a ***falar*** da vida alheia.

f) quando tiver sentido imperativo. Exemplos:

Atenção, soldados, ***olhar*** para frente!

À esquerda, ***volver***!

Said Ali, em sua obra "Dificuldades da língua Portuguesa", ensina que o emprego do infinitivo perpassa mais por um caráter estilístico do que de imposição gramatical propriamente dita, principalmente quando trabalhado com um viés enfático, levando-se em conta a intenção e o elemento subjetivo. Domingos Paschoal Cegalla em "Dicionário de Dificuldades da Língua Portuguesa" comunga do mesmo entendimento.

José Oiticica disse a frase, de que Aires da Mata Machado Filho lamentou não ter sido o autor, restando-lhe apenas a satisfação de repetir: "Mandem os gramáticos às favas e empreguem o infinitivo à vontade".

Júlio Nogueira, também acerca do polêmico assunto, assim conclui sua lição a respeito: "Além das sumárias indicações que aí ficam, difícil será estabelecer regras seguras. É este um dos assuntos que têm dividido os competentes na matéria, dando lugar a fortes dissídios. Em alguns casos a preferência entre a forma invariável e a variável é apenas de intuição natural, por eufonia, orientação perigosa, pois o que a uns parece agradável ao ouvido, a outros soa mal. Nisto, como no mais, os clássicos não são acordes, nem podem, pela prática generalizada, servir de modelo".

Portanto, meus caros, o infinitivo constitui um dos casos mais discutidos na língua portuguesa e estabelecer regras para o uso de sua forma flexionada é deveras complicado. Assim, temos uma seara de muitas discussões e reflexões.

8.15. Considerações Finais

Muito cuidado com a mistura de registros linguísticos em relação aos verbos. É muito comum ouvirmos as seguintes construções: "eu vou dar uma olhada...", "eu vou dar uma corrida...", "eu vou dar uma entrada...", etc. Tais construções não estão corretas de acordo com a norma culta da língua. Use: "eu olharei ou eu vou olhar", eu correrei ou eu vou correr", etc.

Evite a todo custo o gerundismo (vício de linguagem) – "Eu vou estar fazendo compras"; "eu vou estar te ligando", etc. Prefira: Eu farei compras ou Eu vou fazer compras, etc.

Para muitos, o verbo colocar é um coringa que se encaixa em qualquer frase. Não podemos nos esquecer de que, na maioria das vezes, tal uso verbal evidencia um contexto coloquial. Sendo assim, deve ser evitado no registro formalizado. Vejam os exemplos abaixo, sendo que a segunda construção é preferível à primeira:

> *O aluno pediu a palavra para colocar suas idéias / O aluno pediu a palavra para apresentar (expor) suas ideias.*
>
> *Os larápios pretendiam colocar o dinheiro numa lixeira / Os larápios pretendiam esconder o dinheiro numa lixeira.*
>
> *O aniversariante vai colocar o convite no quadro de avisos / O aniversariante vai fixar o convite no quadro de avisos.*
>
> *Valdelinda pretendia colocar fogo nas vestes / Valdelinda pretendia atear fogo nas vestes (**incendiar** as vestes).*
>
> *O soldado não quis colocar a farda / O soldado não quis vestir a farda.*
>
> *É preciso colocar mais sal na sopa / É preciso acrescentar mais sal na sopa.*
>
> *Ele decidiu colocar o anúncio no jornal / Ele decidiu publicar o anúncio no jornal.*
>
> *O médico foi obrigado a colocar uma sonda / O médico foi obrigado a introduzir uma sonda.*

A PERGUNTA QUE NÃO QUER CALAR...

1. O verbo ADEQUAR é defectivo ou não?

Segundo a tradição gramatical, o verbo ADEQUAR é defectivo. Verbo defectivo é aquele que tem defecção (=falta de algumas formas). No presente do indicativo, só tem a primeira pessoa do plural (=nós adequamos) e a segunda pessoa do plural (=vós adequais); no presente do subjuntivo, não há pessoa alguma. **É essa a visão dos professores que organizam a maioria dos nossos concursos.**

Há, entretanto, um bom número de estudiosos, entre eles a equipe que organizou o dicionário Houaiss, que já aceita a conjugação completa do verbo ADEQUAR, como o modelo abaixo.

Verbo *adequar*	
Presente do Indicativo	**Presente do subjuntivo**
Eu adequo	que eu adeque
Tu adequas	que tu adeques
Ele adequa	que ele adeque
Nós adequamos	que nós adequemos
Vós adequais	que vós adequeis
Eles adequam	que eles adequem

Assim, numa prova de concurso público, em vez de utilizar a frase "É preciso que a nossa empresa SE ADEQUE à realidade do mercado", a solução seria "... que a nossa empresa FIQUE ADEQUADA à realidade do mercado".

Obs.: Nos tempos do pretérito e do futuro, tudo normal: ele adequou, adequava, adequara, adequará, adequaria, adequando, adequado...

2. Posso dizer "eu extorco alguém"?

Não pode! O verbo EXTORQUIR é defectivo (= eu "extorco" não existe). Além disso, temos um problema semântico. O verbo EXTORQUIR vem do latim extorquere (= arrancar alguma coisa de alguém sob tortura). O prefixo "ex" significa movimento para fora (= arrancar) e torquere é torcer (= implícita aqui a ideia de tortura). Isso significa que o verbo EXTORQUIR, desde a sua origem, é usado como "arrancar". Portanto, construções do tipo "*João extorquiu o dono da padaria*" ou "*José extorquiu a família da vítima*" **estão erradas**. O certo seria dizer que *João extorquiu dinheiro do dono da padaria; José extorquiu uma quantia vultosa da família da vítima.*

Obs.: Troque o verbo EXTORQUIR por "arrancar", se a frase ficar coesa, a construção está correta. Nos exemplos acima, dizer que João arrancou o dono da padaria, não faria sentido. No entanto, dizer que João arrancou dinheiro do dono da padaria é uma frase plenamente coesa.

3. E os verbos EXPLODIR, ABOLIR, COLORIR e DEMOLIR? Podem ser usados na 1ª pessoa?

Também não! Tais verbos são defectivos: só existem nas formas verbais em que após a raiz aparecem as vogais "e" ou "i": explode, explodem, explodindo, abolimos, abolido, demolimos, demoliu, demolindo... Sendo assim, rigorosamente não "existem" formas como "expludo ou explodo, abulo ou abolo, coloro ou colora, demula ou demola".

4. Qual é a diferença entre CAPTURAR, CAPTAR e APREENDER?

Captar é "atrair, conquistar", e capturar é "prender, aprisionar". O verbo capturar é geralmente usado para foragidos e para animais: "*Os detentos que fugiram da delegacia já foram capturados*"; "*Os bombeiros ainda não capturaram o jacaré da Lagoa da Pampulha*".

As aves foram capturadas ou apreendidas? Depende. Se as aves fugiram, elas podem ser capturadas; mas, se as aves estavam sendo ilegalmente vendidas, elas devem ser apreendidas. Apreender é "apropriar-se judicialmente": "*A polícia apreendeu o contrabando*"; "*Duas toneladas de droga foram apreendidas na fronteira*".

5. Ele foi "pégo" em flagrante ou foi "pêgo" em flagrante?

Cumpre-nos salientar, primeiramente, que o particípio "pego" é uma variante (pego/pegado) tão aceitável quanto aceito (aceitado), salvo (salvado), entregue (entregado), pago (pagado), ganho (ganhado), gasto (gastado)...

Quanto à pronúncia ("pégo" ou "pêgo"), é uma questão regional. No Rio de Janeiro, há uma preferência pelo timbre aberto: "*Ele foi pego (/é/) em flagrante*". Em São Paulo e em quase todo o sul do país, prefere-se o timbre fechado: "*Ele foi* ***pego*** **(/ê/)** *em flagrante*" **e essa a pronúncia correta de acordo com Domingo Paschoal Cegalla**.

6. O professor estava em aula HÁ mais de uma hora **ou** HAVIA mais de uma hora".

Havia mais de uma hora é a forma correta. Devemos usar "HAVIA" em vez de "HÁ", quando o verbo que acompanha está no pretérito imperfeito (= estava, fazia, era) ou no pretérito mais-que-perfeito (= estivera, fizera, soubera, tinha estado, havia feito). Em caso de dúvida, podemos usar a seguinte dica: substituir o verbo "HAVER" pelo "FAZER". Se o resultado da troca for "FAZIA" (e não "FAZ"), use "HAVIA" (e não "HÁ"):

"ESTAVAM sem notícias da filha HAVIA (= fazia) três dias."

"HAVIA (= fazia) dez anos que o clube não ERA campeão." É importante observar que a ação se encerrou. A forma HÁ (= faz) indica que a ação verbal prossegue. Veja a diferença:

a) "HAVIA dez anos que o clube não era campeão." (= o clube acabou de ganhar o campeonato);

b) "HÁ dez anos que o clube não é campeão." (= o clube continua sem ganhar o campeonato).

EXERCÍCIOS DE FIXAÇÃO

VERBO

I) Marque C para as frases corretas e E para as erradas.

01) O ministro colocou bem o problema.
02) Nós viemos aqui pra beber ou pra conversar?

03) Vem pra caixa você também.
04) Não deu para chegar mais cedo.
05) Se você vier no próximo domingo e dispor de tempo, vá assistir ao final do campeonato.
06) Ele receiara que lhe opusessem muitas dificuldades, mas enfim obtivera a verba para a pesquisa.
07) Quando obtiver todos os documentos, redija um requerimento e aguarde a chamada de seu nome.
08) Ele interviu numa questão difícil de ser resolvida.
09) Hemengarda reaveu todos os seus bens.
10) Quero que este documento valha para sempre.
11) As mulheres maquiam-se, às vezes, de uma forma pesada.
12) Vitoriano suicidou-se com uma corda.
13) Valenciana, exímia cozinheira, quando afogava o feijão, fazia com que todos ficassem com água na boca.
14) Policarpo deu uma freiada que fez com que todos se assustassem.
15) Se eu ver a professora de grego, vou lembrá-la das nossas reivindicações.
16) Tílmares assustou todos os cheques que faltavam para o pagamento.
17) A ONU intermedia conflitos em todo o mundo?
18) Fi-lo porque qui-lo.
19) Eu vou estar passando na sua casa às 18 horas.
20) Se eu reaver o dinheiro, farei uma festa para comemorar.
21) O palhaço conseguiu enterter as crianças por um longo tempo.
22) O livro deveria ser trazido todos os dias para a aula.
23) Ele possue incontáveis bens.
24) O ministro falou que todos os direitos adquiridos seriam assegurados.
25) Os policiais deteram os elementos suspeitos.
26) Protocolizou todos os pedidos em tempo hábil.
27) "Tinha uma pedra no meio do caminho" (Drummond)
28) Devido ao frio intenso, ela não resistiu: acabou vestindo as luvas.
29) Não hesitou: abriu a gaiola e o macaco saiu pulando.
30) As meninas assentaram-se bem próximas dos meninos.
31) A modelo pousou bem diante da Torre Eiffel.
32) Taxaram-no de corrupto.
33) Você quer que eu digo a ele o que aconteceu?
34) Quero que você seje muito feliz nessa nova etapa de sua vida.
35) A autoridade havia extinto a lei, quando o novo crime tornou a justificar o seu uso.
36) O aluno foi suspendido por três dias pela direção da escola.
37) Ele conseguiu uma liminar prevendo a sua reintegração.
38) O juiz acatou o pedido de danos morais.

39) A difamação alheia rendeu-lhe um processo.

40) A água amortizou sua a queda.

GABARITO	
01) E (coloquial – o ministro apresentou; expôs)	19) E (Eu VOU passar; Eu passarei)
02) E (vimos/para)	20) E (Se eu reouver)
03) E (Venha para a Caixa)	21) E (entreter)
04) E (Não foi possível, foi custoso)	22) C
05) E (e dispuser de tempo)	23) E (possui)
06) E (receara)	24) E (o ministro disse). Use o verbo dizer sempre que o sentido for declarar, anunciar, em geral seguido da partícula **que**.
07) C	25) E (detiveram)
08) E (Ele interveio)	(26) C
09) E (reouve)	27) E (Havia uma pedra; Existia uma pedra)
10) C	28) E (As luvas, assim como os sapatos e as meias, devem ser calçadas e nunca vestidas.)
11) C (poderia ser também "maquilam-se")	29) C
12) C	30) E (a expressão próximo de é invariável)
13) E (quando refogava)	31) E (posou – fez pose)
14) E (freou)	32) E (Tacharam-no)
15) E (Se eu vir)	33) E (que eu diga)
16) E (sustou todos os cheques)	34) E (que você seja)
17) E (intermedeia)	35) E
18) E (Fi-lo porque o quis)	36) E
37) E (... determinando sua reintegração)	38) E (... acolheu o pedido)
39) E (... custou-lhe)	40) E (amorteceu é o certo – amortizar é usado em caso de dívidas apenas)

TESTES

01. (**TJ**) A forma verbal está corretamente empregada em:

a) Ainda que ele se abstesse do vício, seu organismo não resistiria.
b) Cuidaremos dos doentes até o momento de eles se refizerem.
c) Ele não havia trazido o material necessário.
d) Eu requero este direito em qualquer dia útil.
e) A polícia interviu rigorosamente.

02. (**TRE**) A forma verbal está incorreta em:

a) Os governantes de lá não detém o poder.
b) Vêem apenas o que lhes interessa.
c) Os rapazes vêm aqui quando são chamados.
d) Ele só mantém sua palavra se eu pedir.
e) Ontem, ele pôde concluir suas atividades.

03. (**TRE**) Assinale a alternativa em que não ocorre verbo na voz ativa.

a) As populações, nas últimas décadas, começaram a forçar passagem rumo à conquista de seus direitos.
b) A infra-estrutura construída pelos brancos inclui estradas estupendas e telefones que funcionam.
c) O Brasil alinhou-se entre os países que aplicaram os castigos aos sul-africanos, e fez bem.
d) Para que seja mostrado o seu desagrado do país africano, não será mantida pelo Brasil, na África do Sul, uma embaixada.
e) Na África do Sul, eles ainda não resolveram o problema nacional que para nós efetivamente não existe.

04. (**TJM**) Quem _____ de arma de fogo não _____ dela o uso que lhe _____.
Considerando a correlação de tempos e modos e a flexão dos verbos, a alternativa que **NÃO** completa **corretamente** as lacuna, da frase acima é

a) dispõe / faz / apraz
b) dispor / fará / aprazer
c) dispuser / fará / aprouver
d) dispusesse / faria / aprouvesse

05. (**TJ**) "Mas, ainda que fossem pessoas simples, seus direitos teriam sido igualmente feridos."
É **correto** afirmar que a forma verbal destacada nessa frase está flexionada no

a) imperativo.
b) indicativo.
c) infinitivo.
d) subjuntivo.

06. (**FCC**) Transpondo-se para a voz ativa a frase *Nossos reveses podem ser consolados pela palavra amiga*, a forma verbal resultante será

a) pode ser consolada.
b) hão de se consolar.
c) poderiam consolar.
d) pode consolar.
e) haverá de consolar.

07. (**FCC - 2013**) *Em seguida, publicaria, em dois exemplares da revista Invenção, alguns poemas...* Transpondo-se a frase acima para a **voz passiva**, a forma verbal resultante será

a) seriam publicados.
b) havia publicado.
c) eram publicados.
d) viria a publicar.
e) seria publicado.

08. Assinale a opção em que a forma verbal destacada está grafada e flexionada corretamente.

a) Se a empresa **mantiver** o foco no seu planejamento, o sucesso ocorrerá.
b) O cliente teria sido mais bem atendido, se o gerente **intervisse** na negociação.
c) Durante a pesquisa, **houveram** vários obstáculos para coletar os dados.
d) Assim que **expor** o custo do projeto, poderemos analisá-lo melhor.
e) O empregador **requeriu** o documento que comprovasse a formação acadêmica do funcionário.

09. Assinale a opção em que a sequência de verbos NÃO pode ser considerada uma locução verbal.

a) "Fazer escolhas implica renunciar a alguns desejos..."
b) "Analogamente, a aventura de uma vida de solteiro pode ceder espaço ao conforto do casamento."
c) "... se apenas procurarmos fazer o que gostamos,"
d) "Escolhas são feitas com base em nossas preferências."
e) "O que teria acontecido..."

10. As formas verbais estão **corretamente** conjugadas em:

a) Escreve nesta folha o que você achou da proposta.
b) Espero que as pessoas se precavenham contra a destruição da floresta.
c) Todas as pessoas que veem a Amazônia ficam deslumbradas.
d) Quando a Fundação propor um programa de preservação, a população aplaudirá.
e) É indispensável que todos os interessados fazem a sua parte.

11. (**Fumarc**) Todos os verbos estão no presente do indicativo, EXCETO:

a) Na compra de qualquer produto da linha baby, leve uma camiseta ou um body.
b) Este creme corrige as rugas profundas e reforça a estrutura cutânea.
c) Na compra de dois produtos, você ganha um brinde exclusivo.
d) O sabonete líquido infantil possui o volume de 200ml.

12. Assinale a alternativa que apresenta um verbo abundante. O particípio assume forma diferente quando o

auxiliar é o verbo "TER".

a) "São muitos os 'sites' que são ultracarregados de textos ruins." O jornalista tinha ________ os "sites" com textos ruins.
b) "Além disso, foram encontradas garrafas de bebidas alcoólicas no veículo." A polícia tinha _____ garrafas de bebidas alcoólicas no veículo.
c) "O bancário foi levado ao Instituto Médico Legal [...]". A polícia tinha ______ o bancário para o Instituto Médico Legal.
d) "O motorista do carro, um bancário de 32 anos, foi preso em flagrante por homicídio doloso [...]." O policial tinha ________ o motorista do carro.

13. (**Ag. de Endemias - 2012**) O estudo foi feito com ratos de várias idades. Não se pode afirmar que a forma verbal sublinhada nessa frase está conjugada

a) na 3ª pessoa.
b) na voz ativa.
c) no modo indicativo.
d) no singular.

14. (**EFOA - MG**) Assinale a alternativa que contém a forma correta dos verbos medir, valer, caber e datilografar, na primeira pessoa do singular do presente do indicativo, pela ordem.

a) meço, valo, cabo, datilógrafo
b) meço, valho, caibo, datilografo
c) mido, valo, caibo, datilógrafo
d) mido, valho, caibo, datilografo
e) meço, valho, caibo, datilógrafo

15. (**TRT - RJ**) *"Tudo isso pode ser comprovado por qualquer cidadão."* A forma ativa dessa mesma frase é:

a) Qualquer cidadão pode comprovar tudo isso.
b) Tudo pode comprovar-se.
c) Qualquer cidadão se pode comprovar tudo isso.
d) Pode comprovar-se tudo isso.
e) Qualquer cidadão pode ter tudo isso comprovado.

16. (**TCE - RJ**) Assinale a opção cuja conjugação verbal está correta.

a) É preciso dar um remédio para essa criança, a fim de que ela não tossa tanto.
b) Não acredito que essas ações valam alguma coisa, se precisarmos vendê-las.
c) Sem dúvida, tu proviste teus alunos com ensinamentos sábios e úteis.
d) Os motoristas prudentes remediam os efeitos das irresponsabilidades dos imprudentes.
e) Lamento que eles vão se queixar ao diretor contra faltas tão corriqueiras.

17. (**TCE - RJ**) Todos os verbos apresentam uma irregularidade no futuro do subjuntivo em:

a) pôr - ver -rir
b) dar - saber - ouvir
c) dizer - equivaler - medir
d) fazer - dispor - vir
e) incendiar - caber - intervir

18. (**TRT - PR**) Se você _____ Maria Paula, ______ a ela este caderno e______-lhe que me espere no ponto de ônibus.

a) vir - dê - pede
b) ver - dê - peça
c) vir - dê - peça
d) ver - dá - pede
e) ver - dá - peça

19. (**TRF - CJF**) Assinale a alternativa que apresenta um verbo incorretamente flexionado.

a) O enxoval conviria às noivas dos bairros mais pobres.
b) Não despeças os carregadores antes do desembarque.
c) Os policiais interviram nos protestos dos grevistas.
d) A noiva precaveu-se contra os prejuízos da mudança.
e) Eu expeço, primeiramente, as malas dos estudantes.

20. (**Cesgranrio - 2012**) A forma verbal em destaque está empregada de acordo com a norma-padrão em:

a) O diretor foi **trago** ao auditório para uma reunião.
b) O aluno foi **suspendido** por três dias pela direção da escola.
c) O réu tinha sido **isento** da culpa, quando nova prova incriminatória o condenou.
d) A autoridade havia **extinto** a lei, quando novo crime tornou a justificar o seu uso.
e) Pedro já tinha **pegado** os ingressos na recepção, quando soube que o espetáculo fora cancelado.

GABARITO									
01. C	02. A	03. D	04. B	05. D	06. D	07. A	08. A	09. A	10. C
11. A	12. D	13. B	14. B	15. A	16. E	17. D	18. C	19. C	20. E

Nota: É conveniente que iniciem o estudo dos pronomes só depois de estudarem a Análise Sintática. Por fazer parte da Morfologia, nós os apresentamos aqui; no entanto, é mais didático o seu estudo posterior uma vez que faremos inúmeras menções aos conceitos inerentes à sintaxe.

9. PRONOMES

*E então **ela se** fez bonita como há muito tempo não queria ousar*
*Com **seu** vestido decotado cheirando a guardado de tanto esperar*
*Depois os dois deram-**se** os braços como há muito tempo não **se** usava dar*
*E cheios de ternura e graça, foram para a praça e começaram a **se** abraçar*

– Chico Buarque

Pronome é a palavra variável que substitui ou acompanha o substantivo, relacionando-o à pessoa do discurso. Vejam as frases abaixo:

Os meninos foram viajar com os colegas da escola = **Eles** foram viajar com os colegas da escola. (Eles = pronome substantivo, pois substitui o substantivo.)

Minha casa fica perto da sua fazenda = minha (pronome adjetivo, pois acompanha o substantivo casa; sua = pronomes adjetivo, pois acompanha o substantivo fazenda).

Na morfologia, os pronomes se subdividem em:

9.1. Pronomes pessoais

*Tinha cá pra **mim** que agora sim*
***Eu** vivia enfim o grande amor*
Mentira
***Me** atirei assim de trampolim*
Fui até o fim um amador
Passava um verão a água e pão
Dava o meu quinhão pro grande amor
Mentira
***Eu** botava a mão no fogo então*
Com meu coração de fiador

– Chico Buarque

Referem-se às pessoas do discurso: 1ª pessoa (que fala), 2ª pessoa (com quem se fala), 3ª pessoa (de quem se fala). Os pronomes Eu e TU funcionam sempre como sujeitos da oração. Os demais (ELE, NÓS, VÓS e ELES) podem funcionar como sujeitos ou não. Geralmente, vêm preposicionados quando exercem a função de objeto, portando-se como pronomes oblíquos.

A função sintática dos pronomes ME, TE, SE, NOS e VOS é determinada pela transitividade verbal. Vejam o seguinte exemplo: Ela **me** viu, mas não **me** pagou. Como podemos observar, o primeiro pronome em negrito é objeto direto, tendo em vista o verbo 'ver' ser VTD e na segunda ocorrência, como o verbo pagar, nesse caso, pede objeto indireto, essa é a classificação do pronome.

Os pronomes oblíquos pode desempenhar função reflexiva ou recíproca. Vejam: "Ela **se** vestiu apressadamente" (reflexão); "Olhamo-nos por alguns minutos e nos amamos muito" (reciprocidade).

Pessoa	Caso reto	Caso oblíquo
1ª	Eu	me, mim, comigo
2ª	Tu	te, ti, contigo
3ª	Ele, ela	se, si, consigo, o, a lhe, ele, ela
1ª	Nós	nós, nos, conosco
2ª	Vós	vós, vos, convosco
3ª	Eles, elas	se, si, consigo, os, as, lhes, eles, elas

9.1.1. Considerações acerca dos pronomes pessoais:

a) O uso do 'EU' ou 'MIM'

Veja as frases abaixo:

É difícil para ***mim*** *falar de todas essas memórias.*

Ela trouxe o computador para ***eu*** *trabalhar.*

Acredito que muitos de vocês torceram o nariz para o primeiro período, pois se lembraram de que, certa altura, alguém disse a inesquecível frase "*Não se usa 'mim' antes de verbo, porque 'mim' não faz nada*". Tal informação não procede. Vamos aos esclarecimentos:

Como vimos, a única função do pronome 'EU' é ser sujeito da oração, daí nunca poder ser antecedido por preposição. O que ocorre, no entanto, é que o sujeito da primeira frase é 'falar de todas essas memórias', pois isso era difícil para mim – temos aí um sujeito oracional (oração subjetiva). A frase está apenas com seus elementos invertidos. Na ordem natural, teríamos "*Falar de todas essas memórias é difícil para mim*", ou seja, a frase está plenamente correta. O pronome 'mim' pode ser utilizado antes do verbo, desde que não estabeleça com este nenhum tipo de relação sintática.

No segundo exemplo, o verbo trabalhar 'pede' um sujeito, e o único pronome que funciona como sujeito, na 1ª pessoa, é o pronome 'EU', portanto, frase correta também.

Continuam erradas construções do tipo: "Para *mim* viajar, preciso de dinheiro"; "É complicado para *eu* estudar gramática", "Quero uma sacola para *mim* colocar as mercadorias".

b) O uso de 'COM NÓS' e 'CONOSCO' / 'COM VÓS' E 'CONVOSCO'

Muitos pensam que a expressão "com nós" está sempre errada. Também não é verdade. COM NÓS pode ser utilizada desde que venham determinada. Por sua vez, a expressão CONOSCO não aceita determinação. O mesmo entendimento se aplica às expressões COM VÓS E CONVOSCO. Vejam os exemplos:

*Eles querem falar **com nós** três.*

*Isto se deu **com vós** ambos.*

*Venha tomar um café **conosco**!*

*O Senhor esteja **convosco**!*

c) O uso de 'SE', 'SI' e 'CONSIGO'

'Se', 'si' e 'consigo' são pronomes reflexivos, cuja função é fazer referência à 3ª pessoa. Não podem ser misturados com outros pronomes, por isso a frase "Eu não *se* dou com esse remédio" está **errada.** O certo seria "*Eu não me dou com esse remédio*". Vejam a aplicação correta dos pronomes:

Eles **se** odeiam não é de hoje.

Os políticos pensam em **si** e em mais ninguém.

*Leve todo o material **consigo**.*

d) O uso de 'o', 'a', 'os', 'as', 'lhe' e 'lhes'

Os pronomes 'o', 'a', 'os', 'as' funcionam como objetos diretos – "E o carro, já **o** vendeu?"

Os pronomes 'lhe' e 'lhes' funcionam como objetos indiretos – "Comuniquei-**lhes** o ocorrido."

Quando os pronomes 'o', 'a', 'os', 'as' ligarem-se a verbos cuja terminação for 'R', 'S' ou 'Z', retiramos tais terminações e acrescentamos 'L' ao objeto – "E o carro, você vai vendê-**lo**?"; "Ainda não consegui convencê-**la** a estudar." "Você fez o trabalho? Fi-lo com prazer!" "Você quis os livros? Qui-los porque eram formidáveis."

Quando os pronomes 'o', 'a', 'os', 'as' ligarem-se a verbos cuja terminação for 'M', mantemos a terminação e acrescentamos 'N' ao objeto – "O livro? Deram-**no** para mim"; "Tragam-**nas** ainda hoje".

Observação: As contrações acima são bastante utilizadas no Português do Brasil. No entanto, algumas outras são usadas hoje quase que só em Portugal. Vejam abaixo:

- ME + O = MO: Ela me trouxe o livro / Ela **mo** trouxe.
- TE + O = TO: Não deram o doce a ti? / Não **to** deram?
- LHE + O = LHO: Entreguei o dinheiro a ele / Entreguei-**lho**.
- NOS + O = NO-LO: Maria nos deu o seu filho / Maria no-**lo** deu.
- VOS + O = VO-LO: Cristo trouxe a paz a vós / Cristo vo-**la** trouxe.

Lembramos a todos que o pronome 'O' pode ser substituído por 'os', 'a' ou 'as', como aconteceu no último exemplo.

9.1.2. Pronomes pessoais de tratamento

__Você__ fez de mim uma hipócrita
__Você__ fez de mim uma cínica
__Você__ fez de mim uma mulher sem lar
Ah! Uma malvada
Por isso eu sou vingativa, vingativa, vingativa
Por isso eu sou vingativa, tenho até asco de __você__
– As Frenéticas

São aqueles pronomes utilizados no trato social ou comercial. A forma 'vossa' é utilizada para designar a pessoa com quem se fala, enquanto a forma 'sua' é utilizada para designar pessoa de quem se fala.

Vale lembrar ainda que os pronomes de tratamento fazem a concordância na 3ª pessoa (equivale a você). Vejam o exemplo "*Vossa Excelência __deve__ comparecer com __seus__ convidados à reunião do dia 20*". Notem que a construção não ficaria correta se fosse dito "*Vossa Excelência __deveis__ comparecer com __vossos__ convidados à reunião do dia 20*". Conforme salientamos, usa-se a 3ª pessoa nessas construções.

Pronome	Abreviatura		Emprego
	Singular	Plural	
Você	v.	vs.	Tratamento familiar
Senhor	Sr.	Srs.	Tratamento de respeito
Senhora	S.^{ra}, Sr^{a}. ou Sra.	S.^{ras}, Sras.	Tratamento de respeito
Senhorita	Srta. ou Sr$^{ta.}$	Srtas. ou Sr$^{tas.}$	Tratamento de respeito com solteiras
Vossa Senhoria	V. S^{a}. ou V. Sa.	V. S$^{as.}$ ou V. Sas.	Comerciantes, oficiais, chefes de seção
Vossa Alteza	V. A.	VV. AA.	Príncipes, princesas, duques, duquesas
Vossa Eminência	V. Em^{a}. ou V. Ema.	V. Em^{as}. ou V. Emas.	Cardeais
Vossa Excelência	V. Exª. ou V. Exa.	V. Exas. ou V. Ex^{as}.	Altas autoridades, Ministros do Supremo
Vossa Magnificência	V. Maga. ou V. Mag^{a}.	V. Magas. ou V. Mag^{as}.	Reitores de Universidades
Vossa Majestade	V. M.	VV. MM.	Reis, Imperadores
Vossa Santidade	V. S.	-------------	Papa
Meritíssimo	Usado por extenso		Juízes de Direito
Vossa Reverência	V.Rev.^{a}, V.Reva.,	V. Rev.^{as}, V.Revas.	Sacerdotes
Vossa Reverendíssima	V. Ver.^{ma}, V. Revma.	V.Rev.^{mas}, V. Revmas.	Sacerdotes

Observações:

- Sempre que for possível prefira a forma por extenso dos pronomes de tratamento.
- A forma 'digníssimo' não é usada mais. (Dignos, todos devem ser, principalmente quem exerce uma função pública).
- Doutor e Professor não são formas de tratamento, devendo ser usadas em comunicações dirigidas a pessoas que conquistaram tais títulos.
- A forma 'Meritíssimo' deve ser usada na linguagem oral e não na escrita.

9.1.3. Colocação dos pronomes oblíquos átonos

Os pronomes se dividem em tônicos e átonos (também chamados de clíticos). Os primeiros podem aparecer em qualquer lugar na frase. Já os últimos precisam se ligar aos verbos, obedecendo a regras específicas para que tal colocação pronominal aconteça de maneira coerente e correta em relação à gramática normativa.

Existem três posições para o acréscimo do pronome oblíquo átono no contexto: Depois do verbo, o que chamamos de ênclise – é inclusive a regra principal; no meio do verbo, a mesóclise; e por fim, antes do verbo, a próclise.

9.1.3.1. A próclise será usada quando:

a) houver um fator de atração, como por exemplo, advérbios, pronomes e conjunções subordinativas. Exemplos:

Não *me* falaram nada a respeito.

Já encontrei o caminho **que** *me* indicaram.

Tudo *se* acaba, tudo se esvai.

Quando *se* iniciou o trabalho, voltaram as esperanças.

Nunca me disse que esta não era sua vocação.

No Brasil **tudo** se acaba em pizza.

Observação: A Próclise será facultativa:

- com substantivos: Paulo **se** levantou ou Paulo levantou-**se**.
- com pronomes pessoais: Ele **o** trouxe ou Ele trouxe-**o**.
- com pronomes demonstrativos: Isto **me** agrada ou Isto agrada-**me**.
- com o infinitivo pessoal precedido de não: Não **lhe** falamos do problema para não **o** incomodar ou Não **lhe** falamos do problema para não incomodá-**lo**.

b) Aparecerem, no contexto, formas verbais proparoxítonas:

Ao pai sempre amamos, mas **lhe** desobedecíamos de vez em quando.

c) aparecer a preposição EM + Gerúndio:

Em *se* **falando** de animais domésticos, estou pronto a ajudar.

Em *se* **tratando** de colocação pronominal, é preciso ficar atento.

d) a oração em questão evidenciar desejos, exclamações e interrogações:

Deus **nos** proteja!

Quanto **te** arriscas!

Quem **se** atreve?

Quem **te** disse que ele não viria?

Deus **te** abençoe!

9.1.3.2. A Mesóclise será usada quando o verbo se encontrar no futuro do presente ou no futuro do pretérito, mesmo assim, quando a próclise for impossível ou facultativa. Exemplos:

Convidar-*te*-**ia** para viajar comigo, se pudesse. (Futuro de pretérito)
Convidar-*te*-**ei** para as solenidades da formatura. (Futuro de presente)
Sempre *te* convidaria para viajar comigo, se pudesse.
Eles *me* convidarão para viajar.
Encontrá-*lo*-**ei** em casa.
Nunca *o* encontrarei em casa.

9.1.1.3. A ênclise, será usada quando:

a) o verbo estiver no início da frase.
Respondeu-**me** com precisão.
Nota-**se**, claramente, que ele será o novo chefe.

b) o verbo estiver no imperativo afirmativo.
Diga-**me** uma coisa, meu filho.
Fechem-**no** agora mesmo.

c) o verbo estiver no gerúndio.
Paulo sairá, levando-**te** com ele.
Julgou a ré, declarando-**a** culpada.

d) o verbo estiver no infinitivo impessoal.
Não era minha intenção magoar-**te**.
Leia atentamente as questões antes de resolvê-**las**.

9.1.4. Colocação pronominal nas locuções verbais e nos tempos compostos

a) Verbo principal no infinitivo ou no gerúndio – o pronome pode ser colocado depois do verbo auxiliar ou principal. Ex.: Quero lhe apresentar os músicos / Quero apresentar-lhes os músicos.

b) Verbo principal no particípio – a colocação do pronome será feita em relação ao verbo auxiliar. Ex.: Havia lhe contado os verdadeiros motivos da minha desistência / Sentiu-se rejeitado / Tê-lo-ia procurado, se fosse possível.

DICA DO PROFESSOR

- Infinitivo e gerúndio admitem ênclise, o particípio não.
- Segundo a gramática tradicional, consideramos errada a colocação do pronome átono solto entre dois verbos. No entanto, há uma tendência muito grande de aceitar-se como válida tal colocação. Muitas bancas de concurso têm considerado correto tal emprego. Assim, só por eliminação é possível resolver uma questão em que ocorra o pronome entre dois verbos sem prender-se ao auxiliar. **Ex.**: *Preciso-lhe dizer algo* (certo) ou *Preciso lhe dizer algo* (certo ou errado).
- Com duas palavras atrativas, pode o pronome ficar entre elas. É o que se chama apossínclise. **Ex.**: *Já não me querem falar*.
- Havendo palavra ou expressão entre vírgulas, poderá ser utilizada próclise ou ênclise. **Ex.**: "*Sempre, meus amigos, me interesso por esse assunto*" ou "*Sempre, meus amigos, interesso-me por esse assunto*".

9.2. Pronomes possessivos

"*Vem ser **meu** canto, **meu** verso, **meu** soneto*
Vem ser poema no árido deserto
Serei oásis, silêncio, festejo
Serei sertão nas horas de aconchego"
– Roberto Mendes

São os que indicam posse, propriedade em função também das três pessoas gramaticais, podendo ou não ser antecedidos de artigo. Vejam:

Este é o **meu** irmão (trata-se de um único irmão).

Este é **meu** irmão (além dele, existem outros).

Obs.: antes de nomes que indicam partes do corpo, peças de vestuário e estados da razão não se usam os pronomes possessivos quando se referem à própria pessoa a que se faz referência. Exemplos:

Apertei o dedo da porta. (e **não**: apertei o meu dedo)

Molhei a camisa. (e **não**: molhei a minha camisa)

Ela perdeu o juízo. (e **não**: ela perdeu o seu juízo)

Pessoas	Pronomes Pessoais	Pronomes Possessivos
1ª	Eu Nós	meu, minha, meus, minhas nosso, nossa, nossos, nossas
2ª	Tu Vós	tu, tua, teus, tuas vosso, vossa, vossos, vossas
3ª	Ele(s), Ela(s) Você, o senhor, etc.	seu, sua, seus, suas

9.2.1. Considerações acerca dos pronomes possessivos

a) Na linguagem corrente, usamos o pronome *seu* como forma de tratamento, sendo a redução de senhor (Entre **seu** João).

b) Os pronomes *seu / sua* podem ter valor pejorativo (Quem você pensa que é ***seu*** cretino?) ou até mesmo evidenciar ambiguidades (Manuel foi ao cinema com **sua** mãe – melhor seria "com a **mãe dele**").

c) Para se referir a terceira pessoa, usamos comumente *dele, dela, deles, delas*.

d) Os pronomes oblíquos também podem ser usados com valor possessivo (Beijou-**lhe** as mãos = beijou as mãos dele).

e) Ainda em situações especiais, os pronomes possessivos indicam situação de respeito, afeto ou cortesia (Sente-se **minha** senhora / **Meu** caro amigo).

f) A troca de posição dos pronomes possessivos pode acarretar mudança de sentido dentro do contexto (**Seu** quadro – o quadro pertence a você / quadro **seu** – você foi retratado no quadro)

9.3. Pronomes demonstrativos

__Isso__ aqui, ô, ô
é um pouquinho de Brasil iá, iá
__deste__ Brasil que canta e é feliz, feliz
É também um povo de uma raça
Que não tem medo de fumaça e não se entrega não.

– Ary Barroso

É aquele que indica a posição de um ser em relação às pessoas do discurso, situando-a no tempo ou no espaço. Podem ser **variáveis** (**este**, **esse**, **aquele**) ou **invariáveis** (**isso**, **isto**, **aquilo**).

9.3.1. Considerações acerca dos pronomes demonstrativos

a) Os pronomes demonstrativos 'este', 'esta' e 'isto' referem-se ao presente e indicam tudo aquilo que está próximo de quem fala (o locutor). Além disso, são usados para apresentar uma informação nova dentro do contexto, bem como retomar a última ideia expressa anteriormente. Exemplos:

> **Este** ano está passando muito rápido!
> **Este** anel aqui é seu ou de Maria?
> O plano é **este**: vamos surpreendê-los com o projeto pronto.
> Os pais e os alunos devem participar da reunião. **Estes** vão apresentar os trabalhos do último trimestre.
> **Estes** sapatos estão me apertando muito.
> Minha ideia é **esta**: faremos um churrasco para comemorarmos a aprovação no concurso. (**pronome catafórico**)
> Não posso ajudá-lo **neste** momento, estou ocupado.

b) Os pronomes demonstrativos 'esse', 'essa' e 'isso' referem-se ao passado e indicam tudo aquilo que está próximo de quem ouve (o interlocutor). Além disso, são usados para retomar uma única ideia expressa anteriormente. Exemplos:

> Como estava doente **nesse** fim de semana, não saí de casa.
> **Esse** livro em sua mesa não é o meu?
> O aumento será escalonado. **Essa** foi a decisão a que chegaram. (**Pronome anafórico**)
> A questão do aquecimento global foi discutida novamente. E **essa** será também a tônica do Congresso de meio ambiente que se aproxima.
> De que cor é **essa** caneta que está em suas mãos?

c) Os pronomes demonstrativos 'aquele, 'aquela' e 'aquilo' referem-se a um tempo remoto, vago ou impreciso e indicam tudo aquilo que está longe de quem fala e de quem ouve. Além disso, são usados para retomar a primeira ideia expressa anteriormente. Exemplos:

> **Naquele** tempo, disse Jesus a seus discípulos "amai-vos uns aos outros" como eu vos amei.
> Ah! Os anos dourados! Bons tempos **aqueles**!
> **Aquela** árvore do outro lado do rio está morrendo, não está?
> Os pais e os alunos devem participar da reunião. **Aqueles** precisam assinar a lista na frente do nome do filho.

DICA DO PROFESSOR

- Em algumas ocasiões, a palavra tal tem valor de pronome demonstrativo (Não admito tal bagunça).
- Vale lembrar ainda que os pronomes esse, essa ou isso só resgatam uma única informação. Se forem duas ou mais, a regra muda; ensejando o uso do pronome este para o resgate do último termo e aquele para o resgate do primeiro (que consequentemente está mais distante);

  Ex.: Pais e professores discutiram o problema em reunião. Aqueles não concordaram com a posição adotada na escola e estes tentavam dar explicações. (Aqueles = pais; estes = professores)
- Mesmo, próprio, semelhante, o, as, os e a também podem ser empregados como pronomes demonstrativos. Ex.: Quero o de cima – isto é: aquele de cima; Ele mesmo resolveu entregar os documentos; Como ele pôde escrever semelhante texto?

9.4. Pronomes relativos

Eu sou a chuva ***que*** *lança a areia do Saara sobre os automóveis de Roma*
Eu sou a sereia ***que*** *dança, a destemida Iara, água e folha da Amazônia*
Eu sou a sombra da voz da matriarca da Roma Negra
Você não me pega, você nem chega a me ver
Meu som te cega, careta, quem é você?
Que *não sentiu o suingue de Henri Salvador*
Que *não seguiu o Olodum balançando o Pelô*
E ***que*** *não riu com a risada de Andy Warhol*
Que *não,* ***que*** *não, e nem disse que não*
– Caetano Veloso

Pronome relativo é aquele que tem a função de retomar um termo expresso anteriormente (antecedente), introduzindo-o em outra oração. Podem ser variáveis (**o qual**, **cujo**, **quanto**) ou invariáveis (**que**, **quem**, **onde**). Tomem como base as orações abaixo:

O homem chegou / Conhecemos o homem = O homem **que** conhecemos chegou.

9.4.1. Considerações acerca do emprego dos pronomes relativos

a) Os pronomes relativos virão antecipados de preposição se a regência assim o determinar (*O filme a **que** assisti é ótimo*).

> **DICA DO PROFESSOR**
>
> Quando quiser saber se há ou não preposição antes do pronome relativo, passe o antecedente (o termo a que o pronome se refere) para o depois do verbo, vai aparecer uma preposição entre o verbo e o termo e é ela que deve ser acrescentada antes do pronome relativo. Vejam abaixo:
> "Esta é a quantia ___ que dispomos para o investimento." (o '*que*' se refere a quantia, então, dispomos... (de)... quantia - notamos a presença da preposição de; ela deve ser acrescentada antes do pronome).
> "Isto só ocorre nesta sociedade ___ que vivemos." (vivemos (em) sociedade).

b) O pronome ***quem*** é empregado com referência a pessoas, podendo estar tal referência subentendida ou não.

Não sabíamos a **quem** entregar todo aquele dinheiro.

Quem cala consente. (nesse caso, o pronome quem é chamado de relativo indefinido).

Observação: Ao utilizar o pronome 'quem', é conveniente que se utilize também a preposição 'a', mesmo no caso de um VTD, formando assim um objeto direto preposicionado (Todos conhecem a pessoa **a quem** amo / É ela a professora **a quem** eu admiro).

c) O pronome ***que*** pode referir-se a coisas, objetos ou pessoas.

O escritor *de* **que** lhe *falei* trouxe os livros que queríamos.

O carro **que** comprei fundiu o motor.

d) O pronome ***cujo*** é um relativo que estabelece com o contexto uma relação de posse. Deve concordar com a coisa possuída e não admite posposição do artigo.

O livro **cuja** capa está rasgada não é meu.

e) O relativo ***onde*** é usado para indicar apenas lugar. Ao se ligar à preposição, o pronome ***onde*** forma os termos ***aonde*** e ***donde***.

Esta é a casa **onde** moro.

Você disse que retornaria **aonde** mesmo?

Donde me vem a honra que a mãe do meu senhor venha me visitar?

f) O pronome ***quanto*** tem como antecedente um pronome indefinido ou demonstrativo.

Tudo quanto foi feito, vimos desmoronar-se.

g) O pronome 'o qual' e variações são usados em substituição a outros relativos (exceto cujo), bem como para evitar ambiguidades.

É um livro do **qual** todos se lembram com prazer.

Eu também conheço o filho da professora ***que*** se acidentou. (Notem que, do jeito que a frase está, não sabemos se foi o filho ou a professora que se acidentou. No entanto, ao substituirmos o pronome 'que' por 'o qual' ou 'a qual', cessa-se a ambiguidade).

9.5. Pronomes indefinidos

Drão, o amor da gente é como um grão
Uma semente de ilusão
Tem que morrer pra germinar
*Plantar **nalgum** lugar, ressuscitar o chão, nossa semeadura*
– Gilberto Gil

Os pronomes indefinidos referem-se à terceira pessoa gramatical, designando-a de modo vago, impreciso, indeterminado. Podem ser variáveis (**algum**, **nenhum**, **todo**, **muito**, **pouco**, **certo**, **diverso**, **vário**, **outro**, **quanto**, **tanto**, **qual** e **qualquer**), invariáveis (**algo**, **alguém**, **nada**, **ninguém**, **tudo**, **cada**, **outrem**, **que** e **quem**) ou se apresentar em locuções pronominais (cada qual, qualquer um, todo aquele que, fosse quem fosse, seja qual for, etc.).

9.5.1. Considerações acerca do emprego dos pronomes indefinidos

a) O pronome **algum**, quando vier posposto a um substantivo, dá uma ideia de negação.

No entanto, se vier anteposto, tem valor afirmativo.

Ex.: Dúvida **alguma**. (é bem diferente de *Alguma dúvida?*)

b) O pronome **cada** deve ser empregado como pronome adjetivo, não devendo ser empregado como pronome substantivo.

Ex.: **Cada** aluno deve permanecer no lugar até o final dos testes.

Comprei dois livros a R$15,00 **cada** um. (e **não**: comprei dois livros a R$15,00 cada)

Observação: É conveniente evitar o uso da preposição 'por' com o pronome *cada* para que se evite a cacofonia. (O exercício é um por cada).

c) **'Certo'** pode ser pronome adjetivo indefinido, quando estiver anteposto ao substantivo; se vier posposto, é adjetivo; e pode ser até mesmo um advérbio quando estiver modificando o sentido de um verbo.

Ex.: Certos exercícios apresentaram erros em sua formulação.

Os exercícios **certos** estão marcados de vermelho.

Deus escreve **certo** por linhas tortas.

> **DICA DO PROFESSOR**
>
> É preciso ficar atento também em relação à mudança semântica oriunda da posição diferenciada dos termos acima. Certo homem não é a mesma coisa que homem certo.

d) 'Todo' anteposto ao substantivo é um pronome adjetivo indefinido, posposto ao substantivo tem valor de adjetivo (inteiro). Pode ainda o termo '**todo**' ter valor adverbial, quando modificar um adjetivo.

Todo homem é mortal.

Ele comeu o bolo **todo**.

As janelas estavam **todo*** abertas.

*Alguns gramáticos aceitam também a forma "As janelas estavam todas abertas". No entanto, no concurso, atentem para a forma tradicional e gramaticalmente correta.

Quando o termo 'todos' e variações aparecerem antes de um nome, devem sempre estar acompanhados de artigo. A regra não vale quando antecedem outro pronome.

Todos **os** relatórios já chegaram. (e **não**: todos relatórios já chegaram)

Atenção:

- Ao utilizarmos ***artigo*** depois do pronome ***todo***, temos a ideia de *totalmente*, *inteiramente*. Enquanto o uso do pronome sem o artigo sugere *qualquer*, *cada*.

Ex.: Todo o prédio ficou alagado.

Todo aluno precisa do número da matrícula.

- Os indefinidos 'vário' e 'nenhum' flexionam-se normalmente conforme o substantivo a eles ligados flexionarem também.

Estive aqui vária vez (ou várias vezes) e não encontrei ninguém.

Não chegaram até agora nenhuns livros novos.

Não chegou até agora nenhum livro novo.

> **DICA DO PROFESSOR**
>
> Nenhum é um pronome indefinido genérico, enquanto a expressão nem um particulariza uma unidade. Ex.: Não encontrei *nenhum* conhecido (ninguém); Não encontrei *nem um* conhecido (uma pessoa sequer).

9.6. Pronomes interrogativos

Eu e você, não é assim tão complicado não é difícil perceber
Quem *de nós dois vai dizer que é impossível o amor acontecer.*

– Ana Carolina e Dudu Falcão

Os pronomes interrogativos, na verdade, são os indefinidos ***que, quem, qual, quais, quanto, quanta***, utilizados em frases interrogativas. Exemplos:

Quem pintou meu cavalo de verde?

Qual livro da estante você escolheu?

Queria saber quantas pessoas foram convidadas para o megaevento.

Vimos que o pronome é de grande valia no Português. Muitas vezes, ele tem a função de substituir um nome, resgatar uma determinada ideia, que já foi posta anteriormente, ou até mesmo indeterminar uma informação. Porém, é preciso que se tenha cuidado com esse mecanismo pronominal. O uso indiscriminado ou errado de pronomes pode transformar o texto em uma...

VAGUIDÃO ESPECÍFICA

- Maria, ponha isso lá fora em qualquer parte.

- Junto com as outras?

- Não. Senão pode vir alguém e querer fazer qualquer coisa com elas. Ponha no lugar do outro dia.

- Sim, senhora. Olha, o homem está aí.

- Aquele de quando choveu?

- Não. O que a senhora foi lá e falou com ele no Domingo.

- Que é que você disse a ele?

- Eu disse pra ele continuar.

- Ele já começou?

- Acho que já. Eu disse que podia principiar por onde quisesse.

- É bom?

- Mais ou menos. O outro parece mais capaz.

- Você trouxe tudo pra cima?

- Não senhora, só trouxe as coisas. O resto não trouxe porque a senhora recomendou para deixar até a véspera.

- Mas traga, traga. Na ocasião, nós descemos tudo de novo. É melhor, porque senão atravanca a entrada e ele reclama como na outra noite.

FERNANDES, M. *Trinta anos de mim mesmo.* São Paulo, círculo do livro, p77.

A PERGUNTA QUE NÃO QUER CALAR...

1. Qual é o plural do pronome 'qualquer'?

'Qualquer' é a única palavra no Português que faz o plural no seu interior: quai**s**quer. "Quaisquer que sejam seus problemas, eu a ajudarei".

EXERCÍCIOS DE FIXAÇÃO

PRONOME

I) Marque C para as frases corretas e E para as erradas:

1. Claudiomar se ergueu da cadeira.
2. Ela se defendeu como pôde.
3. O casal teria que se separar.
4 . Convidar-me-ão para as solenidades de posse da nova diretoria.
5. Sem mim, você não sairá.
6. Há uma cumplicidade grande entre eu a plateia.
7. Era impossível para mim voltar àquela casa.
8. Queria falar com nós três.
9. É difícil para mim estudar gramática.
10. Ela trouxe algumas revistas para mim dar uma olhada.
11. Trouxeram várias peças para eu verificar.
12. Tudo está terminado entre eu e você.
13. Não se comprovou qualquer ligação entre ti e ela.
14. Ele é muito egoísta: só pensa nele.
15. Te amo.
16. Deixa ver essa reportagem que todos comentam.
17. Este é um assunto que compete a nós mesmos.
18. Diante dos últimos acontecimentos, realmente fiquei fora de si.
19. A mim, ninguém me engana.
20. Cadê minha coleção de selos?
21. Não comprei nenhumas frutas maduras.
22. Esta caneta que está com você é azul?
23. Meu argumento é *este*: o crescimento econômico só faz sentido quando abrange a todos.
24. O crescimento econômico só faz sentido quando abrange a todos. *Essa* é a posição que defendo.
25. Crianças e idosas enfrentam problemas semelhantes na sociedade brasileira. Estas são desprezadas e aquelas, maltratadas.
26. Orivalda, Omerilda e Otelíria são minhas vizinhas. Aquela é a mais velha. Esta, a mais inteligente e essa é a de quem mais gosto.
27. Você conhece o pai da garota que se acidentou?

28. A mulher chegou com seu filho.
29. Fiz o trabalho rapidamente.
30. Quis a vida assim.
31. Vou vender as rimas deste poema.
32. Roubaram-me o livro.
33. Vossa Excelência já aprovou os projetos? – perguntou o assessor.
34. Sua Excelência, o governador, deverá estar presente à inauguração – relatou o repórter.
35. Macacos me mordam!
36. Deus nos ajude!
37. Em nos convidando para a festa, iremos com certeza.
38. Agora me conte a verdade.
39. Agora, conte-me a verdade.
40. Amanhã, ver-me-ão aqui.
41. Amanhã, de acordo com a agenda, me verão aqui.
42. Amanhã, de acordo com a agenda, ver-me-ão aqui.
43. Alguém me avisou pra pisar nesse chão devagarinho.
44. Aquilo me apraz.
45. Quem eu quero não me quer, quem me quer mandei embora.
46. Sentiu-se lesado.
47. Gostaria de lhes apresentar os novos candidatos.
48. Todos os convidados foram se aconchegando.
49. Não conheço o rapaz que saiu.
50. É minha prima a menina de quem você falou.
51. Este é o autor cuja obra gosto muito.
52. São opiniões a que sou favorável há muito tempo.
53. O professor nos apresentou uma condição sem a qual o trabalho não terá sentido.
54. Não vejo o móvel sobre o qual ficou escondido o documento.
55. Eu nunca ouvi falar sobre o lugar aonde você irá.
56. Bebi o café em que eu mesmo preparei.
57. É um homem com cujas opiniões não se pode concordar.
58. Você conhece uma cidade brasileira aonde se pode atravessar a rua em segurança?
59. Essas são as principais características que vão marcar o pensamento latino-americano.
60. Em Blumenau, onde eu retornarei nas próximas férias, há praias bonitas.
61. Eis a escada por cujos degraus passou o imperador.
62. É ele o professor cujos livros estão as noções de Estilística.
63. Rubem Alves é, sem dúvida, um dos autores cujas crônicas sinto falta.
64. Aqui está o documento que ontem eu falei dele.

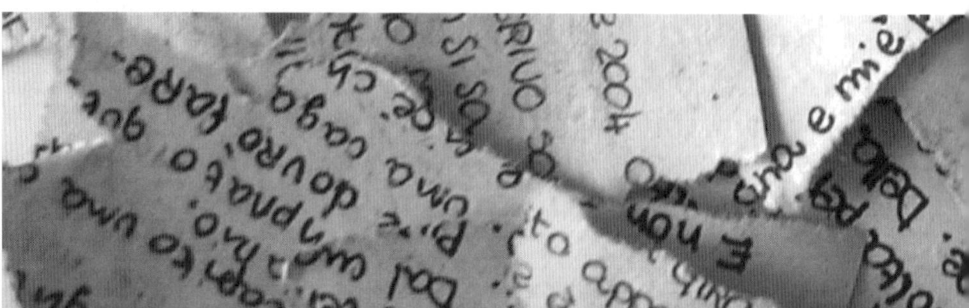

GABARITO									
01. C	02. C	03. C	04. C	05. C	06. E	07. C	08. C	09. C	10. E
11. C	12. E	13. C	14. E	15. E	16. E	17. C	18. E	19. C	20. E
21. C	22. E	23. C	24. C	25. C	26. C	27. E	28. E	29. C	30. C
31. C	32. C	33. C	34. C	35. C	36. C	37. C	38. C	39. C	40. C
41. C	42. C	43. C	44. C	45. C	46. C	47. C	48. C	49. C	50. C
51. E	52. C	53. C	54. C	55. C	56. E	57. C	58. E	59. C	60. E
61. C	62. E	63. E	64. E						

TESTES

01. "Este é um assunto entre _______. Não tem nada a ver ________" Assinale a alternativa que preenche corretamente as lacunas.

a) eu e ele, contigo
b) mim e ele, consigo
c) eu e ele, consigo
d) mim e ti, consigo
e) mim e ele, com você

02. (**FCC - 2013**)... *tinham nascido para usar <u>coroas</u>.*
Ele trouxe estabilidade e prosperidade <u>a todos...</u>
... que inspirou <u>as revoluções do século XIX...</u>
A substituição dos elementos sublinhados pelo pronome correspondente, com os necessários ajustes, tem como resultado correto, na ordem dada:

a) tinham nascido para as usar - Ele lhes trouxe estabilidade e prosperidade - que lhes inspirou
b) tinham nascido para lhes usar - Ele trouxe-os estabilidade e prosperidade - que inspirou-as
c) tinham nascido para usá-las - Ele lhes trouxe estabilidade e prosperidade - que as inspirou
d) tinham nascido para usá-las - Ele os trouxe estabilidade e prosperidade - que lhes inspirou
e) tinham nascido para as usar - Ele trouxe-os estabilidade e prosperidade - que as inspirou

03. (**TJ**) Tendo em conta o emprego das formas pronominais "eu" e "mim", assinale a alternativa incorreta.

a) Toda a conversa entre ele e eu se deu a portas fechadas.
b) Seria muito penoso para mim aparecer ao julgamento.
c) Quando me aproximei, notei que falavam sobre você e mim.
d) Não há diferença entre eu lhes dar a notícia ou qualquer outra pessoa.

04. Segundo a norma culta, o pronome pessoal oblíquo está posicionado corretamente em todas as opções, EXCETO em:

a) Naquela tarde, tudo revestia-se de belo.
b) Acaso me convocaram para a reunião?
c) Ou me aumentam o salário, ou me demito.
d) Esta é a pessoa que me ajudou.
e) Não os querendo aqui, mandei-os sair.

05. Há um pronome com classificação incorreta em:

a) Diga que me odeia, mas diga que não vive sem mim. (pessoal oblíquo / pessoal oblíquo)
b) E depois desses anos no escuro do quarto, quem te diz que não é só o vício da obrigação? (demonstrativo / interrogativo)
c) Eu quero ir-me embora. (pessoal reto / pessoal oblíquo)
d) Nada é igual a ela. (indefinido / pessoal reto)
e) Revejo nessa hora tudo o que aprendi. (indefinido / relativo)

06. Em todas as alternativas o pronome sublinhado é reflexivo, EXCETO em:

a) Você não se dá o justo valor, repetia.
b) Admira-me que o doutor não te conheça.
c) Transferimo-nos definitivamente para cá.
d) Alonguei-me demais no meu relato.
e) Sentem-se frustrados emotivamente.

07. Assinale a opção que completa corretamente as lacunas das frases: "Educação e trabalho são fatores indispensáveis ao desenvolvimento de um país. Tanto _____ como _____ são alicerces que não podem faltar na construção de uma nação".

a) este / aquela
b) essa / aquele
c) aquele / essa
d) esta / esse

08. (**TC**) Em todas as opções o vocábulo sublinhado é pronome substantivo, EXCETO:

a) Quem cala consente.
b) Não consegui encontrá-la.
c) Aquele é o quadro de que lhe falei.
d) Gostava do filme e admirava-o.
e) Que menino inteligente.

09. (**TJM**) A alternativa em que o tratamento é **INCOMPATÍVEL** com a autoridade a quem se dirige é:

a) Vossa Eminência (Ministros do STF)
b) Vossa Excelência (Desembargadores)
c) Vossa Excelência Reverendíssima (Bispos)
d) Vossa Magnificência (Reitores de Universidade)

10. (**Cartório**) Assinale a alternativa em que o uso do pronome está **incorreto**:

a) Certos políticos costumam pensar neles mesmos e em mais ninguém.
b) É uma vergonha ficarmos inertes, quando todos protestam.
c) Não viemos aqui para vê-los chorar sobre leite derramado.
d) O texto ficou ótimo para eu ilustrar e, com certeza, será um sucesso.

11. (**FCC - 2013**) Durante uma exposição dos impressionistas no Salão de Paris, o pintor Claude Monet apresentou um quadro... nome era "Impressão: Sol nascente". Preenche corretamente a lacuna da frase acima:

a) cujo
b) o qual
c) do qual
d) onde o
e) no qual

12. (**FCC - 2013**) O aquecimento global tem provocado o degelo / Os sinais do degelo estão registrados em fotos / As fotos mostram lagos recém-formados pela água derretida das geleiras. As informações anteriores estão reproduzidas em um único período, sem repetições desnecessárias, com lógica, clareza e correção, em:

a) O aquecimento global tem provocado o degelo, cujos sinais estão registrados em fotos, que mostram lagos recém-formados pela água derretida das geleiras.
b) O degelo provocado devido o aquecimento global, onde os sinais estão registrados em fotos mostrando lagos recém-formados pela água derretida das geleiras.
c) Com o aquecimento global provocando o degelo, nos quais estão os sinais desse derretimento registrados em fotos dos lagos recém-formados pela água derretida.
d) Os sinais do degelo estão registrados em fotos que, por causa do aquecimento global que as derrete, mostrando lagos recém-formados pela água derretida das geleiras.
e) As fotos as quais mostram lagos recém-formados pela água derretida das geleiras, em razão do aquecimento global que vem provocando o degelo, os sinais estão registrados nelas.

13. (**Fumarc**) Assinale a alternativa que **não** apresenta incorreção:

a) O candidato parecia seguro, mas mostrou-se também um pouco pretensioso.

b) Quanto a suas fotografias, não se lembrava de haver mencionado-as em nenhum dos encontros.

c) Naquele dia, passados os momentos mais dramáticos, disseram que jamais esqueceriam-na.

d) O encontro realizar-se-á no próximo dia 20, data em que se discutirá a nova agenda do partido.

14. (**MPU-2012**) "Alega a vítima que Fulano de tal, o agressor, seu ex-amásio, a tem perseguido de forma constrangedora em via pública [...]" O trecho sublinhado pode ser ***corretamente*** substituído por

a) tem perseguido ela.

b) tem-na perseguido.

c) tem perseguido-a.

d) lhe tem perseguido.

15. (**Cesgranrio - 2013**) No trecho do Texto I "O que ocorreu de fato foi um processo difícil e conflituado em **que**, pouco a pouco, a visão inovadora veio ganhando terreno" (L. 29-31), a palavra destacada se refere a um termo do contexto anterior, assim como em:

a) "Não necessito dizer **que,** para mim, não há verdades indiscutíveis,"

b) "poucos eram os **que** questionavam, mesmo porque, dependendo da ocasião, pagavam com a vida seu inconformismo."

c) "Ocorre, porém, **que** essa certeza pode induzir a outros erros."

d) "O de achar **que** quem defende determinados valores estabelecidos está indiscutivelmente errado."

e) "Os fatos demonstram **que** tanto pode ser como não."

16. (**Cesgranrio - 2012**) A frase **Compramos apostilas que nos serão úteis nos estudos** está reescrita de acordo com a norma padrão em:

a) Compramos apostilas cujas nos serão úteis nos estudos.

b) Compramos apostilas as cujas nos serão úteis nos estudos.

c) Compramos apostilas a qual nos serão úteis nos estudos.

d) Compramos apostilas as quais nos serão úteis nos estudos.

e) Compramos apostilas às quais nos serão úteis nos estudos.

17. De acordo com o texto, aponte a alternativa em que **NÃO** há correspondência entre o(s) termo(s) sublinhado(s) e a explicação entre colchetes.

a) Em 2004, o último ano para o qual há dados abrangentes disponíveis. [o último ano]

b) 50 milhões se ferem anualmente nas ruas e estradas do mundo. [50 milhões]

c) O relatório avisa que, se nada for feito, a espiral crescente de mortos e feridos no trânsito será um obstáculo importante. [espiral]

d) Diferentemente de algumas outras questões que serão discutidas na conferência Rio+20, esta envolve poucas incógnitas. [questões]

18. (**FCMSCSP**) Por favor, passe... caneta que está aí perto de você;... aqui não serve para... desenhar.

a) aquela, esta, mim

b) esta, esta, mim

c) essa, esta, eu

d) essa, essa, mim

e) aquela, essa, eu

19. (**FCC - 2013**) A substituição do elemento grifado pelo pronome correspondente, com os necessários ajustes, foi realizada de modo INCORRETO em:

a) *acreditava incutir o ardor* = acreditava incuti-lo

b) *Nada superará a beleza* = Nada lhe superará

c) *não correspondera a seu sonho* = não lhe correspondera

d) resolve o problema da vida = resolve-o

e) para ilustrar essa perplexidade = para ilustrá-la

20. (**FCC – 2013**) A substituição do termo grifado por um pronome, com as necessárias alterações, foi efetuada de modo INCORRETO em:

a) *fazer o novo* = fazê-lo

b) *revela uma nova beleza* = revela-a

c) *usar objetos do cotidiano* = usá-los

d) *os que tomaram esse rumo* = os que tomaram-lhe

e) *facilitaram a ida das pessoas ao campo* = facilitaram-na

GABARITO									
01. E	02. C	03. A	04. A	05. D	06. B	07. A	08. E	09. A	10. A
11. A	12. A	13. D	14. B	15. B	16. D	17. C	18. C	19. B	20. D

II. CONCORDÂNCIA NOMINAL

Rosa de Hiroxima

Pensem nas **crianças** *mudas, telepáticas*
Pensem nas **meninas** *cegas, inexatas*
Pensem nas **mulheres** *rotas, alteradas*
Pensem nas **feridas** como *rosas cálidas*
Mas oh! Não se esqueça da rosa, da rosa
Da rosa de Hiroxima, a **rosa** *hereditária*
A **rosa** *radioativa estúpida* e *inválida*
A **rosa** com cirrose a anti-rosa atômica
Sem cor, sem perfume, sem rosa, sem nada.

– Vinícius de Morais e Gerson Conrad

Concordância Nominal é aquela estabelecida entre os nomes (adjetivo, substantivo, advérbio), o artigo e os pronomes de um determinado enunciado linguístico, mesmo não sendo esses dois últimos classificados como nomes no Português padrão. Vejam abaixo os principais casos de concordância nominal:

1. Os artigos sempre concordam com os substantivos a que se referem em gênero e número.

Os *sonhos mais lindos, sonhei.*
Quem não rezou ***a*** *novena de Dona Canô?*
Levava ***um*** *canivete* ***no*** *cinto e* ***um*** *pandeiro na mão.*

2. Os advérbios são palavras invariáveis em gênero e número.

Todas as meninas andavam ***muito rápido****.*
Todos os alunos andavam ***muito rápido****.*

3. Os adjetivos, na maioria das vezes, concordam com os substantivos a que se referem. No entanto, em alguns casos, a concordância se dá apenas em número e em outros o adjetivo não flexiona.

*Eu quero o silêncio das línguas **cansadas**.*

*As **felizes** andorinhas revoavam pelos céus **anil**.*

3.1. No caso do adjetivo posposto, esse concorda com o substantivo mais próximo (concordância atrativa) ou concorda com o conjunto (concordância lógica).

A empresa oferece localização e atendimento perfeito.

A empresa oferece localização e atendimento perfeitos.

3.2. Se o adjetivo vier anteposto ao substantivo, concorda necessariamente com o mais próximo. No entanto, se, no contexto, aparecerem nomes próprios ou indicadores de parentesco, o adjetivo pode flexionar.

A empresa oferece perfeita localização e atendimento.

Os inconvenientes cunhados e sogras chegaram.

Os famosos Roberto Carlos e Erasmo Carlos também participaram da festa.

3.3. No caso de dois ou mais adjetivos concordando com um substantivo, este último fica no singular e coloca-se o artigo antes do elemento final. Uma segunda hipótese seria deixar o substantivo no plural e omitir o artigo antes do adjetivo.

O crime envolveu a polícia civil e a militar

O crime envolveu as polícias civil e militar.

A bandeira brasileira, a argentina e a russa foram hasteadas.

As bandeiras brasileira, argentina e russa foram hasteadas.

4. **Obrigado**, **quite**, **anexo**, **incluso**, **próprio**, **nenhum**, são determinantes de substantivos; possuem valor adjetivo e são variáveis, concordando com o termo a que se referem.

*Elas **próprias** disseram: "Nós **mesmas** fizemos isso".*

*Seguem **anexas** as cópias solicitadas.*

*Seguem **inclusos** os documentos requeridos.*

*Estamos **quites** agora.*

Obs.: Devido ao uso extenso e

prolongado, que configura fator de extrema importância no que tange à linguística, e também pela ausência de elementos mais sólidos para sua condenação, parece mais adequado aceitar como correto o emprego da expressão **em anexo**, com a observação de que se trata de **locução adverbial**, portanto, **invariável**. Vejam:

Todas as informações seguiram ***em anexo****.*

Os documentos foram enviados ***em anexo****.*

05. **Mesmo**, **só**, **meio**, **bastante**, **longe**, **barato**, **caro**, concordam com o termo a que se referem quando têm função adjetiva. Se funcionarem como advérbio, essas palavras tornam-se invariáveis.

Ela disse estar ***meio*** *cansada.*

Há ***bastantes*** *pessoas insatisfeitas com o que ganham.*

Eles se amam ***bastante****. E são* ***bastante*** *loucos a ponto de se casar.*

Observações:

- A locução adverbial **a sós** é invariável.
- O termo 'mesmo' jamais retoma informações. Veja a explicação abaixo na "pergunta que não quer calar".

06. As palavras **menos**, **alerta**, **abaixo** são invariáveis.

Os ***abaixo****-assinados serão entregues ao prefeito ainda hoje.*

Todos precisam ficar ***alerta****.*

Hoje havia ***menos*** *latas vazias na rua. (adj.)*

Hoje eles falaram ***menos****. (adv.)*

Observação: Alguns autores aceitam a construção "soldados alertas", mas são a minoria. Para o concurso considere o termo um advérbio e, como tal, invariável.

07. As expressões **é proibido**, **é necessário**, **é permitido**, **é bom, etc.** só flexionam se o nome em questão vier determinado por artigo, pronome ou adjetivo. Se o sujeito não vier determinado, tanto o verbo quanto o adjetivo ficam invariáveis.

Água ***é bom*** *para a saúde.*

Esta água da serra é muito ***boa****.*

É proibido *entrada.*

É proibida *a entrada de estranhos.*

Liberdade ***é necessário****.*

A liberdade de expressão ***é necessária****.*

É preciso *cidadania.*

São ***precisas*** *algumas medidas de urgência.*

08. Nas expressões **o mais... possível**, **o menos... possível**, a palavra possível concorda com o artigo que inicia a expressão.

*Quero um carro **o mais** barato **possível**.*

*Usava ternos **os mais** caros **possíveis**.*

09. **Pseudo**, por se tratar de um prefixo é invariável.

Precisamos de punições severas e não de pseudopenalidades.

10. **Leso** é adjetivo e deve concordar com o substantivo a que se liga.

Um crime de lesa-majestade.

11. As expressões **haja vista** e **a olhos vistos** são invariáveis.

A dengue não acabou, haja vista os dados dos últimos meses.

Ela emagrecia a olhos vistos.

12. A expressão **tal qual** é variável. A primeira parte da expressão (tal) concorda com o nome que o antecede e a segunda parte (qual) concorda com o substantivo que vem em seguida.

Ele era tal qual o primo.

Eles eram tais quais os primos.

13. As expressões **nem um nem outro** e **um e outro** pedem substantivo no singular.

Nem um nem outro candidato quis gravar entrevista.

Um e outro menino esforçados foram escolhidos para o projeto.

14. Sempre que um substantivo estiver exercendo a função de um adjetivo (derivação imprópria) não varia.

Funcionários fantasma

Mulheres monstro

Carros vinho

15. Adjetivos que tenham função adverbial não variam nunca.

Eles falam de uma maneira muito difícil.

Eles fizeram tudo errado.

A PERGUNTA QUE NÃO QUER CALAR...

1. É possível dizer que "A doença foi totalmente erradicada"?

Não. Também não é possível dizer que a doença foi parcialmente erradicada. ERRADICAR significa "tirar totalmente". Portanto, "TOTALMENTE erradicada" é redundante, e "PARCIALMENTE erradicada" é impossível. Basta dizer que "A doença foi ERRADICADA".

2. O certo é "O preço do produto é alto ou caro"?

O certo é: "O preço do produto é ALTO". O preço é ALTO ou BAIXO; o produto é CARO ou BARATO.

Observe outros exemplos: "O valor dos imóveis está ALTO", mas "Os imóveis estão CAROS".

3. É correto dizer "A chuva é intermitente ou ininterrupta"?

Chuva INTERMITENTE é aquela que vai e volta; Chuva ININTERRUPTA é a que não para. INTERMITENTE significa "não contínuo, que apresenta interrupções"; ININTERRUPTO significa "contínuo, que não apresenta interrupções."

4. "Nadou cem metros LIVRE ou LIVRES e correu cem metros RASO ou RASOS?"

Na natação, LIVRE é o estilo, é NADO LIVRE; no atletismo, RASOS são os cem metros: "São cem metros LIVRE" e "São cem metros RASOS." Da mesma forma falamos "São cem metros PEITO ou BORBOLETA." "Vamos conferir os recordes dos cem metros nado BORBOLETA FEMININO."

5. Está certa a frase "Quantos milhões de latinhas de cerveja você já tomou na sua vida?" (se não cair no concurso é um bom assunto para um churrasco).

Sim, está! O termo 'quantos' concorda com milhões e não com 'latinhas'.

6. Deveríamos dizer "o ladrão fez a polícia *de bobo* ou *de boba*"?

O certo é "O ladrão fez a polícia de bobo". A presença da preposição **de** entre o substantivo e o adjetivo faz com que este fique invariável.

7. É certo dizer que "Antoninha assumiu o cargo de desembargadora"?

Não! O que prevalece, nesse caso, é a referência ao cargo. Portanto, "Antoninha assumiu o cargo de desembargador".

8. Existe alguma impropriedade em se utilizar dupla negativa como em "Eu **não** comprei **nenhumas** frutas maduras"?

Não existe **nenhuma** impropriedade na frase. A dúvida se dá porque, no Latim, o advérbio *non* aposto a outra palavra de força negativa eliminava o sentido negativo da frase. Em português, todavia, é correto - e isso sem perder o cunho negativo: é o que chamamos de negativa intensiva. Vejam:

***Não** encontrou **nada** mais no imóvel penhorado ou*

***Não** compareceu **ninguém** à audiência.*

Comungam do mesmo entendimento Aires da Mata Machado Filho, Cândido de Figueiredo, Silveira Bueno e Cândido Jucá Filho.

9. Está correta a frase "*Não suportando mais a dor, procurei o dentista, mas **o mesmo** tinha viajado*"?

Não! Não retomamos informações com "mesmo". O termo **mesmo** ora é empregado como adjetivo, ora como advérbio, ou seja, não funcionando como pronome não pode ser utilizado na retomada de informação. Constituem **erros graves** o emprego do termo **mesmo** nas frases:

Eu procurei o professor pela segunda vez e o mesmo *não estava. (... e ele não estava.)*

Ao entrar no elevador, certifique-se de que o mesmo *esteja parado em seu andar. (... de que ele esteja... ou... de que esse esteja...)*

A vítima informou que não tinha conhecimento da norma. A mesma *disse ainda que vem sofrendo retaliação. (Ela disse ainda... ou, suprimindo o termo em itálico: Disse ainda que...).*

Considere, no entanto, a seguinte frase: "*A caridade, pois, não é **o mesmo** que a filantropia*". Não há de se ressaltar nenhum problema na frase, pois 'o mesmo' equivale a 'mesma coisa'. Vejam: João escrevia para a mãe quinzenalmente. Sua irmã, Santusa, fazia o mesmo (fazia a mesma coisa, isto é: escrevia também).

EXERCÍCIOS DE FIXAÇÃO

I) Nas frases abaixo, estabeleça a concordância com a palavra que se encontra nos parênteses:

01) Ela mesma falou: ___________. (obrigado)
02) Ele estava ______ com o banco. (quite)
03) A receita segue _______ . (anexo)
04) Os cartazes seguem ________. (anexo)
05) Os documentos vão _________. (incluso)
06) Os formulários seguem _______. (em anexo)
07) Ela ___________ confeccionou o vestido. (próprio)
08) Eles não pareceram ser ________ coitados. (nenhum)
09) Ela ___________ entregou o requerimento. (mesmo)
10) É possível que ela tenha acreditado _________ na história. (mesmo)
11) Naquela tarde, elas preferiam ficar ___________. (só)
12) Depois de tudo, _______ restaram lembranças. (só)
13) Ela estava _________ aborrecida com o caso. (meio)
14) Deve haver alguns ______ mais eficientes. (meio)
15) São pessoas _______ agradáveis. (bastante)
16) ________ motivos obrigaram-no a falar. (bastante)
17) Esses privilégios custam ______. (caro)
18) A reforma da loja acabou ficando ___________. (caro)
19) Comprou a casa e não pagou

_______________. (barato)

20) Na sala havia _______________ moças a atender. (menos)

21) Os estudantes devem ficar ________ para a data das provas. (alerta)

22) Os abaixo-____________ foram encaminhados ao secretário. (assinado)

23) _______________ a instalação de indústrias na região. (era proibido)

24) ______________ saídas durante o feriado. (foi permitido)

25) Ainda ___________ muita prudência. (é necessário)

26) Enfrentamos pessoas o mais arrogantes _______________. (possível)

27) Encontrou argumentos os mais razoáveis _______________. (possível)

28) Escolheu ________________ hora e momento para falar. (péssimo)

29) Encontrou _____________ revistas e livros na prateleira. (velho)

30) Respondia com gesto e expressão _______________. (irônico)

31) Manifestava um respeito e uma dignidade ______________. (frio)

32) Comeu peixe e banana __________. (maduro)

33) Quem viveu no Rio, jamais pode dizer que passou por ________-carnavais (leso)

34) _______________-artistas querem se promover a todo custo. (pseudo)

35) O menino era ___________ os avós. (tal qual)

36) ____________ civil, militar e federal participaram da ação. (a – polícia)

37) Só naquela seção, havia três funcionários ____________. (fantasma)

GABARITO			
obrigada quite anexa anexos inclusos em anexo própria nenhuns mesma mesmo	sós só meio meios bastante bastantes caro cara barato menos	alerta assinados Era proibida Foi permitido é necessária possível possíveis péssima velhas irônicos ou irônica	fria ou frios madura lesos pseudo tal quais as polícias fantasma

TESTES

01. (**PUC**) o termo destacado está flexionado incorretamente em:

a) Havia bastantes sepulturas lá.

b) Tenho-as ouvido muita vez.

c) Eu própria sentia-me feliz.

d) Acrescentou, em voz meia surda, o agradecimento.

02. (**FCC - RJ**) Ainda __________ furiosa, mas com __________ violência, proferia injúrias __________ para escandalizar os mais arrojados.

a) meia - menas - bastantes

b) meia - menos - bastante

c) meio - menos - bastante

d) meio - menos - bastantes

e) meio - menas - bastantes

03. (**UFMG**) Em todas as opções, a lacuna pode ser preenchida por apenas uma das formas entre parênteses, EXCETO em:

a) Possuíam __________ a barba e o cabelo. (branca / brancas)

b) Escolheu __________ lugar e hora. (mau / males)

c) Tinham gênio e postura _______ demais. (arrogante / arrogantes)

d) Conhecia lugares e paisagens ________ em Paris (linda / lindos)

04. (**UFMG**) Todas as sentenças estão corretas, segundo padrões da língua culta, EXCETO:

a) Ao entrarem na cidade, encontraram destruído o bar e a praça.

b) Logo que acordaram, viram o carro e a lancha sonhadas no jardim.

c) O diretor revelou um interesse e uma atitude mais que suspeita.

d) Eram crianças e animais completamente tranquilos e amigos.

05. (**UFMG**) Os termos destacados estão corretamente flexionados, EXCETO:

a) Foi-me penosa a indecisão, o medo e a fraqueza.

b) Embora fosse tarde, saíram apressadas e sós.

c) Felizmente, hoje está quites com seus credores.

d) Não era homem de meias palavras.

06. Assinale a opção INCORRETA quanto à concordância do termo em destaque.

a) Existem meios bastantes para resolver esses problemas.

b) Ela ficou meio envergonhada pelas acusações graves.

c) Bebia sozinha meia garrafa de cachaça Januária.

d) Eles se encontrariam ao meio dia e meio em ponto.

07. (**ESA**) Assinale a opção em que NÃO há erro.

a) Seguem anexo os formulários pedidos.

b) Não vou comprar esta camisa, está muito caro.

c) Estas questões são bastante difíceis.

d) Estando pronto os preparativos, foi dada a largada.

08. (**ICÉS**) *Palavra de valor adjetivo concorda sempre com o substantivo.* Que frase abaixo não confirma essa afirmação?

a) Havia menos gente na rua ontem.
b) Algumas pessoas saíram sós.
c) Havia bastantes razões para eu ficar.
d) Fez horas extras para ganhar mais.

09. (**ICÉS**) Em que frase, substituindo-se a palavra destacada pela indicada entre parênteses, o vocábulo determinante não flexiona?

a) Havia bastante gente na rua. (pessoas)
b) Quem falou foi ele mesmo. (ela)
c) Tenho muita pena de vocês. (dó)
d) Hoje há menos carros na rua. (gente)

10. Aponte a alternativa em que a concordância é inaceitável.

a) No alto da porta se lia: "Entrada proibida"
b) Nesta repartição, entrada é proibido.
c) Para quem esta entrada é proibida?
d) A entrada é proibida nesta repartição.
e) N.D.A.

11. (**Fumarc - 2010**) A concordância nominal está **incorreta** em:

a) A mídia julgou desnecessária a campanha e o envolvimento da empresa.
b) A mídia julgou a campanha e a atuação da empresa desnecessária.
c) A mídia julgou desnecessário o envolvimento da empresa e da campanha.
d) A mídia julgou a campanha e a atuação da empresa desnecessárias.

12. (**Fumarc - 2010**) Dentre as frases abaixo, pertencem ao padrão culto escrito:

I) Queremos brasileiros melhor educados!
II) A casa era mais grande que pequena.
III) Os filhos delas são os mais bem-comportados.
IV) As provas dele estão melhores escritas.

a) I e III.
b) I e IV.
c) II e III.
d) I, III e IV.

13. (**CESGRANRIO CMB/2012 - Analista de Negócios**) No que se refere ao fenômeno da concordância nominal, no subtítulo do texto, o termo **textuais** também admite a forma singular. O período em que, conforme a norma padrão, o termo destacado pode assumir tanto a forma singular quanto a plural é:

a) **Bastantes** poemas foram lidos na aula.
b) Custam **caro** os jornais de domingo.
c) Vendem-se quadros e esculturas **usados**.
d) Compramos livro e jornal **velhos**.
e) Na estante, dicionário e livros **jogados**.

14. (**Cesgranrio**) Considerando-se que há palavras variáveis e palavras invariáveis na Língua Portuguesa, qual é frase que está em **DESACORDO** com a norma-padrão, no que diz respeito à concordância?

a) Estamos todos **alerta** em relação ao problema dos menores de rua.
b) A população está **meio** descrente em relação a soluções de curto prazo.
c) As organizações que cuidam das crianças receberam **bastantes** recursos este ano.
d) A partir de hoje, é **proibido** a adoção de crianças que tenham pais biológicos vivos.
e) No caso de crianças sob maus tratos, muitas vezes, elas **próprias** fogem para as ruas.

15. (**TTN**) A concordância nominal está incorreta no item:

a) É um filme para aquelas pessoas que têm curiosidade sobre si mesmas.
b) Salvo alguns desastres, obtêm-se bons resultados, desde que não se tente filosofar no palco de maneira confusa.
c) Ficavam bastantes contrariados com a negligência de algum companheiro durante os treinamentos.
d) A folhas vinte e uma do processo, encontra-se o comprovante de pagamento.
e) Estando o carnê e a procuração anexos ao processo, faltavam-lhe dados para explicar o caso.

16. (**TTN**) A concordância nominal está incorreta na alternativa:

a) Percorreu estrada e caminho desertos.
b) Foram concluídas as séries iniciais.
c) Os projetos melhores analisados foram enviados ao juiz.
d) Todos estávamos alerta.

17. (**TRT**) Assinale a alternativa correta quanto à concordância.

a) O carro teve um dos faróis quebrado.
b) Sempre aparecem uns pseudos-guias.
c) Não temos razões bastante para impugnar sua candidatura.
d) Qualquer que seja suas desculpas, vocês serão punidas.
d) Descobriu a alguns passos, meia enterrada, uma velha panela de ferro.

18. (**Cesgranrio – 2013**) A concordância nominal **NÃO** está de acordo com a norma padrão da língua portuguesa em:

a) A falta de infraestrutura e o tamanho das cidades são culpados pelo fracasso.
b) Cidades e regiões rurais parecem ser afetadas por problemas de tipos diferentes.
c) Os grandes centros mundiais e as cidades brasileiras estão destinadas ao caos urbano.
d) Os *shopping centers* e os condomínios residenciais são fechados ao público externo.
e) Transportes públicos de qualidade e organização do espaço são necessários à urbanização.

19. (**Oficial MP**) A concordância nominal está **CORRETA** em:

a) Segundo cálculos aproximados, mais de duas milhões de pessoas participaram da campanha.

b) Ante a hesitação dos demais condôminos, eles mesmo decidiram tomar frente na negociação da reforma.

c) Visando ao aprimoramento do sistema financeiro da habitação, serão estabelecidos política e procedimento de crédito novos.

d) De acordo com o voto do relator do processo, a motivação do pai "não é nobre, pois vem marcado por claro desejo de punição do marido contra a ex-mulher".

20. (**TJM**) A concordância nominal está **CORRETA** em:

a) Os Deputados e Senadores são invioláveis, civis e penalmente, por quaisquer de suas opiniões, palavras e votos.

b) É vedada a percepção simultânea de proventos de aposentadoria com a remuneração de cargo, emprego ou função pública.

c) É assegurado ao partido político a autonomia para definir sua estrutura interna, organização e funcionamento e para adotar os critérios de escolha e o regime de suas coligações eleitorais.

d) Extinto o cargo ou declarado a sua desnecessidade, o servidor estável ficará em disponibilidade, com remuneração proporcional ao tempo de serviço, até seu adequado aproveitamento em outro cargo.

GABARITO									
01. D	02. D	03. C	04. B	05. C	06. D	07. C	08. A	09. D	10. E
11. B	12. C	13. D	14. D	15. C	16. C	17. A	18. C	19. C	20. B

III. ANÁLISE SINTÁTICA

O assassino era o escriba

Meu professor de análise sintática era o tipo de sujeito inexistente.
Um pleonasmo, o principal predicado de sua vida,
regular como um paradigma de 1ª conjugação.
Entre uma oração subordinada e um adjunto adverbial,
ele não tinha dúvidas: sempre achava um jeito
assindético de nos torturar com um aposto.
Casou com a regência. Foi infeliz.
Era possessivo como um pronome e ela era bitransitiva.
Tentou ir para os EUA. Não deu.
Acharam um artigo indefinido em sua bagagem.
A interjeição do bigode declinava partículas expletivas
conectivos e agentes da passiva, o tempo todo.
Um dia matei-o com um objeto direto na cabeça.

– Paulo Leminski

O termo **análise** provém do grego (*análysis*) e significa "decompor um todo em suas partes constituintes". A sintaxe (do grego *syntáxis*) trata da relação lógica entre as palavras da oração.

Portanto, analisar sintaticamente uma oração significa, pois, decompô-la em seus elementos constituintes, verificando a relação lógica existente entre esses elementos a fim de determinar a função que eles exercem dentro do contexto linguístico específico.

RELEMBRANDO CONCEITOS

- **Frase** – Todo enunciado linguístico dotado de sentido completo e capaz de estabelecer comunicação. As frases podem ser: declarativas, interrogativas, negativas, exclamativas. (Silêncio! / Todos os alunos saíram. / Oi.)

- **Oração** – Enunciado que se organiza ao redor de um verbo, com sentido completo ou não. [Quando chove muito] [as enchentes causam transtornos]

- **Período** – É a frase constituída por uma oração (período simples) ou mais (período composto): A inflação continua alta / Espero que ela telefone hoje.

TERMOS ESSENCIAIS DA ORAÇÃO*

1. Sujeito

Sujeito é o termo a respeito do qual se diz alguma coisa e, com o verbo, estabelece uma relação de concordância em número e pessoa.

1.1. Sujeito simples

É aquele que apresenta um núcleo apenas.

O núcleo do sujeito é representado geralmente por um substantivo, pronome (que tem como função precípua substituir o nome), ou por qualquer termo substantivado. Vejam os exemplos abaixo:

*Muitos **atletas** brasileiros* atuam na Europa.

Viajamos para a Itália. (**nós**)

*O **olhar*** era o que mais chamava a atenção de todos.

Alguém quebrou a vidraça. (Não confundir pronome indefinido com sujeito indeterminado. Se informamos alguma coisa a respeito do termo 'alguém', então 'alguém' é o sujeito.

DICAS DO PROFESSOR

1. A nomenclatura 'sujeito oculto' está em desuso, e não é mais evidenciada na Nomenclatura Gramatical Brasileira (NGB). Passaremos a classificar o sujeito como simples. Alguns autores classificam esse sujeito implícito como desinencial ou elíptico, dependendo do contexto. Outros, no entanto, também criticam tais classificações.

2. Cuidado com a definição que diz que o sujeito é aquele que pratica a ação: isso não acontece sempre. Em "Um é pouco", "Aquilo será apurado" e "Nadar faz bem" não há ninguém praticando ação nenhuma, porém há sujeito em todas elas; daí adotarmos a definição proposta acima.

3. * Na maior parte das gramáticas, encontramos que 'sujeito' e 'predicado' são os termos essenciais da oração. Essencial, literalmente, é aquilo que não pode faltar. No entanto, como veremos a seguir, no Português existe a possibilidade da oração sem sujeito, o que comprova, então, que o sujeito não é tão essencial assim para o contexto.

1.2. Sujeito Composto

É aquele que apresenta mais de um núcleo.

***Bois**, **vacas** e **bezerros** andavam misturados.*

***Pedro** e **Paulo** perderam o avião.*

1.3. Sujeito Indeterminado - existe o sujeito na oração, mas não é possível identificá-lo com precisão. O sujeito indeterminado acontece em três casos:

a) Quando o verbo vem conjugado na 3ª pessoa do plural sem nenhum sujeito aparente.

Chegaram pela manhã.

Jogaram lixo no chão.

b) Quando o verbo vem na 3ª pessoa do singular + SE + preposição. Nesse caso a partícula 'SE' é denominada de índice de indeterminação do sujeito.

Precisa-se de motoristas.
Trata-se de questões urgentes.

c) Quando o objetivo é expressar algo que acontece de maneira genérica (geralmente vem com verbos intransitivos). Aqui também temos a presença da partícula 'SE'.

Vive-se bem na Dinamarca.

Fala-se um dialeto interessante nessa região do Brasil.

1.4. Oração sem sujeito

Ocorre quando o verbo é defectivo impessoal.

a) verbos que exprimem fenômenos naturais (chover, trovejar, nevar, etc.).

Nevou nas Serras Gaúchas.

Obs.: Se os verbos acima forem utilizados em sentido figurado, podem apresentar sujeito.

Ex.: *Choveram palavras de desaforo.*

b) verbos **ser**, **ficar**, **passar**, **fazer** ou **estar** na indicação de tempo ou clima.

Agora é tarde / Está frio

Ficou escuro depressa / Passava de quatro horas

Faz noites frias no inverno.

c) verbos **haver** e **fazer** quando indicarem tempo decorrido.

Há dois meses que não vejo Katiúscia / Faz dois anos que Eloá partiu.

d) verbo **haver** no sentido de existir, ocorrer ou acontecer.

Há vários alunos na sala? Houve acidentes terríveis na última semana.

e) verbos **bastar** e **chegar** indicando cessamento.

Basta de guerra / Chega de tumulto.

DICA DO PROFESSOR

Se o verbo do contexto estiver no imperativo, isto é, evidenciando uma ordem ou pedido, o sujeito da oração, convencionalmente, será você. Ex.: *Faça os exercícios sem reclamar.* (sujeito simples = você)

2. Predicado

É aquilo que se diz a respeito do sujeito. É a informação propriamente dita.

"*Amar não é verbo intransitivo é verbo de ligação*
tudo depende dos predicativos do sujeito."

– Patrícia Blower

RELEMBRANDO CONCEITOS

- **Verbo transitivo** - É aquele que precisa de complemento para que a informação se realize integralmente, isto é, precisa de um objeto. O verbo transitivo pode ser classificado como **transitivo direto** e **indireto.**

- **Objeto** – É todo nome que tem a função de completar o sentido de um verbo qualquer. Se o verbo em questão é um verbo **transitivo direto (OD)**, o objeto será classificado como **objeto direto** (quando o complemento pedido está ligado diretamente ao verbo). Se o verbo for **transitivo indireto**, o objeto será **indireto (OI),** isto é, quando o complemento pedido está ligado indiretamente ao verbo, por intermédio de uma preposição. Exemplos:

  Joanice vendeu a casa. (vendeu = verbo transitivo direto / a casa = objeto direto)
  O distraído mordeu o dedo. (mordeu = verbo transitivo direto / o dedo = objeto direto)
  O povo aderiu ao movimento. (aderiu = verbo transitivo indireto / ao movimento = objeto indireto)
  Duvidei acintosamente da verdade. (duvidei = verbo transitivo indireto / da verdade = objeto indireto)

Ainda em relação ao objeto, é importante saber duas particularidades:

» **Objeto pleonástico** – Por uma questão de ênfase, antecipamos o objeto, colocando-o no início da frase ou oração, e depois repetimos esse objeto por meio de um pronome oblíquo átono. (Esses alunos, já os conheço de outros carnavais. / Ao aluno relapso, nenhuma disciplina lhe interessa.)

» **Objeto direto preposicionado** – Principalmente por uma questão enfática e semântica, o objeto direto pode aparecer excepcionalmente preposicionado. Os principais casos são:

  a) em expressões idiomáticas: Desta água não beberei / Sacou da espada / Puxou do gatilho / Pegou das armas / Pedi por socorro / Chamei por Janilson.
  b) quando o objeto for um infinitivo complemento dos verbos **ensinar** ou **aprender**: Quando nos ensinam a odiar,

podemos aprender a amar.

c) por tradição, com a palavra Deus: Amemos a Deus.

d) quando o objeto for um pronome indefinido ou o relativo **quem**: Deus favorece a todos, mesmo a quem se esquece de duas leis.

e) quando o objeto for um nome de pessoa: Derrubaram a Getúlio.

f) quando se quer evitar duplo sentido: Aos pais respeitam os filhos.

g) quando a preposição muda o sentido do contexto: Bebeu do vinho / Comi do bolo.

h) Com pronome pessoa tônico que exige a preposição: Ofenderam a mim.

i) com o numeral ambos: Conheci a ambos.

- **Verbo intransitivo** – é aquele que não vem acompanhado de nenhum tipo de objeto.

É importante ressaltar que muitas pessoas pensam no verbo intransitivo como sendo aquele dotado de sentido completo, o que não é verdade. Em muitos casos, podemos afirmar, sim, que o verbo intransitivo apresenta sentido completo (Aristildes viajou / Rubervina morreu).

No entanto, em outros casos não. **Ex.**: As flores estavam sobre a mesa / Os livros ficaram na biblioteca – é possível notar, em ambos os exemplos, que não aparece nenhum tipo de complemento verbal, qual seja, objeto direto e objeto indireto, daí defini-lo como intransitivo.

Porém, para que a informação se processe de maneira efetiva, é imprescindível a presença de um adjunto adverbial no contexto (sobre a mesa / na biblioteca) o que nos permite afirmar que nem todos os verbos intransitivos são dotados de sentido pleno.

- **Verbo transitivo direto e indireto** – também chamado de bitransitivo, é aquele que necessita de dois complementos verbais para uma significação mais apurada, o OD e o OI.

Ex.: Robervaldo ofereceu flores a Clemilda. (flores = objeto direto / a Clemilda = objeto indireto)

Escreveram cartões aos amigos. (cartões = objeto indireto / aos amigos = objeto indireto)

Alguns verbos podem trazer consigo complementos que evidenciam certa carga semântica. Nos concursos, é muito comum as bancas retirarem algumas frases do texto, sublinharem determinadas estruturas e acrescentarem, dentro de parênteses, ideias associadas ao sentido das expressões que foram sublinhadas. O intuito é fazer com que o candidato indique a opção que não apresenta conexão semântica adequada entre o trecho sublinhado e a ideia apresentada. Abaixo, seguem algumas relações semânticas oriundas de complementos verbais:

- Compensação: Jocenilda pagou o favor **com um beijo**.
- Transformação: Converteu água **em vinho**.
- Favor: Tiradentes morreu **pela pátria**.
- Substituição: Deixei o certo **pelo duvidoso**.

- **Verbos de ligação** – são aqueles verbos que apresentam a singular função de ligar o sujeito a uma característica própria e inerente desse sujeito (predicativo).

São verbos de ligação prototípicos: **ser**, **estar**, **permanecer**, **ficar**, **continuar**, **tornar** (**virar**, **transformar**), **parecer** e **andar**. No entanto, nem sempre quando esses referidos verbos aparecem nas orações, podemos classificá-los como verbos de ligação. O contexto é que vai, mais uma vez, evidenciar se estamos trabalhando com um verbo de ligação ou um verbo intransitivo, conforme já foi dito.

- **Predicativo do sujeito** – termo que apresenta uma característica ou estado do sujeito da oração.

DICA DO PROFESSOR

- Para se descobrir o *objeto direto*, pergunta-se para o verbo **o quê?** ou **quem?**; já para o *objeto indireto* as perguntas são **de que? De quem? A quem? Para que?, etc.** Ou seja, a mesma preposição da pergunta aparece também na resposta, reforçando a ideia de que se trata de um complemento preposicionado, OI.
- As partículas pronominais **o**, **os**, **a**, **as** serão classificadas sempre como objeto direto; enquanto **lhe** e **lhes** serão objetos indiretos.

2.1. Predicado verbal

É aquele predicado em que o núcleo é o verbo. Geralmente, esse verbo vai apresentar uma ação qualquer (nascer, vender, comprar, gostar, notificar). A principal característica do predicado verbal é **não** apresentar predicativo do sujeito.

Ex.: *Robervaldo voltou.*

Clemilda pegou os óculos.

Abidenago acredita em fantasmas.

2.2. Predicado Nominal

É aquele predicado em que o núcleo é um **nome** (geralmente adjetivo, podendo ser também substantivo). Para que se tenha um predicado nominal é imprescindível dois termos: **o verbo de ligação** e **o predicativo do sujeito**.

Ex.: *Aretusa é magra.* (*magra* é uma característica da Aretusa)

Diosquérida esteve quieta durante a palestra. (*quieta* é uma característica de Diosquérida)

Jazão é advogado. (o substantivo 'advogado' caracteriza Jazão)

Agora, prestem atenção na seguinte oração: **Billy e Jim ficaram no clube o dia inteiro.**

Como podemos observar, não existe nenhuma característica para Billy e Jim ao longo do contexto. É possível notar apenas ideias de lugar e tempo, respectivamente, apresentadas pelos adjuntos adverbiais em questão. Quando não ocorre, na oração, nenhum predicativo do sujeito, não faz sentido falar em verbo de ligação, pois esse teve sua função esvaziada. Sendo assim, o predicado será classificado necessariamente como **predicado verbal**.

2.3. Predicado verbo-nominal

É o predicado em que se têm dois núcleos: um verbo e um nome. Em outras palavras, é aquele que se pode desmembrar em dois, quais sejam, um predicado verbal e outro nominal. Vejam abaixo alguns casos de predicado verbo-nominal:

a) verbo intransitivo e um predicativo do sujeito: Sidnelson brincava distraído / Marieta viajou inquieta.

b) verbo transitivo direto e um predicativo do objeto[1]: O juiz julgou o réu culpado.

c) verbo transitivo direto e indireto e um predicativo: A diretora, esperta, ofereceu prêmios aos alunos.

d) verbo na voz passiva e um predicativo: O preso foi encontrado morto.

---

1 **Predicativo do objeto**, como o próprio nome já diz, é o termo que vai caracterizar o objeto da oração. Sempre que houver um predicativo do objeto, o predicado será verbo-nominal.

TESTES

01. (**TC**) Em todas as frases, há oração sem sujeito, EXCETO em:

a) Já passa das quatro horas.
b) Há muito colorido nas festas juninas.
c) Hoje, está escurecendo rapidamente.
d) Novembro começa.
e) Agora é tarde.

02. (**AL**) Assinale a única opção que apresenta predicado verbo-nominal.

a) A reunião virou balbúrdia.
b) Muitos convidados chegaram tarde.
c) O mar parecia calmo naquela manhã.
d) A comissão examinadora escolheu-o guardião das provas.
e) Alguns soldados continuavam desarmados.

03. (**TJ**) O predicado está corretamente classificado em:

a) A beleza só está nos olhos do espectador. (nominal)
b) A vida continua insensível. (verbo-nominal)
c) Ninguém se julgue infeliz na adversidade. (verbo-nominal)
d) Todas as mulheres deviam casar-se, os homens não. (nominal)

04. (**ESCRIVÃO**) Aponte a alternativa que **não** tenha um verbo de ligação.

a) O uso de drogas prejudica a vida de muitos jovens.
b) Os cientistas não ficam indiferentes à situação dos moradores.
d) Os funcionários andavam exaustos ultimamente.
d) Poucos intelectuais permanecem preocupados com atividades físicas.

05. (**FUMARC**) Todos os termos sublinhados exercem a mesma função sintática, EXCETO:

a) <u>Quem</u> avisa amigo é.
b) Falta <u>um mês</u> para o casamento.
c) Acabou-se <u>o encanto</u>.
d) Ele é <u>tudo</u> o que sempre quis.

06. (**FUMARC**) O predicado das orações a seguir está corretamente sublinhado, EXCETO em:

a) <u>Agora surgiu</u> um novo acontecimento.
b) À noite <u>apareciam muitos curiosos</u>.
c) <u>Fala-se em reformas urgentes</u>.
d) Pequenos acontecimentos <u>levaram-no à exaustão</u>.

07. Em todas as opções abaixo, encontramos predicado verbo nominal, EXCETO:

a) Os excursionistas chegaram exaustos da caminhada.
b) Eles viajaram temerosos no barco sem coletes salva-vidas.
c) As crianças morreram de fome naquela tarde de Agosto.
d) Telefonaram aflitos para saber novas notícias.

08. (**FCC**) *Na indústria da saúde destacamos uma extensa e diversificada cadeia de fornecedores...* A frase cujo verbo exige o mesmo tipo de complemento que o grifado acima é:

a) Todas essas palavras de ordem remetem a uma ideia central.

b) ... a influir sobre as decisões de compra.

c) ... a despertar o interesse dos pesquisadores.

d) ... melhor atender a suas especificidades.

e) ... são também importantes os estímulos.

09. (**FCC**) *Órgãos públicos, entidades não-governamentais e até mesmo internautas aderiram à novidade...* A frase cujo verbo exige o mesmo tipo de complemento que o grifado acima é

a)... e, cada vez mais, interagem com as chamadas redes sociais.

b) Alguns movimentos ecológicos nasceram em redes.

c) Seu sucesso impulsiona o debate sobre o uso de redes sociais na Internet.

d)... intensificando contato direto com eles.

e)... que o governo havia fraudado as votações.

10. (**Cesgranrio**) O verbo destacado é impessoal na frase:

a) “Quem **brinca** não quer chegar a lugar nenhum.”

b) “e isso, você sabe, não **implica** nenhum tipo de propensão ao crime.”

c) “E, ah, quando não **há** ninguém por perto.”

d) “E tudo agora **é** para valer.”

e) “**Vira** mais uma atividade produtiva a cumprir.”

11. (**FCC**) Na frase *O compositor dedicava inteiramente à criação musical os meses de verão,* o termo sublinhado exerce a mesma função sintática que o termo em destaque na frase:

a) A visão de mundo de uma geração mais jovem teve influência central aqui.

b) Intérpretes conhecidos e pesquisadores descobriram o compositor.

c) Em vida, Mahler foi alvo de intensas polêmicas.

d) Mahler empreendia longas caminhadas que lhe proporcionaram inspiração para grandiosas sinfonias.

e) Essas casinhas das alturas alpinas hoje se transformaram em memoriais.

12. (**Fumarc**) *“Lá **vêm**: expiatórios bodes, / criadas cobras, negras ovelhas, / vacas de presépio em parelha, / espírito de porco em revoada.”* Nesse fragmento, a concordância do verbo destacado está:

a) incorreta, já que a oração não tem sujeito.

b) correta, uma vez que o sujeito é indeterminado.

c) incorreta, pois vem um aposto após os dois pontos.
d) correta, pois o sujeito é composto e posposto ao verbo.

13. (**CBTU - 2012**) "No focinho deles pode estar a solução." A palavra sublinhada nessa frase tem a função de

a) adjunto adnominal.
b) objeto direto.
c) predicativo.
d) sujeito.

14. (**Pref. BH - Advogado - 2012**) Desconsideradas eventuais adaptações decorrentes das alterações, assinale a alternativa em que a substituição do termo sublinhado pela expressão entre colchetes acarreta erro de natureza gramatical.

a) "... duplicar avenidas e implantar os BRTs, como são chamados os corredores expressos para ônibus. [são eles chamados]
b) No entanto, o imposto que é pago por você dá o direito a alternativas de ir e vir ao usuário. [lhe dá o direito a alternativas de ir e vir]
c) Primeiro perguntando ao usuário... [perguntando-o]
d) Tenho que providenciar o metrô, corredores de ônibus, bicicletas ou condições de anda a pé. [providenciá-los]

15. Assinale a alternativa que apresenta, entre colchetes, apreciação ***INCORRETA*** sobre a(s) palavras(s) ou expressão (ões) nela sublinhada(s).

a) "[...] se nada for feito, a espiral crescente de mortos e feridos no trânsito será um obstáculo importante [...]". [o trecho expressa ideia de condição]
b) "[...] a Campanha pela Segurança Global nas Estradas está exortando líderes mundiais a adotarem ações urgentes [...]". [o mesmo que "incitando"]
c) "[...] a epidemia de ferimentos e mortes no trânsito é uma fonte de pobreza, sofrimento humano e desperdício econômico em escala global". [o trecho funciona como sujeito composto]
d) "O relatório faz recomendações que podem ajudar a prevenir mortes nas estradas [...]". [o termo funciona como adjunto adverbial]

16. (**Cemig - 2012**) "Os ursos e focas estão em pânico."
A expressão sublinhada nessa frase revela

a) um lugar.
b) um modo.
c) uma condição.
d) uma consequência.

17. (**Cemig - 2012**) "Os pássaros perderam o seu norte."
A expressão sublinhada nessa frase pode ser corretamente analisada como

a) adjunto adverbial.
b) agente da passiva.
c) objeto direto.
d) predicativo.

18. (**Cemig 2012**) "As abelhas [...] morrem com os pesticidas."
A expressão sublinhada nessa frase tem sentido de

a) causa.
b) companhia.
c) concessão.
d) tempo.

19. (**Consulplan - 2012**) "Quando a democracia surgiu na Grécia..."
Assinale a alternativa na qual o verbo apresenta, na oração proposta, transitividade análoga idêntica ao da frase anterior.

a) Esse argumento não procede.
b) O professor informou ao diretor sobre sua decisão.
c) Chamei por você.
d) Não abdicarei de meus direitos.
e) Ansiava pelo dia de amanhã.

20. (**Consulplan - 2012**) "Para os gregos, não havia atividade mais apaixonante e gloriosa."
Em relação ao sujeito desta oração, assinale a alternativa correspondente.

a) Não possui sujeito.
b) Possui sujeito indeterminado.
c) Possui sujeito oculto.
d) Possui sujeito simples
e) Possui sujeito composto.

21. (**FCC - 2013**)... *redes sociais que moldaram o pensamento...* O verbo que exige o mesmo tipo de complemento que o grifado acima está empregado em:

a)... *que nada mais são do que as velhas redes sociais...*
b) *Nessas populações, as redes operavam por meio de conversas face a face...*
c) *Desde que nossos ancestrais andavam em bandos pelas estepes africanas...*
d)... *na última década surgiu a comunicação digital...*
e)... *as novas redes sociais influenciam comportamentos e crenças...*

22. (**FCC - 2013**)... *a pintura impressionista revela uma nova beleza...* O verbo que exige o mesmo tipo de complemento que o grifado acima está empregado em:

a) ... *para ele concorreram fatores diversos...*
b) ... *porque a vida não basta.*
c) ... *manifestação inusitada que surge do trabalho do artista...*
d) *Este foi um caso especial...*
e) ... *a célebre tela que determinou o surgimento do Impressionismo.*

23. (**FCC - 2013**) *E como dizer que a cidade, ao fim, deixara de corresponder à modernidade empenhada?*
O verbo que exige o mesmo tipo de complemento que o verbo grifado acima está empregado em:

a) *Houve um sonho monumental...*
b) *Nada superará a beleza...*
c) *Filho de fazendeiros, fora o único ateu e comunista da família...*
d) *No Planalto Central, construíra a identidade escultural do Brasil.*
e) *Brasília [...] resultara em alguma decepção.*

24. (**FCC - 2013**)... ***a pintura*** *se torna também o registro da mudança cromática da paisagem com o passar das horas.*

O elemento em destaque acima possui a mesma função sintática que o grifado em:

a) *Nenhum artista quer fazer o que já fizeram...*

b) *Nada me alegra mais do que deparar com uma obra de arte...*

c)... *o surgimento do novo é inerente à própria criação artística.*

d)... *que facilitaram a ida das pessoas ao campo...*

e)... *houve momentos em que a necessidade do novo levou a um salto qualitativo.*

GABARITO									
01. D	02. D	03. C	04. A	05. D	06. B	07. C	08. C	09. A	10. C
11. A	12. D	13. D	14. C	15. C	16. B	17. C	18. A	19. A	20. A
21. E	22. E	23. E	24. A						

3. Complemento Nominal

Termo da oração que se liga a um nome sempre por meio de preposição com a função de completar o sentido desse nome, principalmente, quando o nome em questão for um adjetivo ou advérbio. Ele pode indicar matéria, tipo, substância ou possuidor.

Ex.: *Esse remédio é prejudicial* ***ao organismo****.*

Agiu contrariamente ***ao esperado****.*

Quando o nome for um **substantivo abstrato**, é preciso avaliar o modo como se dá a informação, se de maneira *passiva* ou *ativa*. Por exemplo, na frase '*as críticas ao diretor eram infundadas*' a informação em relação ao diretor se dá de uma maneira passiva, isto é, ele recebe as críticas, sendo assim, o termo em questão só pode ter a função de ***complemento nominal***.

Agora, na frase '*as críticas do diretor eram infundadas*', o diretor pratica a ação expressa pelo nome *críticas*, o que evidencia um posicionamento ativo, restando a classificação de ***adjunto adnominal*** (próximo tópico).

Vejam abaixo algumas ideias que podem ser relacionadas aos complementos nominais:

- Preço: O abacaxi é vendido **a cinco reais**.
- Referência: A toalha é impermeável **a líquidos**.

- Quantidade: A melancia foi partida **em cinco fatias**.
- Propriedade ou adequação: Este não é um assunto **para crianças**.

4. Adjunto Adnominal

Termo da oração que sempre se refere a um substantivo que funciona como núcleo, determinando-o ou caracterizando-o. Identificado o núcleo do sujeito ou do objeto de uma determinada oração, a informação mais importante, que será sempre representada pelo substantivo ou um termo nominalizado, é chamada de núcleo. Se houver palavras determinantes para esse núcleo, aquelas que, morfologicamente podemos classificar como artigos, adjetivos, pronomes ou numerais, nós as classificaremos como adjuntos adnominais.

Ex.: <u>*Aqueles dois* **meninos** *estudiosos*</u> saíram.

<u>*A* **resposta** *do aluno*</u> foi satisfatória.

Comemos <u>**bolo** *de chocolate*</u>.

Como podemos observar, os nomes acima em negrito são núcleos dos sujeitos e do objeto respectivamente. Os termos que determinam esses nomes são os adjuntos adnominais. Os adjuntos adnominais se ligam a substantivos concretos e substantivos abstratos quando a informação se processar de maneira ativa.

Alguns adjuntos adnominais podem evidenciar certa carga semântica. Nos concursos, é muito comum as bancas retirarem algumas frases do texto, sublinharem determinadas estruturas e acrescentarem, dentro de parênteses, ideias associadas ao sentido das expressões que foram sublinhadas. O intuito é fazer com que o candidato indique a opção que não apresenta conexão semântica adequada entre o trecho sublinhado e a ideia apresentada. Abaixo, seguem algumas relações semânticas oriundas de adjuntos adnominais:

- Aquilo de que é parte: A maçaneta **da porta** quebrou.
- Característica genérica ou particular: Chegou o homem **de posses**.
- Continente ou conteúdo: A água **da jarra** está turva.
- Constituição: A comissão **de professores** resolveu expulsar o aluno.
- Conteúdo: Comprou uma caixa **com frutas da época**.
- Destinação: Porcina e Sinhozinho vendem apartamentos **para todos os gostos**.
- Dimensão: O prédio **de cinquenta metros de altura** será leiloado.
- Época em que acontece: As chuvas **de verão** me agradam.

- Finalidade: O vestido **de festa** ficou pronto.
- Inclusão: O sócio **do clube** estava bêbado.
- Ligação ou conexão: A ferrovia **entre as duas cidades** ainda não ficou pronta.
- Limitação ou referência: Lucrécia nunca foi boa aluna **em matemática**.
- Matéria: A casa **de madeira** foi derrubada.
- Processo: O edifício **em construção** é aquele.
- Semelhança: A escada **de caracol** me deixa tonto.
- Valor: A jóia **de dez mil reais** ficou no carro.

5. Adjunto Adverbial

É o termo da oração que se liga a um verbo, advérbio, ou adjetivo a fim de indicar uma circunstância qualquer. Exemplos:

a) Ariosvaldo **nunca** viaja nas férias. (negação)
b) Cheguei **cedo** ontem. (tempo)
c) Guaraciaba é **muito** estudiosa. (intensidade)
d) Os estudantes leram o livro **na sala de aula**. (lugar)
e) Estudou **para a prova**. (finalidade)
f) Morreu **de tuberculose**. (causa)
g) Cortou os papéis **com uma tesoura**. (instrumento)
h) Estavam falando mal **de você**. (assunto)
i) Escrevia todas as cartas **cautelosamente**. (modo)
j) Nada há **entre mim e ti**. (reciprocidade)
k) Ligou para Druida **duas vezes**. (quantidade)
l) **Além de rico**, é muito polido. (acréscimo)
m) Ela, **certamente**, está feliz. (afirmação)
n) **Sem estudo**, não passarás. (condição)
o) **Apesar de tudo**, não se salvou. (concessão)
p) Fiz a prova **conforme o tempo**. (conformidade)
q) O carro convergiu **para a esquerda**. (direção)

NOTA: Vocês encontrarão uma lista completa de ideias circunstanciais no capítulo referente aos advérbios.

6. Aposto

Termo que se liga ao nome que o antecede com a função de explicar esse nome. O aposto pode ser classificado como:

a) Explicativo ou explicador – Quando explicar o nome que o antecede.

Ex.: Ribamar, **aluno da 8ª série**, foi bem na prova.

b) Enumerativo ou enumerador – quando sequenciar elementos usados para desenvolver uma ideia anterior.

Ex.: Desejo-lhe várias coisas: ***felicidade, paz e saúde***.

c) Resumitivo, resumidor ou recapitulativo – quando resume termos anteriores.

Ex.: Vida digna, cidadania plena e igualdade de oportunidades. **Tudo isso** está na base de um país melhor.

d) Especificativo ou especificador – quando individualiza ou especifica um nome de sentido genérico. Geralmente é um substantivo próprio que individualiza um substantivo comum. Vem sempre **sem vírgulas**, enquanto nos demais tipos de aposto, percebemos a presença delas.

Ex.: A cidade **de Belo Horizonte** é acolhedora.

O escritor **Fernando Pessoa** se divide em várias pessoas.

7. Vocativo

Chama ou interpela o interlocutor, indicando a quem nos dirigimos.

Ex.: Ó meu Deus! Dai-me forças.

Ó mar salgado, quanto do teu sal são lágrimas de Portugal!

Miguilim, preciso falar contigo.

Até tu, **Brutus**!

DICA DO PROFESSOR

Vale lembrar que tanto o **aposto** quanto o **vocativo** são termos acessórios. Assim, não fazem parte nem do sujeito, nem do predicado.

8. Agente da Passiva

É o termo da oração que se refere a um verbo na voz passiva, sempre introduzido por preposição, com o fim de indicar o ser que executa a ação verbal sofrida pelo sujeito.

Ex.: *A história foi contada por vovó.*

Todas estas terras foram desapropriadas pelo governo.

A PERGUNTA QUE NÃO QUER CALAR...

1. É correto dizer "o juiz pediu vista do processo"?

Sim. "Vista" nesse caso é o "ato pelo qual o interessado em um processo recebe os autos para tomar conhecimento de tudo o que ele contém e se pronunciar como lhe aprouver". Não há necessidade de plural nessa expressão.

Aproveitando o ensejo, vejam esta outra construção: "tenho sentido muita dor NA VISTA". "Vista" é sinônimo de "visão" e também não tem plural nessa acepção.

2. Qual é a diferença entre as construções "Vou a Roma" e "Vou para Roma"?

Temos uma diferença semântica em torno do uso das preposições. Na primeira construção, a preposição '**a**' exprime breve regresso ou permanência efêmera, enquanto, na segunda, a preposição '**para**' expressa uma ideia de estada permanente ou definitiva.

TESTES

01. (**TC**) Em "Puxou da faca com raiva", o termo sublinhado é

a) objeto direto pleonástico.
b) objeto indireto.
c) objeto direto preposicionado.
d) adjunto adverbial de instrumento.

02. (**TC**) A indicação da função sintática do termo grifado está correta em todas as opções, EXCETO:

a) O atleta recebeu vaias e saiu cabisbaixo. (adjunto adverbial de modo)
b) Nada conseguiremos com violência. (objeto direto)
c) Esta semana haverá muita festa. (adjunto adverbial de tempo)
d) Meu amigo ficou famoso. (predicativo do sujeito)

03. (**TJ**) O termo grifado está analisado corretamente em:

a) A águia voa sozinha. (predicativo do sujeito)
b) O sábio necessita sempre da solidão. (adjunto adverbial)
c) Um homem torna-se tudo ou nada conforme a educação recebida. (objeto direto)
d) A mim, não me enganas mais. (objeto direto preposicionado)

04. (**ESCRIVÃO**) Aponte o único período que não contém objeto direto.

a) Os romances policiais pediam um cenário de fortificação feudal.
b) Ao cair da tarde, entraram, no automóvel, quatro funcionários do departamento de pessoal.
c) Sua falta de verdadeira cultura, ele conseguia dissimulá-la encadeando mentiras ilusórias.
d) Muito assustado, o proprietário da mansão puxou do revólver e atirou no ladrão.

05. Em todas as opões abaixo, não se notou a correspondência correta entre o termo grifado e a ideia apresentada nos parênteses, EXCETO:

a) Destrinchou toda aquela carne com uma faca bastante afiada. (modo)
b) Não gostava de viajar com aqueles parentes indesejáveis, mas não tinha outra opção. (companhia)
c) Viajando por Paris, notei que a iluminação da Torre não mais era tão esplêndida. (lugar)
d) Apesar de tanto esforço, não conseguiu nada. (condição)

06. (**TA**) "O cientista vê a preservação da Amazônia como algo necessário para a sobrevivência do homem moderno." O termo sublinhado classifica-se como

a) complemento nominal.
b) adjunto adnominal.
c) adjunto adverbial.
d) objeto indireto.

07. (**Cesgranrio - 2013**) De acordo com a norma-padrão, o verbo **haver** não pode assumir a forma de plural quando é usado como verbo impessoal. A forma verbal destacada **NÃO** é impessoal em:

a) Em muitos casos, não **há** alternativa senão defender uma visão conservadora da sociedade.
b) Embora muitas pessoas insistam em não aceitar a mudança, para mim não **há** verdade indiscutível.
c) **Houve** época em que os valores religiosos se impunham à quase totalidade das pessoas.
d) Não **haverá** convívio social equilibrado e produtivo sem princípios e valores estabelecidos.
e) Uma comunidade que não respeitasse certos princípios e normas **haveria** de fracassar.

08. (**FCC - 2009**) Na frase *Mas aqui surge outro problema* o termo em destaque exerce a mesma função sintática que o termo sublinhado em:

a) Tivemos tempo suficiente para ver o quando podia durar um disco de vinil.
b) Não, não sou um conservador reacionário.
c) Um congresso recente, em Veneza, dedicou-se à questão da efemeridade dos suportes de informação.
d) Sabemos que todos os suportes mecânicos, elétricos ou eletrônicos, são rapidamente perecíveis.
e) As fitas de vídeo perdem as cores e a definição com facilidade.

09. (**Famema - SP**) Classifique corretamente os termos integrantes destacados. "Mulher que **a dois** ama, **a ambos** engana".

a) objeto direto preposicionado e objeto direto preposicionado.
b) objeto indireto e objeto direto.
c) objeto indireto pleonástico e complemento nominal.
d) objeto direto e objeto direto preposicionado.
e) objeto direto preposicionado e objeto indireto.

10. Qual alternativa não tem adjunto adnominal?

a) No enterro do carcereiro, os detentos choraram.
b) Os covardes duram mais, mas vivem menos.
c) Os vícios de outrora são os costumes de hoje.
d) Correr não adianta, é preciso partir cedo.

11. Em: "O desinteresse **pela política** é um dos sintomas nefastos da ideologia

neoliberal.", o termo destacado exerce a função sintática de

a) complemento nominal.
b) agente da passiva.
c) adjunto adnominal.
d) adjunto adverbial.

12. (**Fumarc - 2012**) O termo que aparece entre vírgulas pode ser classificado como aposto ou vocativo em:

a) A cidade eterna, Roma, possui um dos maiores acervos culturais do mundo.
b) Nossa representante em São Paulo, Cássia, telefonou-nos ontem.
c) Seu cunhado, o Osório, está esperando no pátio.
d) Alguns estados brasileiros, mais afetados pela chuva, ainda não se recuperaram.

13. (**Consulplan - 2012**) Assinale o período em que se verifica o agente da voz passiva.

a) "Os assuntos públicos são tratados como questões privadas..."
b) "É inimaginável uma atividade pública ou privada que não seja regulamentada por lei..."
c) "Quando a democracia surgiu na Grécia, por volta de 500 a.C..."
d) "No âmbito doméstico, reinava a vontade do patriarca..."
e) "A sociedade moderna sequestrou a intimidade do indivíduo."

14. (**Consulplan - 2012**) Assinale a função sintática do termo sublinhado em "incapaz <u>de participar</u> da elaboração das decisões..."

a) Adjunto adnominal.
b) Objeto indireto.
c) Objeto direto preposicionado.
d) Aposto.
e) Complemento nominal.

15. (**Consulplan - 2012**) O trecho em destaque "vinha chegando da rua com meus filhos - **gêmeos de 10 anos** -," tem função

a) apositiva.
b) de sujeito.
c) completiva nominal.
d) de adjunto adnominal.
e) de complemento verbal.

16. (**FUMARC**) Os termos destacados exercem a função de adjunto adverbial, EXCETO:

a) "**Ou seja**, mistério dá lucro."

b) "Onde estava a miséria em mim **naquela noite**?"

c) "**Há alguns anos**, a miséria era vista com vagos sentimentos caridosos."

d) Ali, **no carro blindado**, diante do menino, tinha de analisar a mim mesmo; eu faço parte da miséria."

17. (**FCC**) *Viajar pelo cerrado do Centro-Oeste é viver a surpresa permanente.* Considere o emprego do verbo viver nas seguintes frases:

I) O vaqueiro sempre viveu da colheita de grãos e da criação de gado.

II) Muitas famílias vivem vida folgada ali, em meio à natureza.

III) Naquela comunidade, os avós viviam com filhos e netos na mesma casa.

Está correta a construção em:

a) II e III apenas.

b) I, II e III.

c) I apenas.

d) III apenas.

e) I e II apenas.

18. Na passagem "Eugênio examinava-lhe as mudanças do rosto com comovida atenção." O pronome oblíquo **lhe** exerce função sintática idêntica ao termo destacado em:

a) "Olívia aproximou de **Eugênio.**"

b) "A enfermeira juntava **os ferros.**"

c) "A respiração voltava **lentamente.**"

d) "Vencera! Salvara a vida **de uma criança**!"

e) "Sentia-se **leve e aéreo**.

19. Indique a opção em que a expressão em destaque pode ser substituída por "**lhe**", assim como em "... uma parte do mérito lhe cabe,":

a) O economista chamou **o colega** de benfeitor da natureza.

b) A Fundação convidou **o professor** para o cargo de diretor.

c) O projeto pertence **ao renomado cientista**.

d) O governo criou recentemente **o Bolsa-Floresta**.

e) A diretora gosta muito **de sua assistente**.

20. Na construção de uma das opções abaixo foi empregada uma forma verbal que segue o mesmo tipo de uso do verbo HAVER em: "*Houve muitos esforços meritórios para superar esse impasse.*" Indique-a.

a) O antropólogo já havia observado a atitude dos grupos sociais.

b) Na época da publicação choveram elogios aos livros.

c) Faz muito tempo da publicação de livros como estes.

d) No futuro, todos hão de reconhecer o seu valor.

e) Não se fazem mais brasileiros como antigamente.

GABARITO									
01. C	02. A	03. A	04. B	05. B	06. A	07. E	08. E	09. A	10. D
11. A	12. B	13. B	14. E	15. A	16. A	17. B	18. D	19. C	20. C

IV. ORAÇÕES SUBORDINADAS

Explode Coração

Chega de tentar dissimular e disfarçar e esconder
O que não dá mais pra ocultar
E eu não quero mais calar
Já que o brilho desse olhar foi traidor
E entregou o que você tentou conter
O que você não quis desabafar e me cortou

– Gonzaguinha

Orações subordinadas são aquelas que exercem função sintática dentro do período. Tais orações não apresentam sentido completo, subordinam-se, semanticamente, a outra oração, a qual chamamos de principal. Por sua vez, a **oração principal** é aquela onde se encaixa uma oração subordinada, podendo apresentar sentido completo ou não.

As orações subordinadas podem ser assim classificadas:

1. Substantivas

São aquelas orações que exercem funções próprias de substantivos. Geralmente começam por uma conjunção integrante (**que** ou **se**); por um advérbio interrogativo (**onde**, **quando**, etc.) ou pronome interrogativo (**quem**, **qual**, etc.). Vejam os exemplos abaixo:

É preciso ***que*** *trabalhemos duro.*

Não sei ***se*** *isso é bom para todos.*

Alguém sabe ***onde*** *eles estão?*

Perguntei ***quem*** *havia chegado.*

1.1. Subjetivas

Exercem a função de sujeito do verbo da oração principal. Geralmente, as orações subjetivas são construídas da seguinte maneira:

a) verbo de ligação + predicativo (é bom..., é conveniente..., é melhor..., é claro..., está comprovado..., fica evidente..., etc.). Observem os exemplos:

É conveniente ***que você esteja presente.***

É preciso ***que se adotem medidas urgentes e eficazes.***

Está comprovado ***que o dinheiro público foi mal-empregado.***

b) verbo na voz passiva sintética ou analítica - sabe-se..., soube-se..., comenta-se..., dir-se-ia..., foi anunciado..., foi dito..., etc. Exemplos:

Sabe-se ***que o país carece de educação pública de qualidade.***

Foi dito ***que tudo passaria pelo crivo do diretor.***

c) verbos intransitivos como convir, cumprir, acontecer, importar, ocorrer, suceder, parecer, constar, urgir, conjugados na terceira pessoa do singular. Exemplos:

Convém ***que ela chegue ainda hoje.***

Consta ***que seu nome continua em nossos arquivos.***

Parece ***ser ela a pessoa indicada.***

Parece ***estar provado que o discurso era realmente verdadeiro.***

1.2. Objetivas diretas

Exercem função de objeto direto do verbo principal da oração. Exemplos:

Espero ***que cheguem a tempo para a festa.***

Ele disse ***que não teria tempo.***

Nas frases interrogativas diretas ou indiretas, as orações subordinadas substantivas objetivas diretas podem ser introduzidas pela conjunção subordinativa integrante "se" e por pronomes ou advérbios interrogativos. Exemplos:

Ninguém sabe se ela aceitará a proposta.

Você viu como a máquina funciona?

Todos perguntaram onde ficava o teatro.

Com os verbos "deixar, mandar, fazer" (chamados auxiliares causativos) e "ver, sentir, ouvir, perceber" (chamados auxiliares sensitivos) ocorre um tipo interessante de oração subordinada substantiva objetiva direta reduzida de infinitivo. Exemplos:

Mandei-OS SAIR.
Ouvi-O GRITAR.

1.3. Objetivas indiretas

Exercem a função de objeto indireto da oração principal.

Gostaria ***de que todos me apoiassem****.*

Duvidaram ***de que eles fosse capazes****.*

Aconselho-o ***a que aprendas Português****.*

1.4. Predicativas

Exercem a função de predicativo do sujeito da oração principal.

Meu maior desejo era ***que todos voltassem****.*

Minha esperança é ***que sejas feliz****.*

O fato foi ***que o preço do combustível aumentou assustadoramente****.*

1.5. Completivas nominais

Exercem a função sintática de complemento nominal da oração principal.

Tenho medo ***de que me traias****.*

Sou favorável ***a que o condenem****.*

Ela tem a mania ***de que alho faz bem à saúde****.*

1.6. Apositivas

Exercem a função de aposto de um nome da oração principal. Podem vir separadas por vírgulas ou por dois pontos. É a única oração substantiva que se separa da principal.

Desejo-lhe uma coisa: ***que sejas feliz****.*

Fiz uma recomendação, ***que se portasse dignamente****.*

O boato, ***de que o presidente renunciaria****, espalhou-se rapidamente.*

Imponho-lhe apenas uma tarefa: ***que administre bem o dinheiro público****.*

1.7. Agente da passiva

Funcionam como o agente do verbo passivo, presente na oração principal. Não é um termo essencial para o contexto, podendo, pois, ser dispensado.

A rua foi inaugurada ***por quem a construiu****.*

A prova foi discutida ***pela banca que organizou o concurso****.*

O candidato está rodeado ***de quem não deseja sua reeleição****.*

DICA DO PROFESSOR

A oração substantiva pode ser substituída por ***isto***. Todos notaram **que ele estava nervoso**. Todos notaram **isto.**

2. Adjetivas

As orações subordinadas adjetivas são aquelas introduzidas por um pronome relativo, funcionando como adjunto adnominal da oração principal. Podem ser:

2.1. Restritivas

Limitam o significado do nome a que se referem. Não se separam da oração principal por meio de vírgula.

*O homem **que fuma** vive menos.*

*Os jogadores **que foram convocados** apresentaram-se ontem.*

*Nasci numa casa **onde há muitas mangueiras**.*

*A pessoa **de quem lhe falei** é aquela.*

2.2. Explicativas

Dão uma determinada explicação ao nome, referindo-se a algo que é próprio dele. Separam-se da principal por meio de vírgula.

*O homem, **que é um ser racional**, diferencia-se dos animais pela linguagem.*

*Carlos, **cujo irmão é fonoaudiólogo**, está aí fora.*

*A rosa, **que é perfumada**, enfeita o mundo.*

Vejam mais exemplos:

1) *Ele telefonou para a irmã que mora na Itália.*

2) *Ele telefonou para a irmã, que mora na Itália.*

Elas parecem iguais, mas não são. A vírgula faz a diferença. Em ambos os casos, o "que" pode ser substituído por "a qual". Em ambos os casos, o "que" é pronome relativo e, por isso, introduz oração adjetiva.

A diferença está na extensão do termo que vem antes do "que" ("irmã"). Sem a vírgula ("irmã que mora na Itália"), cria-se um limite. Certamente, ele tem mais de uma irmã. Pelo menos duas, uma das quais mora na Itália. Não fosse assim, não faria sentido a restrição imposta pela oração "que mora na Itália".

Com a vírgula, a oração "que mora na Itália" não restringe. Deixa de ser restritiva e passa a ser explicativa. Nosso amigo só tem uma irmã, e ela mora na Itália.

Outro caso: "A fábrica tem noventa funcionários que moram em Belo Horizonte". O que acontece quando se coloca vírgula depois de "funcionários"? Muda tudo. Sem a vírgula, a fábrica tem mais de noventa funcionários, dos quais noventa moram em Belo Horizonte.

Com a vírgula depois de "funcionários", a fábrica passa a ter exatamente noventa funcionários, e todos moram em Belo Horizonte.

Atenção: Muito cuidado para não confundir a oração explicativa com a oração apositiva. Vamos aos pontos:

- Ambas vêm separadas – a explicativa por vírgulas, obrigatoriamente; a apositiva por vírgulas ou dois pontos.
- Na explicativa, conforme foi dito, há uma explicação por meio de um nome que vai apresentar uma característica inerente, própria daquilo que está sendo explicado.
- Na apositiva, não temos uma explicação específica, mas a informação, que pode aparecer entre vírgulas, repete com outras palavras e explica aquilo que está sendo apresentado não com caracterizações. Vejam o exemplo:

O conselho, portar-se dignamente, foi cumprido à risca.

Como podemos notar, não há nenhum termo cuja função seria caracterizar o nome que o antecede, mas **portar-se dignamente** é o conselho propriamente dito.

A PERGUNTA QUE NÃO QUER CALAR...

1. Está correta a construção da frase "Está na hora do promotor falar"?

No âmbito dos concursos não! A frase está errada, pois promotor figura como sujeito da segunda oração e, como não existe sujeito preposicionado, a preposição não pode estar ligada ao artigo. O segredo para a separação da preposição do artigo ou do pronome é a presença do verbo, sempre no infinitivo.

No entanto, vale salientar que alguns estudiosos, como é o caso de Adriano da Gama Kury, considera a forma preposicionada uma variante linguística válida.

O mesmo entendimento também tem o mestre Evanildo Bechara: "A lição dos bons autores nos manda aceitar ambas as construções, *está na hora de a onça beber água* e *está na hora da onça beber água*".

2. Devemos utilizar a frase "Não há que se falar em nulidades" ou "Não há falar-se em nulidades"?

A conjunção 'que' pode ser omitida do contexto, estando, pois, as duas construções corretas. Além delas, estão corretas também: "Não há falar em nulidade" e "Não há que falar em nulidade".

Vejam outras construções similares e corretas:

Não há fugir a essa evidência.

Não há que fugir a essa evidência.

Não há fugir-se a essa evidência.

Não há que se fugir a essa evidência.

Não há confundir o interesse público com o interesse de eventuais governantes ou administradores.

Não há que confundir o interesse público com o interesse de eventuais governantes ou administradores.

Não há confundir-se o interesse público com o interesse de eventuais governantes ou administradores.

Não há que se confundir o interesse público com o interesse de eventuais governantes ou administradores.

No caso, não há falar em coisa julgada.

No caso, não há que falar em coisa julgada.

No caso, não há falar-se em coisa julgada.

No caso, não há que se falar em coisa julgada.

No caso, não há que olvidar o princípio da boa-fé.

No caso, não há que se olvidar o princípio da boa-fé.

Num país democrático, há que respeitar a liberdade de expressão.

Num país democrático, há que se respeitar a liberdade de expressão.

EXERCÍCIOS DE FIXAÇÃO

I) Classifique as orações abaixo destacadas.

01) Todos desejam **que você regresse em breve**.

02) O chefe necessita **de que todos façam hora-extra no final de semana**.

03) Ela tinha certeza **de que Ríveres a amava**.

04) O importante é **que não desanimes**.

05) Acontece **que todos foram ludibriados por Cacilda**.

06) **Logo que cheguei**, compreendi tudo.

07) **Caso os bancos entrem em greve**, o pagamento fica adiado.

08) Em time **que ganha** não se mexe.

09) Recebi uma carta de minha irmã **que está morando em Salvador**.

10) A cena foi tão dura **que as pessoas saíram com os olhos marejados de lágrimas**.

11) Tenho medo **de que me traias**.

12) É necessário **que todos tragam o material**.

13) O necessário é **que todos tragam o material**.

14) Informei a todos **que o juiz havia começado**.

15) Eu, que não tenho certeza nenhuma, **sou mais certo ou menos certo**?

16) Está decidido **que a dívida externa brasileira não será paga**.

17) Diz-se **que Homero era cego**.

18) Espero **que vocês sejam aprovados**.

19) Mingote julga **ter o rei na barriga**.

20) Aconselho-o **a que aprendas português**.

21) Não gosto **de que você saia à noite**.

22) A notícia **de que o presidente renunciou** não é verdadeira.

23) Tudo isso é sinal **de que ainda não aprendeu nada**.

24) O fato foi **que os preços subiram sobremaneira**.

25) O essencial **é que saiba amar**.
26) Quero somente uma coisa: **que chegue sem demora**!
27) O sonho, **mudar para a Bahia**, não o deixava quieto.
28) Ele era conhecido **por quantos o viam na rua**.
29) O candidato foi rodeado **por quem não desejava sua reeleição**.
30) A paciência é uma árvore **cuja raiz é amarga**, mas **que produz os mais doces frutos**.

RESPOSTAS

01) Or. Subord. Subst. Objetiva direta
02) Or. Subord. Subst. Objetiva indireta
03) Or. Subord. Subst. Completiva nominal
04) Or. Subord. Subst. Predicativa
05) Or. Subord. Subst. Subjetiva
06) Or. Subord. Adverb. Temporal
07) Or. Subord. Adverb. Condicional
08) Or. Subord. Adjetiva restritiva
09) Or. Subord. Adjetiva restritiva
10) Or. Subord. Adverb. Consecutiva
11) Or. Subord. Subst. Completiva nominal
12) Or. Subord. Subst. Subjetiva
13) Or. Subord. Subst. Predicativa
14) Or. Subord. Subst. Objetiva direta
15) Or. Subord. Adjetiva explicativa
16) Or. Subord. Subst. subjetiva
17) Or. Subord. Subst. subjetiva
18) Or. Subord. Subst.obj. direta
19) Or. Subord. Subst.obj. direta
20) Or. Subord. Subst. obj. indireta
21) Or. Subord. Subst. obj. indireta
22) Or. Subord. Subst. comp.nominal
23) Or. Subord. Subst. comp.nominal
24) Or. Subord. Subst. predicativa
25) Or. Subord. Subst. predicativa
26) Or. Subord. Subst. apositiva
27) Or. Subord. Subst. apositiva
28) Or. Subord. Subst. agente da passiva
29) Or. Subord. Subst. agente da passiva
30) As duas são Or. subord. Adj. restritivas

TESTES

01. Assinale a alternativa em que a oração destacada é subjetiva.

a) Não sei se eles virão.
b) Tenho interesse em que vocês voltem.
c) É sabido que esta é a melhor solução.
d) O certo é que todos pediram aumento.

02. Todos tomaram conhecimento **de que tinhas pouco dinheiro**. A oração destacada é

a) objetiva direta.
b) predicativa.
c) objetiva indireta.
d) completiva nominal.

03. Meu desejo é **que você estude em Belém**. A oração destacada exerce a função de

a) objeto direto.
b) aposto.
c) predicativo.
d) complemento verbal.

04. As orações abaixo destacadas são subordinadas substantivas objetivas indiretas, EXCETO em

a) Sou favorável **a que votemos nela**.
b) Afinal me convenci **de que ele era um gênio**.
c) Não me oponho **a que saias sozinha**.
d) O motorista avisou o guarda **de que não tinha documento**.

05. Assinale a única alternativa em que há oração subordinada adjetiva explicativa.

a) O amigo a quem pedi o favor mora do outro lado da cidade.
b) O rapaz cuja mãe chegou é meu primo.
c) O aluno lia sobre Jânio Quadros, que foi o Presidente do Brasil.
d) A pessoa que se esforça vence na vida.

06. Assinale a única alternativa em que há oração subordinada adjetiva restritiva:

a) O homem, que é um ser racional, não deve agir por instinto.
b) São Paulo, que é a maior cidade do Brasil, tem muitos desempregados.
c) A lua, que é um satélite natural da terra, ainda não foi totalmente estudada.
d) Não acredite em todas as coisas que lhe dizem.

07. (**TJM**) A opção em que a oração adjetiva foi construída segundo o padrão culto escrito é:

a) O corpo da mulher teve de ser envolto num lençol e carregado até um campo de futebol, único lugar nas proximidades onde permitia o acesso de viaturas.
b) Adquirindo o Cartão Caixa Turismo, você concorrerá a viagens onde você escolhe o destino.
c) Durante a reunião do MERCOSUL, o Presidente teve uma amostra do apoio que vai poder contar.
d) Faz três dias que deixou o hospital, aonde deverá retornar brevemente para uma revisão.

08. (**Oficial MP**) A oração adjetiva foi construída segundo o padrão culto escrito em:

a) Ao final do dia, chegamos à igreja aonde se dirigia a maior parte dos peregrinos.
b) Ao ouvir o relato, a mãe, cuja a filha não via desde os dezoito anos, pôs-se a chorar.
c) Não consigo lembrar o nome do autor que o professor se referiu na palestra de ontem.
d) O equipamento é campeão de vendas por ser uma marca muito conhecida e que todo o público confia.

09. (**DECAP**) Dentre as grifadas, indique a oração subordinada substantiva predicativa.

a) Estou de acordo <u>com que você vá</u>.
b) Ele está inclinado <u>a que estude medicina</u>.
c) A verdade é <u>que nem todos entendem</u>.
d) Tenho medo de <u>que ela sucumba</u>.

10. A segunda oração do período: "Recentemente assisti a um espetáculo raro: um carcereiro chorar." é

a) oração subordinada substantiva subjetiva.
b) oração subordinada adjetiva explicativa.
c) oração subordinada substantiva objetiva direta.
d) oração subordinada substantiva apositiva.
e) oração coordenada assindética.

11. (**Fumarc**)

I - Os trabalhadores que entraram ilegalmente no país foram deportados.

II - Os trabalhadores, que entraram ilegalmente no país, foram deportados.

Considerando-se a pontuação nas frases acima, é CORRETO afirmar:

a) Em II, todos os trabalhadores a que se refere a frase entraram ilegalmente no país.
b) As vírgulas empregadas em II são inteiramente opcionais e não interferem no sentido da frase.
c) A mudança na pontuação apenas sugere pausa maior nos lugares em que se encontram as.
d) Na primeira frase, o que se afirma é que todos entraram no país de forma ilegal, tendo, em razão disso, sido deportados.

12. (**ESPM - SP**) Consideradas as frases:
I. Os meninos de rua que procuram trabalho são repelidos pela população.
II. Os meninos de rua, a população rechaça-os, relega-os à lata de lixo da história.
Podemos analisar alguns termos da seguinte forma:

a) em I e II, meninos de rua é sujeito, trabalho é objeto direto e os pronomes "os" também o são.
b) em I, meninos de rua é sujeito; em II é objeto direto.
c) em I e II, meninos de rua é objeto direto; em II, os "os" são objetos pleonásticos.
d) em I e II, meninos de rua é sujeito; em II, os vários "os" são objetos pleonásticos.
e) n.d.a.

13. (**PUCC - SP**) A alternativa em que se encontra uma oração subordinada substantiva subjetiva iniciada por conjunção é:

a) Os repórteres que o procuraram já saíram.
b) Reafirmo meu desejo: que todos fiquem à vontade.
c) Vai ser difícil que ele atenda nosso pedido.
d) Foi tão incisivo em suas declarações que convenceu a todos.
e) Pretendemos que todos tenham acesso às facilidades propostas.

14. (**Consulplan - 2012**) Em "... e eu lhe disse **que foi assim que ganhei um ano**" a oração em destaque e subordinada substantiva

a) objetiva direta.
b) subjetiva.
c) completiva nominal.
d) apositiva.
e) predicativa.

15) (**Consulplan - 2012**) "Um homem que levasse uma vida exclusivamente privada não passava de um insignificante animal doméstico." A oração destacada é subordinada

a) adjetiva explicativa.
b) substantiva objetiva direta.
c) substantiva subjetiva.
d) adjetiva restritiva.
e) substantiva apositiva.

• Leia atentamente o enunciado a seguir para responder às questões 16 e 17

"É importante perceber que a função poética não é exclusiva da poesia."

16. (**FUMARC**) O enunciado é exemplo de período

a) simples.
b) composto por coordenação e subordinação.
c) composto por coordenação apenas.
d) composto por subordinação apenas.

17. (**FUMARC**) No período, existem todas as orações a seguir, EXCETO:

a) principal.
b) reduzida.
c) subordinada adverbial.
d) subordinada substantiva.

18. (**FEI - SP**) "Estou seguro **de que a sabedoria dos legisladores saberá encontrar meios para realizar semelhante medida**". A oração em destaque é

a) objetiva indireta.
b) completiva nominal.
c) objetiva direta.
d) subjetiva.
e) apositiva.

19. (**FGV - SP**) "Nota-se facilmente **que nunca perceberam o papel secundário que exerciam naquele período**". A oração em destaque é

a) substantiva objetiva direta.
b) substantiva completiva nominal.
c) substantiva predicativa.
d) substantiva subjetiva.
e) n.d.a.

20. (**UFPA**) A oração assinalada tem valor de adjetivo em:

a) Não sei por que há de a gente desenhar objetivamente as coisas.
b) Para isso, já existe a fotografia, com a qual jamais poderemos competir.
c) Se tivesse o dom da pintura, eu seria um pintor lírico.
d) E se me dispusesse a pintar Eurídice, talvez viesse a surgir na tela um hastil, o arco tendido da lua...
e) É tudo isso e outras coisas que só os anjos e os demônios saberão.

21. (**Cesgranrio - 2013**) Marque a opção em que há uma oração com função de expressar uma noção adjetiva.

a) "Certamente porque não é fácil compreender certas questões, as pessoas tendem a aceitar algumas afirmações"
b) "É natural que isso aconteça, quando mais não seja porque as certezas nos dão segurança e tranquilidade."
c) "No passado distante, quando os valores religiosos se impunham à quase totalidade das pessoas,"
d) "Os fatos demonstram que tanto pode ser como não."
e) "Uma comunidade cujos princípios e normas mudassem a cada dia seria caótica e, por isso mesmo, inviável."

GABARITO									
01. C	02. D	03. C	04. A	05. C	06. D	07. D	08. A	09. C	10. C
11. A	12. B	13. C	14. A	15. D	16. D	17. C	18. B	19. D	20. E
21. E									

3. Adverbiais

As orações subordinadas adverbiais são aquelas que desempenham a função de adjunto adverbial da oração principal e vêm iniciadas por conjunções subordinativas adverbiais. Para o estudo de tais orações vamos relembrar os conceitos.

Conjunção

Conjunção é a palavra invariável que une termos de mesma função sintática ou une orações, estabelecendo um vínculo de subordinação ou coordenação. As conjunções podem ser simples (**quando**, **e**, **mas**, etc.) ou formar locuções (**à medida que**, **não obstante**, **para que**, etc.). De acordo com o sentido das relações que estabelecem, as conjunções subordinativas (ou circunstanciais) podem ser:

Causais	porque, como*, uma vez que, visto que, já que, na medida em que, etc.
Concessivas	embora, ainda que, mesmo que, conquanto, apesar de, em que pese, não obstante, posto que, malgrado, etc.
Condicionais	se, caso, desde que, contanto que, etc.
Conformativas	conforme, consoante, segundo, como, etc.
Comparativas	como, mais... (do) que, menos...(do) que, etc.
Consecutivas	que, de sorte que, de forma que, etc.
Finais	que, para que, a fim de que
Proporcionais	à medida que**, à proporção que, ao passo que, quanto mais, assim que, etc.
Temporais	quando, enquanto, antes que, depois que, desde que, logo que, assim que, a partir de, etc.

* Para que a conjunção 'como' seja causal ela precisa vir no início do período e equivaler a 'porque'. (Como não fez o estipulado, foi demitido.)

** 'À medida que', como consta no quadro acima, é uma expressão proporcional e não deve ser confundida com 'na medida em que' que é causal. As expressões 'à medida em que' e 'na medida que' não existem; são apenas corruptelas.

Atenção:

- **As expressões conjuntivas, assim como as conjunções, são invariáveis.**
- **A expressão 'posto que' é concessiva e não causal, como muitos classificam.**
- **A expressão 'a partir de' deve ser empregada em sentido temporal. Evite empregá-la no sentido de "com base em". Vejam: o juiz proferiu a sentença a partir dos argumentos apresentados. Melhor seria: o juiz proferiu a sentença com base nos argumentos apresentados.**
- **Muitas vezes, o contexto fala mais que a própria conjunção, por isso não devemos decorar o quadro acima, mas interpretar cada conjunção dentro de um contexto específico. Vejam as frases abaixo:**

  Você conseguirá o emprego *desde que* se empenhe. (condição)

  Matilda não para de falar <u>*desde que*</u> a aula começou. (tempo)

3.1. Causais

Exprimem uma circunstância de causa, aqui entendida como um motivo, isto é, aquilo que determina ou provoca um acontecimento, gera um efeito.

*Não viajamos **porque estava chovendo**.*

***Já que você quer me pagar**, aceito.*

***Como a noite estava fria**, ceamos à lareira.*

3.2. Comparativas

Exprimem circunstância de comparação, que é o ato de confrontar dois elementos a fim de conhecer as semelhanças ou diferenças entre eles. Vale lembrar que, nas orações comparativas, é muito comum o verbo ficar subentendido.

*Choveu aqui **como chove em Belém**.*

*O coração de Tininha é maior **que o mundo**.*

*Teus olhos são negros **como a noite sem luar**.*

Atenção:

Cuidado com frases do tipo "Ele é inteligente *que nem* seu irmão"; Você fala alto *que nem* sua avó". No dia a dia, muitos utilizam a expressão **que nem** na formação de orações comparativas; no entanto, tal construção não é aceita pela gramática tradicional. Melhor seria se disséssemos: "Ele é inteligente *como* seu irmão"; Você fala alto *como* sua avó".

3.3. Consecutivas

Exprimem no contexto uma ideia de consequência (resultado ou efeito de uma ação qualquer). É muito comum, em tais períodos, a oração principal aparecer intensificada.

Choveu tanto ***que o jogo foi suspenso****.*

Qualquer movimento, ***e será um homem morto****.*

Essa mulher fala ***que é uma barbaridade****.*

3.4. Concessivas

São aquelas orações que, no contexto, apesar de evidenciarem certa oposição, não admitem uma ideia contrária daquela expressa na oração principal. A oração concessiva não tem o condão de modificar nada que aparece na oração principal. Esta já está pré-estabelecida.

Exemplos:

Choveu ***embora o meteorologista previsse bom tempo****.*

Ainda que vivamos cem anos*, não deixaremos de aprender.*

As paixões são ventos necessários para movimentar tudo ***conquanto muitas vezes causem temporais****.*

A ideia de CONCESSÃO está diretamente ligada à ideia de contraste, de quebra de expectativa. De fato, quando se faz uma concessão, não se faz o que é esperado, o que é normal. Vejam:

EMBORA o dia estivesse muito frio, muitos estavam sem agasalho. (O esperado seria que estivessem agasalhados, mas não estavam).

Fez muitas dívidas, APESAR DE não estar empregado. (Um desempregado, ao contrário, não deveria ter contraído as dívidas).

Nesse contexto, é que entra a expressão EM QUE PESE. Ela é sinônima de "embora", "apesar de", "a despeito de", "mesmo que", "ainda que", não obstante", "malgrado", posto que", "conquanto"... Pouco se utiliza a expressão na linguagem cotidiana, mas no texto jurídico ela é frequente. **A expressão "em que pese" tem duas polêmicas possibilidades de uso. Vejam:**

1. Quando se referir a coisas, o verbo "pesar" concorda com a coisa referida.

Em que pesem *seus argumentos, não decidirei favoravelmente a eles.*

Os projetos do Governo, ***em que pesem*** *todas as críticas, são importantes para os pequenos investidores.*

2. Quando se referir a pessoas, o verbo "pesar" será regido pela preposição "a" e ficará invariável.

Em que pese a*os revolucionários, o governo não tomará medidas drásticas.*

Em que pese a*o mau instrutor, os alunos conseguiram demonstrar suas habilidades.*

Cumpre-nos aqui salientar que essa flexão do verbo 'pesar' é questão recente e vários teóricos ainda não a aceitam como é o caso de Aires da Mata Machado Filho, Vitório Bergo, Silveira Bueno e Edmundo Dantès Nascimento. **Portanto, na linguagem padrão, ideal é utilizar tal expressão de modo invariável.**

A respeito ainda da referida expressão, Evanildo Bechara, Luís Antônio Sacconi, Mário Barreto, Otelo Reis, Edmundo Dantès Nascimento e Domingos Paschoal Cegalla consideram que, quanto à *ortoepia*, a vogal 'e' apresenta o timbre fechado em *pese* (ê), o mesmo que em pêsames.

3.5. Condicionais

Obrigações que se põem ou se aceitam para que um determinado fato se realize.

Tudo vale a pena ***se a alma não é pequena****.*

Precisamos sair daqui ***sem sermos vistos****.*

Caso consiga o manual*, traga um para mim também.*

3.6. Conformativas

Exprimem no contexto uma ideia de conformidade ou acordo, às vezes de modo.

Choveu ***conforme era previsto****.*

Segundo informaram*, a cantor saiu do hospital ontem mesmo.*

O diabo não é feio ***como o pintam****.*

3.7. Finais

Expressam uma finalidade, um objetivo.

Arquitetou meticulosamente o plano ***para que o objetivo fosse alcançado****.*

Ia decorá-la ***e transmiti-la ao irmão e à cachorra****.*

Fiz-lhe um sinal ***que se calasse****.*

3.8. Proporcionais

Indicam proporção.

À medida que a ciência progride*, o romantismo se extingue.*

O frio aumentava ***ao passo que o sol se punha no horizonte****.*

Quanto mais falava*, menos explicava.*

3.9. Temporais

Exprimem ideia de tempo. Exemplos:

Começamos a morrer ***quando desistimos de aprender.***

Terminado o trabalho, *passou no shopping e comprou flores.*

Mal havia chegado, *foi interpelado por todos os presentes como numa sabatina.*

Atenção:

- A palavra 'quando' pode indicar causa. Vejam a construção a seguir: *Por que ficar amontoado na cidade, quando existe a vastidão sublime campestre?* Notem que o termo 'quando' equivale a 'já que', que é uma expressão causal. Se trocássemos o 'quando' pelo 'se', não alteraria a ideia de causa presente no período.
- O termo 'que' será conjunção temporal quando seguido das expressões *agora, a primeira vez, a última vez e semelhantes.* Vejam: "*A primeira vez que tu me enganares, a culpa será tua; mas a segunda vez, a culpa será minha*".
- O 'que' não é temporal, mas integrante em orações do tipo: "*Faz dois anos que saí de casa*". A oração iniciada pela conjunção que pode ser substituída pelo pronome 'isso', evidenciando-se, assim, seu caráter substantivo.

4. Orações reduzidas

Quanto à forma, as orações subordinadas podem ser desenvolvidas ou reduzidas. Observem:

1. *Suponho que seja ela a mulher ideal.*
2. *Suponho ser ela a mulher ideal.*

Nesses dois períodos compostos, há orações subordinadas substantivas que atuam como objeto direto da forma verbal 'suponho'. No primeiro período, a oração é "que seja ela a mulher ideal". Essa oração é introduzida por uma conjunção subordinativa (que) e apresenta uma forma verbal do presente do subjuntivo (seja). Trata-se de uma oração subordinada desenvolvida. Assim são chamadas as orações subordinadas que se organizam a partir de uma forma verbal do modo indicativo ou do subjuntivo e que são introduzidas, na maior parte dos casos, por conjunção subordinativa ou pronome relativo.

No segundo período, a oração subordinada "ser ela a mulher ideal" apresenta o verbo em uma de suas formas nominais (no caso, infinitivo) e não é introduzida por conjunção subordinativa ou pronome relativo. Justamente por apresentar uma peça a menos em sua estrutura, essa oração é chamada de reduzida. As orações reduzidas apresentam o verbo numa de suas formas nominais (infinitivo, gerúndio ou particípio) e não apresentam conjunção ou pronome relativo (em alguns casos, são encabeçadas por preposições).

Vejam outros exemplos:

1. *É fundamental o seu comparecimento à reunião.* (período simples)

2. *É fundamental* ***que você compareça à reunião.*** (período composto – a oração grifada é subjetiva)

3. *É fundamental você* ***comparecer à reunião.*** (período composto – a oração grifada é subjetiva e ainda reduzida de infinitivo. Como podemos observar, não vem introduzida por conjunção). Vejam outros exemplos:

Só resta uma alternativa: encontrar o remédio.

Meu desejo era acertar todos os números da megassena.

Passando pela casa de, Demóstenes dê a ele as boas novas.

Viajando por Cinque Terre, tirei fotos magníficas.

A PERGUNTA QUE NÃO QUER CALAR...

1. Está correta a frase "Ao persistirem os sintomas, procure orientação médica."?

Para tanto, vamos discutir algumas questões sintáticas:

a) Para+infinitivo=finalidade. Por exemplo: Estamos aqui para estudar = Estamos aqui a fim de estudar.

b) Por + infinitivo = causa. Por exemplo: Por ser contra os sócios, deixou a empresa = Deixou a empresa porque era contra os sócios.

c) A + infinitivo = condição quando puder substituir a por caso ou se. Por exemplo: A continuar como está, a revolução será inevitável = Caso continue como está, a revolução será inevitável = Se continuar como está, a revolução será inevitável.

d) Ao + infinitivo = tempo. Por exemplo: Ao soar o sinal, todos os alunos se levantaram = Quando o sinal soou, todos os alunos se levantaram.

A frase exposta na televisão indica condição, pois o enfermo deverá procurar orientação médica se os sintomas persistirem, e não quando os sintomas persistirem. A frase adequada aos padrões cultos da língua portuguesa, então, deve ser assim estruturada: **"A persistirem**

os sintomas, procure orientação médica".

2. A palavra 'embora' pode ser antecedida por 'muito'?

Não! Na mídia, às vezes escutamos barbarismos do tipo "A conta de luz aumentou, muito embora a presidenta houvesse anunciado uma redução na tarifa de energia". Para que a frase fique plenamente correta, basta retirar o 'muito' antes de 'embora'.

3. A frase "Antes de que eu me esqueça, tome o dinheiro" está correta?

Também não! As locuções 'antes que' e 'depois que' não são preposicionadas.

4. É verdade que a expressão 'eis que' só pode ser utilizada em situação de imprevisto?

Sim. 'Eis que' equivale a 'de repente', exprime surpresa. Vejam: "Quando menos esperávamos **eis que** desaba uma chuva hecatombérica". Nunca a utilize com o sentido de 'porque'.

5. A conjunção 'que' pode expressar ideias diferentes de acordo com o contexto que integra?

Sim! Na frase "É fato que eles não souberam de nada" temos o termo 'que' como conjunção integrante, pois introduz uma oração substantiva. No entanto, o mesmo termo (que) ainda pode fazer parte de locuções conjuntivas de causa (uma vez que), finalidade (a fim de que), concessão (posto que), tempo (antes que), condição (desde que), etc.

6. O que significa a expressão "*sine qua non*"?

É uma expressão latina que significa 'sem a qual não', aplicada a uma condição indispensável à realização ou validade de algum ato. **Ex.**: Para a validade do matrimônio é condição *sine qua non* o consentimento livre e espontâneo dos noivos. Vale lembrar que expressões latinas ou latinizadas devem ser grafadas em itálico.

EXERCÍCIOS DE FIXAÇÃO

I) Considerando-se os períodos compostos por subordinação, identifique a relação semântica entre as orações abaixo:

01) A palestra começou *quando os autores chegaram.*

02) Não chegamos cedo *porque o metro estava em greve.*

03) Compraram tanto *que o galpão ficou pequeno para acomodar todos os móveis.*

04) Chegaram atrasados, *mesmo vindo de táxi.*

05) Iremos ao clube se *não chover.*

06) Passaram o exame, *conforme era previsto.*

07) O aluno estudou Português *a fim de tirar uma boa nota na prova.*

08) *À medida que o petróleo sobe,* mais pessoas deixam de andar de carro.

09) Não veste com o luxo *porque o tio não é rico.*

10) *Ainda que não dessem dinheiro,* poderiam colaborar com um ou outro trabalho.

11) Eles não dormem *sem que primeiro a mãe lhes embale em uma linda cantiga de ninar.*

12) Desce *para que eu te abrace.*

13) *Ao retomar estes apontamentos,* tive minhas recaídas e dúvidas.

14) *Mesmo oprimidos,* não cederemos.

15) Gumersinda falava de tal maneira *que espumava o cantinho da boca.*

16) Mineiro é mais café preto *que chás variados.*

17) Hoje, as distâncias, *como sabe,* contam pouco.

18) *Quanto mais o conheço,* mais o admiro.

19) *Por mais fácil que seja o exercício,* não conseguimos resolvê-lo.

20) *Visto que sua atitude foi honesta,* merece nova chance.

21) *Assim que se retirou da sala,* a aula ficou mais animada.

22) Agiu rapidamente *para acabar com as dissidências dos envolvidos.*

23) *À proporção que o progresso acontece,* outras formas de pobreza aparecem.

24) Era preciso sair da empresa *sem que nos visse.*

25) O susto foi tão grande *que as crianças nunca mais voltaram.*

26) *Como disseram os diretores da escola,* a educação vive um momento de decisão.

27) *Fosse Cleópatra viva,* os fotógrafos não a deixariam.

28) *Ao sair o enterro,* ela chorou copiosamente.

29) *Prevendo uma resposta indelicada,* não o interroguei.

30) Quanto mais intensificava o barulho, mais o velho se irritava.

31) *Embora estivesse com fome,* não comeu sequer um pedaço de pão.

32) *Ao despedir-se de mim,* chorou *como uma criança.*

33) Digo essas coisas por alto, *como as ouvi de pessoas idôneas.*

34) Vertrusco é grosseiro *a ponto de espantar as pessoas ao seu redor.*

35) *Sendo preciso,* iremos nós mesmos.

36) Juntei dinheiro *para ir à Turquia.*

37) *Assim que saíram os estudantes,* Beirão acercou-se de mim.

38) *Segundo me disseram,* Bentinho apaixonara-se por Capitu.

39) O teu sorriso é imemorial *como as pirâmides.*

40) *A prosseguirem esses crimes,* ninguém mais terá sossego.

Respostas

01) tempo
02) causa
03) consequência
04) concessão
05) Condição
06) conformidade
07) finalidade
08) proporção
09) causa
10) concessão
11) condição
12) finalidade
13) tempo
14) concessão
15) consequência
16) comparação
17) conformidade
18) proporção
19) concessão
20) causa
21) tempo
22) finalidade
23) proporção
24) condição
25) consequência
26) conformidade
27) condição
28) tempo
29) causa
30) proporcional
31) Concessão
32) tempo / comparação
33) Conformidade
34) Consequência
35) Condição
36) Finalidade
37) Tempo
38) Conformidade
39) comparação
40) condição

TESTES

01. (**FCC - 2009**) Identifica-se uma relação de causa e consequência no segmento:

a) O debate se deu principalmente em torno do grau de responsabilidade que a natureza e o ambiente teriam na formação da personalidade.
b) Muitos pensadores se agarraram à tese de que o ser humano é produto apenas do ambiente.
c) Além disso, as descobertas mais recentes nesse campo mostram que a influência dos hábitos e do estilo de vida de cada um na ação dos genes é maior do que se pensava.
d) Pessoas com genes associados à depressão têm mais probabilidade de desenvolver a doença se forem expostas a eventos traumáticos durante a vida.
e) Devido à descoberta do gene do otimismo, a geneticista Mayana Zatz afirma que...

02. (**FUMARC**) Assinale a alternativa em que a oração sublinhada tenha sido corretamente analisada.

a) Como disse o primeiro entrevistado, não há motivo para pânico. (Or. Subor. Adv. Comparativa)
b) Parece que não haverá mudanças no Ministério da Economia. (Or. Subord. Subst. Subjetiva)
c) A atriz declarou que não sabia como tinha sido furtada. (Or. Subord. Completiva Nominal)
d) Lembrei-o de que não poderíamos nos atrasar mais. (Or. Subord. Subst. Objetiva Direta)

03. (**FCC - 2009**) Eles jogam milhões de toneladas de sedimentos no rio, <u>inviabilizando sua navegabilidade</u>. A oração grifada denota

a) temporalidade.
b) proporcionalidade.
c) causa.
d) ressalva.
e) consequência.

04. (**CESGRANRIO - 2009**) Em "Mas, **se** tudo isso for o objetivo, perde a graça, deixa de ser brincadeira." O conectivo destacado estabelece, entre a ideia que introduz e a anterior, uma relação de

a) causa.
b) condição.
c) conclusão.
d) conformidade.
e) oposição.

05. (**FGV - 2013**) Assinale a alternativa em que o termo sublinhado foi substituído de forma adequada.

a) "<u>Então</u> eles, os heróis, chegaram a uma ilha deserta chamada Tinis, ao alvorecer" / *assim*.
b) "Estenderam-se na praia <u>para</u> descansar" / *no intuito de*.
c) "Áureos cachos flutuavam, <u>enquanto</u> avançava" / *ainda que*.
d) <u>sob</u> os seus pés, toda a ilha fremia, e as ondas se agigantavam na praia" / *por causa de*.

06. (**TJM**) O filho mais velho acabou não se decidindo pela carreira artística, _____ tivesse muito talento.
NÃO preenche **corretamente** a lacuna da frase acima:

a) malgrado
b) posto que
c) porquanto
d) não obstante

07. Ela nunca conseguirá o dinheiro **por mais que trabalhe**. A oração destacada é subordinada adverbial

a) causal.
b) condicional.
c) concessiva.
d) consecutiva.

08. A classificação da oração subordinada adverbial está correta em todas as opções, EXCETO:

a) Já que você vai, eu vou também. (consecutiva)
b) Embora fizesse frio, levei bermuda. (concessiva)
c) Não saia **sem que eu seja avisado**. (condicional)
d) Ele come **como um porco**. (comparativa)

09. Todas as orações destacadas são adverbiais temporais, EXCETO:

a) **Mal você chegou**, ela saiu.
b) O jogo só acaba **quando o juiz apita**.
c) Começaremos o trabalho, **assim que amanhecer.**
d) **Ainda que pegasse um táxi**, não chegaria no horário combinado.

10. (**Fumarc**) Assinale a alternativa que apresenta análise **incorreta** da oração sublinhada

a) <u>Encerrada a palestra</u>, foram jantar.
(Or. Subord. Adv. Temporal)

b) <u>Quem estuda</u> passa.
(Or. Subord. Adj. Restritiva)

c) <u>Era verdade</u> que tudo não passara de um engano
(Oração principal)

d) <u>Caso a febre persista</u>, telefone-me.
(Or. Subord. Adv. Condicional)

11. Em: "Quando perguntam por minha opinião, digo com clareza: sou a favor **desde que** seja também facultativa a atual obrigação de pagar impostos.", a ideia expressa pelo termo destacada é de

a) causalidade.
b) condicionalidade.
c) explicação.
d) adversidade.

12. (**Fumarc**) As orações adverbiais em destaque expressam o mesmo sentido, EXCETO em:

a) **Quando interrompe o fornecimento de energia**, as máquinas param instantaneamente, pois não temos geradores.

b) **Se interromper o fornecimento de energia**, as máquinas param instantaneamente, pois não temos geradores.

c) **Interrompendo o fornecimento de energia**, as máquinas param instantaneamente, pois não temos geradores.

d) **Ao interromper o fornecimento de energia**, as máquinas param instantaneamente, pois não temos geradores.

13. (**FCC**) Considerando-se o contexto, mantém-se a coerência e a lógica da frase *Não é pouco. Mas ainda não é suficiente* nesta nova redação:

a) Por pouco que seja, é insuficiente.
b) Suficiente que seja, ainda não é muito pouco.
c) Embora insuficiente, não deixa de ser pouco.
d) Mesmo que seja suficiente, não deixa de ser pouco.
e) Conquanto não seja ainda suficiente, também não é pouco.

14. (**Fumarc**) A ideia de condição está presente em todas as alternativas, EXCETO:

a) Fazendo esses exercícios regularmente, em pouco tempo ficarão em forma.
b) Ao votarem contra a prorrogação da CPMF, votaram contra os pobres.
c) Não fosse o mau tempo, acredito que não teríamos nos atrasado.
d) Desde que providenciado o seguro, viajaremos tranquilos.

15. (**Fumarc**) Tendo em conta os termos abaixo destacados, é CORRETO afirmar:

I) Malgrado seus esforços, ela não foi aprovada nos exames de rua.
II) Não obstante fosse o favorito, acabou perdendo o campeonato.
III) Posto que venda combustíveis adulterados, ainda não foi preso.

a) Todos são intercambiáveis entre si.
b) Apenas I e II são intercambiáveis.
c) Apenas II e III são intercambiáveis.
d) Apenas I e III são intercambiáveis.

16. (**Consulplan - 2012**) No trecho "Como se diz, Deus tira os aneis, mas deixa os dedos", a palavra destacada introduz ideia de

a) causa.
b) condição.
c) concessão.
d) comparação.
e) conformidade.

17. (**Consulplan - 2012**) Considere a afirmativa "Se o governo não cria regras, a universidade as inventa..." O vocábulo se exerce a mesma função sintática em

a) Os irmãos cumprimentaram-se seriamente.
b) Nesta terra, vive-se em paz.
c) Ainda se viam ali homens honestos.
d) Teríamos chances se ao menos tentássemos.
e) Não sei se ficaremos em casa.

18. (**CBTU - 2012**) "Os bichos são convocados para reparar os estragos feitos pelo homem." A oração sublinhada nessa frase tem o sentido de

a) causalidade.
b) conclusão.
c) explicação.
d) finalidade.

19. (**Ag. de endemias - 2012**) "E, quanto maior a força de vontade, maiores a chances de ter uma vida saudável." Essa frase está estruturada a partir de uma ideia de

a) alternância.
b) comparação.
c) conclusão.
d) exclusão.

20. (**FUVEST - SP**) No período: "Ainda que fosse bom jogador, não ganharia a partida", a oração destacada encerra

ideia de

a) causa.

b) concessão.

c) fim.

d) condição.

e) proporção.

21. (**FCC - 2013**) *É claro que, à medida que nosso corpo, nosso cérebro e nossas ferramentas evoluíam, evoluiu também nossa habilidade de modificar radicalmente o ambiente.* (3º parágrafo) A noção introduzida pelo segmento grifado é de

a) consequência.

b) proporcionalidade.

c) finalidade.

d) temporalidade.

e) explicação.

22. (**Cesgranrio - 2013**) A relação lógica estabelecida entre as ideias do período composto, por meio do termo destacado, está explicitada adequadamente em:

a) "Não necessito dizer que, para mim, não há verdades indiscutíveis, **embora** acredite em determinados valores e princípios" - (relação de condição)

b) "No passado distante, **quando** os valores religiosos se impunham à quase totalidade das pessoas, poucos eram os que questionavam" - (relação de causalidade)

c) "os defensores das mudanças acreditavam-se senhores de novas verdades, mais consistentes **porque** eram fundadas no conhecimento objetivo das leis" - (relação de finalidade)

d) "a mudança é inerente à realidade tanto material quanto espiritual, e que, **portanto**, o conceito de imutabilidade é destituído de fundamento." - (relação de conclusão)

e) "Ocorre, **porém**, que essa certeza pode induzir a outros erros: o de achar que quem defende determinados valores estabelecidos está indiscutivelmente errado." - (relação de temporalidade)

GABARITO									
01. E	02. B	03. E	04. B	05. B	06. C	07. C	08. A	09. D	10. B
11. B	12. B	13. E	14. B	15. A	16. E	17. D	18. D	19. B	20. B
21. B	22. D								

V. ORAÇÕES COORDENADAS

Mãos dadas

Não serei um poeta de um mundo caduco.
Também não cantarei o mundo futuro.
Estou preso à vida ***e olho meus companheiros.***
Estão taciturnos, ***mas nutrem grandes esperanças.***
Entre eles, considero a enorme realidade.
O presente é tão grande, não nos afastemos.
Não nos afastemos muito, vamos de mãos dadas.
Não serei o cantor de uma mulher, de uma história,
não direi os suspiros ao anoitecer, a paisagem vista da janela,
não distribuirei entorpecentes ou cartas de suicida,
não fugirei para as ilhas nem serei raptado por serafins.
O tempo é minha matéria, o tempo presente, os homens presentes, a vida presente.

– Carlos Drummond de Andrade.

Orações coordenadas são aquelas que, no período, não exercem função sintática uma em relação às outras, sendo, portanto, independentes. Por isso, aqui não temos uma oração principal como no caso das subordinadas. Todas apresentam o mesmo peso semântico e não influenciam as outras orações.

Geralmente, nas orações coordenadas, os verbos se apresentam no imperativo ou no indicativo, a menos que tenhamos orações optativas (*Bons ventos o levem e melhores ainda o tragam*). As orações coordenadas podem ser *sindéticas* (aquelas interligadas por meio de uma conjunção) ou *assindéticas* (sem conjunções). Vejam abaixo algumas das conjunções mais comuns:

Aditivas	e, nem, não só, mas também, etc.
Adversativas	mas, porém, contudo, todavia, entretanto, no entanto, mas sim, caso contrário, senão, etc.
Alternativas	ou, ou... ou, ora...ora, quer... quer, seja... seja, nem...nem, etc.
Conclusivas	logo, portanto, por conseguinte, pois, então, etc.
Explicativas	que, porque, porquanto, pois, etc.

A classificação das conjunções deve ser feita a partir do contexto linguístico específico. Assim sendo, a relação acima não deve ser memorizada e, sim, interpretada. Uma mesma conjunção pode expressar ideia de adição e contraste, conforme o contexto apresentado.

Comeram torta de maçã ***e*** bom-bocado de sobremesa.

Estudou muito ***e*** não passou nos exames finais.

O emprego apropriado das conjunções é um instrumento muito útil à realização de textos bem articulados.

1. Orações coordenadas sindéticas

São subclassificadas da seguinte forma:

a) Aditivas – exprimem ideia de soma, de adição.

Pedro estuda e trabalha.

Pedro estuda, e Maria trabalha.

Começou a chorar e trancou-se no quarto.

Era bela, mas principalmente rara.

Não só cosia, como também cozinhava.

Tanto Leciono, quanto advogo.

As meninas não vieram nem justificaram a ausência.

b) Adversativas – exprimem ideia de adversidade, de oposição, contraste.

Pedro estuda, mas não aprende.

Maria Vanúbia queria ouvir um disco e não podia por causa do barulho.

Fui ao supermercado, entretanto não encontrei o que precisava.

c) Alternativas – exprimem ideia de alternância, escolha. Há alternância quando a ocorrência de um fato implicar a não ocorrência de outro.

Saia mais cedo de casa, ou espere o trânsito melhorar.
Ora ria, ora chorava.
Ela nem diz que sim, nem diz que não.
As casas sertanejas são humildes quer sejam de palha, quer sejam de taipa.

d) Conclusivas – exprimem ideia de conclusão.
Não saiu cedo, logo chegou atrasado.
Gertrudes revisou toda a matéria; está, pois, preparada.
Embarco amanhã, e venho dizer-lhe adeus.
Ouço música, logo estão a festejar.

e) Explicativas – exprimem ideia de explicação, justificação, confirmação.
Venha imediatamente, pois sua presença é indispensável.
Não saia agora, que vai chover.
Não faças mal a seu vizinho, que o teu vem pelo caminho.

DICA DO PROFESSOR

O '**pois**' pode ser utilizado tanto nas orações conclusivas quanto explicativas. Sendo assim, preste atenção nas vírgulas: se o **pois** estiver entre vírgulas, a oração será conclusiva. No entanto, se houver apenas uma vírgula antes do **pois** é porque a oração é explicativa. Vale também substituir o ***pois*** pelo ***porque***, se a frase ficar coesa, será explicativa.

2. Orações coordenadas assindéticas

São aquelas orações que não se apresentam ligadas por intermédio de conectivos. Elas são separadas por vírgulas, ponto e vírgula ou dois-pontos.
Fui para a escola, entrei na sala, cumprimentei todos, mas ninguém respondeu.
O amor é sempre criança: nunca tem preocupações.
Uns querem a paz; outros querem a guerra.

A PERGUNTA QUE NÃO QUER CALAR...

1. Como distinguir uma oração subordinada causal de uma oração coordenada explicativa?

Realmente é uma dúvida bastante recorrente, pois o conectivo 'porque' é usado em ambas as construções, daí a dúvida. Vamos aos passos para a diferenciação:

a) Sempre que a frase começar com um verbo no imperativo, isto é, evidenciando uma ordem ou um pedido, a oração subsequente é explicativa. Exemplo: "Desça, porque você pode cair" (or. coord. explicativa).

b) Verbos iniciais indicando fenômenos da natureza, também têm oração coordenada explicativa na sequência. Exemplo: "Choveu, porque a rua está molhada" (or. coord. explicativa).

c) O terceiro passo é trocar o 'porque' pela palavra 'por' e colocar o verbo no infinitivo. Se com as mudanças, a frase continuar coesa, temos uma oração causal; caso não fique coesa, temos uma oração explicativa. Vejam:
O tambor soa porque é oco. (O tambor soa por ser oco) – a frase é coesa, portanto causal.

EXERCÍCIOS DE FIXAÇÃO

Considerando-se os períodos compostos por coordenação, identifique a relação semântica entre as orações abaixo.

01) Claudiano vende livros durante o dia e trabalha de garçom à noite.
02) Traga o dinheiro, pois preciso acertar as dívidas com os fornecedores.
03) Maria Helena queria ouvir um disco e não podia por causa do barulho.
04) Trabalhe mais, ou não reclame da carestia.
05) Penso, logo existo.
06) Pedro estuda, mas não aprende.
07) O ébrio ora cambaleava, ora pulava com uma perna só.
08) Os dois se abraçavam fraternalmente, então tinham feito as pazes.
09) É esse o remédio que há de te curar; bebe-o, pois, agora.
10) Ou me engano muito, ou a égua manqueja.
11) Depois de consultar o arquivo, preparou o texto e datilografou-o.
12) Puxava e repuxava o vestido.
13) Não te apresentes assim, que ele não te receberá.
14) Ele não exigia dos filhos devoção à lavoura, porém nenhum deixava de seguir a fatalidade pela terra.
15) Chegou tarde e reclamou por não ter participado da eleição.

16) Você é testemunha; *diga-lhe pois o que sabe.*

17) Matou o vizinho, *entregando-se em seguida.*

18) Minas exporta montanhas *e não fica rica.*

19) Saia, *que não quero vê-lo.*

20) Na floresta, *ora se ouvem pipilos estranhos, ora se veem aves misteriosas.*

Respostas

01) adição
02) explicação
03) oposição
04) alternância
05) conclusão
06) oposição
07) alternância
08) conclusão
09) conclusão
10) alternância
11) adição
12) adição
13) explicação
14) oposição
15) adição
16) conclusão
17) adição
18) oposição
19) explicação
20) alternância

TESTES

01. **(TJ)** O período é composto por coordenação em:

a) Como sempre acontece com números envolvendo alta criminalidade, é bom desconfiar dessas estatísticas.

b) Hoje, existe no país um fenômeno bem mais grave e urgente que tira a paz das famílias.

c) Um dos aspectos mais sombrios dos sequestros que ocorrem no país reside na tipologia de suas vítimas.

d) Tentaram o pouso no interior, no entanto foram repelidos a tiro e saíram do país.

e) As autoridades gostam de lembrar que os sequestros são um tipo de crime que acaba terminando bem.

02. No período "Ande depressa **que já está escurecendo**" a oração em destaque é oração coordenada sindética

a) conclusiva.

b) explicativa.

c) aditiva.

d) alternativa.

03. Assinale a alternativa que a conjunção '**e**' tem valor adversativo.

a) O trabalho era bom e o salário também era.

b) Todos estavam preparados para ir à praia e choveu.

c) O empregado insultou o patrão e foi demitido.

d) Ele parou o carro e fomos a pé.

04. (**Cesgranrio – 2013**) A expressão **por outro lado** poderia ser acrescentada,

estabelecendo uma relação de contraste, entre as seguintes ideias:

a) a vida muda permanentemente apesar das forças conservadoras / a mudança é inerente à existência humana, que deve aceitá-la sem contestação.
b) a sociedade é, por definição, conservadora para manter o convívio social / a sociedade acaba por aceitar as mudanças que atendem a suas necessidades.
c) quem defende valores consagrados e aceitos pode estar errado / o conceito de imutabilidade é destituído de fundamento.
d) uma comunidade deve mudar a cada dia seus princípios e normas / impedir a mudança é impossível, porque ela é inerente à existência.
e) uma comunidade que muda a cada dia seria caótica e inviável / a sociedade deve impedir as mudanças desnecessárias à sua sobrevivência.

05. (**Fumarc**) Observe com atenção as palavras sublinhadas.
I) Não corras, pois cairás.
II) Carlos é meu amigo: revele a ele, pois, seus segredos.
As conjunções coordenativas assinaladas exprimem o sentido de

a) I - explicação / II - conclusão.
b) I - conclusão / II - explicação.
c) I - concessão / II - conclusão.
d) I - condição / II - explicação.

06. Assinale a oração coordenada sindética conclusiva.

a) Ou estudas, ou será reprovado.
b) Espere-me lá fora, pois preciso falar-lhe.
c) Tu te esforçaste, portanto, serás recompensado.
d) Fale mais alto, que precisamos ouvir.

07. Na oração "Os homens apareceram de repente e levaram a mercadoria" é possível classificar a oração como

a) oração coordenada sindética aditiva.
b) oração coordenada sindética conclusiva.
c) oração coordenada sindética explicativa.
d) oração coordenada sindética adversativa.
e) oração coordenada assindética.

08. (**FUNDEP**) "Era da rua e, **portanto**, não tinha dono." É correto afirmar que a palavra destacada nesse período veicula uma ideia de

a) alternância.
b) explicação.
c) conclusão.
d) finalidade.

09. (**FUNDEP**) "Cidadania não é uma definição estanque, ***mas*** um conceito histórico..." É ***CORRETO*** afirmar que, nesse período, a palavra destacada estabelece entre as orações uma relação de

a) alternância.
b) concomitância.
c) causalidade.
d) oposição.

10. (**FUNDEP**) "É muito diferente ser cidadão na Alemanha, [...] ou no Brasil [...] ***não apenas*** pelas regras que definem quem é ou não titular da cidadania [...] ***mas também*** pelos direitos e deveres distintos que caracterizam o cidadão em cada um dos Estados-nacionais contemporâneos."
É ***CORRETO*** afirmar que, nesse período, as expressões destacadas estabelecem entre orações uma relação de

a) adição.
b) comparação.
c) conformação.
d) finalidade.

11. Identifique a relação de ideias incorretamente indicada nos parênteses a seguir:

a) Todos tiveram de sair às pressas porque o ataque à segunda torre era iminente. (causa)
b) Foi uma situação tão aterrorizante que toda a televisão parou. (consequência)
c) Se tudo pudesse ser resolvido em paz, todos voltariam a dormir tranquilos. (hipótese)
d) Embora existam muitas restrições, as pessoas procuram levar mais a sério sua atividade. (proporção)

12. O articulador sintático pode ser substituído adequadamente pela expressão indicada entre parênteses:

a) "**Por isso**, em muitas campanhas o programa de TV emperra." (porque).
b) "**Quando** por minha opinião, digo com clareza: sou a favor." (se)
c) "Aumenta-se, **assim**, o grau de alienação dos potenciais eleitores." (no entanto)
d) "... para reduzi-la ao âmbito privado, à escolha de candidatos baseada, não em propostas e programas, e **sim** em simpatias e empatias." (mas)

13. "**Sendo assim**, creio que todo ser humano é um pouco empreendedor, **embora** poucas pessoas tenham essa consciência e se esforcem por desenvolver essa habilidade."
Assinale a alternativa que contenha, respectivamente, as circunstâncias indicadas:

a) conclusiva e concessiva.
b) conformidade e adversidade.
c) condicional e causal.
d) temporal e final.

14."Vá à luta, pois."
Assinale a alternativa em que a redação **NÃO** mantém a ideia básica do trecho acima e nem preserva a relação de conclusão que existe entre as orações.

a) Vá, todavia, à luta.
b) Logo, vá à luta.
c) Portanto, vá à luta.
d) Vá, então, à luta.

15. "Mas de detalhe em detalhe [...] chega-se ao apocalipse."
No texto, a conjunção acima sublinhada confere à relação entre os períodos

que liga um sentido de

a) alternância.
b) conclusão.
c) explicação.
d) oposição.

16. Aquele que age na direção da lei como que age contra a moral caracterizada pelo "fazer como a grande maioria", levando em conta que no âmbito da corrupção se entende que o que a maioria quer é "dinheiro". A respeito do período anterior, analise as afirmativas a seguir e assinale a alternativa correta.

I. O período apresenta orações coordenadas e subordinadas.
II. Há ocorrência de exemplo de oração reduzida.
III. Há ocorrência de exemplo de oração subordinada substantiva objetiva direta.

a) se todas as afirmativas estiverem corretas.
b) se apenas as afirmativas II e III estiverem corretas.
c) se apenas as afirmativas I e II estiverem corretas.
d) se apenas as afirmativas I e III estiverem corretas.

17. (**FUNDEP**) Assinale a alternativa em que a palavra destacada na frase transcrita, **não** expressa uma ideia de oposição.

a) Não abanou o rabo **nem** se mostrou feliz ao aproximar de mim.
b) Não era de todo magro, **embora** seu porte indicasse uma vida difícil.
c) **Porém** (...) ele se ajeitou melhor e continuou deitado me olhando.
d) Tinha o pêlo sujo, **mas** não despertava nojo.

18. (**FCC - 2012**) Os resultados preocupam. É indiscutível que a prática de esportes, associada a uma alimentação regrada, está diretamente ligada a uma vida mais saudável. Transformando as duas afirmativas acima em um só período, com as alterações necessárias, a conjunção que deverá uni-las está grifada em:

a) Os resultados preocupam, <u>pois</u> é indiscutível...
b) Os resultados preocupam, <u>contanto que</u> seja indiscutível...
c) Os resultados preocupam, <u>caso</u> seja indiscutível...
d) Os resultados preocupam, <u>porém</u> é indiscutível...
e) Os resultados preocupam, <u>para que</u> seja indiscutível...

19. Os conectivos são responsáveis por relacionar termos e orações, criando entre eles relações de sentido, conforme se observa no trecho: "É por isso, talvez, que, **se** vemos uma criança bem-vestida chorando sozinha num *shopping center* **ou** num supermercado". Os sentidos expressos por **se** e **ou** são, respectivamente,

a) tempo e lugar.
b) causa e adição.
c) concessão e modo.
d) proporção e oposição.
e) condição e alternância.

20. As ideias estão articuladas de modo claro e correto na seguinte frase:

a) Mesmo sendo ele um hábil articulador e a despeito do grande prestígio de que gozava, não obteve êxito na transação, pois a verdadeira natureza do negócio lhe escapara.

b) Dependendo a transação de um hábil articulador e que gozasse de grande prestígio, do mesmo modo ele não obteve êxito nisso: faltara-lhe a verdadeira natureza do negócio.

c) Ele não obteve êxito no processo na transação, ainda que sempre foi hábil articulador e apesar de que gozava de grande prestígio, dado a verdadeira natureza do negócio, que tinha ficado obscuro para ele. d) Sendo ele um hábil articulador e gozando de grande prestígio não obteve êxito na transação, visto a verdadeira natureza do negócio ter escapado para ele.

e) Não obstante o hábil articulador que era e do grande prestígio que sempre desfrutou não obteve êxito na transação, deixando de ter clara a verdadeira natureza do negócio.

GABARITO									
01. D	02. B	03. B	04. B	05. A	06. C	07. E	08. C	09. D	10. A
11. D	12. D	13. A	14. A	15. D	16. B	17. A	18. A	19. E	20. A

VI. PONTUAÇÃO

O valor da pontuação

Um homem rico, sentindo-se morrer, pediu papel e pena, e escreveu assim: *Deixo os meu bens à minha irmã não a meu sobrinho jamais será paga a conta do alfaiate nada aos pobres.* Não teve tempo de pontuar – e morreu.

A quem deixava ele a fortuna que tinha?

Eram quatro os concorrentes. Chegou a irmã e fez estas pontuações numa cópia do bilhete: Deixo os meus bens à minha irmã. não ao meu sobrinho. Jamais será paga a conta do alfaiate. Nada aos pobres.

O sobrinho do morto chegou em seguida, com outra cópia do escrito e pontuou deste modo: Deixo os meus bens à minha irmã? Não! A meu sobrinho. Jamais será paga a conta do alfaiate. Nada aos pobres.

Surgiu o alfaiate, que, pedindo cópia do original, fez estas pontuações: Deixo os meus bens à minha irmã? Não! A meu sobrinho? Jamais! Será paga a conta do alfaiate. Nada aos pobres.

O juiz estudava o caso, quando chegaram os pobres da cidade e um deles, mais sabido, tomando outra cópia, pontuou assim: Deixo os meus bens à minha irmã? Não! A meu sobrinho? Jamais! Será paga a conta do alfaiate? Nada! Aos pobres.

O principal objetivo da pontuação é dar clareza ao texto. Sendo assim, conforme pode ser observado, os sinais de pontuação são de fundamental importância para o entendimento do contexto e a falta deles pode gerar um texto sem coerência, o que muita prejudica a nota em uma redação, por exemplo.

As regras do bem pontuar dependem basicamente do conhecimento da análise sintática e seus desmembramentos, como por exemplo, as orações subordinadas e coordenadas

Vejam a seguir os principais sinais de pontuação.

1. O ponto

É utilizado para encerrar o período (exceto os interrogativos e exclamativos). Indica uma pausa longa.

Anoitecia. / *Refiz as contas e não descobri onde errei.*

2. O ponto de interrogação

É usado no fim de orações interrogativas diretas.

Entendeu? / *Será que vai chover?*

3. O ponto de exclamação

É colocado após determinadas palavras, como interjeições, por exemplo, e denotam entusiasmo, alegria, espanto, surpresa, ordem, etc.

Olá! / *Que susto!* / *Mãos ao alto!*

4. A vírgula

No que tange à **vírgula**, pausa de curta duração, o uso deve ser feito com cuidado e atenção. Seu emprego é uma questão de sintaxe e não de pronúncia. A vírgula acontece quando:

4.1. Há um termo deslocado no contexto

Este assunto, já **o** li em algum lugar. (objeto pleonástico)[2]

Naquele dia, os candidatos receberam a imprensa. (ajunto adverbial)[3]

2 No caso do **objeto pleonástico**, o uso da vírgula é obrigatório em relação ao objeto que foi antecipado (fora de lugar).

3 Algumas instituições, como é o caso do CESPE e da FCC aceitam, principalmente na prova de múltipla escolha, o adjunto adverbial deslocado sem vírgula. No entanto, não o façam na prova aberta (redação). Outros ainda defendem a ideia de que se o adjunto adverbial for grande, a vírgula é obrigatória, se for pequeno, a vírgula é facultativa: o problema é que nenhum deles diz o que é um adjunto pequeno ou grande, daí a dificuldade de entendimento e aplicação da regra – vale o bom senso.

Se a posição final do adjunto adverbial ocasionar ambiguidade no contexto, a vírgula se torna obrigatória. Vejam os exemplos abaixo:

a) Os corpos do casal serão exumados pela segunda vez nesta semana.

b) A polícia cercou o ladrão do banco na rua Santos.

Notem que, na frase 'a', temos as seguintes interpretações: os corpos serão exumados pela segunda vez desde que começou o inquérito ou pela segunda vez nesta semana? Isso não aconteceria se colocássemos uma vírgula antes de 'nesta semana'. Vejam: **Os corpos do casal serão exumados pela segunda vez, nesta semana**. Ou **Nesta semana, Os corpos do casal serão exumados pela segunda vez**. Não há mais ambiguidade e a ideia é a de que naquela semana acontecia, pela segunda vez, a exumação dos corpos.

Em 'b', não sabemos se o banco ficava na rua Santos, ou se a polícia cercou o ladrão nessa rua. Assim, a reescritura da frase com a vírgula retiraria a possível ambiguidade (**A polícia cercou o ladrão do banco, na rua Santos**). Ou então: A polícia cercou o ladrão do banco **da** rua Santos – a ideia que se tem é que o banco era situado na rua Santos, agora, onde a polícia cercou o ladrão é outra história.

DICA DO PROFESSOR

Não confundir deslocamento de termos com a oração que se apresenta de maneira invertida. É como se a frase estivesse "espelhada". Como todos os termos estão fora de lugar, um deslocamento anula o outro. Por exemplo: Ao Distrito Federal são atribuídas as competências legislativas reservadas aos Estados e Municípios.

4.2. Orações adverbiais

O melhor local para a introdução de uma oração adverbial no contexto é depois da oração principal. Estando aquela em sua posição natural, a vírgula será facultativa. Se porventura a oração adverbial vier antes da principal, o uso da vírgula se torna obrigatório. Vejam os exemplos:

Amou daquela vez ***como se fosse a última****... (vírgula facultativa depois da palavra como)*

Quando eu voltar* pra *Bahia*, terei muito que contar... (vírgula obrigatória)*

4.3. *Termos intercalados*

a) Natal, capital do Rio Grande do Norte, é uma cidade encantadora. (**aposto**)

Vale lembrar que a vírgula separa o **aposto explicativo**. Se no contexto tivéssemos um **aposto especificativo**, a vírgula **não** seria utilizada. Vejam o exemplo abaixo:

"O ex-técnico da seleção brasileira Telê Santana afirmou que iria se aposentar." No caso, "Telê Santana" não deve ser separado por vírgulas, porque é um aposto especificativo.

Para distinguirmos o aposto explicativo do especificativo, podemos usar a seguinte "dica": se for cargo não exclusivo é aposto especificativo, sem vírgulas (ex-técnico da seleção brasileira existem muitos, o objetivo então é especificar, restringir a ideia); vejam, no entanto, o que ocorre na frase abaixo:

"O atual técnico da seleção brasileira, Luís Felipe Scolari, já comandou a seleção em outra feita". (O atual técnico da seleção brasileira é só um, é cargo exclusivo, então é aposto explicativo e deve ser separado pela vírgula). Vejamos outro exemplo:

"A presidenta Dilma Rousseff viajou para o vaticano com o intuito de cumprimentar o Papa Francisco" (= existem outros presidentes e presidentas, cargo não exclusivo, sem vírgulas); porém se a informação fosse:

"A presidenta do Brasil, Dilma Rousseff, viajou para o vaticano com o intuito de cumprimentar o Papa Francisco". (presidente do Brasil é cargo exclusivo, então com vírgula).

b) Amanhã, ou melhor, sábado aguardo seu telefonema. (expressão corretiva ou retificativa)

c) Saíram após a aula, isto é, às dez. (expressão explicativa)

d) Havia, porém, um inconveniente sério. (conjunção)

e) Jovelina, preciso falar com você. (vocativo)

f) Palavras omitidas - Viajo amanhã; e você, segunda. (elipse verbal)

Na elipse verbal é conveniente que se utilize o ponto e vírgula para que a informação seja facilitada.

g) Orações adjetivas explicativas - O país, que não investe em seu próprio povo, tem poucas possibilidades de crescer.

DICA DO PROFESSOR

Vale lembrar que, na frase acima, o intuito é explicar que um determinado país não investe em seu próprio povo, daí as poucas possibilidades que o país tem de crescer. Não se esqueça de que se você retirar as vírgulas da frase acima, o sentido sofre uma substancial mudança e passa a evidenciar uma restrição dentro do contexto: aquele país que não investe no seu próprio povo, só ele, tem poucas possibilidades de crescer.

No entanto, é importante ressaltar que, em alguns casos, a vírgula é obrigatória, pois o contexto exige que seja ressaltada uma explicação, por exemplo: A Torre Eiffel, que é símbolo da cidade de Paris, ainda hoje encanta o mundo. Nota-se que, se as vírgulas fossem retiradas, a oração em questão passaria a ter um caráter restritivo, o que não é possível tendo em vista que só existe uma Torre Eiffel: não é possível restringir aquilo que é único.

4.4. Orações coordenadas sindéticas

Com exceção das aditivas, as orações coordenadas sindéticas (explicativas, conclusivas, alternativas e adversativas) vêm separadas por vírgula ou ponto final. No entanto, mesmo nas orações aditivas, há vírgulas quando:

a) Os sujeitos das orações forem distintos. **Ex.**: Eu me mudei para BH em julho, e você se mudou em agosto.

b) Quando a expressão 'nem' aparecer repetidamente: **Ex.**: Ela não era bela, nem elegante, nem culta.

c) Quando se deseja como recurso estilístico, realçar a oração iniciada pela conjunção e, ocasião em que a pausa é mais forte: **Ex.**: Deitara-se cedo, e sonhou.

d) Usa-se a vírgula para separar orações *coordenadas (aditivas) iniciadas* pela conjunção e com valor *adversativo*, ou seja, igual a mas: **Ex.**: Tivera a felicidade entre as mãos, e (mas) a deixara fugir.

Ainda sobre as orações coordenadas, se o conectivo estiver no início da segunda oração, usa-se apenas uma vírgula antes do conector. Se as orações vierem separadas por ponto, o conectivo estará no início do segundo período e a vírgula será utilizada depois do conectivo. Por fim, se o conectivo estiver deslocado, ele vem sempre separado por vírgulas ou vírgula e ponto.

A beleza empolga a vista, mas o mérito conquista a alma.

O país investiu consideravelmente na educação. Entretanto, não há ainda resultados visíveis.

Uma mão lava a outra, a poluição, no entanto, suja as duas.

4.5. Orações coordenadas assindéticas

O professor explicava a matéria, distribuía os exercícios, corrigia as provas, passava as notas.

4.6. Orações intercaladas

São aquelas que não fazem parte do contexto, por isso vêm sempre separadas pela vírgula. Tais orações estão ali apenas com o objetivo de balizar a informação, isto é, apontar quem é que disse o que, quem perguntou, quem respondeu, quem exclamou, etc.

*O problema das enchentes, **disse o candidato**, será prioritário.*

4.7. Orações interferentes

São aquelas cuja intenção é apresentar uma opinião, fala ou intenção do locutor no entremeio da oração.

*O governo brasileiro, **não que isso fosse positivo**, fez alianças com os Estados Unidos.*

4.8. Termos de mesmo valor ou mesma função sintática

Pegou formão, martelo, plaina e pregos.

As vírgulas foram usadas para separar os vários objetos diretos.

Joaquina, Filismina, Juventina e Querubina já confirmaram a presença na festa.

Aqui, as vírgulas separam os vários núcleos do sujeito composto.

4.9. Polissíndeto

Na figura de linguagem denominada polissíndeto (repetição, por várias vezes, da mesma conjunção):

Quando estava nervoso implicava, e reclamava, e gritava, e xingava a todos.

Cumpre-nos salientar aqui que, como qualquer outra figura de linguagem, o uso de polissíndeto deve ser evitado em textos dissertativos formais.

Para alguns autores, a vírgula no polissíndeto é facultativa.

4.9. Na ordem indireta ou decrescente de elementos normativos, ligada pela preposição 'de':

O art. 5º, inc. XXXVI, da Constituição de 1998 repete a regra do art. 153 da Constituição de 1967.

No entanto, se a ordem for direta ou crescente, não se usa a vírgula:

O advogado recorreu com base na alínea "d" do inciso III do artigo 593 do Código de Processo Penal.

4.10. Para separar a localidade da data e o nome do autor de sua respectiva obra

Belo Horizonte, 30 de junho de 2013.

Dom Casmurro, Machado de Assis.

4.11. Para separar os elementos de um provérbio

Tal pai, tal filho.

ATENÇÃO:

A) É erro crasso separar por vírgulas termos que se complementam como o verbo e o objeto; o nome de seu complemento nominal; o verbo de seu predicativo e o sujeito do predicado.

B) Segundo Cunha e Cintra (*Nova Gramática do Português Contemporâneo*), se se colocar à cabeça da oração as conjunções adversativas **porém**, **todavia**, **contudo**, **entretanto** (com valor adversativo) e a locução conjuntiva **no entanto**, só se usa vírgula antes da ocorrência de tais palavras: **Ex.**: Pode enviar nova versão, contudo a publicação ficará atrasada. Apesar disso, Evanildo Bechara (*Moderna Gramática Portuguesa)* prefere chamar-lhes advérbios textuais ou discursivos. Em Portugal, o Dicionário Terminológico inclui-os mesmo numa subclasse advérbios, a dos advérbios conectivos. Tendo em conta esse caráter adverbial, é aceitável que **porém**, **todavia**, **contudo** e **no entanto** surjam entre vírgulas, mesmo no começo de uma oração, o que não se aplica ao **mas**.

5. O ponto e vírgula

5.1. Separar os diversos itens de um considerando ou de uma enumeração

Exemplos:

Considerando:

1) a alta taxa de desemprego no país;

2) a elevação dos preços e da taxa de juros;

3) a recessão econômica;

Solicitamos especial atenção ao nosso pedido.

Art. 111. *São órgãos da Justiça do Trabalho:*

I) o Tribunal Superior do Trabalho;

II) o Tribunais Regionais do Trabalho;

III) as juntas de Conciliação e Julgamento.

5.2. Orações coordenadas de extensão considerável

Uso facultativo.

Se em vez do ponto e vírgula, houvesse uma vírgula, a frase ficaria certa também.

As medidas pertinentes foram implementadas de modo ágil e eficaz em sintonia com tudo aquilo que o caso exigia; contudo, algumas pessoas mostraram-se insatisfeitas.

5.3. Orações que se contrabalançam em força expressiva ou se contrapõem

Uns trabalham; outros descansam.

5.4. Na elipse verbal

Elipse é a retirada de um termo do contexto sem que, com isso, o contexto seja prejudicado. Se o termo omitido for um verbo (elipse verbal), utiliza-se o ponto e vírgula.

Os espelhos são usados para ver o rosto; a arte, para ver a alma. (Bernard Shaw)

6. Os dois pontos

a) Tal sinal é utilizado com o intuito de suspender a melodia de uma frase para dar início à fala ou a citação textual de outrem.

Disse o filósofo: "Só sei que nada sei."

b) Pode ser usado antes ou depois da enumeração;

Aqui nós encontramos: material de escritório, papelaria, artesanato, etc.

c) antes de ideia explicativa ou conclusiva:

Ele estudou muito: passou em primeiro lugar.

Ele já saiu: não está aqui.

7. Aspas

a) No início e no fim de transcrição direta;

Já afirmou o sábio: "Agir na paixão é embarcar durante a tempestade."

b) indicar palavras de outros idiomas ou simplesmente destacar uma palavra no contexto por ênfase ou erro:

Se "pintar" uma oportunidade, estarei lá.

Estavam no "hall" do hotel.

Só sabia dizer que queria ir para "Petrópis".

Será preciso "considerar" as agravantes e as atenuantes no caso.

c) ironia:

A "sabedoria" do rapaz era impressionante.

d) citação de obras:

"Memórias Póstumas de Brás Cubas" foi escrito por Machado de Assis.

Ainda no que tange à citação, vejam como as aspas devem ser utilizadas:

- Rui Barbosa afirmou: "Não sou candidato." – Usam-se as aspas, letra maiúscula no início, ponto final e por fim as aspas para indicar que a citação acontece na íntegra, ou seja, foi feita uma citação inteira.
- Rui Barbosa afirmou: "não sou candidato." – Usam-se as aspas e a letra minúscula para indicar que havia uma determinada informação anterior à palavra 'NÃO', que não foi considerada importante por aquele que fez a citação.
- Rui Barbosa afirmou: "não sou candidato". – a letra minúscula e o ponto fora das aspas indicam que havia algo antes e depois do trecho que foi citado.
- Rui Barbosa afirmou: "Não sou candidato". – o ponto fora das aspas indica que a informação continua, isto é, havia algo depois do trecho citado.
- **Não usamos mais** a seguinte forma – Rui Barbosa afirmou: "(...) não sou candidato (...)". Os três pontos, em meio aos parênteses, só serão utilizados caso se exclua algo do meio da frase.

8. Reticências

"Adoro Reticências...
Aqueles três pontos intermitentes que insistem em dizer
que nada está fechado, que nada acabou, que algo sempre está por vir!
A vida se faz assim! Nada pronto, nada definido.
Tudo sempre em construção. Tudo ainda por se dizer...
Nascendo... Brotando... Sublimando...
Vivo assim... Numa eterna reticência...
Para que colocar ponto final?
O que seria de nós sem a expectativa de continuação?"
– Nilson Furtado

Seu uso serve para indicar a suspensão ou interrupção de uma ideia.

Ex.: Estava pensando... Bem, não importa.

9. Travessão

a) Introduzir orações de elocução, isto é, a frase pela qual se dá a expressão verbal de um pensamento:
Vamos! – gritou o general.

b) destacar uma palavra ou expressão no contexto:
Eu só penso em uma pessoa – você.

c) evidenciar diálogos com mudança de interlocutor:
– Posso falar-te agora?
– Aguarde um momento.

d) substituir os parênteses ou as vírgulas em uma explicação:
O domínio do idioma – requisito indispensável a qualquer profissão – é adquirido fácil hoje.

e) Indicar os extremos de um percurso.
A viagem Belo Horizonte – São Paulo foi rápida.

10. Barra

a) em composições com siglas: TRE/MG; Minas gerais/BH, etc.;

b) em leis, decretos, portarias, etc.: Lei nº 9.099;

c) na função da conjunção alternativa 'ou': A coluna do cargo/função precisa ser ampliada;

d) nas datas usadas em referências de publicações seriadas: junho/2013 ou jun./2013.

A PERGUNTA QUE NÃO QUER CALAR

1. É correto usar a vírgula antes de 'etc.'?

Sim. É correto e necessário. Vejamos:

Trata-se de abreviatura da locução latina "et coetera", que, etimologicamente, significa e as outras coisas. A rigor, seria etimologicamente errôneo o uso da vírgula antes do etc., uma vez considerada sua significação. No entanto, o acordo ortográfico em vigência determina que a vírgula deve ser usada em tal caso, razão pela qual a referida vírgula se torna, então, obrigatória. É o que prescreve Arnaldo Niskier e Edmundo Dantès Nascimento, sendo que, este último alega ainda que é hábito internacional fazer preceder de vírgula tal abreviatura. Também o VOLP sempre coloca vírgula antes de etc.

Cumpre-nos ressaltar ainda que, como se vê, já na origem latina há uma conjunção aditiva, razão por que é errado dizer e etc, ou seja, não podemos acrescentar a conjunção 'e' antes do referido termo, tendo em vista sua constituição.

2. É mesmo obrigatório o uso da vírgula antes da conjunção alternativa 'ou'?

E. Bechara, na sua Moderna Gramática Portuguesa (2002, pág. 609) indica que "se emprega vírgula para separar orações coordenativas alternativas (ou, quer, etc.), quando proferidas com pausa: Ele sairá daqui logo, ou eu me desligarei do grupo." Assim como o retromencionado gramático aponta o uso da vírgula nesse caso, grande parte dos nossos doutrinadores também o aconselha, então, o melhor é fazer desse uso um hábito.

3. Podemos dizer que a vírgula serve para marcar as pausas na fala?

Definitivamente não! Valho-me aqui da lição proferida por Josué Machado: "A lição simplificada de alguns gramáticos de que a vírgula serve para marcar pausas é singela e incompleta. Há pessoas que sofrem de bronquite e fazem pausas fora do compasso. Outras soluçam e gaguejam. O fato é que a pausa oral nem sempre corresponde à pontuação" (1994, p.63)

EXERCÍCIO DE FIXAÇÃO

I) Em relação à virgulação, corrija o que for necessário.

1. Aqueles dois alunos mais novos do 3º ano B, trouxeram os livros de matemática na mochila.
   Certo ( ) Errado ( )

2. Na mesa da sala de jantar, a família italiana dividia o apetitoso canelone.
   Certo ( ) Errado ( )

3. Morreram com suco envenenado na Argentina.
   Certo ( ) Errado ( )

4. Vai entrar no cuscuz, acarajé e abará.
   Certo ( ) Errado ( )

5. O mar serenou quando ela pisou na areia.
   Certo ( ) Errado ( )

6. Começaria tudo outra vez, se preciso fosse, meu amor.
   Certo ( ) Errado ( )

7. Como a abelha necessita de uma flor, eu preciso de você e desse amor.
   Certo ( ) Errado ( )

8. Eu queria ter na vida simplesmente, um quintal de mato verde pra plantar e pra colher.
   Certo ( ) Errado ( )

9. Eu sei que flores existiram, mas não resistiram a vendavais constantes.
   Certo ( ) Errado ( )

10. A noite emprestou as estrelas

bordadas de prata, e as águas de Amaralina eram gotas de luar.

Certo ( ) Errado ( )

11. Exatos são teus beijos que me invadem e me revelam teu coração.

Certo ( ) Errado ( )

12. Eu, que não tenho nenhuma certeza, sou mais certo ou menos certo?

Certo ( ) Errado ( )

13. Quando, seu moço, nasceu meu rebento, não era o momento dele rebentar.

Certo ( ) Errado ( )

14. A madrugada fria só me traz melancolia, sonho meu.

Certo ( ) Errado ( )

15. Pedro Caroço, filho de Zé Vagamela, passa o dia na esquina, fazendo aceno pra ela.

Certo ( ) Errado ( )

16. O menino resmunga, e chora, e esperneia, e grita, e maltrata.

Certo ( ) Errado ( )

17. O velho disse você perdeu a sua vida, meu irmão.

Certo ( ) Errado ( )

18. O homem que se vende, recebe sempre mais do que vale.

Certo ( ) Errado ( )

19. Tire seu sorriso do caminho, que eu quero passar com a minha dor.

Certo ( ) Errado ( )

20. Não fale dessa mulher perto do mim para não aumentar a minha dor.

Certo ( ) Errado ( )

21. Esse corpo moreno, cheiroso, gostoso que você tem, é um corpo delgado, da cor do pecado que faz tão bem.

Certo ( ) Errado ( )

22. Devolvi a aliança e também seu retrato pra não ver o seu sorriso no silêncio do meu quarto.

Certo ( ) Errado ( )

23. Eu não sei dizer nada por dizer, então eu escuto.

Certo ( ) Errado ( )

24. Por falta d'água perdi meu gado, morreu de sede meu alazão.

Certo ( ) Errado ( )

25. Mesmo morrendo sufoquei a minha dor.

Certo ( ) Errado ( )

26. Foram tantas brigas que o amor adormeceu.

Certo ( ) Errado ( )

27. Eu sou do tipo que diz certas coisas que já não são comuns nos nossos dias.

Certo ( ) Errado ( )

28. Vem, que eu conto os dias, conto as horas pra te ver.

Certo ( ) Errado ( )

29. Por que é que eu fico calado enquanto você me diz palavras que me machucam por coisas que eu nunca fiz.

Certo ( ) Errado ( )

30. O tempo não para e no entanto ele nunca envelhece.

Certo ( ) Errado ( )

GABARITO									
01. E	02. C	03. E	04. C	05. C	06. C	07. C	08. C	09. C	10. C
11. C	12. C	13. C	14. C	15. C	16. C	17. E	18. E	19. C	20. C
21. E	22. C	23. C	24. C	25. E	26. C	27. C	28. C	29. C	30. E

TESTES

01. A pontuação está **correta** em:

a) A imprensa, diz o autor que os chineses a inventaram antes de Gutenberg.

b) Indeciso fora escutar, na porta da frente.

c) Soltou aliviado, um longo suspiro.

d) Venho caro amigo, pedir-te um favor.

02. Cada frase exemplifica o uso da vírgula enunciado na alternativa, EXCETO:

a) Para separar termos de mesma função sintática

Ex.: João Grande era um jaburu solitário, cheio de mania, filósofo.

b) Para isolar adjunto adverbial deslocado.

Ex.: A conversa com o pai e a filha, na tarde da chegada ao Boi Solto, foi cerimoniosa.

c) Para isolar orações adjetivas explicativas.

Ex.: No quarto dele apenas o Braulino, que roncava feito um porco.

d) Para isolar o vocativo.

Ex.: Grande caçador, o Vasco da Vacaria, que me ensinou aquele truque importante.

03. A pontuação está **correta** em:

a) A dificuldade oposta poderá também, intervir na escolha do caminho.
b) Essa neblina que envolve a cidade, não te dá uma vontade de partir?
c) O equívoco entre poesia e povo, já é demasiadamente sabido, para que valha a pena insistir nele.
d) Reprimido o sonho, por todos os lados, o homem consola-se com a dolorosa realidade.

04. A pontuação está **incorreta** em:

a) Poeta sou; pai, pouco; irmão, mais.
b) Teu amigo está doente e sem recursos; deves, portanto, auxiliá-lo e confortá-lo.
c) Passam homens, e mulheres, e crianças, e cachorros.
d) Diante de cenas como essas, os torcedores podem lembrar que em outros tempos, também havia violências.

05. (**MP – 2002**) Há erro quanto ao emprego da vírgula em:

a) Existia muita atividade na escola, mas a professora faltou assim mesmo.
b) É fato que, no depoimento, dirá ao diretor o que ouviu dos alunos.
c) As últimas conquistas da nossa ciência, merecem ser comemoradas.
d) Uma vez que ele não compareceu, fomos embora sem explicações.

06. (**TA**) Assinale a alternativa cujo trecho grifado deva ocorrer obrigatoriamente entre vírgulas.

a) O médico <u>a quem sempre paguei em dólares</u> recusou-se a me receitar pelo telefone.
b) A lei <u>promulgada em 1928</u> ainda está em vigor na cidade.
c) A garota <u>que ainda ontem vimos pela TV</u> acabou de sair daqui.
d) Amanhã <u>que é domingo</u> poderei dormir até tarde.

07. (**TA**) Marque a alternativa em que a pontuação tenha sido feita de acordo com a norma culta.

a) Ainda não o encontrei; não posso portanto, marcar o jantar.
b) Tudo era permitido no mosteiro, ou melhor, quase tudo.
c) Levarei a mercadoria mas, não posso pagá-la à vista.
d) A mim me acusam ainda, de ingênuo.

08. (**TJM**) Com o objetivo de informar[1] aos policiais militares[2] sobre a organização e a competência da Justiça Militar[3] bem como sobre outras matérias[4] de natureza

jurídica[5] o 1º Batalhão de Polícia Militar promoveu[6] no dia 7 de junho[7] em sua sede[8] a 1ª Jornada de Direito Militar.

O texto acima estará **CORRETAMENTE** pontuado se forem empregadas vírgulas nas posições de números:

a) 1 - 2 - 4 - 5 - 7 - 8
b) 3 - 5 - 6 - 7 - 8
c) 2 - 5 - 7 - 8
d) 4 - 5 - 8

09. (**TC**) As justificativas do emprego da vírgula estão corretamente indicadas, EXCETO em:

a) As crianças, eu as adoro. (para separar objeto direto pleonástico)
b) Não, respondeu ele, tirando os óculos. (para separar oração intercalada)
c) É sem dúvida alguma conveniente, que tragam todo o material. (para separar oração subordinada substantiva subjetiva)
d) O doleiro, que é um dos maiores em seu ramo, está desempregado. (para separar oração subordinada adjetiva explicativa)

10. (**FCC - 2009**) A frase inteiramente correta em relação à pontuação é:

a) A indústria, de assistência à saúde no Brasil que envolve mais de 70 mil estabelecimentos, pode ter uma importante contribuição no campo da sustentabilidade ambiental.
b) A indústria de assistência à saúde no Brasil que envolve, mais de 70 mil estabelecimentos, pode ter uma importante contribuição no campo, da sustentabilidade ambiental.
c) A indústria de assistência, à saúde no Brasil que envolve mais de 70 mil estabelecimentos pode, ter uma importante contribuição no campo da sustentabilidade ambiental.
d) A indústria de assistência à saúde no Brasil que envolve mais de 70 mil estabelecimentos, pode ter, uma importante contribuição, no campo da sustentabilidade ambiental.
e) A indústria de assistência à saúde no Brasil, que envolve mais de 70 mil estabelecimentos, pode ter uma importante contribuição no campo da sustentabilidade ambiental.

11. (**Fumarc - 2010**) A vírgula foi empregada pela mesma razão, EXCETO em:

a) Antes de fazer uma compra, verifique seu limite disponível para compras.
b) Caso tenha saldo devedor no mês anterior, ele também será descontado no limite.
c) Para administrar seu limite de crédito com tranquilidade, preste atenção em algumas dicas simples.
d) Pague até o vencimento o valor exato do parcelamento, e as outras parcelas serão lançadas automaticamente em sua fatura.

12. (**Gasmig - 2012**) Leia os seguintes textos transcritos do texto.

"Para se ter uma ideia, foram necessários 14 anos."

"A cada minuto, morrem, cerca de 10 crianças."

"Nesse contexto, não dá para saber."

"No entanto, morrem..."

É correto afirmar que o uso da vírgula se justifica

a) pela mesma razão em dois deles.
b) pela mesma razão em três deles.
c) pela mesma razão em quatro deles.
d) por razões diferentes nos quatro trechos.

13. (**Vunesp**) Leia os provérbios:

I. O sol nasce para todos e a lua, para quem merece.
II. O coração que suspira não tem o que deseja.
III. Em terra de cego quem tem um olho é rei.
IV. Quem tem telhado de vidro, não atira pedra no do vizinho.

Considerando as regras de pontuação, assinale a alternativa **correta**.

a) Em I, a vírgula está incorreta.
b) Em II, deve-se acrescentar uma vírgula após suspira para que a frase fique correta.
c) O sentido de II permanecerá inalterado se a expressão que suspira ficar entre vírgulas.
d) A frase III estará correta com uma vírgula após cego.
e) A vírgula em IV é obrigatória.

14. (**Cesgranrio**) Das seguintes redações abaixo, assinale a que não está pontuada **corretamente**.

a) Os meninos, inquietos, esperavam o resultado do pedido.
b) Inquietos, os meninos esperavam o resultado do pedido.
c) Os meninos esperavam, inquietos, o resultado do pedido.
d) Os meninos inquietos esperavam o resultado do pedido.
e) Os meninos, esperavam inquietos, o resultado do pedido.

15. (**FUVEST - SP**) "Podem acusar-me: estou com a consciência tranquila." Os dois-pontos (:) do período acima poderiam ser substituídos por vírgula, explicitando-se o nexo entre as orações pela conjunção:

a) portanto.
b) e.
c) como.
d) pois.
e) embora.

16. (**USF-SP**) Os períodos apresentam diferenças de pontuação. Indique a alternativa que corresponde ao período de pontuação correta.

a) A menina chorando de emoção, recebeu, o presente das mãos do padrinho.
b) A menina, chorando de emoção recebeu o presente, das mãos do padrinho.
c) A menina, chorando de emoção recebeu o presente das mãos, do padrinho.
d) A menina chorando, de emoção recebeu o presente, das mãos do padrinho.
e) A menina, chorando de emoção, recebeu o presente das mãos do padrinho.

17. (**UM-SP**)
"- Muito bom dia, senhora,
Que nessa janela está;
Sabe dizer se é possível
Algum trabalho encontrar?"

- João Cabral de Melo Neto

No primeiro verso, senhora vem entre vírgula porque o tema é

a) um aposto.
b) um sujeito deslocado.
c) um vocativo.
d) um predicativo.
e) um sujeito simples.

18. (**FCC - 2013**) Atente para as seguintes afirmações sobre a pontuação empregada no texto.

I. *Os homens que se tornaram conhecidos por terem abalado o mundo de forma decisiva no passado tinham começado como reis, como Alexandre, ou patrícios, como Júlio César...* O segmento em destaque poderia ser isolado por vírgulas, sem prejuízo para o sentido e a correção.

II. *Para os franceses ele foi também algo bem mais simples: o mais bem-sucedido governante de sua longa história.* Uma vírgula poderia ser colocada imediatamente depois do termo franceses, sem prejuízo para a correção e a lógica.

III. *Ele destruíra apenas uma coisa: a Revolução de 1789, o sonho de igualdade, liberdade e fraternidade, do povo se erguendo na sua grandiosidade para derrubar a opressão.* Os dois-pontos introduzem no contexto um segmento explicativo.

Está correto o que se afirma em

a) II e III, apenas.
b) I e II, apenas.
c) I, apenas.
d) I, II e III.
e) III, apenas.

19. (**Cesgranrio - 2013**) De acordo com as regras de pontuação da Língua Portuguesa, um dos empregos da vírgula é a separação do adjunto adverbial antecipado na estrutura da oração. O trecho que exemplifica esse tipo de uso é:

a) "É natural que isso aconteça, quando mais não seja porque as certezas nos dão segurança e tranquilidade."
b) "Com o desenvolvimento do pensamento objetivo e da ciência, aquelas certezas inquestionáveis passaram a segundo plano."
c) "Questioná-los, reavaliá-los, negá-los, propor mudanças às vezes radicais tornou-se frequente e inevitável."
d) "essas mudanças não se deram do dia para a noite, nem tampouco se impuseram à maioria da sociedade."
e) "Ocorre, porém, que essa certeza pode induzir a outros erros: o de achar que quem defende determinados valores estabelecidos está indiscutivelmente errado.

20. (**FGV - 2013**) *Comenta o autor do livro: "Todos têm a mesma visão, todos sentem idêntico terror, todos colaboram na construção do santuário. Mas o que ocorre se não existem argonautas, se não existem mais testemunhas de tal experiência?".*

No fragmento, as aspas são empregadas para

a) destacar palavras importantes do texto.
b) indicar o motivo de o autor ter escrito o texto.
c) mostrar que a parte entre aspas é um resumo.
d) registrar que as palavras ditas pertencem a outra pessoa.

21. (**CESPE - 2013 - TRT**) Considere o texto a seguir:

O Tribunal Regional do Trabalho da 10.ª Região (TRT), após autorização da presidenta, efetuou a doação de diversos equipamentos, chamados de "passíveis de desfazimento", a duas entidades: Creche Magia dos Sonhos e Associação dos Deficientes de Brasília, consideradas pela administração do tribunal como legalmente aptas a receber os bens.

A medida é de grande importância porque equipamentos considerados obsoletos ou de baixo rendimento para o TRT — como impressoras, teclados e computadores — podem ser muito úteis para instituições voltadas ao trabalho social, que não teriam como obtê-los a não ser pela via da doação.

Esse ato integra o rol de ações relacionadas à responsabilidade social do tribunal, intensificado a cada gestão.

Internet: ‹www.trt10.jus.br› (com adaptações)

O emprego das aspas em "passíveis de desfazimento" justifica-se porque 'desfazimento' é expressão não dicionarizada que constitui neologismo. Marque C para certo e E para errado.

( ) Certo ( ) Errado

22. (**CESPE - 2013 - TRT**) Considere o texto abaixo:

A economia solidária vem-se apresentando como uma alternativa inovadora de geração de trabalho e renda e uma resposta favorável às demandas de inclusão social no país. Ela compreende uma diversidade de práticas econômicas e sociais organizadas sob a forma de cooperativas, associações, clubes de troca, empresas de autogestão e redes de cooperação — que realizam atividades de produção de bens, prestação de serviços, finanças, trocas, comércio justo e consumo solidário.

A Secretaria Nacional de Economia Solidária, do Ministério do Trabalho e Emprego, desde sua criação, em 2003, vem elaborando mecanismos de formação, fomento e educação para o fortalecimento da economia solidária no Brasil. Além da divulgação e da promoção de ações nessa direção, desde 2007 a Secretaria tem realizado chamadas públicas a fim de apoiar os empreendimentos econômicos alternativos.

Internet: ‹http://portal.mte.gov.br/imprensa› (com adaptações).

A supressão do travessão empregado na linha 3 não afetaria a correção gramatical do texto, mas alteraria o seu sentido original. Marque C para certo e E para errado.

( ) Certo ( ) Errado

23. (**ESAF – 2013**) Para que o fragmento abaixo seja coerente e gramaticalmente correto, é necessário inserir sinais de pontuação. Assinale a posição em que não deve ser usado o sinal de ponto, e sim a vírgula, para que sejam respeitadas as regras gramaticais. Desconsidere os ajustes nas letras iniciais minúsculas.
O projeto Escola de Bicicleta está distribuindo bicicletas de bambu para 4600 alunos da rede pública de São Paulo (A) o programa desenvolve ainda oficinas e cursos para as crianças utilizarem a bicicleta de forma segura e correta(B) os alunos ajudam a traçar ciclorrotas e participam de atividades sobre cidadania e reciclagem(C) as escolas participantes se tornam também centros de descarte de garrafas PET(D) destinadas depois para reciclagem (E) o programa possibilitará o retorno das bicicletas pela saúde das crianças e transformação das comunidades em lugares melhores para se viver. (*Adaptado de Vida Simples, abril de 2012, edição 117*).

a) A b) B c) C
d) D e) E

24. (**ESAF – 2013**) Assinale a opção em que foram plenamente atendidas as regras de emprego de sinais de pontuação.

a) Faz cem anos que foi inaugurada, em Porto Velho (RO), a ferrovia Madeira-Marmoré, cuja implantação na Floresta Amazônica, custou a vida de 6 mil trabalhadores de trinta nacionalidades. Um século depois, parte do que resta da memória física da ferrovia épica, vai submergir sob as águas das hidrelétricas do Rio Madeira.
b) Raramente um historiador lida com a história ao vivo, mas, em Rondônia, isso ainda é possível, pois o que sobrou da sucateada ferrovia ainda pode ser vislumbrado. Muitos vestígios estão lá: locomotivas abandonadas, trilhos perdidos no mato, um museu em Porto Velho, outro em Guajará-Mirim, um cemitério abarrotado de cruzes, ruínas de estações fantasmas e pontes metálicas enferrujadas.
c) Parte desse legado está submergindo sob as águas represadas das hidrelétricas de Santo Antônio e Jirau no Rio Madeira, como a ponte metálica Jaci-Paraná com 84 metros de vão: um ícone da ferrovia. "Essa vai para baixo d'água", lamenta, o historiador Aleksander Plitot, da Fundação Getúlio Vargas.
d) O descaso com a preservação do que resta da ferrovia histórica, leva o arquiteto, L. Oliveira, a denunciar: "a degradação, o abandono e o completo desaparecimento, que atingirão o orgulho de termos construído uma obra considerada ciclópica na época." Exagero? Nem tanto. Na ocasião a construção da estrada foi comparada à abertura do Canal do Panamá.
e) Na virada do século XX, a Amazônia ganhou prosperidade, com o ciclo da borracha graças à seringueira *Hevea brasiliensis*. Espalhadas pela floresta, as árvores produziam borracha de qualidade única, essencial, para o transporte, a comunicação e a indústria da época.

Até 1910, a borracha foi o segundo produto de exportação brasileira perdendo apenas para o café.

25. (**FCC - 2013**) A frase que apresenta pontuação inteiramente adequada é:

a) Ainda, que tenha se aproximado dos poetas concretos, Paulo Leminski deixou uma obra poética que não se reduz ao concretismo, mas, que é caracterizada, antes de tudo por uma dicção, extremamente pessoal, avessa a todas as tentativas de rotulação.
b) Ainda que tenha se aproximado dos poetas concretos, Paulo Leminski, deixou uma obra poética, que não se reduz ao concretismo mas que é caracterizada, antes de tudo, por uma dicção extremamente pessoal avessa, a todas as tentativas de rotulação.
c) Ainda que tenha se aproximado dos poetas, concretos, Paulo Leminski deixou uma obra poética que, não se reduz ao concretismo, mas que é caracterizada antes de tudo por uma dicção extremamente pessoal, avessa a todas, as tentativas de rotulação.
d) Ainda que tenha se aproximado, dos poetas concretos, Paulo Leminski deixou uma obra poética, que não se reduz ao concretismo, mas que é caracterizada antes de tudo, por uma dicção extremamente pessoal, avessa a todas as tentativas de rotulação.
e) Ainda que tenha se aproximado dos poetas concretos, Paulo Leminski deixou uma obra poética que não se reduz ao concretismo, mas que é caracterizada, antes de tudo, por uma dicção extremamente pessoal, avessa a todas as tentativas de rotulação.

26. (**Cesp - 2013**) Assinale a opção em que foram empregados corretamente os sinais de pontuação.

a) Os artefatos produzidos, têm seu valor econômico, mas é preciso também, levar em consideração seu valor simbólico.
b) De fato, enfrentaremos uma situação constrangedora, que será difícil de ser contornada; contamos, pois, com a colaboração de todos para superarmos este desafio.
c) As pessoas, que dão valor, apenas, ao lado material da vida, não sabem, o que de valor há na vida.
d) Propõem-se situações semelhantes às do cotidiano nas quais o estudante terá a experiência, próxima da realidade, com que irá deparar-se.
e) A riqueza de um povo se revela por sua cultura pois, por meio dela podem-se perceber os valores que fundamentam as práticas de uma comunidade.

GABARITO				
01. A	02. D	03. D	04. D	05. C
11. D	12. A	13. D	14. E	15. D
21. E	22. C	23. D	24. B	25. E
06. D	07. B	08. B	09. C	10. E
16. E	17. C	18. A	19. B	20. D
26. B				

VII. CONCORDÂNCIA VERBAL

A *paz* **invadiu** o meu coração
De repente me **encheu** de *paz*
Como se o *vento* de um tufão
Arrancasse os meus pés do chão
Onde *eu* já não me **enterro** mais.

– Gilberto Gil

Concordância verbal é aquela estabelecida entre o núcleo do sujeito e o verbo da oração. O verbo concorda em número e pessoa com o núcleo do sujeito, estando esse claro ou subtendido. Assim, o primeiro passo para que se estabeleça uma concordância coerente é descobrir, com precisão, o sujeito da oração, em seguida, concorda-se o verbo com o núcleo desse sujeito. Vejam os casos abaixo:

Regras gerais

1. Sujeito simples

a) Um só núcleo no singular - verbo no singular.
Ex.: **Aristides** *mora* em Quixeramobim.

b) Um só núcleo no plural – verbo no plural.
Ex.: As **meninas** do Leblon não *olham* mais 'pra' mim.

2. Sujeito composto

a) Verbo posposto ao sujeito composto – vai necessariamente para o plural.

Ex.: **Valdimar e Anastácia** *foram* à festa.

b) verbo anteposto ao sujeito composto – concorda com o núcleo mais próximo (concordância atrativa) ou com os dois núcleos (concordância lógica)

Ex.: *Veio* a **Marilda e a irmã.**

Vieram a **Marilda e a irmã.**

Que te *seja propício* **o astro e a flor**,

Que a teus pés se *incline* **a Terra e o Mar**. (F. Spanca)

ATENÇÃO:

Muitos gramáticos, de um modo simplificado, dizem que, no caso do verbo anteposto ao sujeito composto, temos dupla concordância. Tal entendimento não pode ser aplicado sempre, pois se os núcleos do sujeito composto estiverem no plural o verbo só poderá ser aplicado também no plural. Sendo assim, não há de se falar em dupla concordância. **Ex.**: Estavam as passagens e os passaportes em local seguro.

c) Sujeito composto representado por formas verbais no infinitivo – verbo no singular

Ex.: **Fazer e escrever** *é* a mesma coisa. (F. Correia)

d) Quando os núcleos do sujeito forem sinônimos ou quase sinônimos – verbo no singular

Ex.: **A conciliação, a harmonia entre uns e outros** *é* possível. (A. Abelaira)

e) Quando os núcleos do sujeito representarem uma só pessoa – verbo no singular

Ex.: **A Ideia, o Sumo bem, o Verbo, a Essência** só se *revela* aos homens e às nações no céu incorruptível da consciência. (A. de Quental)

3. Sujeito indeterminado

a) 3ª pessoa – verbo no plural

Ex.: **Viajaram** apressadamente e sem maiores explicações.

b) 'SE' + preposição – verbo no singular.

Ex.: **Necessita**-se de vendedores com prática.

4. Oração sem sujeito

Verbos indicando fenômenos da natureza, tempo, clima ou no caso do verbo 'haver', no sentido de existir, acontecer e do verbo 'fazer' quando indicar tempo decorrido – o verbo impessoal fica sempre no singular.

Ex.: *Havia* muitos alunos na quadra.

Choveu demasiadamente.

Faz três anos que estudo nesta escola.

Há três anos estudo nesta escola.

Nas locuções verbais, quando o núcleo for o verbo haver, o auxiliar também não pode flexionar.

Ex.: **Deve haver** produtos em oferta neste supermercado.

ATENÇÃO:

Não confundir o verbo haver com o verbo existir. Este, por ser intransitivo, sempre vem acompanhado de sujeito, concordando com ele necessariamente.

Ex.: *Existiam* **muitos alunos** na quadra.

Nas locuções verbais, quando o núcleo for o verbo existir, o auxiliar flexiona conforme flexiona também o sujeito da oração.

Ex.: *Podem existir* **produtos** em oferta neste supermercado.

Deve existir **alguém** lá dentro, veja as luzes acesas.

5. Voz passiva sintética

Como sempre há a ocorrência do sujeito, o verbo concorda com ele necessariamente.

Ex.: *Consertam*-se **aparelhos elétricos**.

Vende-se **excelente casa de campo**.

6. Sujeito oracional

Oração subordinada substantiva subjetiva) – verbo no singular

Ex.: *Ficar um tempo longo diante do monitor* **acarreta** problemas visuais. (*Isso* acarreta problemas visuais.)

Cabe aos professores, nas suas diversas atividades, *monitorar o bom andamento dos projetos*. (Isso cabe aos professores nas duas diversas atividades.) – É muito comum, nas frases invertidas, o verbo ficar próximo ao objeto (aos professores). No entanto, não podemos nos esquecer de que o verbo concorda com o sujeito de acordo com a regra geral.

Casos particulares

7. Coletivo como núcleo do sujeito

a) Se o coletivo estiver determinado, o verbo concorda com o núcleo do sujeito ou com o seu determinante. Caso contrário, concorda no singular com o substantivo (núcleo do sujeito) em questão.

Ex.: Um **conjunto** de *professores* **estudou** / *estudaram* o caso,

A orquestra **tocou** uma valsa solene.

8. Oração com ideia de exclusão

Verbo no singular.

Ex.: *Joaninha ou Chiquinha* **irá** buscar o pacote.

9. Oração com ideia de adição

Verbo no plural.

Ex.: *Não só o professor, mas também o aluno* **visitaram** o museu da Língua Portuguesa.

Cigarro ou álcool **fazem** mal à saúde.

10. Ideia de gradação

Verbo no singular.

Ex.: *Um olhar, uma carícia, um beijo* **era** necessário.

No entanto, se os núcleos da gradação já estiverem no plural ou então ligados por meio de uma conjunção, o verbo vai para o plural

Um olhar, uma carícia ***e*** *um beijo* **faziam** falta para todos aqueles renegados.

Olhares, carícias, beijos **faziam** falta para todos aqueles renegados.

11. Nomes próprios determinados

O verbo acompanha o determinante.

Ex.: *Memórias de um sargento de milícias* **é** a melhor crônica do Brasil de D. João VI.

As memórias de um sargento de milícias **são** a melhor crônica do Brasil de D. João VI.

12. Pronome indefinido + verbo *ser*

O verbo ser concorda com o sujeito ou com o predicativo do sujeito.

Ex.: *Tudo* **é** flores no presente.

Tudo **eram** *travessuras* de criança.

Obs.: O verbo ser, na indicação de horas, concorda com o numeral em questão. Na indicação de dias, concorda com a palavra dia, se ela vier expressamente no contexto, caso contrário, concorda com o numeral.

É *uma* hora e 30 minutos.

São *duas* horas.

Hoje **é** *dia* 10.

Hoje **são** *10.*

13. Expressões partitivas

A maioria, a maior parte, grande número, uma porção de, metade de, etc. – a concordância é feita com o núcleo da expressão ou com o determinante desta.

Ex.: *A maioria* dos alunos ***participou*** / **participaram** da reunião.

Metade dos candidatos não ***apresentou*** / **apresentaram** proposta consistente.

No entanto, observe: *Metade do Congresso Nacional* **votou** a última Emenda Constitucional. Mesmo em se tratando de expressão partitiva, não é possível que o verbo fique no plural uma vez que tanto o núcleo como seu determinante (metade e congresso) estão no singular. Não há de se falar em dupla concordância, como alguns gramáticos assim o fazem.

14. Expressões que indicam quantidade aproximada

Perto de, cerca de, menos de, etc., seguida de numeral e substantivo – o verbo concorda com o substantivo

Ex.: *Cerca de vinte corpos* **foram resgatados** dos escombros

Perto de quinhentas pessoas **compareceram** à cerimônia.

15. Quando a partícula 'SE' evidenciar uma ideia de reciprocidade

O verbo fica obrigatoriamente no plural.

Ex.: Os jogadores *se* **esmurraram** na final do campeonato.

16. Mais de um

Concorda com o numeral ***um,*** explícito no contexto.

Ex.: Mais de **um** transeunte **viu** o acidente.

No entanto, atente para as construções abaixo:

Mais de **um** professor, mais de **um** aluno **ficaram ofendidos** com as palavras do diretor.

Mais de um aluno ***se*** **agrediram** em frente do pátio da escola.

Menos de **dois** alunos **fizeram** adequadamente as atividades.

Como podemos notar, no primeiro caso, a expressão 'mais de um' aparece por duas vezes no contexto. Olha a matemática aí: um e um são dois, portanto, verbo no plural. Na segunda frase temos a partícula 'SE', evidenciando uma ideia de reciprocidade, daí a concordância no plural prevalecer. No último, enfim, o verbo concorda com o número 'dois', por isso foi utilizado o plural.

17. Pronomes interrogativos (ou indefinidos) e pronomes pessoais no mesmo contexto

a) Se o interrogativo (ou indefinido) estiver no singular, prevalece a concordância com esse pronome.

Ex.: **Quem** de vocês **trará** o material para a aula prática?

Nenhum de nós **sabe** tudo o que existe entre o céu e a terra.

b) Se o interrogativo (ou indefinido) estiver no plural, o verbo pode concordar com qualquer um dos pronomes em questão.

Ex.: **Quais** de *nós faremos* / **farão** horas-extras no carnaval.

18. Quando o sujeito for o pronome relativo 'que'

O verbo concorda com o antecedente do pronome.

Ex.: Fui **eu** que **trouxe** tudo aqui para cima.

No entanto, se antes do relativo vier o pronome 'o', o verbo fica no singular.

Ex.: Foram as coisas simples da vida **o** que **fez** dele um homem feliz.

19. Quando o sujeito for o pronome relativo 'quem'

O verbo concorda com o antecedente ou com o próprio relativo, ficando, assim, na 3ª pessoa do singular.

Foram *as alunas* **quem** *decidiram* / **decidiu** tudo isso.

20. Porcentagens

O verbo pode concordar com a porcentagem propriamente dita ou com o seu determinante, podendo em alguns casos acontecer dupla concordância. É um tipo de expressão partitiva.

Ex.: 25% do *orçamento* do país *deve* / **devem** destinar-se à educação.

1% do **eleitorado** *recusou*-se a colaborar.

1% dos *eleitores* ***recusou***-se / *recusaram*-se a colaborar.

No entanto, se houver determinante para a porcentagem, a concordância será estabelecida com ele.

Os 38% da sociedade não **acreditam** mais nesse tipo de promessa.

Com os numerais fracionários, a concordância é feita com o número que encabeça a fração (numerador).

Um quinto da turma **foi** reprovado.

No entanto, por ser também uma expressão partitiva, é possível as seguintes concordâncias:

Um terço das *crianças* **participa** / *participam* de atividades extracurriculares.

Dois terços da *população* se **preocupam** / *preocupa* com a estabilização da economia.

21. Verbos *dar*, *bater* e *soar* indicando horas

Concordam normalmente com o sujeito.

Ex.: O relógio **deu** duas horas.

O sino da igreja **bateu** três horas.

Deu uma hora no relógio da igreja.

Deram duas horas no relógio da igreja.

22. *Um + substantivo + que* = verbo na terceira pessoa do singular

Ex.: Sou **um brasileiro** que **acredita** neste país.

23. Expressões assim como, bem como (ou equivalentes)

Fazem o verbo concordar com o primeiro sujeito.

Ex.: ***Meus amigos***, assim como eu, **gostam** de estudar português.

24. Expressões formadas a partir de 'um dos', 'uma das', 'um desses', 'uma dessas', etc. + 'que'

O verbo concorda com o numeral, presente nas expressões ou com o artigo delas.

Ex.: Ele foi **um** *dos* que **reivindicou** / *reivindicaram* a posse.

Ela foi **um** *dos* que **voltou** / *voltaram* cedo para casa.

No entanto, se não houver a partícula 'que', o verbo fica no singular.

Uma das questões mais importantes da nossa economia **é** o fato de ser estável.

25. Orações estruturadas com as expressões 'é pouco', 'é muito', 'é suficiente', 'é bastante', 'é demais', 'é uma fortuna', é uma miséria', etc.

Os verbos ficam no singular.

Ex.: *Trezentos reais* **é** suficiente para compra das entradas.

Duzentos gramas de açúcar **é** demais para essa receita.

26. Orações que apresentam aposto resumitivo

O verbo fica no singular.

Ex.: O pasto, as várzeas, a caatinga, o marmeleiral esquelético, **era** *tudo* de um cinzento borralho. (R. de Queiroz)

27. Quando o sujeito for representado por expressões do tipo 'um e outro', 'um ou outro'

Há dupla possibilidade de concordância.

Ex.: *Uma e outra* explicação **é** possível / **são** possíveis.

28. Expressões introduzidas por meio da palavra 'com'

a) Se vierem separadas por vírgulas, figuram apenas como adjunto adverbial e não interferem na concordância.

Ex.: ***O aluno***, com os professor da escola, **desenvolveu** um projeto interessantíssimo.

b) Se não vierem separadas por vírgulas, a palavra 'com' será entendida como conjunção aditiva, exigindo, assim, o verbo no plural.

Ex.: *O aluno com o professor da escola* **desenvolveram** um projeto interessantíssimo.

29. Nas locuções verbais

Apenas o auxiliar deve flexionar.

Ex.: *Os turistas* ***devem*** **chegar** por volta das 8h.

No entanto, nos períodos compostos, o infinitivo poderá ser flexionado, sobretudo se estiver precedido por preposição.

Eles pediram para **sair** / **saírem** mais cedo.

30. Quando houver uma mistura de pronomes pessoais na oração

A 1ª pessoa prevalece sobre as demais. Já entre a 2ª e a 3ª não há prevalência.

Ex.: *Eu, Mévio e Tício* **fomos** ao teatro.

Tu e Caio **foram** / **fostes** ao teatro.

31. Quando o verbo PARECER estiver seguido de outro verbo no infinitivo e o sujeito for um elemento no plural

Ou flexiona-se o verbo parecer, ou o infinitivo.

Ex.: As borboletas parecem bailar.

Já em "As borboletas parece bailarem" o sujeito de "parece" é "as borboletas bailarem", denominado de oração subordinada substantiva subjetiva reduzida de infinitivo, e o verbo parecer é intransitivo.

Essa última construção é equivalente a **"Parece que as borboletas bailam"**, retirando-se a conjunção "que" e colocando-se o verbo no infinitivo.

32. Quando o sujeito é formado pelas expressões "cada um de nós", "cada um de vocês" e semelhantes

O verbo deve ficar no singular, imposto pela expressão "cada um", que também está no singular.

Ex.: <u>Cada um de nós</u> **sabe** o que deve fazer.

Cada um de vocês **poderá** realizar o melhor possível.

33. Concordância ideológica

É aquela que se faz com a ideia subtendida e não com o que está efetivamente escrito. É considerada errada para muitos gramáticos normativos. Vejam os versos a seguir, do Ultraje a Rigor:

A gente não sabemos escolher presidente
A gente não sabemos tomar conta da gente
A gente não sabemos nem escovar os dente
Tem gringo pensando que nos é indigente
Inútil, a gente somos inútil.

– *Ultraje a Rigor*

33. Nas expressões passa de, basta de, chega de

Usamos o verbo no singular.
Baste de bobagens.
Já passa das dez.
Chega de tarefas por hoje.

34. "Viva os jogadores!"

Quem nunca gritou frase desse tipo algum dia? Quem nunca cometeu esse erro? Erro, porque o verbo VIVER, nas orações optativas, deve concordar com o sujeito, que sempre estará posposto ao verbo.

Ex.: "Vivamos nós!"; "Vivam os artistas!".

A PERGUNTA QUE NÃO QUER CALAR...

01. O que é plural majestático?

Plural majestático ou "plural de modéstia" é a concordância irregular ou ideológica, tecnicamente denominada "silepse de número", e que consiste em fazer uso da primeira pessoa do plural (nós) em detrimento ao da primeira do singular (eu).

Tal fato remonta à condição expressa pelos antigos reis de Portugal, uma vez que, na tentativa de amenizar a distância que os separava do povo, utilizavam um estilo linguístico modesto, fazendo o uso do plural. Geralmente adotavam a fórmula "Nós, el-rei, fazemos saber que ...". Tardiamente, com a culminância do absolutismo, o uso da primeira pessoa do singular foi retomado, constando em vários documentos os dizeres "Eu, el-rei, faço saber que..."

Todavia, os altos prelados da Igreja ainda continuavam fazendo uso do pronome "nós", como forma de humildade e solidariedade para com os fiéis. Dessa forma, mediante o crescimento daquela instituição em poder e bens, tal uso passou a "soar" como uma atitude contrária à modéstia, denotando, assim, um instinto de grandeza – razão pela qual o plural de modéstia é também chamado de plural majestático.

Hoje, é possível evidenciar o uso do plural majestático em discurso de alguns escritores, oradores e políticos, cujo intento, principalmente fazendo referência a esses últimos, é tão somente evitar marcas de individualismo nas palavras que proferem, fazendo com que seus receptores e até mesmo correligionários compartilhem das ideias por eles proferidas, bem como para afastar qualquer noção de vaidade ou orgulho.

Mediante tais postulados, ocorre-nos a noção de coletividade, ou seja, de um ser falando em nome de todos, de uma forma geral. Assim, cabe ressaltar que ao fazer uso desse recurso linguístico o que deve ser levado em conta é que os pronomes e os verbos irão para o plural, contudo, os adjetivos permanecerão no singular, flexionando de acordo com a pessoa que fala ou a quem se referem. Sendo assim, vejam alguns exemplos:

*Nós estamos **satisfeito** com o resultado.*

*Sempre fomos **exigente** com o bom uso do dinheiro público.*

*Prometemos nunca estar **envolvido** em nenhum escândalo.*

*Estamos **confiante** em **nossa** capacidade de atender à expectativa da população.*

*Sejamos **claro e sucinto**.*

*Não pretendemos ser **vaidoso**, acreditem.*

Vale ressaltar, no entanto, que não é necessário que numa correspondência formal ou num discurso qualquer o redator tenha de usar a 1ª pessoa do plural para 'não ficar mal'. É também natural e correto que o orador se expresse na **1ª pessoa do singular** quando estiver falando em seu próprio nome e não no de uma coletividade ou da empresa como um todo.

***Venho** transmitir-lhe **meus** cumprimentos...*

***Solicito** a colaboração de todos...*

*Recebam os **meus** agradecimentos...*

***Tenho** a certeza do seu empenho...*

***Minha** intenção é dar o melhor de **mim** pela comunidade...*

Claro que, quando o redator quer se referir também à coletividade ou à instituição, deve empregar todos os termos (verbos, pronomes e adjetivos) no plural:

***Nós nos sentimos felizes** com a lembrança do nosso nome...*

*Não **seremos responsáveis** pelas atitudes dos concorrentes.*

***Estamos cientes** do ocorrido em nossas instalações.*

***Sejamos pacientes** e peçamos a Deus pelo melhor para o Brasil.*

O texto a seguir, retirado da Folha de São Paulo, faz menção ao referido plural. Acompanhem:

RIO DE JANEIRO - O tardio discurso presidencial de ontem abusou do plural majestático, próprio dos reis, imperadores e papas, "nós", em lugar do "eu" que compete a todos que não se julgam reis, imperadores e papas. No plural, ele pediu desculpas à nação, reconhecendo os erros de seu governo e seu partido. Só usou o singular para se declarar indignado. Qual seria a alternativa dele? Declarar que estava solidário com a corrupção?

Lembro um filme de Kubrick, o "Dr. Fantástico", quando uma superfortaleza norte-americana foge do controle militar e se dirige a Moscou, para jogar uma bomba atômica na capital da ex-União Soviética.

O presidente dos Estados Unidos pega o telefone vermelho e fala com o presidente soviético: "Nikita, um avião dos nossos vai jogar uma bomba atômica em cima de vocês. Eu lamento muito!". Nikita responde, furioso: "Eu lamento muito mais do que você!".

Por falar em erros de governo, lembro outro episódio, não da ficção, mas da realidade. Em 1979, na crise entre os Estados Unidos e o Irã, com reféns presos na embaixada norte-americana em Teerã, a coisa esquentou, houve ameaças de resgate e vários incidentes que quase provocaram uma guerra. Reconhecendo o erro, o presidente Carter foi para a televisão e declarou: "Eu, Jimmy Carter, presidente dos Estados Unidos, declaro que sou o culpado por toda a lambança que cometemos!" (não falou em lambança, mas em coisa equivalente).

Pagou um preço por isso: não foi reeleito, contrariando a série de reeleições naquele país, onde até Bush foi reeleito. Mas ganhou um Nobel da Paz e continua sendo usado pelos EUA e pela ONU como um mediador aceito em todas as partes do mundo. Ele poderia ter culpado o Pentágono, a CIA, os adversários de seu país. Mas usou o pronome na primeira pessoa do singular: "eu".

Lula apelou para o "nós", permitido pela gramática e pelo uso diplomático. Não por humildade e protocolo. Por dissimulação, aliás inútil.

EXERCÍCIOS DE FIXAÇÃO

I) No que tange à concordância verbal, corrija o que for necessário:

01. Qualquer pessoa razoável reconhece os próprios erros.
    Certo ( ) Errado ( )

02. Pessoas razoáveis reconhecem os próprios erros.
Certo ( ) Errado ( )

03. Pai e filho conversou longamente.
Certo ( ) Errado ( )

04. Bastou determinação e capacidade.
Certo ( ) Errado ( )

05. Inaugurou-se novas escolas em Minas.
Certo ( ) Errado ( )

06. Ainda haviam pontos obscuros na versão.
Certo ( ) Errado ( )

07. Houve acidentes terríveis na última semana.
Certo ( ) Errado ( )

08. Há muitos problemas para resolver.
Certo ( ) Errado ( )

09. Existem muitos problemas para resolver.
Certo ( ) Errado ( )

10. Devem existir maneiras de ajudarmos mais.
Certo ( ) Errado ( )

11. Devem haver maneiras de ajudarmos mais.
Certo ( ) Errado ( )

12. Deve ter havido chances anteriormente.
Certo ( ) Errado ( )

13. Devem ter existido chances anteriormente.
Certo ( ) Errado ( )

14. Há anos não o vejo.
Certo ( ) Errado ( )

15. Fazem anos que não o vejo.
Certo ( ) Errado ( )

16. Haviam anos que não nos víamos.
Certo ( ) Errado ( )

17. Devem fazer anos que não acontece nada.
Certo ( ) Errado ( )

18. Na igreja, chorou mãe e filha.
Certo ( ) Errado ( )

19. A dor e o sofrimento sempre a acompanharam.
Certo ( ) Errado ( )

20. Faltou, sem explicação plausível, cinco pessoas naquele dia.
Certo ( ) Errado ( )

21. Fazem anos que estudo Português.
Certo ( ) Errado ( )

22. Houve muitas faltas às aulas.

Certo ( ) Errado ( )

23. Deve fazer dias frios no Sul.

Certo ( ) Errado ( )

24. Devem haver muitos erros nos exercícios.

Certo ( ) Errado ( )

25. Nesta oficina, conserta-se televisores.

Certo ( ) Errado ( )

26. Devem existir outras maneiras de contornamos o problema.

Certo ( ) Errado ( )

27. Precisa-se de sentimentos nobres quando se está em meio a mesquinharias.

Certo ( ) Errado ( )

28. Sucedeu, naquela época, acontecimentos trágicos.

Certo ( ) Errado ( )

29. Plastifica-se documentos.

Certo ( ) Errado ( )

30. Acredita-se em marcianos.

Certo ( ) Errado ( )

31. Faz-se carretos.

Certo ( ) Errado ( )

32. Existe, na concepção dos patrocinadores, sérios obstáculos que precisam ser dirimidos.

Certo ( ) Errado ( )

33. Não faltou repórteres abelhudos que procuravam entrevistar os recém-casados.

Certo ( ) Errado ( )

34. Para Margarida bastaria alguns vestidos novos e u colar de brilhantes.

Certo ( ) Errado ( )

35. A menina, com toda a sua família, está tirando foto.

Certo ( ) Errado ( )

36. Se existissem mais homens honestos, não haveriam tantas brigas por justiça.

Certo ( ) Errado ( )

37. Poucas indústrias japonesas se mantém dependentes do governo.

Certo ( ) Errado ( )

38. Faltam aos países subdesenvolvidos legislação rigorosa sobre o uso de agrotóxicos.

Certo ( ) Errado ( )

39. Possui elevado grau de toxidade alguns herbicidas vendidos indiscriminadamente.

Certo ( ) Errado ( )

40. Persistem por muito tempo no meio ambiente os efeitos nocivos dos pesticidas.

Certo ( ) Errado ( )

II) Complete as frases com a concordância adequada:

41. ____________-se o deputado e o senador.

a) agrediu b) agrediram

42. A maioria dos alunos____________ da reunião.

a) participou b) participaram

43. Metade dos candidatos não ______ proposta.

a) apresentou

b) apresentaram

44. Cerca de vinte corpos __________ dos escombros.

a) foi resgatado

b) foram resgatados

45. Perto de quinhentas pessoas _____ à reunião.

a) compareceu

b) compareceram

46. Mais de um atleta ____________ novo recorde nos jogos.

a) estabeleceu

b) estabeleceram

47. Menos de dois integrantes do grupo ____________ as pesquisas.

a) fez b) fizeram

48. Mais de um velho, mais de uma criança não _________ fugir a tempo.

a) pôde b) puderam

49. Mais de um parlamentar se ______ na sessão de ontem.

a) ofendeu

b) ofenderam

50. Letras, ciências, costumes, instituições, nada disso _________ nacional.

a) é

b) são

51. Flores não ________ mais acento.

a) recebe

b) recebem

52. Nós ____________ um pronome pessoal do caso reto.

a) é

b) somos

53. Os Estados Unidos______________ uma nova ordem mundial.

a) impôs

b) impuseram

54. Poços de Caldas _______ agradável.

a) continua

b) continuam

55. As Minas Gerais ____ inesquecíveis.

a) são b) é

56. Os Lusíadas ______________ anos de dedicação do poeta.

a) consumiu

b) consumiram

57. Memórias póstumas de Brás Cubas ______________ a estética realista.

a) renovou b) renovaram

58. 25% do orçamento do país ________ destinar-se à educação.

a) deve b) devem

59. 85% dos entrevistados __________ insatisfação com o prefeito.

a) declarou b) declararam

60. 1% da classe ____________-se a colaborar.

a) recusou b) recusaram

61. 1% dos alunos ____________-se a colaborar.

a) recusou b) recusaram

III) Corrija o que for necessário

62. Um aceno, um gesto, uma palavra faria muito por ele.

Certo ( ) Errado ( )

63. Nem você nem ele serão o novo eleito.

Certo ( ) Errado ( )

64. Não só a seca, mas também o descaso assola o nordeste.

Certo ( ) Errado ( )

65. Carros, casas, prédios, viadutos, pontes, tudo foram destruídos pelo terremoto.

Certo ( ) Errado ( )

66. Assistiu-se a cenas deprimentes naquele dia.

Certo ( ) Errado ( )

67. Já é mais de uma hora.

Certo ( ) Errado ( )

68. Já são mais de duas horas.

Certo ( ) Errado ( )

69. É uma hora e vinte minutos.

Certo ( ) Errado ( )

70. Tudo é flores.

Certo ( ) Errado ( )

71. Dois quilos são pouco.

Certo ( ) Errado ( )

72. Vinte mil reais é demais.

Certo ( ) Errado ( )

73. Tudo eram alegrias naquela noite.

Certo ( ) Errado ( )

74. Um dia, um mês, um ano pouco

importam quando não se tem saída.

Certo ( ) Errado ( )

75. O gaúcho ou o carioca vencerão a corrida.

Certo ( ) Errado ( )

76. O rico ou o pobre morrerão um dia.

Certo ( ) Errado ( )

77. Vinho, dinheiro, mulheres, nada o alegrava mais.

Certo ( ) Errado ( )

78. Mais de um carro se chocaram na pista molhada.

Certo ( ) Errado ( )

79. Mais de um jogador serão convocados para os amistosos.

Certo ( ) Errado ( )

80. Quais de nós venceremos a batalha?

Certo ( ) Errado ( )

81. Vieira foi um dos escritores que me fascinou.

Certo ( ) Errado ( )

82. A maioria dos cachorros desta região está com leishmaniose.

Certo ( ) Errado ( )

83. Um bando de pássaros pousou na árvore.

Certo ( ) Errado ( )

84. Os Estados Unidos invadiram o Iraque.

Certo ( ) Errado ( )

85. O bando perturbou a pacata cidade.

Certo ( ) Errado ( )

86. Perto de trinta pessoas já chegaram.

Certo ( ) Errado ( )

87. O sino da catedral bateu três horas.

Certo ( ) Errado ( )

88. Bateram três horas na torre da catedral.

Certo ( ) Errado ( )

89. Alguns de nós resolveram os problemas.

Certo ( ) Errado ( )

90. 20% se ausentaram.

Certo ( ) Errado ( )

91. 20% da turma se ausentaram.

Certo ( ) Errado ( )

92. 20% das pessoas se ausentaram.

Certo ( ) Errado ( )

93. Sou uma dessas criaturas tristes

que passa a vida esperando.

Certo ( ) Errado ( )

94. Abre o túmulo e olha-me: dize-me qual de nós morreu mais. (Cecília Meireles)

Certo ( ) Errado ( )

95. Nem tudo é dias de sol.

Certo ( ) Errado ( )

96. Duas colheres de chá deste remédio é suficiente.

Certo ( ) Errado ( )

GABARITO									
01. C	02. C	03. E	04. C	05. E	06. E	07. C	08. C	09. C	10. C
11. E	12. C	13. C	14. C	15. E	16. E	17. E	18. C	19. C	20. E
21. E	22. C	23. C	24. E	25. E	26. C	27. C	28. E	29. E	30. C
31. E	32. E	33. E	34. E	35. C	36. E	37. E	38. E	39. E	40. C
41. B	42. A/B	43.A/B	44. B	45. B	46. A	47. B	48. B	49. B	50. A
51. A	52. A	53. B	54. A	55. A	56. A	57. A	58. A/B	59. B	60. A
61. A/B	62. C	63. E	64. E	65. E	66. C	67. C	68. C	69. C	70. C
71. E	72. C	73. C	74. E	75. E	76. C	77. C	78. C	79. E	80. C
81. C	82. C	83. C	84. C	85. C	86. C	87. C	88. C	89. C	90. C
91.C	92.C	93.C	94.C	95.C	96.C				

TESTES - PARTE GERAL

01. (**FCC**) O verbo indicado entre parênteses deverá flexionar-se obrigatoriamente numa forma do singular para preencher corretamente a lacuna da frase:

a) A ninguém __________ (abalar) os inconvenientes de nossa vida tão apressada.

b) A menos que _________ (vir) perder o ímpeto, tais obsessões pela velocidade nos custarão muito caro.

c) É inútil imaginar que ________ (partir) de um entusiasta da informática iniciativas que ponham em questão o preço da velocidade.

d) Como não se _________ (cogitar) de quaisquer outros critérios, o fator velocidade reina absoluto.

e) São muitos os que se _____ (eximir) de opinar sobre essa moderna e angustiosa ânsia de velocidade.

02. (**FCC**) O verbo indicado entre parênteses deverá adotar obrigatoriamente uma forma do plural para preencher corretamente a lacuna da frase:

a) Não ________ (competir) aos velhos políticos de esquerda avaliar com maior isenção as atitudes dos jovens contestadores?

b) _________ (estar) nas teses confusas dos jovens manifestantes a razão mesma dos sentimentos de adesão e simpatia que o autor confessa ter por eles.

c) Estão sendo ditas muitas coisas e ________ (ter) havido muitos protestos durante esses dias de manifestações, em Gênova.

d) ______ (faltar) a todos esses jovens manifestantes, segundo os velhos líderes estudantis, maior solidez nas reivindicações políticas.

e) Não _______ (ocorrer) ao ex-líder estudantil Mario Cappana, em seu pronunciamento, as lembranças de quando era um rígido stalinista.

03. (**FCC – 2013**) As normas de concordância verbal estão plenamente observadas na frase:

a) Cabem a cada um dos usuários de uma língua escolher as palavras que mais lhes parecem convenientes.

b) D. Glorinha valeu-se de um palavrório pelo qual, segundo lhe parecia certo, viessem a impressionar os ouvidos de meu pai.

c) As palavras que usamos não valem apenas pelo que significam no dicionário, mas também segundo o contexto em que se emprega.

d) Muita gente se vale da prática de utilizar termos, para intimidar o oponente, numa polêmica, que demandem uma consulta ao dicionário.

e) Não convém policiar as palavras que se pronuncia numa conversa informal, quando impera a espontaneidade da fala.

04. (**TRF**) O verbo indicado entre parênteses deverá flexionar-se no plural para preencher corretamente a lacuna da frase:

a) Não ____ (convir) às crianças ficar um tempo demasiadamente longo diante do monitor.

b) Nunca _____ (deixar) de nos afetar o que virmos pelas janelas abertas para o mundo.

c) Sempre me _____ (afetar) as imagens do mundo que estiver observando, não importa de qual janela.

d) Não _____ (costumar) atemorizar as crianças aquilo que elas veem nas janelas da Internet.

e) A mudança das janelas de uma casa para as da Internet _____ (implicar) profundas transformações nos hábitos das pessoas.

05. (**TJM**) A concordância verbal está **CORRETA** em:

a) A investidura em cargos ou empregos públicos dependem de aprovação prévia em concurso público de provas ou de provas e títulos.

b) A criação, a incorporação, a fusão e o desmembramento de Municípios far-se-á por lei estadual, dentro do período determinado por lei complementar federal.

c) Os servidores abrangidos pelo regime de previdência de que trata este artigo serão aposentados, calculados os seus proventos a partir dos valores fixados na forma dos §§ 3º e 17.

d) A administração pública direta e indireta de qualquer dos Poderes da União, dos Estados, do Distrito Federal e dos Municípios obedecerão aos princípios de legalidade, impessoalidade, moralidade, publicidade e eficiência.

06. (**TRF**) As normas de concordância verbal estão plenamente respeitadas na frase:

a) Suspeitamos sempre que as riquezas que nos oferece o mundo parecem exceder os limites da nossa compreensão.

b) O olhar dos velhinhos que ficam horas nas janelas sempre expressaram seu interesse pelo mundo.

c) Pouca coisa, em meio a tantas novidades da vida moderna, são capazes de deixar perplexas as crianças de hoje.

d) Ninguém fica tanto tempo nas janelas das casas sem matutarem sobre o sentido do que vêem.

e) Não importa o que sejam, se um cachorro ou o planeta marte, qualquer imagem são capazes de atrair as atenções do nosso olhar.

07. (**Oficial MP**) A concordância verbal está **CORRETA** em:

a) O baixo número de candidatos inscritos não significa que não hajam pessoas interessadas nessa área.

b) O documento apresentado pelo representante do Ministério Público aponta o que seriam a origem e o destino do dinheiro.

c) Como já se discutiu em capítulos anteriores, no português padrão existem aquilo que se chamam marcas redundantes de plural.

d) Devido à quantidade de pessoas que estão embarcando neste fim de ano, o número de táxis nos terminais rodoviários aumentaram muito.

08. (**TJM**) A concordância verbal está **CORRETA** em:

a) Os dias se passam e com eles crescem o fluxo informacional nas empresas e no mercado.
b) Uma das mulheres que entraram no campo conseguiram abraçar o jogador Ronaldinho Gaúcho.
c) No que se refere a esses armamentos, o fato de serem leves e de fácil manuseio os torna atraentes para os principiantes.
d) Um dos papéis da escola é formar cidadãos críticos, capazes de acompanhar as transformações sociais e de digerir a realidade que os cercam.

09. Em um dos provérbios abaixo não se observa a concordância prescrita pela gramática. Indique-o.

a) Não se apanham moscas com vinagres.
b) Casamento e mortalha no céu se talha.
c) Quem ama o feio, bonito lhe parece.
d) De boas ceias, as sepulturas estão cheias.
e) Quem cabras não tem e cabritos vende, de algum lugar lhe vêm.

10. (**FCC – 2013**) As normas de concordância verbal e nominal estão inteiramente respeitadas na frase:

a) Nas fotos que foi publicadas em um livro recente aparece lagos no meio das geleiras, formados pela água derretida.
b) As medições da temperatura em toda a região ártica está comprovando que ela tem sofrido redução da extensão de suas geleiras.
c) As geleiras, com o aumento da temperatura terrestre, sofrem transformações documentadas em fotos publicadas recentemente.
d) Estão sendo visíveis, em algumas regiões, a formação de extensos lagos resultantes do derretimento de geleiras.
e) Fica evidente, com as alterações do clima terrestre, grandes alterações nas massas de gelo em todo o mundo, documentado em fotos.

11. (**Fumarc**) A concordância verbal das frases justifica-se pela mesma razão: o verbo concorda com o sujeito simples em número e pessoa, EXCETO:

a) Hoje, no entanto, o significado da cidadania assume contornos mais amplos.
b) Não existe o objetivo explícito de formação ética e moral das futuras gerações.
c) Mas como os valores são apropriados pelos adolescentes?
d) Uma questão a ser apontada é que atualmente as crianças e os adolescentes vão à escola para aprender as ciências.

12. (**FCC – 2012**) Leia atentamente as afirmações a seguir.

I. <u>Essas qualidades contraditórias</u> fazem seu gênio ...

Substituindo-se o segmento grifado acima por **Esse conjunto de qualidades**

contraditórias, o verbo fazer pode ser mantido no plural sem prejuízo para a concordância verbal.

II. ... Delacroix, o criador de antíteses coloridas tão sonoras quanto as da poesia de Victor Hugo. Respeitando-se a concordância verbal e, em linhas gerais, o sentido, o segmento grifado acima pode ser assim reescrito: **quanto as que costumam haver na poesia de Victor Hugo.**

III. Cézanne admira a maestria plástica de Rubens ...

Mantém-se o respeito à concordância verbal e, em linhas gerais, ao sentido caso a frase acima seja assim reescrita: **Cézanne admira as obras em que se revela a maestria plástica de Rubens.**

Está correto SOMENTE o que se afirma em

a) I.

b) III.

c) I e II.

d) I e III.

e) II e III.

13. Desconsideradas as alterações de sentido, assinale a alternativa em que a nova redação esteja ***CORRETA*** quanto à concordância verbal.

a) "Um dos expedientes de coesão mais utilizados é o lexical."

Um dos expedientes de coesão mais utilizados são o lexical.

b) "[...], de acordo com o texto, existe apenas um Toyota Hilux na cidade em que ocorreu o acidente?"

[...] de acordo com o texto, existe muito poucos carros na cidade em que ocorreu o acidente?

c) "Num texto sobre futebol, ocorre coesão lexical quando se emprega [...]"

Num texto sobre futebol, ocorre exemplos de coesão lexical quando se emprega [...]

d) "Quem lê atentamente o programa [...] certamente encontra um item curto e grosso [...]".

Aqueles que leem atentamente o programa [...] certamente encontram um item curto e grosso [...]

14. (**Fundep - 2012**) Assinale a alternativa em que a nova redação não apresenta erros linguísticos.

a) É natural que surjam críticas sobre a viabilidade ambiental e econômica.

É natural que surja críticas sobre a viabilidade ambiental e econômica.

b) O Brasil tem uma matriz elétrica com 87% de energias renováveis, enquanto que a média mundial é de19%. 87% da matriz elétrica brasileira são constituídos de energias renováveis, enquanto a média mundial é de19%.

c) Para garantir a segurança do suprimento de eletricidade frente a períodos de hidrologia crítica, como já ocorreu no passado, é necessário investir, marginalmente, em usinas termoelétricas. É necessário, marginalmente, investimentos em usinas termoelétricas para garantir a segurança do suprimento de eletricidade, já que ocorreu no passado períodos de hidrologia crítica.

d) Toda a energia elétrica que consumimos hoje e a de que precisaremos para as próximas décadas estão dentro de nossas fronteiras. Toda a energia elétrica que se consome hoje e a de que precisaremos para as próximas décadas está dentro de nossas fronteiras.

15. (**CESPE - 2013 - TRT**) Considere o texto abaixo:

O Tribunal Regional do Trabalho da 10.ª Região (TRT), após autorização da presidenta, efetuou a doação de diversos equipamentos, chamados de "passíveis de desfazimento", a duas entidades: Creche Magia dos Sonhos e Associação dos Deficientes de Brasília, consideradas pela administração do tribunal como legalmente aptas a receber os bens.

A medida é de grande importância porque equipamentos considerados obsoletos ou de baixo rendimento para o TRT — como impressoras, teclados e computadores — podem ser muito úteis para instituições voltadas ao trabalho social, que não teriam como obtê-los a não ser pela via da doação.

Esse ato integra o rol de ações relacionadas à responsabilidade social do tribunal, intensificado a cada gestão.

Internet: <www.trt10.jus.br> (com adaptações)

O termo "intensificado" está no singular porque concorda com "rol", mas estaria também correto se colocado no feminino plural — **intensificadas** —, forma que concordaria com "ações".

Marque Certo ou Errado.

( ) Certo ( ) Errado

16. (**Cesgranrio - 2013**) O verbo deverá ser flexionado no plural, caso o substantivo destacado que o segue esteja no plural, **EXCETO** em:

a) Ao se implantar o uso do computador nas salas de aula, corresponde-se à **expectativa** dos alunos de estarem antenados com os novos tempos.
b) Com o advento dos novos tempos, reafirma-se a **tese** relacionada à necessidade de mudança.
c) Defende-se a **visão** conservadora do mundo com o argumento de que a sociedade não aceita mudanças.
d) Em outras épocas, valorizava-se a **pessoa** que não questionava os valores religiosos impostos à população.
e) No passado, questionava-se a **mudança** de valores e crenças para não incentivar o caos social.

17. (**FCC - 2013**) O verbo que pode ser corretamente flexionado no plural está grifado em:

a) *Mais tarde, nas cidades, <u>havia</u> discussões em praça pública...*
b) *Como <u>teria</u> sido a Primavera Árabe sem e-mail, Twitter e Facebook?*
c) *...na última década <u>surgiu</u> a comunicação digital...*
d) *...e parte das interações sociais <u>adquiriu</u> um caráter virtual.*
e) *...<u>é</u> difícil definir e medir separadamente a contribuição...*

18. (**Vunesp - 2012**) Assinale a alternativa em que a concordância nominal está de acordo com a norma padrão.

a) Ainda não identificada pela polícia, as pessoas responsáveis pelo assalto estão à solta.
b) Já foi divulgado na mídia alguma coisa a respeito do acidente?
c) Vê-se que ficou assegurado à família a guarda do menor.
d) Se foi incluso no contrato, a cláusula não pode ser desconsiderada.
e) Fica claro que o problema atinge os setores público e privado.

19.(**ESAF-2012**) Assinale a opção em que o trecho transcrito e adaptado de **O Globo**, de 16/8/2012, respeita a correção gramatical.

a) Não é de hoje que os especialistas em transportes defendem uma maior integração das modalidades de transportes. Os diferentes tipos pode ser concorrentes entre si, mas em grande parte dos casos um ajuda o outro.
b) Ferrovias e hidrovias certamente podem oferecer maior capacidade de transporte de granéis (minérios, grãos, combustíveis), mas seus traçados nem sempre vai até os pontos de carregamento e descarga. O caminhão possibilita a capilaridade do sistema.
c) Então, ferrovias, rodovias, hidrovias, portos e aeroportos constitue, na verdade, uma mesma malha, que, para funcionar bem, precisa de coordenação, planejamento e condições que viabilizem investimentos.
d) É uma tarefa para políticas públicas, para iniciativas governamentais. A operação dessa malha, porém, se faz de maneira mais eficiente nas mãos de concessionários privados.
e) Se formos mesmo por este caminho de privatização desses serviços, a possibilidade de acerto será muito maior que a de erro. Atacam-se, assim, causa importante do chamado custo Brasil.

20. (**FCC- 2013**) Estão plenamente acatadas as normas de concordância verbal na seguinte frase:

a) A virtude da confiança, assim como a da desconfiança, não independe das circunstâncias que a requisitam.
b) As ações de confiar ou desconfiar constitui uma alternativa que não raro corresponde a um dilema.
c) Destacam-se, no capítulo das desconfianças, a escola dos filósofos clássicos identificados com o ideário do ceticismo.
d) Entre todas as virtudes, a da confiança é das que mais requer argumentos para se afirmarem junto aos críticos.
e) Aos desconfiados parecem inaceitável ingenuidade pensar que o otimismo e a esperança possam nutrir alguém.

GABARITO									
01. D	02. E	03. D	04. C	05. C	06. A	07. B	08. C	09. B	10. C
11. D	12. B	13.D	14. B	15. C	16. A	17. D	18. E	19. D	20. A

TESTES - PARTICULARIDADES

01. (**FUVEST - SP**) Indique a alternativa correta.

a) Hoje são dia 10.
b) Hoje é 10.
c) Precisam-se de datilógrafas.
d) Reformam-se ternos.

02. (**FCMS**) Não chove ... meses; mas a esperança e o vigor que sempre ... no sertanejo não o ...

a) faz, existiu, abandonou
b) faz, existiram, abandonaram
c) fazem, existiu, abandonou
d) fazem, existiram, abandonaram
e) fazem, existiu, abandonaram

03. Todas as alternativas abaixo apresentam concordância verbal correta, EXCETO:

a) A maior parte dos menores vive sob as marquises. / A maior parte dos menores vivem sob as marquises.
b) Faz anos que a questão do menor se agrava no Brasil. / Fazem anos que a questão do menor se agrava no Brasil.
c) Ilson Escóssia é um dos que apresenta suspeita de delinquência. / Ilson Escóssia é um dos que apresentam suspeita de delinquência.
d) Um bando de meninos morre a cada dia no país. / Um bando de meninos morrem a cada dia no país.
e) Quais de nós pensam nos meninos de rua?/ Quais de nós pensamos nos meninos de rua?

04. (**TJ**) Em todas as alternativas, admite-se que o verbo sublinhado fique também no singular, EXCETO:

a) Passarão o céu e a terra, mas suas palavras ficarão.
b) Com as novas leis, extinguem-se o adicional quinquenal e as férias-prêmio.
c) A maior parte dos pais de crianças em idade escolar preferem viajar em julho.
d) Mais de 50% dos eleitores do Estado votaram nesses candidatos.

05. (**ICÉS**) O Brasil **possuía** grandes riquezas naturais.
Se se der ao sujeito dessa frase a função de adjunto adverbial, o verbo destacado deve assumir a forma:

a) tinha
b) havia
c) existia
d) tinham
e) haviam

06. (**FUMARC**) Indique a alternativa em que a concordância verbal tenha se dado em conformidade com a norma culta escrita.

a) O preço do frango, como também de todas as outras proteínas animais, vão baixar no varejo.
b) Ao final do treino, mais de um jogador apresentavam sinais visíveis de desidratação.
c) As moças, tão logo entraram no tribunal, pediram ao juiz que as recebesse.
d) O desamparo de crianças, jovens e velhos, cada vez mais flagrante nas ruas, fazem-nos pensar no egoísmo humano.
e) Aplicam-se aos trabalhadores rurais que têm mais de 65 anos o disposto nessa lei.

07. Todas as alternativas abaixo estão corretas, EXCETO:

a) Metade dos presentes não aceitaram aquela proposta descabida.
b) Mais de um estudante sentiu-se indignado com as palavras do diretor.
c) Creiston foi um dos que não voltaram daquele passeio maluco.
d) Já fazem cinco horas que estamos esperando e ele ainda não apareceu.

08. A única alternativa que **não** se enquadra na norma culta em relação à concordância é:

a) O sino da matriz bateu três horas.
b) 25% das pessoas, hoje no Brasil, não têm um emprego fixo.
c) Veio Josefina e Sarali, mas Jacenã ainda não chegou.
d) Aconteceu, naquele inverno rigoroso de 1993, tragédias que ainda hoje são lembradas.

09. Assinale a alternativa em que a concordância está **correta**.

a) Já é meio-dia e meia; faltam poucos minutos para começar a reunião.

b) Comprei um óculos escuro nesta loja. Consegue-se bons descontos aqui.

c) Vão fazer dez anos que trabalho aqui e ainda é proibido a minha entrada na diretoria!

d) Duzentos gramas de queijo são demais para fazer a torta.

10. A frase inteiramente correta em relação à concordância verbal é:

a) As Sete Lagoas continuam como antigamente.

b) Um olhar, uma carícia, um beijo eram suficientes para aquiescer aquele coração solitário.

c) Aluga-se apartamentos para veraneio.

d) Haviam vários argumentos que não concordavam.

11. (**Fumarc - 2012**) Leia as frases abaixo:
I) O péssimo estado de conservação de muitas rodovias brasileiras causam prejuízos de milhões de reais ao país.
II) Se cada brasileiro tivesse a oportunidade de fazer esse voo que eu fiz, com certeza teriam mais amor à pátria.
III) Não foi divulgado ainda público e renda do jogo.
A concordância entre sujeito e verbo está **correta** em:

a) Apenas em I e II.

b) Apenas em II e III.

c) Em I, II e III.

d) Apenas em III.

12. (**Cartório**) Assinale a alternativa em que a concordância verbal está **incorreta**.

a) A maior parte dos doutrinadores ensinam que lei complementar é lei ordinária.

b) Busca-se, nesta hora grave da vida nacional, homens magnânimos.

c) Os Tabeliães e Registradores somos muito fiscalizados - disse o Notário.

d) Tudo são risos e alegria no início e, depois, algumas coisas mudam.

13. (**FCC - 2013**) As normas de concordância estão plenamente respeitadas na frase:

a) O Tropicalismo, em que Caetano Veloso e Gilberto Gil se projetou, e o Cinema Novo, cujo principal expoente foi Glauber Rocha, se configura como movimentos artísticos expressivos no século XX.

b) Cada um dos filmes dirigidos por Glauber Rocha apresentavam um caráter revolucionário único.

c) A maioria dos integrantes do movimento conhecido como Cinema Novo estava profundamente interessada nos problemas sociais do país.

d) Muitas expressões artísticas, como o neorrealismo italiano, contribuiu para o desenvolvimento do Cinema Novo.

e) A maior parte dos cineastas envolvidos com o Cinema Novo integravam um grupo que tentavam novos caminhos para o cinema nacional.

14. (**FCC - 2013**) Atualmente, ______ que o número de brasileiros conectados na internet já ________ ultrapassado a casa de 80 milhões, sendo que 72.640.000 são usuários ativos de redes sociais, e 56% destes ______ um aparelho celular para acessar a internet.

(Dados publicados em www.agenciaopen.com/blog/perfil-do-brasileiro-nas-redes-sociais-o-que-ha-de-novo/).

Preenchem corretamente as lacunas da frase acima, na ordem dada:

a) estima-se - tenha - usam
b) estimam-se - tenham - usa
c) estima-se - tenham - usa
d) estima-se - tenham - usam
e) estimam-se - tenha - usa

15. (**FCC- 2013**) As normas de concordância verbal estão plenamente observadas na frase:

a) Cabem a cada um dos usuários de uma língua escolher as palavras que mais lhes parecem convenientes.
b) D. Glorinha valeu-se de um palavrório pelo qual, segundo lhe parecia certo, viessem a impressionar os ouvidos de meu pai.
c) As palavras que usamos não valem apenas pelo que significam no dicionário, mas também segundo o contexto em que se emprega.
d) Muita gente se vale da prática de utilizar termos, para intimidar o oponente, numa polêmica, que demandem uma consulta ao dicionário.
e) Não convém policiar as palavras que se pronuncia numa conversa informal, quando impera a espontaneidade da fala.

16. (**CESPE - 2013**) Nas opções a seguir são apresentados trechos adaptados de **Os Novos Atores Políticos**, de Vladimir Safatle, texto publicado em **Carta Capital**. Assinale a opção em que o trecho apresentado está gramaticalmente correto.

a) Que juízes se vejam como atores políticos, não deveria ser visto como um problema.
b) A interpretação das leis não pode ser feita sem apelo a interpretação das demandas políticas que circula no interior da vida social de um povo.
c) Interpretar uma lei é se perguntar sobre, o que os legisladores procuravam realizar?
d) Um dos fatos mais relevantes de 2012 foram a transformação dos juízes do Supremo Tribunal Federal em novos atores políticos.
e) Há algum tempo, a Suprema Corte virou protagonista de primeira grandeza nos debates políticos nacionais.

17. (**Vunesp - 2012**) Assinale a alternativa correta quanto à concordância nominal e verbal, de acordo com a norma-padrão da Língua Portuguesa.

a) O grupo de cientistas levou um longo tempo para concluir o estudo cujo resultado foi anunciado na semana passada.

b) Muitos outros cientistas ainda não se convenceu de que há relação entre as ações do homem e o aumento da temperatura do planeta.
c) O resultado completo da pesquisa só será divulgada depois que os pesquisadores encontrarem resposta para mais algumas perguntas.
d) Com o resultado do estudo, Muller e os demais responsáveis pela pesquisa mudou de opinião sobre as causas do aquecimento do planeta.
e) Concluído a pesquisa, o seu resultado foi publicado no jornal *New York Times*, juntamente com uma entrevista de Muller.

18. (**Fumarc**) A concordância verbal está **CORRETA** em:

a) Durante a entressafra, dadas essas circunstâncias, poderão haver oscilações nos preços dos alimentos.
b) O consumo indiscriminado desse tipo de medicamentos podem levar a alterações de comportamento.
c) A publicação de rumores sobre o mau desempenho das empresas preocuparam os acionistas.
d) Alguns dos engenheiros do setor solicitaram à secretária que os inscrevesse no evento.

19. (**PUC - 2012**) Assinale a única assertiva que **NÃO** apresenta problema(s) de concordância verbo-nominal:

a) Mãe, filha e afilhado foram silenciosas por uma rua pouco iluminada, temendo a abordagem de algum pivete; no meio do caminho, o moço decidiu fazer sinal para um dos carros que passava pela rua, que parou imediatamente para que eles subissem. No caminho, todos respiraram aliviados, pois havia escapado do perigo.
b) Os 20% do lucro daquela acionista sumiram misteriosamente após uma ação fraudulenta; a senhora precisou acionar quatro especialistas em computação, que, após um longo processo de investigação, afirmou que o sistema da empresa havia sido invadido.
c) As meninas e o menino saíram da casa dos padrinhos e foram, pouco alegres, para a casa onde os pais jantavam com os convidados recém-chegados de viagem, que, diferentemente dos pequenos, estavam radiantes: retornavam à cidade-natal e queriam matar as saudades dos sabores da região.
d) Aqueles cientistas austríacos chegaram ao Brasil com uma espécie rara de pinheiro, que só é cultivado em campos da Europa Oriental; tais árvores, diferentemente do que ocorre com o pinheiro mais conhecido em terras europeias, é a prova de que a diversidade da flora europeia ainda tem muito a revelar.
e) A bibliotecária limpou o acervo, que estava muito empoeirado, e recatalogou as obras, nas prateleiras. No dia seguinte, a biblioteca foi aberta para que os alunos do colégio pudesse folhear os exemplares.

20. A sentença em que o verbo está corretamente flexionado de acordo com a norma-padrão, sem provocar contradição de significado, é:

a) O acaso ou a intencionalidade foi a causa da descoberta do Brasil.
b) Haviam 60% de possibilidades de o Brasil ter sido descoberto por acaso.
c) Eu e vocês acreditam na descoberta casual do nosso país.
d) Não gastava a corte tempo com as preocupações que ocupava os historiadores.
e) Devem haver mais evidências para a tese de descoberta casual do Brasil.

GABARITO									
01. D	02. B	03. B	04. D	05. B	06. C	07. D	08. D	09. A	10. A
11. D	12. B	13. C	14. A	15. D	16. E	17. A	18. D	19. C	20. A

VIII. REGÊNCIA

Moro *num* país tropical, abençoado por Deus
E bonito por natureza, que beleza!

– Jorge Benjor

Regência é a parte da gramática que trata das relações entre os verbos, os nomes e os termos que os complementam, estabelecendo certa dependência entre eles. Nessa relação, o termo dependente é chamado de regido e o termo a que ele se prende é chamado de regente. São os termos regentes e os termos regidos que vão delinear o campo semântico do contexto. Assim, vale lembrar que, em contextos diferentes, as relações entre os termos regentes e regidos podem ser alteradas, ocasionando uma diferença semântica no referido contexto.

A) Regência verbal

Começaremos o nosso estudo pela parte verbal da regência. Para tanto, é fundamental conhecer a classificação correta do verbo (VTD, VTI, VTDI e VI), bem como seus complementos (OD e OI) conforme já foi salientado na Análise Sintática.

Vale ressaltar ainda que a regência é uma das partes do Português que as pessoas mais erram. Construções do tipo "Eu vou no cinema", "Ele namora com Maria", "Eu prefiro vôlei do que basquete", "Isso implicará em mudança de estratégia", "Eu assisti o jogo", etc. são muito comuns no dia a dia, mas não são aceitas no registro formalizado de linguagem. Todas as frases retromencionadas estão ERRADAS! Cuidado!!!

Os principais casos de regência verbal

01. Aspirar
- pretender (VTI) – Ele aspirava *a uma posição de destaque.*
- respirar (VTD) – Ele aspirou *o aroma das flores.*

02. Assistir
- ajudar (VTD) – Uma junta médica assistiu *o paciente.*
- ver (VTI) – Assistimos *a um filme.*
- pertencer (VTI) – É um direito que assiste *ao aluno.*
- morar (VI) – Maria assistia *em uma bonita casa.*

03. Agradar
- Satisfazer (VTI) - A partida de tênis agradou *a todos.*

04. Ensinar (VTDI)
- Eu lhe ensinei a pura alegria. (Laudino Vieira)

05. Esquecer / lembrar
- (+) pronome (VTI) – Ele se esqueceu *do caderno.*
- (-)pronome (VTD) – Ele esqueceu *o caderno.*

06. Chegar / Ir / retornar/ comparecer – São todos VI, vêm acompanhados de adjuntos adverbiais, introduzidos pela **preposição 'a'** e não 'em'.
- Chegou tarde *ao Rio.*
- Foi *à praia* pela manhã.

07. Morar / Residir - São VI, vêm acompanhados de adjuntos adverbiais, introduzidos pela **preposição 'em'** e não 'a'.
- Moro no morro da Mangueira.
- Moro na Avenida Afonso Pena.

08. Custar → difícil / custoso (VTI)
- Custou ao delegado aceitar o fato. / - Custou-me atravessar a rua.

09. Implicar → acarretar (VTD)
- Tal procedimento implicará anulação da prova.

10. Informar / Avisar / Comunicar / Cientificar / Notificar / Prevenir (VTDI)
- Informei a nota ao aluno.
- Notificaram os trabalhadores pelo erro.

11. Namorar (VTD)
- João namora Maria.

12. (des) Obedecer (VTI)
- O filho obedece ao pai.

13. Pagar / Perdoar / Agradecer
- objeto (coisa) – VTD
- Paguei o carro.
- Perdôo o deslize.
- Agradeci a ajuda.

14. objeto (pessoa) – VTI
- Pague ao banco.
- Perdoei a ela.
- Agradeci ao seu irmão.

No entanto, os mesmos verbos podem ser também VTDI.
Pagou o carro ao banco.
O prefeito agradeceu a todos o apoio recebido.

14. Preferir (VTDI)
Prefiro estudar a trabalhar.

15. Querer
- desejar (VTD) – Eu quero uma casa de campo.
- estimar (VTI) – Quero a meus pais.

16. Simpatizar / Antipatizar / Deparar[4]/ Implicar – VTI (com)
Nunca simpatizei com aquela pessoa.
- Os referidos verbos não são pronominais.

4 Pode ser VTDI – Deparei-me com um mendigo na porta da igreja (Celso Pedro Luft)

17. Visar
- mirar (VTD) – Ele visou a presa.
- dar visto (VTD) – O gerente visou o cheque.
- desejar (VTI) – Visamos a uma posição de destaque.

Obs.: Alguns gramáticos já aceitam o verbo visar sem a preposição posterior quando em seguida tivermos um verbo no infinitivo. Por exemplo, "visando combater a miséria, tomaremos algumas atitudes de hoje em diante". No entanto, a posição descrita acima ainda é majoritária.

18. Pedir
- VTD – Marcos pediu licença e saiu.
- VTDI – Marcos pediu ao pai dinheiro emprestado.

19. Responder
- declaração (VTD) – O pai respondeu que não tinha dinheiro.
- coisa / pessoa (VTI) – O entrevistado respondeu a todas as perguntas.

20. Chamar
vir / convocar (VTD) – O técnico chamou os jogadores.
- clamar (VTI) – Chamava por Deus

21. Proceder
- Ter fundamento (VI) – Aqueles boatos não procedem.
- executar (VTI) – Procedermos às apurações.

22. Reparar
- Prestar atenção (VTI) – Reparem nos olhos daquela garota.
- Consertar (VTD) – Astrogildo reparou a fechadura da porta.

23. Torcer (VTI)
- Sempre torci pelo Manchester.
- Vou torcer por vocês.

24. Precisar
- necessitar (VTI) – Necessitamos da ajuda de todos.
- indicar com exatidão (VTD) – O próprio aluno não sobre precisar a hora em que o fato ocorreu.

25. Pisar (VTD)
Não pise a grama
Obs.: Alguns autores já aceitam tal verbo como intransitivo, seguido pela preposição 'em'.

26. Conscientizar
- Procure conscientizar os operários de seus deveres. (VTDI)
- Todas as pessoas deveriam conscientizar-se. (verbo pronominal)

27. Suicidar – verbo pronominal
Melquísedes se suicidou.

28. Comentar (VTD)
Todos comentaram o escândalo
Nunca use: Todos comentaram ***sobre*** o escândalo.

DICA DO PROFESSOR

Os verbos amar, estimar, louvar, abençoar, parabenizar, visitar, elogiar, magoar, adorar, apreciar, detestar, odiar, admirar, ofender, conservar são **transitivos diretos**. Desta forma não podem ter o pronome **lhe** como complemento.

Particularidades

a) Mim e ti são complementos que aparecem sempre preposicionados.

b) Com preposição acidental (exceto, menos, salvo, segundo, etc.) emprega-se eu e tu.

c) Um complemento ou adjunto preposicionado não pode referir-se a verbos de regência diferente. Por exemplo "Entrou e saiu de casa" – errado. O certo seria "Entrou em casa e de lá saiu".

d) Sujeito de um verbo no infinitivo não pode estar unido à preposição. (Antes de ele sair, falou com a mãe / Está na hora de o menino estudar.)

A PERGUNTA QUE NÃO QUER CALAR...

1. É correto dizer que "o time empatou em 3 a 3"?

Não! Assim como os verbos ganhar e perder, o verbo empatar pede a preposição 'por'. Melhor seria se disséssemos "o time empatou por 3 a 3".

2. E a frase "Certifico e dou fé que intimei o autor" está correta?

Também não! Eu não posso juntar verbos que tenham regências diferentes e atribuir a eles um único objeto, pois um dos verbos ficará com a regência equivocada. No caso em tela, certificar não pede preposição, enquanto a expressão 'dar fé' pede. O certo seria dizer então "Certifico que intimei o autor e disso dou fé".

O mesmo erro também está presente na frase "Comi e gostei da carne de jacaré". O certo seria dizer "Como a carne de jacaré e gostei dela".

3. O nome do programa "Quer namorar comigo?" e a propaganda de refrigerantes que diz "Obedeça sua sede" estão errados?

Sim. Ambos estão errados. O verbo namorar, por ser transitivo direto, não vem acompanhado de preposição, sendo assim, o certo seria dizer "Quer namorar-me?" Por sua vez, o verbo obedecer é regido por preposição, então a frase correta deveria ser "Obedeça à sua sede".

4. Posso dizer que "eu torço para o Cruzeiro"?

Não! Melhor seria se você torcesse **pelo** *Atlético*.

5. As expressões "dar parte de alguém na polícia" e "depor na polícia" estão corretas?

A primeira não, a segunda sim! Se você dá parte, você dá parte, comunica alguma coisa a alguém. Então o certo seria dizer "Perpétua deu parte à polícia que a vizinha a roubou"; "Deram parte ao chefe o boicote dos funcionários".

6. A frase "Pedi para me trazerem um cafezinho" está correta?

Não! O verbo 'pedir' só usado com o termo 'para' se houver ideia de permissão ou licença. Vejam: "Juquinha pediu (licença) para retirar-se da mesa"; "A fã pediu (permissão) para dar-lhe um beijo". No caso acima, como não cabem as ideias retromencionadas, a construção certa seria "Pedi que me trouxessem um cafezinho".

EXERCÍCIOS DE FIXAÇÃO

Marque C para as frases corretas e E para as frases erradas.

01. É raro, em BH, encontrar quem não vá no bar pelo menos uma vez ao mês.

02. Como você chama?
03. Nastácia vivia com as mãos cheirando alho e cebola.
04. Cobrei a dívida a meu primo, mas ele ainda não me pagou.
05. Agradecemos pela preferência.
06. Os transeuntes se condoeram da pobre menina no sinal.
07. Todos os funcionários confraternizaram e esqueceram-se das diferenças.
08. Diante dessas atitudes, posso afirmar que não lhe conheço mais.
09. O governo conseguiu com que a inflação cedesse.
10. Eu deparei um amigo em plena Afonso Pena.
11. Espero que viva muito para desfrutar de todo esse dinheiro.
12. Diga para ela voltar antes de meia-noite.
13. Encarregaram Belezinha para fazer o trabalho de Sucessões.
14. O *best-seller* que ensina a passar nos melhores concursos.
15. Ele entendeu sair sem deixar quaisquer notícias.
16. O motorista excedeu a velocidade máxima permitida.
17. Não exorbite de todas as suas obrigações.
18. Eu nunca faltei de um compromisso.
19. Os fatos narrados fizeram com que todos ficassem emocionados.
20. Implorei para que eles trouxessem as crianças.
21. O meliante nega que tenha ofendido os vizinhos.
22. No depoimento, ele mencionou os detalhes mais sórdidos do plano.
23. O juiz oficiou ao TRE que informasse o endereço das partes.
24. Ascânio lhe prejudicou novamente, perguntou incrédula.
25. Ele é analfabeto: é o que se presume de seus discursos.
26. Jeremias proibiu Maria Lúcia de se encontrar com Santo Cristo.
27. O jogador saiu do campo puxando a perna.
28. Eu simpatizei com todos os novos integrantes s setor.
29. Alertei-o de que não estou disposto a fazer concessões.
30. Recomendei-lhe que se portasse dignamente.

GABARITO	
01. E (...ao bar)	02. E (...se chama – verbo pronominal)
03. E (cheirando a alho)	04. C

05. E (... a preferência)	06. C
07. C	08. E (não o conheço)
09. E (conseguiu que)	10. C (também pode: em me deparei com)
11. E (desfrutar todo)	12. E (diga a ela que volte)
13. E (... Belezinha do trabalho de)	14. C
15. C	16. C (também pode: excedeu à velocidade)
17. C	18. E (faltei a um)
19. C	20. E (implorei que)
21. C ('Negar' exige verbo no subjuntivo)	22. C 'mencionar' não aceita complemento oracional
23. C	24. E (Ascânio o prejudicou...)
25. C	26. C
27. E (puxando da perna)	28. C
29. C	30. C

TESTES

01. Todas as alternativas abaixo estão corretas, EXCETO:

a) Assistimos, impassíveis, ao massacre de crianças no Brasil.

b) Os cidadãos brasileiros preferem a omissão à justiça.

c) Tício não obedece as leis do país.

d) Fazer justiça implica grande vontade política.

e) Os meninos de rua aspiram à cidadania.

02. (**TTN**) A regência verbal está correta na opção:

a) Que horas você chegou?

b) O diretor avisou aos funcionários de que o horário havia sido mudado.

c) Custa-nos entender as suas explicações.

d) Querem processar ao dono da firma.

e) Informei-lhe de que a sua carta de dispensa estava no escritório.

03. (**TRT**) Indique a frase que apresenta erro de regência.

a) Desceu do táxi, pagou ao motorista e sumiu.
b) O juiz presidiu aos trabalhos.
c) O bom motorista sempre obedece os sinais de trânsito.
d) Custou ao aluno entender o exercício.
e) Fiz tudo para informá-lo de que chegaria mais tarde.

04. Marque a alternativa em que houver erro.

a) Custou-me acreditar em você.
b) Notifique-o de que está multado.
c) Certifiquei os candidatos que a prova fora adiada.
d) Você sabe muito bem que não é um direito que lhe assiste.
e) N.D.A.

05. (**FUMARC**) Assinale a alternativa **correta** com relação à regência verbal.

a) Comunicou as alunas que não haveria aula na semana seguinte.
b) Ainda não pagamos os honorários aos advogados do processo.
c) Paguei o advogado, mas não me sobrou muito dinheiro.
d) Sua decisão obsta o progresso da empresa.

06. (**FUMARC**) Assinale a opção cuja regência do verbo destacado está **incorreta**.

a) **Chegaram** ao colégio depois de muitas orientações.
b) Jamais se **lembraria** de meus conselhos.
c) **Certifiquei** às professoras de que o salário seria aumentado.
d) **Obedeci**, sem contestar, ao regulamento que me foi imposto.

07. (**FCC - 2013**) *Em 1992, a indústria cinematográfica do país entrou numa crise ________ só começou a se recuperar na segunda metade da década de 1990* (Adaptado de Eduardo Bueno, op.cit.). Preenche corretamente a lacuna da frase acima:

a) *a qual*
b) *a que*
c) *na qual*
d) *onde*
e) *da qual*

08. (**TJ**) Assinale a alternativa em que oração se encontra adequada às regras de regência da língua padrão.

a) O deputado sugeriu de que se instalassem uma comissão de inquérito.
b) Devemos sempre lembrar de que somos todos falíveis.
c) As dificuldades de que o mundo se depara parecem incontornáveis.
d) É preciso conscientizarmos que nossos recursos naturais não são inesgotáveis.
e) A reforma implicou inúmeras despesas para a firma.

09. (**TC**) Em todas as opções a regência verbal está correta, EXCETO em:

a) Desejo ajudá-lo nos negócios.
b) Maria aspirava a ser professora.
c) Tentei, mas não consegui simpatizar com ele.
d) Senhor Doutor, conserve-lhe sadio.
e) É triste assistir à morte da natureza.

10. (**FUMARC**) Assinale a opção cuja regência do verbo destacado está **incorreta**.

a) Após a aula, o professor **chamou** o aluno.
b) O prefeito **esqueceu** de nos convidar.
c) Não mais **assistiremos** às exposições dos relatores.
c) **Aspirei** a esse cargo durante muito tempo.

11. (**FCC-2012**) *A vasta reflexão dos pensadores, dos poetas e cientistas sobre o estatuto do tempo e seu entendimento aponta para uma complexidade...* Nas frases seguintes, considere o emprego do verbo grifado acima:

I - O assessor encarregado pelo Ministro de analisar o processo apontou-lhe as dificuldades em conseguir um acordo satisfatório entre as partes.

II - O desempenho de um dos membros do Conselho Administrativo levou os demais a apontarem-no, de forma unânime, para dirigir a empresa.

III - O presidente, diante da insatisfação gerada por medidas impopulares, apontou à frente dos manifestantes, tentando acalmar os ânimos.

Está correta a regência do verbo **apontar** em:

a) II, apenas.
b) I e II, apenas.
c) II e III, apenas.
d) I e III, apenas.
e) I, II e III, apenas.

12. (**Fumarc**) A mudança na regência verbal não implica mudança de sentido em:

a) O nome do funcionário não constou do relatório de atividades / O nome do funcionário não constou no relatório de atividades.
b) Segundo o chefe do cerimonial, poucos convidados beberam o vinho / Segundo o chefe do cerimonial, poucos convidados beberam do vinho.
c) Conforme se comprovou posteriormente, os dois rapazes visavam os cheques / Conforme se comprovou posteriormente, os dois rapazes visavam aos cheques.
d) Durante a mesa redonda, falou com colegas do curso de engenharia / Durante a mesa redonda, falou a colegas do curso de engenharia

13. "Na delegacia, ele admitiu que voltava de uma 'balada', onde havia ingerido bebida alcoólica."
O termo sublinhado pode ser substituído, sem que haja erro linguístico, por

a) em cuja.
b) aonde.
c) de que.
d) durante a qual.

14. (**Advogado - 2012**) "... em seis anos Belo Horizonte atingirá o nível ao qual São Paulo já chegou em matéria de lentidão de trânsito." Desconsideradas as alterações de sentido, assinale alternativa que não pode substituir, por implicar erro de regência, a expressão sublinhada acima.

a) com o qual São Paulo já convive.

b) do qual já atinge São Paulo.

c) em que já se encontra São Paulo.

d) no qual São Paulo já está atualmente.

15. (**FCS - 2012**) Considere o período e as afirmações abaixo:

Esses são filmes que as pessoas gostam e se identificam.

I. A construção não é adequada, pois não foram respeitadas as regências dos verbos.

II. Uma das correções necessárias é acrescentar a preposição "de" antes do pronome relativo.

Está correto o que se afirma em

a) somente I

b) somente II

c) I e II

d) nenhuma

16. (**FCC - 2013**) ...redes sociais que <u>moldaram</u> o pensamento... O verbo que exige o mesmo tipo de complemento que o grifado acima está empregado em:

a) ...na última década surgiu a comunicação digital...

b) ...as novas redes sociais influenciam comportamentos e crenças...

c) ... que nada mais são do que as velhas redes sociais...

d) Nessas populações, as redes operavam por meio de conversas face a face...

e) Desde que nossos ancestrais andavam em bandos pelas estepes africanas...

17. (**Cesgranrio - 2013**) O verbo **atender** exige a presença de uma preposição para introduzir o termo regido. Essa mesma exigência ocorre na forma verbal destacada em:

a) "Certamente porque não é fácil compreender certas questões, as pessoas **tendem** a aceitar algumas afirmações como verdades indiscutíveis."

b) "**Introduziram**-se as ideias não só de evolução como de revolução."

c) "Inúmeras descobertas **reafirmam** a indiscutível tese de que a mudança é inerente à realidade tanto material quanto espiritual,"

d) "Por outro lado, como a vida muda e a mudança é inerente à existência, **impedir** a mudança é impossível."

e) "Daí resulta que a sociedade termina por **aceitar** as mudanças,

18. (**Consulplan**) "Ao chegar, verificou o endereço." Analise as alternativas abaixo e assinale a que apresenta a regência verbal correta.

a) Todos visavam o cargo de prefeito.
b) O material que dispomos é muito pouco.
c) Não tenho dúvidas de que ele voltará.
d) Lembrou-se que precisava voltar ao trabalho.
e) Prefiro aspirar uma posição honesta que ficar aqui.

19. (**FCC - 2013**) *E como dizer que a cidade, ao fim, deixara de <u>corresponder</u> à modernidade empenhada?*

O verbo que exige o mesmo tipo de complemento que o verbo grifado acima está empregado em:

a) *Houve um sonho monumental...*
b) *Nada superará a beleza...*
c) *Filho de fazendeiros, fora o único ateu e comunista da família...*
d) *No Planalto Central, construíra a identidade escultural do Brasil.*
e) *Brasília [...] resultara em alguma decepção.*

20. (**PUC - 2012**) A alternativa em que a duplicidade de regência verbal documentada é INACEITÁVEL no português culto é a seguinte:

a) "refletir sobre o significado das favelas" / refletir no significado das favelas.
b) "desfrutando da sua beleza singular" / desfrutando a sua beleza singular.
c) "oferecer melhores condições de vida para os seus moradores" / oferecer (...) aos seus moradores.
d) "entender que os moradores dessas comunidades possuem histórias de vida" / entender de que os moradores.
e) "Vivemos em uma época de profundas transformações" / Vivemos uma época.

GABARITO									
01. C	02. C	03. C	04. C	05. B	06. C	07. E	08. E	09. D	10. B
11. E	12. A	13.D	14. B	15. C	16. B	17. A	18. C	19. E	20. D

B) Regência Nominal

Folha de São Paulo

Alguns nomes no Português (substantivos, adjetivos e advérbios) podem exigir complementação para que seu sentido se propague de uma forma mais completa. Com esse fim, o referido complemento se liga a esses nomes por intermédio de preposição. **Regência Nominal** é a nomenclatura da relação existente entre um nome e os termos regidos por esse nome.

Grande parte desses nomes apresentam a mesma regência dos verbos de que derivam. Assim, conhecendo a regência dos respectivos verbos, você conhece também a regência dos nomes cognatos. Por exemplo, você obedece **a** alguma coisa ou **a** alguém, sendo assim, obediência, que é o nome correlato ao verbo obedecer, apresenta a mesma regência. (Ele devia obediência **a**os pais). Contudo, isso não deve ser visto como regra, pois temos algumas exceções. O verbo combater, por exemplo, é VTD (Ele combateu o inimigo), não exigindo, assim, nenhuma preposição. No entanto, combate, que é o nome correlato, é regido por preposição (Combate à dengue / combate ao trabalho escravo).

Segue abaixo uma lista de alguns nomes, bem como as preposições exigidas por eles. Vale lembrar que tal lista é meramente ilustrativa e não taxativa. Nela, encontramos alguns dos nomes mais utilizados no dia a dia.

Substantivos

Admiração **a, por**	Consideração **a, com, para, por**	Invasão **de, em**
Aversão **a, para, por**	Devoção **a, para, com, por**	Obediência **a**

Atenção **a, para**	Deputado **por**	Ojeriza **a, por**
Aversão **a, por**	Doutor **em**	Palpite **sobre**
Atentado **a, contra**	Dúvida **acerca de, em, sobre**	Pressão **sobre**
Bacharel **em**	Horror **a**	Proeminência **sobre**
Capacidade **de, para**	Impaciência **com**	Respeito **a, com, para com, por**
Consulta **a**	Medo **a, de**	Senador **por**

Adjetivos

Acessível **a**	Diferente **de**	Necessário **a**
Acostumado **a, com**	Entendido **em**	Nocivo **a**
Afável **com, para com**	Equivalente **a**	Paralelo **a**
Agradável **a**	Escasso **de**	Parco **em, de**
Alheio **a, de**	Essencial **a, para**	Passível **de**
Análogo **a**	Fácil **de**	Preferível **a**
Ansioso **de, para, por**	Fanático **por**	Prejudicial **a**
Apto **a, para**	Favorável **a**	Prestes **a**
Ávido **de**	Generoso **com**	Propício **a**
Benéfico **a**	Grato **a, por**	Próximo **a**
Capaz **de, para**	Hábil **em**	Relacionado **com**
Compatível **com**	Habituado **a**	Relativo **a**
Contemporâneo **a, de**	Idêntico **a**	Satisfeito **com, de, em, por**

Contíguo **a**	Impróprio **para**	Semelhante **a**
Contrário **a**	Indeciso **em**	Sensível **a**
Curioso **de, por**	Insensível **a**	Sito **em**
Descontente **com**	Liberal **com**	Suspeito **de**
Desejoso **de**	Natural **de**	Vazio **de**

Advérbios

Longe **de**
Perto **de**

TESTES

01. Assinale a frase em que a parte destacada NÃO atende às regras da norma culta.

a) Todos apóiam a luta sem a qual não há justiça.
b) São válidos os motivos dos quais os ambientalistas se interessam.
c) Não é certo o sacrifício de quem já é discriminado socialmente.
d) Solidariedade é sentimento de que toda a humanidade precisa.
e) É justa a causa pela qual luta o poeta Federico Garcia Lorca.

02. Assinale a opção em que a preposição destacada constitui caso de regência nominal:

a) "se adaptar rapidamente **a** uma nova situação."
b) "saber se comunicar **com** a equipe."
c) "e para aqueles **com** quem se relaciona."
d) "Para chegar **a** esta conclusão foram analisados três fatores."
e) "ter capacidade **de** negociação são características extras..."

03. Em relação à regência nominal, marque a alternativa inteiramente correta:

a) Seu irmão é idêntico com seu pai.
b) Os filmes que serão exibidos são impróprios a menores de idade.
c) Ele é generoso a todos aqueles que o cercam.
d) O professor foi liberal apenas para os alunos do primeiro ano.
e) Ela é sempre sensível aos problemas dos menos favorecidos.

04. Todas as alternativas abaixo estão corretas, EXCETO:

a) Os alunos do matutino são apaixonados por livros.
b) Não podemos ficar alheios a mudanças que vêm para o bem.
c) Todos sabiam que João era parco em recursos financeiros.
d) Os alimentos cultivados com agrotóxicos são nocivos à saúde.
e) O deputado daquele gabinete é suspeito em desvio de verbas.

05. Marque a opção em que a preposição NÃO condiz com o nome em questão.

a) relacionado com / equivalente a
b) curioso por / satisfeito com
c) prejudicial com / responsável com
d) indeciso em / insensível a
e) digno de / doutor em

GABARITO				
01. B	02. E	03. E	04. E	05. C

C) Regência, Pronome Relativo e Colocação Pronominal

Muitas vezes, junto com a Regência Verbal e /ou Nominal é preciso aplicar os conhecimentos de Colocação Pronominal, já discutida no capítulo de Pronomes. Além disso, pode ocorrer ainda a introdução de um pronome relativo dentro do contexto, como **cujo**, **onde**, etc.

Para que tal uso ocorra de acordo com a norma culta da língua, faz-se necessário não só o conhecimento da regência do nome ou do verbo em questão, como também a correta substituição pela partícula pronominal e a adequação desta dentro do contexto conforme determina as regras da atração pronominal.

Várias instituições vêm cobrando exercícios desta maneira, pois com apenas uma questão é possível aferir o conhecimento do candidato em relação a dois campos gramaticais, quais sejam, Regência e Pronome.

Sendo assim, seguem alguns exercícios versando sobre o tema.

TESTES

01. Preencha as lacunas das frases seguintes, indicando o conjunto obtido:

I) A planta, ______ frutos são venenosos, foi derrubada.

II) O Estado, ______ capital nasci, é este.

III) O escritor, ______ obra falei, morreu ontem.

IV) É este o livro ______ páginas sempre me referi.

a) em cuja, cuja, de cuja, a cuja
b) cujos, em cuja, de cuja, cujas
c) cujos, em cuja, de cuja, a cujas
d) cujos, cuja, cuja, a cujas

02. (**TRF**) Está correta o emprego a expressão sublinhada na frase:

a) São raras as casas em cujas janelas as pessoas ficam observando a vida das ruas.
b) Vovó é do tempo de onde as pessoas ficavam demoradamente nas janelas das casas.
c) Os meninos de hoje talvez não entendam o por que dos velhinhos ficarem à janela.
d) Eram simpáticas aquelas casinhas aonde as janelas davam diretamente para a calçada.
e) Praticamente não mais se constroem casas cujas as janelas se abram sobre a calçada.

03. (**FCC**) Está correto o emprego de ambos os elementos sublinhados na frase:

a) Os sonhos de cujo nós queremos alimentar não satisfazemos desejos com que a eles nos moveram.
b) A expressão de Élio Gáspari, a qual se refere o autor do texto, é "cidadãos descartáveis", e alude às criaturas desesperadas cujo o rumo é inteiramente incerto.
c) Os objetivos de que se propõem os neoliberais não coincidem com as necessidades por cujas se movem os "cidadãos descartáveis".
d) As miragens a que nos prendemos, ao longo da vida, são projeções de anseios cujo destino não é a satisfação conclusiva.
e) A força de nosso trabalho, de que não relutamos em vender, dificilmente será paga pelo valor em que nos satisfaremos.

04. (**FCC**) Está correto o emprego do elemento sublinhado na frase:

a) Há em nosso mundo paisagens belas, em cujas faz bem pousar os olhos.
b) São belas paisagens, cuja sedução nos leva a contemplá-las.
c) Há paisagens aonde o nosso olhar se demora prazerosamente.
d) São belezas de um tempo onde o homem não tinha tanta pressa.
e) A reação de que toda beleza nos impõe é a calma da contemplação.

05. (**FCC**) Trabalho infantil? Há quem considere o trabalho infantil uma excrescência social, mas há também quem veja no trabalho infantil uma saída para muitas crianças, porque atribui ao trabalho infantil a vantagem de representar a inserção dos menores carentes. Evitam-se as viciosas repetições to texto em questão substituindo-se os elementos sublinhados, na ordem dada, por:

a) o considere - nele veja - lhe atribui
b) o considere - lhe veja - o atribui
c) lhe considere - o veja - lhe atribui
d) lhe considere - lhe veja - lhe atribui
e) a ele considere - nele veja - atribui-no

06. (**FCC**) Está correto o emprego de ambos os elementos sublinhados na frase:

a) Os recursos com que conta um responsável pelas boas condições de saúde no trabalho nem sempre são suficientes para que ela as promova.
b) As frases de sentido genérico, de cujas trata o texto, são enganosas pelo fato de que as pessoas tendem a ver-lhes como verdades absolutas.
c) Muita diferença há entre um conceito, no qual se destaca pela abstração, e uma pessoa, onde pressionam as carências físicas e as emocionais.
d) O sentido da palavra dignidade, que o uso costuma ser tão frequente, deve afirmar-se no plano das ações concretas, em que poucos dão atenção.
e) Para afirmar que nem todo trabalho dignifica o homem, o autor lança mão em justificativas a que todos deveriam concordar.

07. (**FCC**) *O livros de conselhos fazem sucesso hoje em dia, muita gente consulta os livros de conselhos para tomar decisões importantes, mas o autor considera os livros de conselhos simples compêndios de bom senso, não atribuindo aos livros de conselhos um mérito maior*. Evitam-se as repetições viciosas do texto, substituindo os segmentos sublinhados, na ordem dada, por:

a) consulta-lhes - considera-os - atribuindo-os
b) os consulta - os considera - os atribuindo
c) consulta-os - lhes considera - atribuindo-lhes
d) os consulta - os considera - lhes atribuindo
e) lhes consulta - considera-lhes - atribuindo-os

08. (**FCC**) O segmento grifado que está substituído de modo incorreto pelo pronome correspondente é:

a) destacamos <u>uma extensa e diversificada cadeia de fornecedores</u> = destacamo-la
b) favorecendo <u>um desenvolvimento mais sustentável</u> = favorecendo-o
c) passou a despertar <u>o interesse de pesquisadores</u> = despertar-lhes
d) que suprem <u>produtos</u> = que os suprem
e) minimizar <u>esses impactos</u> = minimizá-los

09. A substituição da expressão em destaque por um pronome está INCORRETA em:

a) "...sentiu **no próprio corpo**..." / sentiu-o.
b) "...capaz de comprovar **todos esses benefícios**." / comprová-los."
c) "...melhor maneira de aliviar **a tensão**..." / aliviá-la.
d) "...o corpo transferisse **toda a sua atenção**..." / transferisse-a.
e) "...deixamos **as preocupações**..." / deixamo-las.

10. Substituindo-se o complemento verbal destacado pelo pronome pessoal oblíquo átono correspondente, a forma INCORRETA, segundo o registro culto e formal da língua, é:

a) "...que seus funcionários cumpram **metas e prazos agressivos**," /Que seus funcionários cumpram-nas.
b) "Mas, em exagero, pode atrapalhar, e muito, **a sua carreira**." Mas, em exagero, pode atrapalhá-la e muito.
c) "Seria fácil encontrar **um rato**." / Seria fácil encontrá-lo.
d) "...ou não temessem **o insucesso**." / Ou não o temessem.
e) "...e que acompanhassem **as constantes mudanças** nas organizações./ E que as acompanhassem.

11. ...*para lidar com a estrutura de possibilidades do tempo no mundo <u>em que</u> estamos inseridos*. A lacuna que deverá ser preenchida pela expressão grifada está em:

a) A sabedoria _______ necessitamos para solucionar problemas cotidianos deverá ser buscada sempre.
b) As medidas a serem tomadas __________ se chegue à solução dos conflitos serão anunciados no momento oportuno.
c) As expectativas da sociedade nem sempre se realizam diante das dificuldades mais amplas ________ se defrontam os governantes.
d) A época __________ vivemos, assolada pela revolução tecnológica, embaralhada a sincronização dos fatos.
e) A conclusão _____ podemos chegar, diante da instabilidade política em algumas regiões, é a de que falta sabedoria aos governantes.

12. (**FCC – 2012**) ... *nem por isso deixa de cultuar <u>Delacroix</u>* ... .

Cézanne admira a maestria plástica de Rubens ...

... já encontramos a chave do enigma cézanneano.

A substituição dos elementos grifados nas frases acima pelos pronomes correspondentes, com os necessários ajustes, terá como resultado, respectivamente:

a) nem por isso deixa de cultuar-lhe / Cézanne a admira / já a encontramos.

b) nem por isso deixa de cultuá-lo / Cézanne lhe admira / já lhe encontramos.

c) nem por isso deixa de lhe cultuar / Cézanne a admira / já encontramos-na.

d) nem por isso deixa de a cultuar / Cézanne lhe admira / já lhe encontramos.

e) nem por isso deixa de cultuá-lo / Cézanne a admira / já a encontramos.

13. (**FCC**) Está **inadequado** o emprego do elemento sublinhado na seguinte frase:

a) Sou ateu e peço que me deem tratamento similar ao que dispenso aos homens religiosos.

b) A intolerância religiosa baseia-se em preconceitos de que deveriam desviar-se todos os homens verdadeiramente virtuosos.

c) A tolerância é uma virtude na qual não podem prescindir os que se dizem homens de fé.

d) O ateu desperta a ira dos fanáticos, a despeito de nada fazer que possa injuriá-los ou desrespeitá-los.

e) Respeito os homens de fé, a menos que deixem de fazer o mesmo com aqueles que não a têm. (C)

14. (**Vunesp - 2012**) Assinale a alternativa em que o pronome relativo e a regência verbal estão corretos, segundo a norma-padrão da Língua Portuguesa.

a) Os EUA e a Rússia, em cujos arsenais de vírus congelado da varíola existem desde a Guerra Fria, expõem-se a alto risco ao mesmo tempo em que expõem o mundo à possibilidade de catástrofe.

b) Os EUA, de cujos propósitos de desenvolver vacinas contra a varíola se duvida, também cultivam organismos ainda mais perigosos, como o vírus ebola e a bactéria *Bacillus anthracis* (antraz).

c) O Centro para Controle e Prevenção de Doenças, em Atlanta, no qual abriga o arsenal americano de vírus congelado da varíola, pode ser alvo de interesses escusos.

d) Atlanta, onde abriga o Centro para Controle e Prevenção de Doenças, exige segurança especial por parte do governo de Obama.

e) Segundo Steven Block, biofísico da Universidade de Stanford e um dos maiores especialistas mundiais em bioterrorismo, desde a Guerra Fria os EUA e a Rússia, aonde vivem em alerta, guardam estoques do vírus congelado da varíola. (B)

15. ... *tinham nascido para usar coroas. Ele trouxe estabilidade e prosperidade a todos...*
... *que inspirou as revoluções do século XIX...*
A substituição dos elementos sublinhados pelo pronome correspondente, com os necessários ajustes, tem como resultado correto, na ordem dada:

a) tinham nascido para as usar - Ele trouxe-os estabilidade e prosperidade - que as inspirou
b) tinham nascido para as usar - Ele lhes trouxe estabilidade e prosperidade - que lhes inspirou
c) tinham nascido para lhes usar - Ele trouxe-os estabilidade e prosperidade - que inspirou-as
d) tinham nascido para usá-las - Ele lhes trouxe estabilidade e prosperidade - que as inspirou
e) tinham nascido para usá-las - Ele os trouxe estabilidade e prosperidade - que lhes inspirou (D)

16. (**FCC - 2013**) *Em 1992, a indústria cinematográfica do país entrou numa crise* _________ *só começou a se recuperar na segunda metade da década de 1990.* (Adaptado de Eduardo Bueno, *op.cit.*)
Preenche corretamente a lacuna da frase acima:

a) da qual
b) a qual
c) a que
d) na qual
e) onde

17. (**Fundação Dom Cintra**) Das alterações feitas abaixo na redação do trecho "O processo de globalização e a mundialização aos quais as organizações têm sido submetidas" (2º parágrafo), está INCORRETA, quanto ao emprego do pronome relativo, de acordo com as normas de regência, a seguinte:

a) O processo de globalização e a mundialização dos quais as organizações têm sido vítimas.
b) O processo de globalização e a mundialização sobre os quais as organizações têm tido alguma influência.
c) O processo de globalização e a mundialização com cujos parâmetros as organizações procuram imitar.
d) O processo de globalização e a mundialização para os quais as organizações têm voltado sua atenção.
e) O processo de globalização e a mundialização por cujos princípios as organizações procuram guiar-se.

18. (**FCC - 2013**) A substituição do segmento grifado por um pronome, com os necessários ajustes, foi realizada corretamente em:

a) *trocar ideias = trocar-nas*
b) *homogeneizar crenças = lhes homogeneizar*
c) *influenciam comportamentos e crenças = influenciam-lhes*
d) *moldaram o pensamento e as ações das civilizações antigas e das nações modernas = moldaram-os*
e) *alteram crenças e comportamentos humanos = alteram-nos*

19. (**FCC - 2013**) *Em artigo a respeito das várias redes sociais existentes, o colunista Alexandre Matias exprime-se com franqueza: "entrei em redes sociais _________ nem mais lembro a senha".*

– http://blogs.estadao.com.br/alexandre-matias/2012/10/07/o-primeiro-bilhao-do--facebook-e-o-futuro-das-redes-sociais

Preenche corretamente a lacuna da frase acima o que consta em:

a) de que
b) na qual
c) a qual
d) a que
e) aonde

20. (**Vunesp - 2012**) Assinale a alternativa em que os pronomes estão empregados e colocados na frase de acordo com a norma-padrão.

a) Milicianos instalam-se nas comunidades e impõem seu poder; consolidam-no pela prática do terror.
b) Nos surpreende, a cada dia, constatar a invasão das milícias, que espalham-se pelas favelas, ditando-as suas leis.
c) Quase nunca vê-se reação das comunidades diante do terror que as milícias as impõem.
d) Há candidatos que usam as gangues: as procuram movidos pelo interesse em ter elas como aliadas.
e) Depois de invadir vários territórios da cidade, as milícias dominaram eles e ali instalaram-se.

GABARITO									
01. C	02. A	03. D	04. B	05. A	06. A	07. D	08. C	09. A	10. A
11. D	12. E	13. C	14. B	15. D	16. A	17. C	18. E	19. A	20. A

IX. CRASE

A Vida

A vida são deveres, que nós trouxemos para fazer em casa.
Quando se vê, já são seis horas! Quando se vê, já é sexta-feira...
Quando se vê, já é Natal... Quando se vê, já terminou o ano...
Quando se vê, perdemos o amor da nossa vida... Quando se vê,
passaram-se 50 anos!
Agora é tarde demais para ser reprovado.
Se me fosse dado, um dia, outra oportunidade, eu nem olhava o relógio.
Seguiria sempre em frente e iria jogando, pelo caminho, a casca dourada e
inútil das horas...
*Seguraria o meu amor, **que está à minha frente**, e diria EU TE AMO...*
Dessa forma, eu digo: não deixe de fazer algo que gosta
***devido à falta de tempo**.*
Não deixe de ter alguém ao seu lado por puro medo de ser feliz.

– Mario Quintana

Crase é o nome dado à fusão de dois sons vocálicos idênticos (**a** + **a**). O primeiro **a** é sempre uma preposição; que será evidenciado por meio da regência verbal. O segundo pode ser:

a) o artigo feminino **a** ou **as**. Exemplos: Fui à feira. / Retornaremos às praias.

b) o **a** inicial dos pronomes demonstrativos **aquele(s)**, **aquela(s)**, **aquilo**. Ex.: Fui àquele restaurante.

c) o **a** dos pronomes relativos **a qual** ou **as quais**. Ex.: A cidade à qual nos referimos fica longe.

Esses são os três casos em que a crase ocorre. No entanto, para completar o nosso estudo precisamos atentar para algumas particularidades que seguem:

1. As expressões adverbiais, prepositivas e conjuntivas **formadas por palavras femininas**.

- à tarde, à noite, às pressas, à moda de, às escondidas, à toa, às ordens, à chave, à medida que, à proporção que, à vista, etc. - devem receber o acento grave.
- Saímos à meia-noite.
- Vendi à vista o relógio.
- Ando à procura de um bom livro.
- Fez um gol à Pelé.
- À exceção de Paulo, todos iam ficando cansados à medida que caminhavam.
- Mulheres à beira de ataque de nervos.

2. As expressões adverbiais de instrumento[5] e as expressões formadas por palavras repetidas[6] não recebem o acento indicador de crase

- Feriu-se a faca.
- Falou cara a cara com o inimigo.
- Contava as moedas uma a uma.

3. Antes de topônimos (nomes de lugares)

Os topônimos podem ser masculinos, isto é, precedidos do artigo 'O', caso em que nunca são precedidos de crase, como por exemplo '*O Ceará*'. Também podem ser os topônimos femininos, sendo assim, precedidos do artigo 'A', caso em que há crase, se houver, no contexto, a exigência da preposição 'A', como por exemplo, *Vou à Itália.*

Temos ainda alguns topônimos que são neutros e aí, se não forem especificados, não aceitam artigo 'A' e, consequentemente, não levam crase (Vou a *São Paulo).* Se forem especificados, aceitam o artigo A e levam crase (*Vou à São Paulo da garoa).*

---

5 No entanto, alguns autores recomendam o seu emprego.

6 Vale salientar que, em algumas construções, pode ser que a crase apareça, mesmo em se tratando de palavras repetidas. Ex.: Preferia sua ideia à ideia dos demais presentes – a questão é que, por se tratar de um VTDI, 'sua ideia' é OD, enquanto 'à ideia' é OI.

Para saber se um topônimo é feminino ou neutro, use o macete de dizer: "vou a, volto de" (neutro) e "vou à, volto da" (feminino). Vejamos:

Ex.: Regressou à China depois de muito refletir. (quem vai À China, volta DA China – feminino – crase obrigatória).

Ex.: Iria a Curitiba se o dinheiro desse. (quem vai A Curitiba, volta DE Curitiba – neutro sem especificador – crase proibida).

Ex.: Iria à fria Curitiba. (neutro especificado – crase obrigatória).

ATENÇÃO:

Os nomes África, Ásia, Europa, Espanha, França, Holanda, Inglaterra, por tradição, podem ou não vir acompanhados de artigo.

4. Casos facultativos de crase

a) Diante de nomes próprios de pessoas do sexo feminino. Ex.: Fez referência a (à) Sandra.

No entanto, muita atenção: a crase somente é facultativa antes de nomes próprios femininos se eles não vierem acompanhados de sobrenome. Isso acontece porque o uso do artigo antes de nome próprio, seja de que gênero for, indica intimidade. O sobrenome, por sua vez, indica distanciamento. Logo, se usarmos o nome próprio feminino com sobrenome indicaremos distanciamento, não havendo, assim, crase.

*Enviou o pedido a Dilma Rousseff. (*e não *'Enviou o pedido à Dilma Rousseff.)*

Referiam-se a Paulo Maluf. (e não 'Referiam-se ao Paulo Maluf.)

Se usarmos determinantes que indiquem intimidade, teremos de usar o artigo, já que a proximidade entre quem escreve e a pessoa sobre a qual se escreve ficou evidenciada.

Enviou o recado à Maria, minha namorada.

Eu me refiro à Maria da padaria.

b) Diante de pronomes possessivos femininos **no singular**.

Ex.: *Obedeço a (à) minha irmã.*

DICA DO PROFESSOR

Se o substantivo posterior ao pronome possessivo estiver no plural, é preciso verificar a presença ou não de determinante para, a partir daí, discutir a ocorrência de crase.
Ex.: *Fez referências às minhas irmãs.* (É possível perceber a presença do determinante; a crase é obrigatória) / *Fez referências a minhas irmãs* – Como é possível notar, não foi utilizado o determinante, sendo assim não há que se falar em crase.
Insta salientar ainda que, se um determinado termo ficar subentendido, a crase será obrigatória mesmo com a presença do pronome possessivo feminino. Ex.: *As palavras proferidas por ela foram iguais às suas.*

c) Depois da preposição **até**, desde que antecedida por um verbo ou nome regido por preposição.

Ex.: *Fomos até a (à) quadra.*

Obedeço até a (à) lei da gravidade.

Comi até a casca da batata. (Comer é VTD, não é regido por preposição, portanto, não há crase)

Conheço até as filhas do presidente.

5. Não usamos crase

a) diante de palavras masculinas. Ex.: *Escreva a lápis.*

b) diante de verbos.

Começou a chorar compulsivamente.

c) diante de pronomes pessoais, indefinidos, de tratamento[7] (com exceção de senhora e senhorita) e o pronome relativo **que**[8].

Ex.: *Mostre a ela a nova coleção de inverno.*

Disse a mim coisas que jamais esquecerei.

Falou a alguns amigos de maneira calorosa.

Falou a Vossa Senhoria com o maior respeito.

---

7 Antes do pronome de tratamento 'dona' não temos crase, pois não há a ocorrência do artigo. No entanto, se houver uma construção do tipo "Fizeram referência à **querida** dona Maria", isto é, o pronome vir acompanhado de determinante a crase deverá ser utilizada.

8 "Referiu-se às **que** seriam trazidas no dia seguinte" ou "Referiu-se **àquelas** que seriam trazidas no dia seguinte". Como podemos observar, pode acontecer de o pronome 'que' ser equivalente ao termo 'aquela' dentro do contexto, sendo assim a crase deverá ser utilizada.

A casa a que me refiro não fica longe.

d) palavras femininas no plural, porém com o sentido genérico (não há a ocorrência do artigo).

Ex.: *O estudo não se aplica a pessoas nervosas.*

e) nomes de pessoas usados em situação formal, ou por se tratar de personalidade pública.

Ex.: *Fez referências a Clarice Lispector.*

f) diante das palavras **casa** (lar) e **terra** (chão firme) e **distância** quando não especificada.

Ex.: *Ele ficou a distância / Ficamos observando-os **à** distância **de 100 metros**.*

*Irei a casa pela manhã / Irei **à** casa **de meus pais**.*

*Os marinheiros voltaram a terra / Os marinheiros voltaram **à** terra **amada**.*

h) Diante do artigo indefinido **uma**.

Ex.: *Entregaram a encomenda a uma médica que estava no balcão.*

6. Paralelismo sintático

Na frase "*Prefiro Português à Matemática*" não se respeitou o paralelismo sintático, ou seja, não foi coerente do ponto de vista estrutural. O verbo *preferir* exige a preposição 'A'. Se existe um sinal indicativo de crase antes de *Matemática* é porque, além da preposição exigida pelo verbo, está lá, também, um artigo definido 'A', que é admitido pelo nome. Ora, se usamos um artigo antes de *Matemática*, temos de usar um artigo também antes de *Português*. Só assim respeitaremos o paralelismo sintático da frase. Deveríamos dizer: Prefiro o Português à Matemática ou Prefiro Português a Matemática.

7. Nunca confundir a classificação sintática dos elementos do contexto, pois alguns podem receber o acento grave indicador de crase, outros não. Vejam os exemplos:

À noite todos os gatos são pardos. (adjunto adverbial de tempo)

A noite será inesquecível. (Nunca há crase antes de sujeito, uma vez que não existe sujeito preposicionado)

A medida que o governo adotara não surtiu o efeito desejado. (sujeito)

À medida que o progresso acontece, outras formas de pobreza aparecem. (expressão conjuntiva)

À medida que você usou de leite, acrescente uma xícara e meia de maisena. (oração objetiva indireta)

A PERGUNTA QUE NÃO QUER CALAR...

1. Está correta a frase "angú a baiana à quilo"?

Não. A frase está completamente errada. Angu não tem acento (oxítona terminada em 'u'); à baiana deve ser escrito com acento grave, indicador de crase (à moda da baiana); e a palavra quilo, por ser masculina, não pode vir acompanhada do acento grave.

2. A expressão "servir à francesa" é craseada?

Sim. Todas as expressões formadas por palavras femininas, sejam adverbiais, prepositivas, conjuntivas ou adjetivas levam o acento grave indicador de crase. No caso em tela, se a informação fosse "servir a francesa" o significado seria completamente alterado.

3. Posso escrever a expressão "vale a pena" sem crase?

Pode e deve. 'Valer' não é regido por preposição, consequentemente, não há crase no contexto. Pense assim: quando dizemos que "o esforço vale a pena", significa que o esforço vale **o** sacrifício e não **ao** sacrifício. É outro modo de enxergarmos a não ocorrência da crase.

4. Existe crase na expressão "à folhas vinte e nove do processo"?

Como não há artigo, não existe possibilidade de crase. Atentem para algumas considerações acerca da expressão em questão.

a) tanto se pode usar o numeral cardinal quanto o ordinal, estando aquele em lugar deste, por amor à brevidade, isto é, tornar a informação mais breve. Assim, ficam corretas as expressões "*folhas vinte e dois*" ou "*folha vigésima segunda*";

b) podem-se usar as preposições *a* ou *em* (indiferentemente) ou mesmo *de*, conforme o caso, daí resultando as associações *a folha, à folha, a folhas* (jamais *à folhas*), *às folhas, em folhas, na folha, nas folhas*, não se devendo olvidar a possibilidade de existência de "*de folhas*";

c) a segunda palavra da expressão fica no singular ou vai para o plural, indiferentemente (*folha* ou *folhas*);

d) no que concerne aos textos jurídicos e forenses, o numeral da expressão fica invariável no masculino, ou se flexiona, optativamente, em concordância com o substantivo modificado (*vinte e dois* ou *vinte e duas*);

e) quanto ao adequado modo de abreviar o substantivo "folha" (*fl.* ou *fls.*), fica ao usuário do idioma a liberdade para abreviar de uma ou de outra forma, apenas com a ressalva de que não empregará *fls.* Como forma reduzida de *folha*.

TESTES

01. (**FCC**) "Os objetivos ____ que se propunham os idealizadores da Declaração

dos Direitos Humanos referiam-se ___ criação de situações favoráveis de vida _____ mais diversas populações do planeta."

As lacunas da frase estarão corretamente preenchidas respectivamente por:

a) à - à - as
b) à - à - às
c) à - a - as
d) a - à - às
e) a - a - as

02. (**CESPE - 2013**) Assinale a opção em que foram atendidas as regras de emprego ou de omissão do sinal indicativo de crase.

a) A escolha de ser professor é comparável a ação de colocar a cabeça dentro da boca de um leão.
b) Com relação a constante necessidade de atualização, o professor manifestou seu desagrado ao diretor da escola.
c) Perguntaram àquela professora se ela iria mesmo colocar a cabeça dentro da boca de um leão.
d) Devido a rachadura abaixo de uma das janelas, à frente da escola havia sido totalmente restaurada.
e) Naquela escola, o professor experimentou a incrível sensação de transmitir conhecimento útil à pessoas em formação.

03. (**FCC**) A frase inteiramente correta quanto ao emprego ou ausência do sinal indicativo de crase é:

a) O ensino permanente deve oferecer às pessoas os meios de superar os obstáculos, para atingir os objetivos a que se propõem.
b) Apesar da obrigatoriedade de crianças entre 7 e 14 anos irem a escola, boa parte delas é incapaz de escrever um bilhete à um amigo.
c) Atender a todas as crianças, tornando-as capacitadas à uma vida digna e confortável, deve ser o objetivo maior de uma escola.
d) Uma educação de qualidade oferece à qualquer pessoa as condições essenciais à entrada ou à permanência no mercado de trabalho.
e) A medida que se avança na melhoria do sistema de ensino, é possível oferecer boas condições de trabalho à muitas pessoas.

04. Assinale a alternativa que preencha corretamente as lacunas.

I) Viu-se frente ____ frente com o inimigo.
II) Não se referia ____ nenhuma das presentes.
III) Desandou ___ correr ladeira abaixo.
IV) Chegou ___ uma hora da madrugada.

a) à, a, a, à
b) à, à, a, à
c) a, a, à, a
d) a, a, a, à

05. Indique a sentença em que **não** foi empregado corretamente o acento

grave indicador de crase.

a) A hora das frivolidades acabara, a que começava era a do sacrifício austero e diuturno.

b) Posto que Jorge falava do coronel nas cartas que escrevia à mãe, não o dava como amigo seu.

c) Comparava-se ao mar daquela manhã, nem borrascoso nem quieto, mas levemente empolado e crespo, tão prestes a adormecer de todo, como a crescer e arremessar-se à praia.

d) De Buenos Aires, chegara-lhe na véspera, a tarde, a notícia de um irmão, seu último parente.

06. Dê como resposta a soma das alternativas corretas:

(01) Os jogadores do Brasil estão em condições semelhantes às dos europeus.

(02) O certo é que ele não resiste à pressões dessa natureza.

(04) Diziam que ele regressou à Polônia para fazer novas pesquisas.

(08) Recorreu-se à Vossa Senhoria no último momento.

(16) Retornei à antiga casa de meus pais depois de muita reflexão.

(32) Jamais poderia dizer à ela que seus pais haviam sido internados.

a) 21

b) 30

c) 37

d) 39

e) 45

07. (**TJM**) O acento indicador de crase poderá ser empregado em:

I. O curso oferece informações que atendem a suas necessidades.

II. O programa não atende a nossas expectativas.

III. O fax poderá ser encaminhado a minha faculdade.

a) III, apenas.

b) I e II, apenas.

c) II e III, apenas.

d) I, II e III.

08. (**Oficial MP**)

I. <u>Solicitou</u> a suas amigas um novo encontro. (propôs)

II. O secretário <u>realizou</u> a leitura da ata da reunião anterior. (procedeu)

III. O prefeito não <u>mencionou</u> as obras de canalização. (fez menção)

Nas frases acima, substituindo-se as palavras sublinhadas pelas dos parênteses, o acento indicador de crase poderá ser empregado:

a) apenas em I e III.

b) apenas em II e III.

c) apenas em um dos casos.

d) em todos os casos.

09. (**Oficial MP**) Considerando os elementos destacados nos dois versos abaixo, a alternativa em que o uso do acento de crase foi **CORRETAMENTE** indicado é:

"Quando o amor bate <u>a</u> porta, tudo é festa.

Quando o amor bate <u>a</u> porta, nada resta."

(Cineas Santos, poeta piauiense.)

a) à – à

b) a – à

c) a – a

d) à – a

10. (**FCC**) Quanto à necessidade do uso do sinal de crase, a frase inteiramente correta é:

a) Antigamente, à despeito de não haver muito o que fazer, as pessoas pareciam mais dispostas à observar os detalhes do mundo.
b) Não se sabe à partir de quando as janelas perderam a sua condição de posto de observação do mundo.
c) Já não interessa à muita gente ficar olhando a vida a partir da janela de uma casa.
d) os velhinhos ficavam assistindo à tudo das janelas, para onde levavam almofadinhas.
e) Das janelas assistia-se à vontade à movimentação das pessoas na rua.

11. (**FCC - 2012**) Considere: As decisões referentes ___ medidas que dizem respeito ___ toda sociedade devem ser tomadas com sabedoria, cada uma ___ seu tempo.
As lacunas da frase acima estarão corretamente preenchidas, respectivamente, por:

a) as - à - à
b) às - à - a
c) às - a - a
d) às - a - à
e) as - a - à

12. Assinale a alternativa em que o acento indicador de crase tenha sido **incorretamente** utilizado.

a) Teoria e prática devem estar aliadas uma à outra.
b) Trabalha 45 horas por semana, de segunda à sábado.
c) Foi até à cidade mais próxima, onde conseguiu ajuda médica.
d) A empresa funciona das 8h às 18h, da segunda à sexta-feira.

13. (**Fumarc - 2012**) Analise as frases a seguir:

I) Não confiamos segredos à pessoas estranhas.

II) Quem estava disposto à recuperar o tempo perdido?

III) A espaçonave retornará à Terra em 2015.

IV) O empresário saiu da reunião às 19h.

A opção que indica CORRETAMENTE o emprego do acento indicador da crase como certo ou errado é:

a) I - C; II - C; III - E; IV - E
b) I - C; II - E; III - C; IV - E
c) I - E; II - E; III - C; IV - C
d) I - C; II - C; III - E; IV - C

14. (**Vunesp - 2012**) Assinale a alternativa em que o sinal indicativo de crase está empregado corretamente.

a) Foi dada a palavra à defesa, que se recusou à falar em favor de seus representados.
b) Provou-se que àqueles estudantes foram impostos severos maus tratos, até levá-los à morte.
c) À bem da verdade, a defesa não estava plenamente à par das acusações contra os réus.
d) À princípio, os acusados submetidos à acareação passaram a incriminar-se uns aos outros.
e) À partir daquele momento, as pessoas que assistiam àquele julgamento aplaudiram à atitude do defensor.

15. *"[...] não é necessário voltar às passagens anteriores para que se saiba do que ou de quem se fala."*
O uso do acento indicativo de crase continua ***correto***, se substituirmos o trecho sublinhado por

a) àquilo que já se leu.
b) à alguma das páginas anteriores.
c) à páginas que já foram lidas.
d) à uma página anterior.

16. (**Pref. BH - Advogado - 2012**) Não vamos ter problemas com relação a essa questão.
A utilização do acento grave indicativo de crase será obrigatória se a expressão sublinhada for substituída por

a) a mencionada questão.
b) a qualquer questão nessa área.
c) a questões como essa.
d) a uma questão desse tipo.

17. (**CESGRANRIO - PETROBRÁS/2012 - Contador**) A palavra **a**, na Língua Portuguesa, pode ser grafada de três formas distintas entre si, sem que a pronúncia se altere: a, à, há. No entanto, significado e classe gramatical dessas palavras variam. A frase abaixo deverá sofrer algumas alterações nas palavras em destaque para adequar-se à norma padrão. **A** muito tempo não vejo **a** parte da minha família **a** qual foi deixada de herança **a** fazenda **a** que todos devotavam grande afeto. De acordo com a norma padrão, a correção implicaria, respectivamente, esta sequência de palavras:

a) a - a - à -há - à
b) à - à - a - a - a
c) há - a - à - a - a
d) há - à - à - a - a
e) há - a - a - à - à

18. (**ESAF - 2013**) Não é ruim ter um carro. Não sou inimigo do carro. Eles são maravilhosos para viajar, sair ____ noite. Mas ____ um conflito terrível pelo espaço da cidade que causa um dano ____ qualidade de vida. Se querem ter um carro, tudo bem, mas para tê-lo deveriam pagar muitos impostos pelo uso, não pela sua posse. Como cobrar pelo uso? Com pedágios, impostos sobre a gasolina,

estacionamentos. ____ mobilidade e os engarrafamentos são dois problemas distintos que se resolvem de maneiras distintas. (Adaptado da entrevista de Enrique Peñalosa, urbanista e ex-prefeito de Bogotá, a Ricardo Ampudia. Vida Simples, setembro 2012)

a) a - a - à - A

b) à - há - à - A

c) à - a - à - Há

d) à - há - a - Há

e) a - há - a - À

19. (**Fundep**) "Os direitos civis e políticos não asseguram a democracia sem os direitos sociais [...]: o direito **à** educação, [...] a uma velhice tranquila." É **CORRETO** afirmar que o sinal gráfico empregado na palavra destacada nessa frase é denominado

a) crase.

b) trema.

c) acento agudo.

d) acento grave.

20. (**FCC - 2013**) "O acesso ___ redes sociais voltadas para a carreira pode ajudar o profissional ___ conseguir uma colocação no mercado de trabalho. Mas é preciso atenção ao se criar um perfil na internet, pois todo o conteúdo ali veiculado afetará positiva ou negativamente ___ imagem do profissional". Preenchem corretamente as lacunas do texto acima, na ordem dada:

a) às - a - à

b) às - à – a

c) às - a – a

d) as - à - a

e) as - à - à

GABARITO									
01. D	02. C	03. A	04. D	05. D	06. A	07. A	. B	09. D	10. E
11. C	12. B	13. C	14. B	15.A	10. A	17.C	18. B	19. D	20. C

X. FORMAÇÃO DAS PALAVRAS

Parafins, gatins, alphaluz, sexonhei da guerrapaz
Ouraxé, palávoras, driz, okê, cris, espacial
Projeitinho, imanso, ciumortevida, vivavid
Lambetelho, frúturo, orgasmaravalha-me Logun
Homenina nel paraís de felicidadania:
Outras palavras, outra palavras...

– Caetano Veloso

Existem dois processos básicos pelos quais se formam as palavras: a derivação e a composição. A diferença entre ambos consiste basicamente em que, no processo de derivação, partimos sempre de um único radical, enquanto no processo de composição sempre haverá mais de um radical.

1. Derivação

Derivação é o processo pelo qual se obtém uma palavra nova, chamada derivada, a partir de outra já existente, chamada primitiva. A derivação consiste no acréscimo de morfemas, isto é, a menor unidade linguística dotada de significado, a um radical já existente, a fim de representar um conceito relacionado à palavra original. Existem cinco processos de derivação, a saber:

a) Prefixação ou prefixal: consiste em adicionar um prefixo ao radical. Exemplos: forma – reforma, teatro – anfiteatro, operação – cooperação, etc.

b) Sufixação ou sufixal: consiste em adicionar um sufixo ao radical. A derivação sufixal pode ser *nominal*, formando substantivos e adjetivos (papel – papelaria; riso – risonho), *verbal*, formando verbos (atual – atualizar) ou *adverbial*, formando advérbios de modo (feliz – felizmente).

c) Parassíntese: consiste em adicionar ao radical, ao mesmo tempo, um prefixo e um sufixo, formando nomes e verbos. Exemplos: vermelho - avermelhado, frio – esfriamento, gaveta – engavetar, bênção – abençoar, etc.

DICA DO PROFESSOR

Nota-se que não são consideradas parassínteses palavras como "desordenamento", "decodificação", etc. Uma vez que existem as palavras "ordenamento", "desordem", "codificação", sendo o prefixo independente do sufixo. Nesse caso, diz-se que a palavra sofreu tanto prefixação quanto sufixação. **Ex.**: repor = re (prefixo) + por (radical do verbo "pôr").

d) Derivação regressiva: geralmente são substantivos oriundos de verbos. Consiste na supressão das desinências verbais, reduzindo a palavra primitiva. Exemplos: buscar - busca, morrer – morte, etc. No entanto, podemos ter uma regressão a partir do substantivo (botequim – boteco; barracão –barraco).

Obs.: O que veio primeiro? O ovo ou a galinha? O mesmo podemos perguntar: o que veio primeiro? O verbo ou o substantivo? Nem sempre é fácil chegarmos a essa conclusão. Vamos nos valer das palavras do filólogo Mario Barreto para apontarmos uma resposta. "Se o substantivo denota ação, será palavra derivada, e o verbo palavra primitiva; mas, se o nome denota algum objeto ou substância, se verificará o contrário". Exemplo: caça e pesca são derivados de caçar e pescar; planta e telefone são palavras primitivas que dão origem aos verbos plantar e telefonar.

e) Derivação imprópria ou Conversão: esta derivação não modifica a palavra, consiste apenas em mudar a classe gramatical, geralmente transformando o verbo em substantivo. Exemplos: o saber, o porquê, etc. Consiste também em usar adjetivos como se fossem advérbios, por exemplo: "andar rápido", "jogar bonito".

2. Composição

A composição é o processo que consiste em unir dois ou mais radicais para formar uma nova palavra. Existem quatro processos de composição, a saber:

a) Composição por Justaposição ou Morfossintática: neste caso, não há mudança nas palavras originais, nem perda de letras ou fonemas. Pode acontecer com o auxílio do hífen ou não.

Exemplos: guarda-chuva, girassol, arranha-céu, porta-arquivo, passatempo, etc.

b) Composição por Aglutinação ou Morfológica: neste caso, parte do elemento original das palavras se perde, e assim deixa de existir a noção do composto. Alguns exemplos: planalto (de plano + alto), embora (em + boa + ora), fidalgo (filho + de + algo), boquiaberta (boca + aberta), você (vossa + mercê), etc.

Obs.: União de radicais: é um processo de aglutinação, consiste em juntar elementos radicais do latim ou do grego para dar um novo significado. Exemplos: pedofilia (pedo, "criança" + filia, "atração"), agrícola (agro, "campo" + cola, "aquele que habita", etc.)

3. Hibridismo

O hibridismo consiste em unir elementos sendo cada um oriundo de um idioma. Exemplos: automóvel (latim e grego), alcalóide (árabe e grego), burocracia (francês e grego), sambódromo (dialeto africano e grego), etc. Alguns autores chamam tal processo de união de radicais.

4. Abreviação vocabular

É a redução da palavra até o limite de sua compreensão (metrô, moto, pneu, etc.). Não confundir com abreviatura, que é a representação de uma palavra por meio de uma de suas sílabas ou letras (p. ou pág. – página; Fis. – Física).

5. Siglonimização ou acrônimo

É formação de siglas, utilizando as letras iniciais de uma sequência de palavras (**Vocabulário Ortográfico da Língua Portuguesa – VOLP**).

Podem ser **Silabáveis**: formam efetivamente uma nova palavra, podendo ser pronunciada de acordo com as normas do idioma. Exemplos: Infraero (Infraestrutura Aeroportuária), USP (Universidade de São Paulo), Petrobrás (Petróleo Brasileiro) UNIP (Universidade Paulista), etc. ou Não silabáveis: não formam propriamente uma palavra, sendo constituídos apenas pelas iniciais das palavras, sendo necessária a pronúncia do nome de cada letra. Exemplos: FMI, MST, SPC, PT,INSS, etc. A partir de siglas, outras palavras podem ser formadas (aidético, petista).

Obs.: As siglas com até três letras e aquelas que não puderem ser lidas como uma palavra são grafadas inteiramente com maiúsculas (ONU, CPF, ABNT, FGTS).

6. Onomatopeia

É a palavra formada a partir dos sons que um determinado objeto ou animal produz.

Ex.: reco-reco, fom-fom, bem-te-vi, tique-taque. Tais termos são chamados de onomatopaicos.

Alguns prefixos gregos

Prefixos	Significados	Exemplos
a-, an-	falta, negação, privação	anarquia, ateu, anestesia
ana-	decomposição, movimento contrário, repetição	análise, anagrama, anáfora
anfi-	em torno de, duplicidade	anfiteatro, anfíbio
apo-	distância, separação	apogeu, apóstolo
arqui-, arque-, arc-, arce-, arci-	superioridade, principal, aumento	arquipélago, arquiteto, arquimilionário, arcebispo
cata-	posição superior, movimento de cima para baixo	catadupa, catarata
dia-, di-	movimento através de duplicidade, afastamento	diagonal, ditongo, diacronia
dis-	dificuldade, falta, mau estado	dispneia, dessemetria, disenteria
ec-, ex-	movimento para fora, separação	eclipse, exorcismo
e-, en-	posição interna, posição sobre	encéfalo, emplasto
epi-	posição superior, posteridade	epitáfio, epílogo
endo-	posição inferior, movimento para dentro	endométrio, endoscopia
eu-	bom, bem, perfeito, excelência, belo	eugenia, eucaristia, eufonia
hemi-	meio, metade	hemisfério, hemiplegia
hiper-	posição superior, excesso superabundância	hipérbole, hipertrofia

hipo-	falso, por baixo de, posição inferior	hipocrisia, hipótese, hipotenusa
meta-	transformação, movimento de um lugar para outro, sucessão	metamorfose, metáfora, metacarpo
para-	comparação, ao lado de, paralelismo, proximidade	paradigma, parônimo, parágrafo
peri-	em volta de, em torno de	periscópio, perífrase
poli-	multiplicidade, coleção	polissemia, polissílaba
pro-	movimento para frente, anterioridade	progresso, prólogo, prognóstico
proto-	anterioridade, o primeiro	protótipo
sin-, sim-, si-	simultaneidade, reunião	sintonia, síntese, simpatia

Alguns prefixos latinos

Prefixos	Significados	Exemplos
a-, ab-, abs-	afastamento, separação	abstenção, abdicar
a-, ad-, ar-, as-	aproximação, direção	adjunto, advogado, arribar, assentir
ambi-	ambiguidade, duplicidade	ambivalente, ambíguo
ante-	anterioridade	anteontem, antepassado
aquém-	do lado de cá	aqué-mar
bene-, bem-	excelência, bem	beneficente, benfeitor
bis-, bi-	dois, duas vezes, repetição	bípede, binário, bienal
circum-	em torno de, em volta de	circunferência, circunflexo
com-, con-, co-, cor-	companhia, contiguidade	compor, conter, cooperar
contra-	oposição	controvérsia, contraveneno
cis-	posição, aquém de	cisandino, cisalpino
dis-	separação, negação	dissidência, disforme
e- ,em- ,en-	introdução, superposição	engarrafar, empilhar

e-, es-, ex	movimento para fora, privação	emergir, expelir, escorrer, extrair, exportar, esvaziar, explodir
extra-	posição exterior, excesso	extraconjugal, extravagância
i-, in-, im-	negação, mudança	ilegal, imberbe, incinerar
i-, in-, im- intra-, intro-	posição interior, movimento para dentro	imersão, inalar, introduzir intrapulmonar, intravenenoso
justa-	posição ao lado	justalinear, justapor
o-, ob-	posição em frente	obstáculo, objeto, opor, ocorrer
per-	movimento através de	perpassar, pernoite
pos-	ação posterior, em seguida	pós-datar, póstumo
pre-	anterioridade, superioridade	pré-natal, predomínio
pro-	antes, em frente, intensidade	projetar, progresso, prolongar
preter-, pro-	além de, mais para frente	prosseguir
re-	repetição, para trás	recomeço, regredir
retro-	movimento mais para trás	retrospectivo
semi-	metade, quase	semicírculo
sub-, sus-	posição inferior	subordinado, subalimentado
super-, sobre-, supra-	posição superior, aumento	supercílio, sobressair, supramundano
trans-	posição além de	transamazônica
Tri	três	Tricolor
vis , vice	substituição	visconde , vice-reitor

Radicais gregos que aparecem como primeiro elemento da composição

Radicais	Significados	Exemplos
acro	alto	acrópole
aero	ar	aeródromo
agro	campo	agrônomo, agricultura

Radicais	Significados	Exemplos
antropo-	homem	antropofagia
aristo-	melhor	aristocracia
arqueo-	antigo	arqueologia, arqueólogo
atmo-	ar	atmosfera
auto-	mesmo, próprio	autoajuda, autômato
baro-	peso, pressão	barômetro, barítono
biblio-	livro	bibliófilo
bio-	vida	biografia
caco-	mau	cacofonia, cacoete
cali-	belo	caligrafia
cardio-	coração	cardiologia
céfalo-	cabeça	cefalópodes, cefaleia
cito-	célula	citoplasma, citologia
copro-	fezes	coprologia, coprofafia
cosmo	mundo	cosmonauta
crono	tempo	cronômetro
deca	dez	decâmetro
dico	em duas partes	dicotomia, dicogamia
enea	nove	eneassílabo
eno-	vinho	enólogo, enologia
entero-	intestino	entérico
etno-	povo	étnico, etnia
filo-, filia-	amigo, amizade	filósofo, filantropia, filatelia
fito-	planta	fitóide
fisis-	natureza	fisiológico
fono	som, voz	fonética, fonologia
gastro-	estômago	gastrite, gastronomia

Radicais	Significados	Exemplos
gero	velho	geriatria
gimno	nu	gimnofobia
hialo	vidro	hialino
hemo-	sangue	hemorragia, hemodiálise
hidro-	água	hidroavião, hidratação
hiero	sagrado	hieróglifo
hipo-	cavalo	hipódromo
homo-	igual	homônimo, homógrafo
idio-	próprio	idioma, idioblasto
leuco	branco	leucócito
melano	negro	melanésia
macro-, megalo-	grande, longo	macronúcleo, megalópole
meso-	meio	mesoderme, mesóclise
micro-	pequeno	micróbio, microscópio
mono-	um	monarquia
necro-	morto	necrofilia, necropsia
nefro	rim	nefrite
neo	novo	neolatino
odonto-	dente	odontologia
onico	unha	onicofagia
oniro	sonho	onírico
orto-	correto	ortodoxo
penta-	cinco	pentágono
pneumo-	pulmão	pneumonia
pepsis-	digestão	dispepsia
quilo-	mil	quilômetro
quiro	mão	quiromante

Radicais	Significados	Exemplos
rino	nariz	rinite
rizo	raiz	rizotônico
selene	lua	selenita
semio-	sinal	semiótica
talasso	mar	talassocracia
telo-	longe	telescópio, televisão
uro-	cauda	urocordado
xero	seco	xerográfico
xilo	madeira	xilogravura
zoo	animal	zoologia

Radicais gregos que aparecem como segundo elemento da composição

Radicais	Significados	Exemplos
-agogo	que conduz	pedagogo, demagogo
-alg, -algia	sofrimento, dor	analgésico, lombalgia
-arca	que com comanda	monarca
-arquia	comando, governo	anarquia, autarquia
-cracia	autoridade, poder	aristocracia, plutocracia
-doxo	aquele que opina	paradoxo, heterodoxo
-dromo	corrida, pista, lugar	sambódromo, fumódromo
-fagia	ato de comer	antropofagia, necrofagia
-fago	aquele que come	antropófago, necrófago
-filo, -filia	amigo, amizade	bibliófilo, xenófilo, lusofilia
-fobia	inimizade, ódio, temor	xenofobia, aracnofobia
-fobo	que odeia	xenófobo, hidrófobo
-gamia	casamento	monogamia, poligamia

-gene	que gera, origem	heterogêneo, alienígena
-gini	mulher	andrógeno
-grafia	descrição, escrita	caligrafia, geografia
-gono	ângulo	pentágono, eneágono
-latria	que cultiva	idolatria, alcoólatra
-log, -logia	que trata, estudo	psicólogo, andrologia
-mancia	adivinhação	cartomante, quiromancia
-mani, -mania	loucura, tendência	megalomaníaco, cleptomania
-metro	que mede	barômetro, termômetro
-morfo	que tem forma	zoomórfico
-onimo	nome	sinônimo, topônimo
-polis, poli	cidade	divinópolis, soteropolitano, metrópole
-potamo	rio	mesopotâmia, hipopótamo
-ptero	asa	helicóptero
-scopia	o que faz ver	endoscopia, telescópio
-sofia	sabedoria, saber	filosofia, teosofia
-soma	corpo	cromossomo
-stico	verso	monóstico, dístico
-teca	lugar, coleção	biblioteca, hemeroteca
-terapia	cura, tratamento	hidroterapia, termoterapia
-tomia	corte, divisão	vasectomia, traqueostomia
-tono	tom	barítono, monótono

Alguns radicais latinos que aparecem como primeiro elemento da composição

Radicais	Significados	Exemplos
-agri	campo	agricultura, agrônomo
-api	abelha	apicultura

Radicais	Significados	Exemplos
-arbor	árvore	arborizar
-beli	guerra	bélico, beligerância
-cali	calor	calorias, calórico
-centri	centro	centroavante, centrifugar
-color	cor	colorímetro, colorau
-cordi	coração	cordial, cordisburgo
-corn, -corni	antena, chifre	cornudo, cornucópia
-cruci	cruz	crucifixo, crucificar
-digit, -digiti	dedo	digital, digitar
-dui	dois, duplo	duelo, duípira
-ego	eu	egoísmo, ególatra
-equi	igual	equinócio, equivalente
-ferr, -ferri	ferro	ferrífero, ferrovia
-fide	fé	fidelidade, fidedigno
-fili	filho	filiação, filicida
-frater	irmão	fraternidade, fraterno
-frig, -frigi	frio	frigidez, frígido
-homini	homem	homicida, homicídio
-igni	fogo	ignição
-lati	amplo, largo	latifúndio
-luci	luz	lúcido, lucidez
-odori	odor, cheiro	odorífero
-oni	todo, toda, tudo	onipotente, onívoro
-pedi, pede	pé	pedestre, peão, pedicura
-petr	pedra	petróleo, petrificar
-pisci	peixe	piscicultor, piscina
-pluvio	chuva	pluviosidade, pluviômetro

Radicais	Significados	Exemplos
-quadri, -quadro	quatro	quadrúpede, quadriciclo
-reti	reto	retidão, retificar
-silvi	selva	silvícola, silvicultura
-socio	sociedade	sociólogo, socialização
-sudori	suor	sudoríparas, sudorese
-telur	terra	telúrica
-toni	forte	tonificar
-toxico	veneno	toxina
-triti	trigo	triticultura
-sui	a si próprio	suicida, suicídio
-tri	três	tricampeão, triângulo
-uxori	esposa	uxória, uxoricida
-veloci	veloz	velocípede, velocímetro
-vermi	verme	verminose, vermífugo
-vini	vinho	vinícola, vinicultura
-vitri	vidro	vitral, vitrina

Alguns radicais latinos que aparecem como primeiro elemento da composição

Prefixos	**Significados**	**Exemplos**
-ambulo	que anda	sonâmbulo
-cida	que mata	homicida, inseticida
-cola	que habita	arborícola, silvícola
-cultura	que cultiva	vinicultura
-evo	Idade	longevidade
-fero	que contém ou produz	mamífero, aurífero

-fico	que faz ou produz	benéfico, maléfico
-forme	que tem forma	uniforme
-fugo	que foge	vermífugo
-grado	grau, passo	centígrado
-luquo	que fala	ventríloquo
-paro	que produz	ovíparo
-pede	pé	velocípede
-sono	que soa	uníssono
-vago	que vaga	noctívago
-voro	que come	carnívoro, herbívoro

A PERGUNTA QUE NÃO QUER CALAR...

1. Por que a troca de **alcoólatra** para **alcoólico**?

A palavra álcool é de origem árabe e grega (latria – adoração). Assim sendo, alcoólatra, ao pé da letra é "quem adora álcool", é o "viciado em bebidas alcoólicas".

A Associação dos Alcoólatras Anônimos (AAA), assim chamada anteriormente, teve seu nome mudado para "Associação dos Alcoólicos Anônimos". A troca de alcoólatra por alcoólico se deve, provavelmente, à carga negativa que a palavra alcoólatra apresenta, como se fosse sinônimo de doente irrecuperável. Tal mudança constitui um eufemismo, ou seja, uma forma mais suave de dizer a mesma coisa.

Os dicionários Aurélio e Houaiss consideram alcoólico como sinônimo de alcoólatra. Portanto, a opção por alcoólico não está errada. Também se encontra registrada em nossos dicionários, como uma forma menos usada, a palavra alcoólico.

XI. ORTOGRAFIA

SENTIMENTAL

Ponho-me a escrever teu nome
Com letras de macarrão.
No prato, a sopa esfria, cheia de escamas
e debruçados na mesa todos contemplam
esse romântico trabalho. (...)

– Carlos Drummond de Andrade

De acordo com a última reforma, o alfabeto é hoje composto por 26 letras, sendo que o **K**, o **Y** e o **W** têm sua aplicação predominantemente em abreviaturas e símbolos, nomes derivados estrangeiros e palavras estrangeiras de uso internacional.

Emprego de certas letras

01. A letra **H** não representa fonema algum; apenas forma dígrafo e, por tradição ou etimologia, consta em algumas palavras do nosso português, principalmente nas iniciais (hotel, hábil, chapéu, Bahia).

02. Usa-se EZA ou EZ em substantivos abstratos derivados de adjetivos (grande – grandeza; belo – beleza; pálido – palidez).

03. Usa-se ESA ou ISA na formação do feminino (duque – duquesa; poeta – poetisa). Se não se enquadrar em um dos dois casos, a palavra deve ser escrita com S (surpresa, empresa, mesa)

04. Usa-se o sufixo IZAR em verbos derivados de nomes (cristal – cristalizar; ameno – amenizar). Se o radical já tiver a letra S, escreve-se com ISAR (análise – analisar). **Exceção**: **catequese – catequizar**.

05. Conservam-se nas palavras derivadas as letras S, J e Z que aparecem nas palavras primitivas (atraso – atrasado; loja – lojista; cruz – cruzeiro).

06. Escrevemos com CH as palavras derivadas de outras que já o contenham (charco – encharcado), os verbos encher e seus cognatos (enchimento / preenchimento) e as palavras cognatas que são grafadas com -pl, -fl, -cl (plúmbeo- chumbo, clave – chave; flama – chama)

07. Depois do ditongo, não usamos CH, Z e SS (faixa, lousa, eleição). Exceção: Diminutivos com a consoante de ligação Z (papeizinhos, aneizinhos, etc.) e as palavras derivadas de caucho – recauchutagem, recauchutar.

08. Depois de -en e -me, usamos X e não CH (enxuto, enxame, enxaqueca, mexer, mexilhão). Exceção: verbo encher e derivados; a palavra enchova, as palavras derivadas de outras que já começam por CH (encharcar, etc.) e a palavra mecha (de cabelo) e derivados.

09. Os sufixos OSO e OSE são sempre escritos dom S (dengoso; neurose).

10. Escrevemos com **Ç** Palavra derivada de verbos que se originam de **T** (optar – opção; exceto – exceção; cantar – canção; deter - detenção).

11. Escrevemos com **S** a palavra derivada de verbo cujo radical termine por ND, RG, RT, PEL e CORR (pretender – pretensão; divertir – diversão; aspergir – aspersão, incorrer – incursão; impelir - impulsão). Também as formas dos verbos querer e pôr são escritas com **S** (quis / puseram).

12. Escrevemos com **SS** Palavra derivada de verbo cujo radical termine por CED, MET, MIR, TIR, GRE ou PRIM (conceder – concessão; remeter – remessa; oprimir – opressão; admitir – admissão; agredir – agressor; imprimir – impressão).

13. Escrevemos com **Z** as palavras cognatas de outras grafadas com **-c, -ç** e **-g** (audácia – audaz; redução – reduzir; amigo - amizade), os sufixos que formam o grau aumentativo e o diminutivo (mão – manzorra; cão – canzarrão) e também as palavras derivas sem a letra **S** no radical (mangue – manguezal).

14. Depois de A inicial, usamos G e não J (agente, ágil).

De modo geral, nomes de alimentos são escritos com J (jiló, berinjela, canjica, jerimum)

15. O **ç** é utilizado nas palavras de origem árabe, tupi ou africana; após ditongos; nos sufixos -ação e –cão, -aça(o), -iça(o), uça(o); na correlação ter-tenção. Ex.: açafrão, açúcar, muçulmano, louça, formação, barcaça, carniça, dentuço, abster-abstenção.

16. O dígrafo **SC** tem seu emprego ligado à etimologia da palavra.

17. O **j** é empregado nas palavras derivadas de outras que já apresentam j; em palavras de origem tupi; nas formas dos verbos terminados em –**jar**; na terminação –**aje**. Ex.: varejão, pajé,arranjei, laje.

18. Algumas palavras apresentam-se registradas de dupla maneira no **Vocabulário Ortográfico** publicado pela **Academia Brasileira de Letras**. Vejam alguns exemplos abaixo:

arteriosclerose (e aterosclerose);

assobiar (e assoviar);

bêbado (e bêbedo);

descarrilar (e descarrilhar);

diabetes (e diabete);

infarto (infarte e enfarte e enfarto);

listra (e lista);

loura (e loira);

percentagem (e porcentagem);

quatorze (e catorze);

cota (e quota);

cotidiano (e quotidiano);

tataraneto (e tetraneto);

termelétrica (e termoelétrica);

terraplenagem (e terraplanagem);

xucro (e chucro).

19. Outras já foram aportuguesadas, como é o caso de leiaute (lay out); blecaute (black out); eslaide (slide); becape (back up); checape (check up); lêiser (laser); dísel (diesel); blogue (blog); estande (stand); baite (bite); estafe (stuff); bói (boy); escanear (scanner).

Observações:

- Geralmente, a palavra derivada conserva as letras da palavra primitiva (cortês – cortesia; canja – canjica). No entanto, temos exceções, como por exemplo, anjo – angelical.
- Os substantivos abstratos derivados de verbos, geralmente, são escritos com **–cão** (aceitar – aceitação; redigir – redação, reter – retenção).

O uso do hífen

O hífen (-) é utilizado em substantivos ou adjetivos compostos por justaposição.

1. Com prefixos, usa-se sempre o hífen diante de palavras iniciadas por **h.**

Ex.: anti-higiênico, super-homem, etc. (exceto subumano)

2. Não se usa hífen quando o prefixo termina em vogal diferente da vogal com que se inicia o segundo elemento.

Ex.: aeroespacial, autoestrada, extraescolar, plurianual, semiaberto, etc.

DICA DO PROFESSOR

O sufixo co aglutina-se sempre - cooperação, coabitar, etc.

3. Não se usa hífen quando o prefixo termina em vogal e o segundo elemento começa por consoante. Se a consoante for **R** ou **S** dobram-se as referidas letras.

Ex.: anteprojeto, autopeça, semicírculo, antirrábico, antessala, ultrassom, cosseno, semirreta, etc.

4. Quando o prefixo termina por vogal , usa-se o hífen se o segundo elemento começar pela mesma vogal.

Ex.: micro-ondas, contra-ataque, anti-inflamatório, etc.

5. Quando o prefixo terminar em consoante, usa-se o hífen se o segundo elemento começar pela mesma consoante; com prefixo –**sub**, se a palavra for iniciada por **R** e com os prefixos –**circum** e –**pan**, se a palavra for iniciada por –**m**, –**n** e **vogal**.

Ex.: inter-racial, hiper-romântico, sub-região, sub-raça, pan-americano, circum-navegação, etc. Nos demais casos, não se utiliza o hífen: hipermercado, superinteressante.

6. Quando o prefixo termina por consoante, não se usa o hífen se o segundo elemento começar por vogal.

Ex.: hiperacidez, interescolar, superexigente, etc.

7. Com os prefixos –ex, –sem, –além, –aquém, –recém, –pós, –pró usa-se sempre o hífen.

Ex.: além-mar, ex-aluno, pós-graduação, sem-terra, recém-nascido, pró-europeu.

8. Usa-se o hífen com os sufixos de origem tupi-guarani –açu, –guaçu, –mirim.

Ex.: capim-açu, guarda-mirim

9. O hífen também é utilizado para ligar duas ou mais palavras que ocasionalmente se combinam, formando encadeamento de idéias e também no caso de nominalizações.

Ex.: ponte Rio-Niterói, um Maria-vai-com-as-outras, etc.

10. Usa-se o hífen ainda em formas verbais com o pronome enclítico ou mesoclítico.

Ex.: chamá-lo / vendê-lo-ei.

11. O hífen não deve ser utilizado em palavras que perderam a noção de composição.

Ex.: pontapé, girassol, paraquedas, mandachuva, para-choque, etc.

12. Para clareza gráfica, se no final da linha a partição ou combinação de palavras coincidir com o hífen, esse deve ser repetido na linha seguinte.

13. Co-, re-, pré-, pro-, des- e in- não admitem hífen.

Ex.: coautor, reeditar, preestabelecer, propor, desumano, inabitado.

14. Pré, pró e pós, quando acentuados, exigem hífen.

Ex.: pré-vestibular, pró-europeu, pós-operatório.

15. Vice e ex- exigem hífen.

Ex.: Vice-diretor, ex-prefeito.

16. O hífen permanece em palavras compostas que não contém elementos de ligação e constituem unidade sintagmática e semântica e também naquelas que designam espécies botânicas e zoológicas.

Ex.: couve-flor – erva-doce, etc.

17. No caso da palavra 'mal', só haverá hífen se o termo posterior começar por **H** ou por **vogais**. Caso contrário, o hífen não deve ser utilizado.

Ex.: "Ela é uma criança mal-educada"; "Houve um grande **mal-estar**"; "Ele estava **mal-humorado**"; "Era um produto **mal-acabado**"; "Ela é uma criança **malcriada**"; "Ela é uma **malcasada**"; "É um produto **malfeito**".

18. Com o prefixo "pré-", só usamos hífen, quando ele é tônico: pré-colombiano, pré-coma, pré-contrato, pré-cozido, pré-datado, pré-estréia, pré-vestibular... Quando o prefixo "pre" é átono, escrevemos "junto": preconceito, preconcebido, precocidade, precogitação, precognição, preconizar, predeterminar...

DICA DO PROFESSOR

Há expressões que podem vir (nome composto) ou não com hífen. Ex.: Ele possui uma cabra cega; Brincavam de cabra-cega.

XII. FONOLOGIA

RELEMBRANDO CONCEITOS...

1. **Fonema**: é a unidade de caráter sonoro, que se realiza na fala. Não confundir com letra, que a representação gráfica do fonema.

2. **Encontros vocálicos**

2.1. Ditongo: é o encontro de uma vogal e de uma semivogal em uma mesma sílaba, ou vice-versa. Podem ser crescentes (lí-rio), decrescentes (pai), orais (má-goa) e nasais (pin-guim).

2.2. Tritongo: é o encontro de uma semivogal + vogal + semivogal em uma mesma sílaba. Ex.: U-ru-guai.

2.3. Hiato: é quando, na palavra, temos duas vogais, sendo que, uma delas se desprende da outra e forma uma sílaba distinta. Ex.: sa-ú-de / Ca-a-tin-ga

3. **Encontros consonantais:** é quando duas ou mais consoantes aparecem juntas no mesmo vocábulo, podendo estar em uma mesma sílaba – **tr**ama (encontro consonantal próprio ou perfeito) – ou sílabas diferentes – te**st**e (encontro consonantal impróprio ou imperfeito).

4. **Dígrafo:** acontece quando a língua recorre a duas ou mais letras para representar um só fonema. Ex.: u**nh**a, ca**rr**o, pa**lh**a, na**sc**er, **qu**ilo, e**xc**eção, etc.

DIVISÃO SILÁBICA

Sílaba é o fonema ou grupo de fonemas pronunciado numa só emissão de voz. Qualquer sílaba tem de ter na sua constituição uma vogal, ou seja, não existe sílaba sem vogal.

Quanto ao número de sílabas, as palavras podem ser monossílabas (uma sílaba); dissílabas (duas sílabas); trissílabas (três sílabas) e polissílabas (quatro ou mais sílabas).

As sílabas podem ser átonas ou tônicas – esta última recebe o acento tônico e é pronunciada com maior intensidade. Quanto à posição da sílaba tônica, as palavras podem ser classificadas em oxítonas (quando a sílaba tônica está na última posição da palavra); paroxítonas (penúltima posição) e proparoxítona (antepenúltima posição).

Principais regras referentes à divisão silábica

1. ditongos e tritongos pertencem a uma única sílaba.
Ex.: ou-to-no ; di-nhei-ro ; Pa-ra-guai.

2. os hiatos são separados em duas sílabas.
Ex.: du-e-to ; ca-a-a-tin-ga.

3. os dígrafos ch, lh, nh, gu, qu pertencem a uma única sílaba.
Ex.: chu-va ; a-que-la.

4. as letras que formam os dígrafos –rr, f –ss, –sc, –sç, –xs e –xc devem ser separadas.
Ex.: bar-ro ; as-sun-to ; des-cer ; ex-ce-to.

5. Os encontros consonantais que ocorrem em sílabas internas devem ser separados, excetuando aqueles em que a segunda consoante é –l ou –r. No início das palavras os encontros consonantais não são separados.
Ex.: ap-to ; ad-mi-tir ; ob-tu-rar ; pneu-má-ti-co ; mne-mô-ni-co.

6. São oxítonas:

- cate**ter**

- cis**ter**
- ure**ter**
- mis**ter**
- con**dor**
- ru**im**
- No**bel**
- no**vel**
- car**tel**
- menes**trel**
- su**til**
- su**tis**

7. São paroxítonas:

- a**va**ro
- pu**di**co
- aus**te**ro
- juni**o**res
- azi**a**go
- **lá**tex
- ci**clo**pe
- re**cor**de
- filan**tro**po
- ru**bri**ca
- i**be**ro
- **têx**til
- tu**li**pa
- gra**tui**to
- for**tui**to
- misan**tro**po
- carac**te**res
- re**cor**de
- ba**ta**vo

8. São proparoxítonas:

- ae**ró**lito
- **bá**varo
- **ín**terim
- a**rí**ete
- mo**nó**lito
- **lê**vedo
- **trâns**fuga
- **ô**mega
- Ni**á**gara
- **zê**nite
- ar**qué**tipo
- pro**tó**tipo
- ca**tás**trofe
- **ím**probo
- **cé**rebro
- pre**té**rito
- e**pí**teto

9. Palavras que admitem dupla pronúncia:

- a**cró**bata/acro**ba**ta
- tran**sís**tor/transis**tor**
- hie**ró**glifo/hiero**gli**fo
- **rép**til/rep**til**
- pro**jé**til/proje**til**
- Oce**â**nia/Ocea**ni**a
- **xé**rox/xe**rox**
- clí**to**ris/cli**tó**ris
- cri**sân**temo/crisân**te**mo
- au**tóp**sia/autop**si**a
- bi**óp**sia/biop**si**a
- ne**cróp**sia/necrop**si**a
- **dú**plex/du**plex**

A PERGUNTA QUE NÃO QUE CALAR...

1. O certo é ortoépia ou ortoepia?

Ortoépia ou ortoepia (as duas pronúncias estão corretas de acordo com o VOLP) é a parte da fonética que indica a pronúncia aconselhável que um determinado termo deve ter. Aconselhável porque a própria palavra ortoepia (do Grego orthos, "correto", e epos, "palavra"), que discute a correta maneira de pronunciar os sons da língua, tem sua pronúncia controvertida. Vamos então para algumas dúvidas em relação ao tema:

2. Qual é a pronúncia correta da palavra '**subsídio**'?

A letra 's', quando entre vogais, tem som de /z/. É o caso de 'rosa', 'casa', 'brasa', etc. Assim, o 's' intermediário da palavra em questão **tem realmente som de /s/ e não de /z/** (de acordo com alguns etimologistas o termo se origina de *sub cedio)*. O mesmo acontece, por exemplo, com subsolo, subsecretário ou subsequente. No entanto, a exceção a essa regra fica a cargo do prefixo *trans* que, quando se une a vocábulo iniciado por vogal, o '*s*' adquire som de */z/*: *transamazônico, transeunte, transitório.* No entanto, vale lembrar ainda que, se o prefixo *trans* se une a palavras já começadas por '*s*', a pronúncia resultante é de */s/* e não de */z/*, independentemente dos aspectos gráficos das palavras: *transecular* (trans+secular), *transiberiano* (trans+siberiano), etc. Adotam o mesmo posicionamento: Luís A. P. Vitória, Cândido de Figueiredo, Silveira Bueno, José de Nicola, Luís Antônio Sacconi, Ernani Terra, bem como o VOLP.

3. Qual é a pronúncia correta da palavra '**obséquio**'?

Das palavras com o encontro "-bs-", o "s" tem som de "z" somente em "obséquio" e derivadas (obsequiar, obsequioso, obsequiosidade).

4. Qual é a pronúncia correta da palavra '**inexorável**'?

A pronúncia da letra 'x' na palavra em questão é de /z/. Adotam o mesmo posicionamento Aurélio, Houaiss, Celso Pedro Luft, Antenor Nascentes, bem como o VOLP.

5. A forma correta é **biotipo** ou **biótipo**?

As duas formas são corretas. Geralmente, os vocábulos terminados em "tipo" são proparoxítonos, como por exemplo, protótipo, arquétipo, genótipo, estereótipo. Por isso, oficialmente era biótipo. No Brasil, porém, a pronúncia biotipo (paroxítona) está consagrada, e os nossos dicionários já registram as duas pronúncias: biótipo e biotipo. É importante lembrar que isso não é uma exceção nem anomalia gramatical, pois existem outras palavras paroxítonas terminadas em "tipo". É o caso de linotipo, logotipo, etc.

TESTES

01. (**TC**) Examinando as palavras: viajens - gorgeta - maizena - chícara

a) apenas uma esta escrita corretamente.
b) Apenas duas estão escritas corretamente.
c) Todas estão escritas corretamente.
d) Nenhuma está escrita corretamente.

02. A __________ de uma guerra nuclear provoca uma grande __________ na humanidade e a deixa _________ quanto ao futuro.

a) espectativa - tensão - exitante
b) espectativa - tenção - hesitante
c) expectativa - tensão - hesitante
d) expectativa - tensão - hezintante

03. Não creio que este fato constitua ________ para sua _________ na carreira.

a) empecilho - ascensão
b) empecílio - ascensão
c) impecilho - acensão
d) impecílio - acenssão

04. (**TJ**) Aponte a alternativa que apresenta todas as palavras escritas corretamente.

a) enxada - bondoso - bexiga - revezamento - cabeleireiro
b) faxina - tóxico - canalisar - nobreza - canjica
c) eresia - canzarrão - caxumba - xadrez - hegemonia
d) hêxito - gorjeio - algema - pesquisa - desinteria

05. Todas as pessoas que participaram do bazar ______________ trabalharam ____________ .

a) beneficiente - prazerosamente
b) beneficente - prazerosamente
c) beneficente - prezeirosamente
d) beneficiente - prazeirosamente

06. (**TA**) Ambas as palavras estão grafadas incorretamente em:

a) atravez - despeza
b) humanizar - profetizar
c) análize - coriza
d) estupidez - empreza
e) aviso - deslize

07. (**FCC**) A frase em que há palavras escritas de modo **incorreto** é:

a) Se for comprovada a correção da nova teoria, a preservação das florestas torna-se essencial para garantir a qualidade de vida em todo o planeta.
b) O desmatamento indescriminado, que reduz os índices de chuva e altera o ciclo das águas, pode transformar um continente em um estenso e inabitável deserto.
c) Com ventos mais próximos ao mar, o ar úmido resultante da evaporação da água do oceano é puxado para o continente, distribuindo a chuva ao redor do planeta.
d) A aridez que sempre caracterizou as paisagens do Nordeste brasileiro aprece agora, para assombro de todos, na região sul, comprometendo as safras de grãos.
e) Alguns estudiosos reagem com sensatez às recentes explicações, considerando se o papel da bomba biótica é realmente crucial na circulação do ar.

08. (**TTN**) Nos casos de administração prolongada e posologia ________, observaram-se alterações ________, em alguns casos isolados. Essas alterações desaparecem completamente após a ________ do tratamento. (Bula de Bactrim)

a) excessiva - hematológicas - suspensão
b) exessiva - homeopáticas - suspensão
c) escessiva - omeopáticas - interrupção
d) recessiva - ematológicas - interrupção
e) excessiva - hematologias - suspensão

09. (**FCC**) Está correta a grafia de todas as palavras da frase:

a) Muitos de deixam abalar por um mixto de torpor e devaneio, quando se entretém à janela do ônibus.
b) Tentou convencer o jovem a desligar a engenhoca, mas não obteve sucesso nessa tentativa de dissuazão.
c) Que temos nós a haver com o relatório que deixou frustrado aquele executivo?
d) Por que não se institue a determinação de por um fim ao abuso dos ruídos no interior do ônibus?
e) É difícil explicar o porquê de tanta gente sentir-se extasiada diante das iniquidades de um filme violento.

10. O substantivo derivado do verbo está grafado INCORRETAMENTE em:

a) ascender – ascensão
b) proteger – proteção
c) catequizar - catequeze
d) progredir - progressão
e) paralisar – paralisia

11. (**Fumarc - 2012**) As palavras em destaque a seguir foram corretamente empregadas nas frases, EXCETO em:

a) Catarino agiu **mau** quando resolveu demitir-se do emprego.
b) A última **sessão** de "Missão Impossível 3" termina às 23 horas neste cinema.
c) Retornando à **cela**, o prisioneiro reviu seus atos.
d) Não adianta **apreçar** esse carro, se não pode adquiri-lo.

12. (**Fumarc - 2012**) Das frases a seguir, a que **não** apresenta palavras com erro ortográfico é:

a) Da feira, trouxe beringela, jenipapo e um pouco de milho para uma canjica.
b) Entrou, mas, ao avistar uma ratasana, sentiu ojeriza daquele lugar.
c) Com cabelos grisalhos e olhar calmo, o palestrante mostrava certa rijeza fala.
d) Se uma consideração plausível, que seja feita com rijidez.

13. "[...] ocorre um caso típico de <u>mau emprego</u> do expediente de coesão." Desconsideradas as alterações de sentido, assinale a alternativa que contém um erro de ortografia.

a) Surge um caso típico de má utilização do expediente de coesão.
b) Aparece um típico caso em que o expediente de coesão foi mal utilizado.
c) Nota-se um caso típico em que se utilizou mal o expediente de coesão.
d) Ocorre um típico caso de utilização, com mau jeito, do expediente de coesão.

14. (Cesgranrio – 2012) Ao escrever frases, que deveriam estar de acordo com a norma-padrão, um funcionário se equivocou constantemente na ortografia. Ele só **NÃO** se enganou em:

a) O homem foi acusado de estuprar várias vítimas.
b) A belesa da duquesa era realmente de se admirar.
c) Porque o sapato deslisou na lama, a mulher foi ao chão.
d) Sem exitar, as crianças correram para os brinquedos do parque.
e) Sem maiores pretenções, o time venceu o jogo e se classificou para a final.

15. (**Vunesp – 2012**) Assinale a alternativa em que todas as palavras estão grafadas segundo a ortografia oficial.

a) É certo que os cuidados com o educando devem dobrar durante a adolecencia, para que o jovem haja sempre de acordo com a lei.

b) Durante o período de recessão, os chefes serão encumbidos de controlar a imissão de faxes e copias xerox.

c) O revesamento dos funcionarios entre o Natal e o Ano Novo será feito mediante sorteio, para que não ocorra descriminação.

d) Diante da paralização das atividades dos agentes dos correios, pede-se a compreenção de todos, pois ouve exceções na distribuição dos processos.

e) A concessão de férias obedece a critérios legais, o mesmo ocorrendo com os casos de rescisão contratual.

16. (**FCC - 2012**) A frase em que a ortografia está adequada ao padrão culto escrito é:

a) À mínima contrariedade, exarcebava-se de tal maneira que seus excessos verbais eram já conhecidos de todos.

b) A expontaneidade com que se referiu ao local como "impesteado" fez que todo o auditório explodisse em risos.

c) Quanto à infraestrutura, será necessário reconstrui-la em prazo curto, mas sem que haja qualquer tipo de displiscência.

d) O docente não viu como retaliação a rasura no cartaz que afixara, mas sua intenção era advertir quanto ao desleixo com a coisa pública.

e) A obra faraônica será uma excressência naquela paisagem bucólica, mas ninguém teve hêsito em convencer os responsáveis da necessidade de revisão do projeto.

17. (**FCC - 2012**) A frase redigida segundo as prescrições do padrão culto é:

a) Os gritos de "incendio tudo, incendio tudo", ainda ecoavam nos ouvidos de todos quando o rapaz, ainda em surto, foi controlado pela população.

b) Tinha já espirado o prazo quando chegou lá com a presunção de inscrever-se, mas discretamente lhe notificaram que estava mau informado.

c) Quando resolveu apressar o carro que teria de vender para enfrentar as despezas da viagem, decepcionou-se tanto com o valor oferecido, que quase agrediu o rapaz.

d) Afirmou que não quis abrir precedente ao indicar a filha como responsável por soma tão vultosa e revelou também o temor de que alguém se opusesse à indicação.

e) Se aquelas acusações vão sortir efeito ou não, ninguém sabe, mas é bom que se procurem antever os novos rumos que o caso pode tomar.

18. (**FCC - 2012**) A frase que respeita a ortografia é:

a) Antes de cochilar, era-lhe natural fazer um exame de consciência e reiterar a si próprio seu empenho em vencer a itemperança.
b) O desleixo com que passou a manuzear os objetos da coleção fez o respeitado colecionador optar pela despensa do já antigo colaborador.
c) O debate recrudesceu, mas os mais bem-intencionados foram hábeis em dirimir as provocações, às vezes pungentes, das lideranças que se confrontavam.
d) Estava bastante ciente de que era à sua gulodice que podia creditar a desinteria que o abatera às vésperas do exótico casamento.
e) O poder descricionário dos ditadores, responsável por tantas atrocidades em tantas partes do mundo, é analisado na obra com um rigor admirável.

19. (**Cesgranrio**) Em qual das frases abaixo, todas as palavras são adequadas à ortografia oficial da língua portuguesa?

a) A discução sobre o português mais correto rerpercutiu bastante da mídia.
b) A discussão sobre o português mais correto repecutiu bastante na mídia.
c) A discussão sobre o português mais correto repercutiu bastante na mídia.
d) A discusão sobre o português mais correto respercutiu bastante na mídia.
e) A discursão sobre o português mais correto respercutiu bastante na mídia.

20. (**FCC - 2012**) A frase correta do ponto de vista da grafia é:

a) Era grande a insidência de casos de enjoo quando era servido aquele alimento, por isso o episódio não foi tratado como exceção, atitude que garantiu o êxito das providências.
b) Em meio a tanta opulência da mansão leiloada, encontrou a geringonça que, tratada criativamente por ele, garantiu por anos seu apoio a entidades beneficientes.
c) Seus gestos desarmônicos às vezes eram mal compreendidos, mas seu jeito afável de falar, sem resquícios de mágoa, revelava sua intenção de restabelecer a paz entre os familiares.
d) Defendeu-se dizendo que nunca pretendeu axincalhar ninguém, mas as suas caçoadas realmente humilhavam e incitavam à malediscência.
e) Sempre ansiosos, desenrolaram no saguão apinhado a faixa com que brindavam os recém-formados, com os seguintes dizeres: "Viagem bastante e divirtam-se, nobres doutores".

21. (**Cesgranrio - 2013**) No trecho

"pelas exigências de **infraestrutura** e de serviços públicos.", a palavra destacada não apresenta o emprego do hífen, segundo as regras ortográficas da Língua Portuguesa.
Da mesma forma, o hífen **não** deve ser empregado na combinação dos seguintes elementos:

a) mal + educado
b) supra + atmosférico
c) anti + higiênico
d) anti + aéreo
e) vice + reitor

22. (**TJSC**) A sequência de palavras compostas que apresenta grafia **correta** é:

a) afrodescendente / afrobrasileiro / geo-história / agro-indústria
b) vice-presidente / intra-muros / sub-relator / sul- riograndense
c) contra-razões / autossuficiente / geo-referenciado / sub-solo
d) inter-regional/luso-brasileiro/contra-arrazoar / infraconstitucional
e) panamericano / supermãe / super-homem / sub- total

23. (**Consulplan**) A alternativa em que todas as palavras são formadas pelo mesmo processo de formação é:

a) responsabilidade, musicalidade, defeituoso
b) cativeiro, incorruptíveis, desfazer
c) deslealdade, colunista, incrível
d) anoitecer, festeiro, infeliz
e) reeducação, dignidade, enriquecer

24. "Brasília comemorou seu aniversário com uma superfesta. A cinquentona planejada por Lúcio Costa é hoje uma metrópole que oferece alta qualidade de vida".
Fonte: O Globo, 21/04/2010, com adaptações.
Na notícia do jornal, as palavras "superfesta" e "cinquentona" exemplificam, respectivamente, casos de formação de palavras por

a) hibridismo e neologismo.
b) justaposição e aglutinação.
c) composição e derivação.
d) prefixação e sufixação.
e) conversão e regressão.

25. (**CESPE**) A palavra "trem-bala" é composta por justaposição, tal qual o vocábulo:

a) governança.
b) ilimitado.
c) passatempo.
d) superprodução.
e) faturamento.

26. Em "...que serão dignos de seu <u>sobrenome</u>...", o substantivo grifado foi formado pelo processo de

a) composição por justaposição.
b) composição por aglutinação.
c) derivação prefixal.
d) derivação sufixal.
e) derivação parassintética.

27. Assinale a única alternativa que

apresenta dois dígrafos.

a) Planilha
b) Ganham
c) Exemplo
d) Excesso
e) Ensino

28. Marque a alternativa cujo sentido do sufixo e/ou prefixo formador da palavra está corretamente indicado.

a) estadual - proveniência, origem
b) responsabilidade - propriedade
c) construção - lugar ou instrumento da ação
d) pavimentadas - referência, semelhança
e) transversais - movimento para além de

29. Observe a separação silábica das palavras abaixo e assinale o item que identifica a afirmação correta em relação a ela:

I.Trans-for-ma-ção
II.In-flu-ên-ci-as
III.Es-tro-pi-a-das
IV.Sim-pló-ri-a

a) Apenas os itens II e IV estão errados.
b) Apenas os itens II e III estão corretos.
c) Apenas o item II está errado.
d) Apenas os itens I, II e III estão corretos.
e) Apenas os itens III e IV estão corretos.

30. Assinale na lista abaixo a única das palavras retiradas do texto que teve sua ortografia alterada pelo novo acordo ortográfico da Língua Portuguesa.

a) Língua
b) Linguísticos
c) Linguagens
d) Conteúdo
e) Incluí-los

31. A palavra grifada no trecho: "...pesquisas frequentes ajudam a estimular o debate ." foi formada pelo processo de:

a) composição por aglutinação.
b) composição por justaposição.
c) derivação parassintética.
d) derivação regressiva.
e) derivação prefixal.

32. Assim como em "desimpedido", o prefixo indica oposição, negação ou falta em:

a) desgastada.
b) embuste.
c) investimento.
d) independente.

33. (**TRT**) Há, abaixo, um grupo de palavras cujas sílabas estão corretamente separadas. Assinale-o:

a) ab-di-car / pneu-má-ti-co / abs-tra-ir
b) p-si-có-lo-go / caa –tin-ga / te-nho
c) ter-ra / su- bli-nhar / bis-a-vó
d) mei-o / té-cni-co / re-ce-pção
e) cons-ci-ên-cia / gue-rra / pers-pi-cá-cia

34. (**TC**) Todas as palavras apresentam erro de divisão silábica, EXCETO:

a) su-bs-tân-cia
b) ar-ru-me-i
c) des-a-ten-ção
d) abs-ces-so
e) trans-an-di-no

35. (**PMV**) Existem ditongo crescente, hiato e dígrafo sublinhados, respectivamente, em:

a) obrigatória – península – tratado
b) território – prejuízo – leque
c) paraíso – Austrália – continente
d) canteiro – região – ecossistema
e) Amazônia – países – impacto

36. (**PC**) As estruturas sublinhadas são exemplos de encontro consonantal e dígrafo, respectivamente, em:

a) encaminhava / carvalho
b) biblioteca / essencial
c) telegrafia / fabricado
d) excelente / pequeno
e) emprego / inflamável

37. (**TJ**) É exemplo de palavra que contém dígrafo e encontro vocálico:

a) choque
b) própria
c) dinheiro
d) adolescente
e) biografia

38. (**TJ**) Há erro na partição de sílabas em:

a) a-gua-do / ac-ne
b) po-ei-ren-to / ci-san-di-no
c) sub-lin-gual / ab-so-lu-to
d) re-cep-ção / ap-ti-dão
e) nos-tal-gia – ex-ce-ção

39. (**CM**) É exemplo de palavra que contém dígrafo e ditongo decrescente:

a) angústia.
b) necessária.
c) perfeito.
d) adversário.
e) jóquei.

40. (**PMV**) Há erro de divisão silábica em:

a) os-ci-la-ção / co-la-pso
b) ar-bi-tra-ri-e-da-de / op-tar
c) di-á-lo-go / re-ces-são
d) es-ta-bi-li-za-ção / e-qui-lí-brio
e) in-com-pre-en-sí-vel / ab-sur-do

41. (**CM**) É exemplo de palavra que contém dígrafo:

a) festejado.
b) primeiro.
c) retardo.
d) arquivo.

42. (**Unifenas - MG**) Assinale a alternativa que contém a correspondência correta entre o composto de origem grega e o seu significado.

a) anarquia = falta de cabeça
b) aristocracia = governo dos plebeus
c) teocracia = governo de religiosos
d) oligarquia = governo de um pequeno grupo
e) plutocracia = governo exercido por estrangeiros

43. (**FUVEST - SP**) Assinalar a alternativa que registra a palavra que tem o sufixo formador de advérbio.

a) desesperança
b) pessimismo
c) empobrecimento
d) extremamente
e) sociedade

44. (**PUCC-SP**) Sabendo-se que prefixo é um morfema que se antepõe ao radical, alterando sua significação, assinale a alternativa que apresenta as quatro palavras iniciadas por um prefixo.

a) perfazer, decifrar, disparidade, reposição
b) retidão, dissonância, divindade, insatisfação
c) discorrer, entrever, perguntar, reler
d) inamovível, bisavô, comprimento, descansar
e) surpresa, asmático, esbravejar, anulação

45. (**UM-SP**) Dentre as alternativas abaixo, assinale aquela em que ocorrem dois prefixos que dão ideia de negação.

a) impune, acéfalo
b) pressupor, ambíguo
c) anarquia, decair
d) importar, soterrar
e) ilegal, refazer

GABARITO									
01. D	02. C	03. A	04. A	05. B	06. A	07. B	08. A	09. E	10. C
11. A	12. C	13.D	14. A	15. E	16. D	17. D	18. C	19. C	20. C
21. D	22. D	23. A	24. D	25. C	26. C	27. D	28. E	29. A	30. B
31. D	32. D	33. A	34. D	35. B	36. B	37. C	38. E	39. E	40. D
41. D	42. D	43. D	44. A	45. A					

XIII. ACENTUAÇÃO

Estrela

__Há__ de surgir uma estrela no __céu__ cada vez que __você__ sorrir
__Há__ de apagar uma estrela no __céu__ cada vez que __você__ chorar
O __contrário também__ bem que pode acontecer
De uma estrela brilhar quando a __lágrima__ cair
Ou então de uma estrela cadente se jogar
__Só__ pra ver a flor do seu sorriso se abrir

– Gilberto Gil

As palavras da língua portuguesa são marcadas pelo acento prosódico (fala) ou pelo acento gráfico, devido à necessidade de se indicar a sílaba tônica ou a pronúncia correta. O português apresenta três tipos de acentos gráficos: acento agudo (´); acento grave (`); acento circunflexo (^). Além desses, utilizamos o til (~) para indicar os sons nasais.

Em relação à tonicidade as palavras podem ser oxítonas, quando a sílaba tônica for a última; paroxítonas, quando a penúltima sílaba for a tônica e proparoxítona quando o acento prosódico estiver na antepenúltima sílaba.

REGRAS DE ACENTUAÇÃO GRÁFICA

1. Monossílabos tônicos – São acentuados os monossílabos terminados em **-a, -e, -o**, seguidos ou não de **s**.

Ex.: pá, pé, pó, vê, dá, etc.

2. Oxítonas – São acentuadas as palavras oxítonas terminados em **-a, -e, -o**, seguidos ou não de **-s**, **-em** e **-ens**.

Ex.: maracujá, Taubaté, dominó, armazém, vinténs, etc.

3. Paroxítonas – São acentuadas as palavras paroxítonas terminadas em **-i, -is, -u, -us, -ã, -ãs, -ão, -ãos, -um, -uns, -on, -ons, -r, -x, -n, -l, -ps** e ditongo.

Ex.: biquíni, júris, bônus, órfã, órgãos, médium, álbuns, elétron, cátions, infância, pônei, fênix, revólver, pólen, fórceps.

Obs.: Nas palavras paroxítonas, não se usa mais o acento no i e no u tônicos quando vierem depois de um ditongo. *Ex.: baiuca, bocaiuva, feiura.*

Você pode também, a partir da regra de acentuação das oxítonas, tirar a regra das paroxítonas por exclusão, isto é: acentuamos as paroxítonas quando elas **não** terminarem em **-a, -e, -o**, seguidos ou não de **-s**, **-em** e **-ens**. Assim sendo, as palavras *banana, pessoa, segunda, tapete, pronome, disquete, texto, grupo, movimento,* etc. **não são acentuadas**, pois são paroxítonas terminadas em **-a, -e, -o**. Já os termos *beribéri, caráter, secretária, ônix, hífen, bíceps, ímã,* etc. **são acentuadas** por se tratarem de paroxítonas não terminadas em **-a, -e, -o**.

4. Proparoxítonas – todas as palavras proparoxítonas recebem acento gráfico.

Ex.: lâmpada, metafísica, álibi, pudéssemos, Ângela.

5. Ditongos abertos – Antes das novas regras do Português, todos os ditongos abertos eram acentuados. Agora, no entanto, devemos observar qual é a posição de ditongo na palavra. Se ele vier contido no interior dessa, não receberá mais acento gráfico. **Ex.**: ideia, assembleia, colmeia, paranoico, boia, jiboia, etc. Em contrapartida, os ditongos abertos que se encontrarem no final das palavras continuarão sendo acentuados.

Ex.: céu, carretéis, anzóis, heróis, etc.

Obs.: O acento continua em destróier e Méier, conforme a regra que manda acentuar as paroxítonas terminadas em 'r'.

6. Hiatos – quando o –i ou –u, sozinhos ou acompanhados de –s formam sílabas tônicas, devem receber acento gráfico. Se logo depois do hiato, aparecer o dígrafo –nh, não recebem acento.

Ex.: saída, saúde, baús, país, ventoinha, rainha, bainha.

Obs.: Os hiatos –oo e –ee não são mais acentuados. (Pois geralmente são inseridos em palavras paroxítonas e, como a terminação é 'o' e 'em', não devem mesmo ser acentuadas).

Ex.: *voo, abençoo, enjoo, creem, deem, leem, veem.*

7. Acento diferencial – é aquele que marca a diferença entre a preposição e o verbo ou preposição e o substantivo.

a) **Caiu** o acento diferencial nos seguintes termos: para (verbo parar); pelo (substantivo), pera (substantivo); pólo (substantivo), pela (verbo pelar).
b) **Permaneceu** o acento diferencial em: pôde (passado); pôr (verbo) e nas formas verbais ter, vir, manter, deter, convir, intervir, quando utilizadas no plural – tem, têm; vem, vêm; mantém, mantêm; convém, convêm; intervém, intervêm.
c) **Facultativo** será o acento da palavra forma (subst.) que poderá também ser escrito fôrma.

8. Não mais utilizamos o trema nos grupos *gue – gui, que – qui*, no entanto, continuam sendo normalmente pronunciados. Nos nomes próprios, a marca permanece, é o caso, por exemplo, de Müller.

A PERGUNTA QUE NÃO QUER CALAR...

1. As palavras déficit, superávit e hábitat são acentuadas?

As palavras *deficit, habitat* e *superavit* não serão acentuadas se forem empregadas como latinismos, sem plural. E em itálico. As formas aportuguesadas **déficit, hábitat, superávit** levam acento gráfico e fazem o plural, respectivamente, em **déficits, hábitats, superávits.**

TESTES

01. Justifica-se o acento gráfico pelo mesmo motivo em:

a) anéis, amáveis, saíam
b) história, relógio, série
c) saísse, conteúdo, herói
d) último, paralelepípedo, egoísta

02. Marque a opção em que todos os vocábulos são acentuados pela mesma razão.

a) excêntrico, adorável, plêiade
b) parabéns, dispneia, chávena
c) Grajaú, juízo, baú
d) amáveis, romântico, beribéri

03. Indique a alternativa **incorreta** quanto à acentuação gráfica.

a) lêvedo, caráter, caracteres
b) batavo, tulipa, avaro
c) gratuito, condor, pudico
d) ritmo, ibero, interim

04. Assinale o item onde há um erro de acentuação.

a) Há dias que eu não sei o que me passa...
b) Só ando em boa companhia com meu violão...
c) Estava à tôa na vida o meu amor me chamou....
d) Sei lá, sei lá, a vida tem sempre razão...

05. Existe um erro de acentuação gráfica em:

a) Ele se pela de medo pela palavra dita agressivamente.
b) Eu acho que ela tem um quê de misterioso.
c) O por-do-sol por aquelas bandas era de um vermelho melancólico.
d) O rio corre para o mar e é lá que ele para.

06. Em que alternativa todas as palavras seriam graficamente acentuadas?

a) Jovem, atraves, juri
b) tecnico, item, jus
c) juiz, civil, audiencia
d) habil, pertinencia, quinquenio

07. (**FAB**) Complete as lacunas das frases abaixo e marque a alternativa correta.

I) Ele ______ (ter) muitos brinquedos que______ (ter) força própria.
II) Depois da tempestade_______ (vir) a bonança.
III) Quando as idéias não ______ (vir) elas não ______ (ver) solução.

a) têm - tem - veem - vem - vem
b) tem - tem - vêm - vem - veem
c) tem - têm - vem - veem - vem
d) tem - têm - vem - vêm - veem

08. (**Imprensa Oficial**) Todas as palavras recebem acento agudo pela mesma razão, EXCETO:

a) faísca
b) aí
c) ícone
d) ruína

09. São acentuadas graficamente pela mesma razão as palavras:

a) audácia- prudência- imprescindíveis- equilíbrio
b) política- sábia- destrói- ótimo
c) catástrofes- histórica- econômica-entretém
d) além- ninguém- você- órfão
e) três- há- até- só

10. A ausência do sinal gráfico de acentuação cria outro sentido para a palavra:

a) trânsito.
b) características.
c) inevitável.
d) infrutíferas.
e) anônimas.

11. (**Fumarc - 2012**) Dos grupos a seguir, o único que apresenta vocábulo que NÃO deve ser acentuado graficamente é:

a) torax – onix – biceps.

b) rodape - cipo - Iemanja.

c) protese - cateter - microscopio.

d) Piaui - apostrofo - carnauba.

12. Assinale a alternativa que contenha uma dupla de palavras cujos acentos gráficos **NÃO** podem ser justificados pela mesma regra de acentuação.

a) Imóvel / imprescindível

b) Eficácia / ex-amásio

c) Excelentíssimo / psicológico

d) Porém / têm

13.(**Gasmig - 2012**) Assinale a alternativa em que o acento gráfico de cada vocábulo se justifica por uma regra diferente de acentuação.

a) afetará - jurídica - três - renováveis - construídas - vêm

b) básicas - hidrelétricas - econômica - eólica - hídrico - décadas

c) críticas - trajetórias - será - possível - índios - pré-sal - técnicas

d) necessária - sustentável - consciência - gás - petróleo - saúde

14. (**Cesgranrio - 2013**) O grupo em que ambas as palavras devem ser acentuadas de acordo com as regras de acentuação vigentes na língua portuguesa é

a) aspecto, inicio

b) instancia, substantivo

c) inocente, maiuscula

d) consciente, ritmo

e) frequencia, areas

15. (**Vunesp - 2012**) Seguem a mesma regra de acentuação gráfica relativa às palavras paroxítonas:

a) probatório; condenatório; crédito.

b) máquina; denúncia; ilícita.

c) denúncia; funcionário; improcedência.

d) máquina; improcedência; probatório.

e) condenatório; funcionário; frágil.

16. (**PUC - 2012**) Com relação às regras de acentuação gráfica, assinale a única

assertiva em que todas as palavras devem ser acentuadas, segundo as regras do português padrão:

a) Facil; polen; colmeia.
b) Ideia; tenis; miudo.
c) Papeis; refem; lucido.
d) Heroi; enjoo; tacito.
e) Simpatico; boia; saida.

17. (**Consulplan - 2012**) Assinale a palavra que NÃO tenha sido acentuada pelo mesmo motivo que as demais.

a) substituído
b) polícia
c) jurisprudência
d) saqueável

18. (**FCC - 2012**) Segundo os preceitos da gramática normativa do português do Brasil, a única palavra dentre as citadas abaixo que NÃO deve ser pronunciada com o acento tônico recaindo em posição idêntica àquela em que recai na palavra **avaro** é:

a) mister.
b) filantropo.
c) gratuito.
d) maquinaria.
e) ibero.

Para as questões a seguir, do Cespe, marque C para as alternativas corretas e E para as alternativas erradas.

19. (**Cespe - 2013**) A mesma regra de acentuação gráfica justifica o emprego de acento gráfico nas palavras “construída” e “possíveis”.

20. (**Cespe - 2013**) As palavras “países”, “famílias” e “níveis” são acentuadas de acordo com a mesma regra de acentuação gráfica.

21. (**Cespe - 2013**) As palavras “mídias”, “número” e “possível” são acentuadas de acordo com a mesma regra gramatical.

22. (**Cespe - 2012**) Nas palavras “análise” e “mínimos”, o emprego do acento gráfico tem justificativas gramaticais diferentes.

23. (**Cespe - 2012**) As palavras "pó", "só" e "céu" são acentuadas de acordo com a mesma regra de acentuação gráfica.

24. (**Cespe - 2012**) As palavras "negligência", "reservatórios", "espécie" e "equilíbrio" apresentam acentuação gráfica em decorrência da mesma regra gramatical.

25. (**Cespe - 2012**) As palavras "Polícia", "Rodoviária" e "existência" recebem acento gráfico porque são paroxítonas terminadas em ditongo crescente.

GABARITO									
01. B	02. C	03. D	04. C	05. C	06. D	07. D	08. C	09. A	10. A
11. C	12.D	13. A	14. E	15. C	16. C	17. A	18. A	19. E	20. E
21. E	22. E	23. E	24. C	25. C					

XIV. PARTICULARIDADES LÉXICAS E GRAMATICAIS

1. Dentre / Entre (*Dentre* significa "no meio de". Sempre se emprega com os verbos sair, tirar e ressurgir nos demais casos use *entre*).

Ex.: Dentre as frutas que estavam sobre a mesa, ele tirou a mais bonita.

Entre os convidados, o saliente tio Aprígio sobressaiu.

2. À medida que (= à proporção que) / **na medida em que** (uma vez que) / Não existe a forma ***à medida em que***.

Ex.: À **medida que** ia ficando mais tarde, mais a preocupação aumentava.

Na medida em que não há mais dúvidas sobre a decisão, vamos embora.

3. Possuir / ter (use possuir quando quiser dizer que alguém *tem a posse de*, é proprietário de alguma coisa)

Ex.: Ela **tem** um dos sorrisos mais bonitos da praia.

O clube **tem** tantos sócios que vai ser preciso aumentar a sede.

Ele **possui** uma lambreta que é uma relíquia.

Nós **temos** vários direitos assegurados pela constituição.

4. Senão (caso contrário; de outro modo) / **se não** (caso não; quando não)

Ex.: Vista a blusa, **senão** vai acabar pegando um resfriado.

Se não estudar português todos os dias, vai acabar esquecendo as regras.

Comprarei dois ventiladores, *senão* três (alternativa ou certeza)

Lute; *senão*, está perdido. (a vírgula marca a pausa enfática)

Ele nada fazia *senão* chorar. (a não ser)

5. Sequer (pelo menos; ao menos) / **se quer** (se + verbo)

Ex.: Não trouxe **sequer** um livro que pudesse ajudar na pesquisa.

Se quer passar no concurso, estude português.

6. Mau (≠ bom) / **mal** (≠ bem)
Ex.: Ela estava se sentindo **mal**.
Acredito que este é um **mau** lugar para discutirmos isso.

7. Ao invés de (ao contrário de) / **Em vez de** (em lugar de)
Ex.: Em vez de estudar, preferiu ver televisão.
Ao invés de chorar ele sorria.

08. Acerca de (sobre) / **a cerca de** (aproximadamente) / **há cerca de** (faz aproximadamente)
Ex.: O autor se refere **acerca da** política econômica brasileira.
Meus tios moram **a cerca de** 100 m daqui.
Há cerca de dez anos, mudei-me para cá com toda a minha família.

9. Há (tempo passado) / **a** (distância; tempo futuro)
Ex.: Daqui **a** cinco anos estarei formado.
Há oito anos que não o vejo.
Ele está na Austrália **há** tempo.
Chegou **a** tempo de fazer as malas.
Minha escola fica **a** 200m daqui. (impossível substituir pelo verbo fazer)

10. Onde (lugar) / **aonde** (com verbos que dão idéia de movimento e, por assim ser, necessitam do auxílio da preposição)
Ex.: Aonde você vai?
Onde estão os cahorros?
Aonde nos leva com tal rapidez?
Não sei **onde** te encontrar.

Obs.: usamos **onde** apenas para se referir a lugar. Sendo assim, o uso de tal palavra ficaria **errado** nas orações abaixo:

- São muito convincentes os argumentos (onde) em que você se baseia.
- Isso aconteceu nos anos 70, (onde) quando houve uma revolução de costumes.

11. Ao encontro de (estar a favor de) / **de encontro a** (ser contra)

Ex.: O carro descontrolado foi **de encontro à** multidão.

O que o autor diz vem **ao encontro do** que penso.

Um bêbado caminhando com uma garrafa de cachaça na mão vai **de encontro ao poste** ou vai **ao encontro do poste**?

As duas opções são semanticamente possíveis. Mas não esqueça a diferença: se o bêbado vai de encontro ao poste, temos um choque; se ele vai ao encontro do poste, temos um "abraço" e uma garrafa salva – o que é muito importante.

12. A fim (para; finalidade) / **afim** (igual; semelhante)

Ex.: Tiveram comportamentos **afins**.

Estavam mancomunados **a fim de** nos enganar.

13. Demais (advérbio - muito; pronome indefinido) / **de mais** (≠ de menos)

Ex.: Estávamos cansados **demais**.

Está até bom **demais**.

Suspenderam o concurso, pois surgiram candidatos **de mais.**

Os **demais** membros da comissão também abandonaram o projeto. (Termo substantivado)

Não vejo nada **de mais** em sua atitude.

14. Mas (contudo; todavia, entretanto) / **mais** (pronome; adv. de intensidade)

Ex.: Ela saiu muito cedo, **mas** ainda assim não chegou a tempo.

Ela era a aluna **mais** simpática da classe.

Eram pessoas extremamente **más**.

15. Eventualmente ou possivelmente? Não são sinônimos, cuidado!

Eventual = esporádico, ocasional, o que acontece de vez em quando; um **eventual** problema é aquele que acontece de vez em quando; possível = o que pode ser ou acontecer; um **possível** problema é algo que pode tornar-se um problema.

Ex.: Não vou opinar sobre documentos eventualmente falsos. (ERRADO)

Documentos não são falsos de vez em quando. O correto seria dizer que os documentos são "supostamente ou possivelmente" falsos.

16. Porque (pois; uma vez que; pelo fato) / **por que** (perguntas iniciais; motivo pelo qual) / **Porquê** (substantivo) / **por quê** (no final da frase)

Ex.: Não sei o **porquê** dessa pergunta tão descabida. (substantivo)

Não fui à festa, **porque** não tinha roupa nova. (pois)
Você está dizendo isso **por quê**? (fim de frase)
Preciso lhe contar as razões **por que** deixei de ir à festa. (motivo pelo qual)
Por que você não adota um cachorrinho abandonado? (perguntas – início)
Ela não me disse **por que** falou aquilo. (motivo)
Muitos estavam na passeata sem saber **por quê**. (fim de frase)

17. Desde – circunstância temporal (nunca use desde de)
Ex.: Não o vejo desde 1980.

18. Todo – pronome. Nota-se uma diferença semântica quando a palavra vem acompanhada por um artigo.
Ex.: Todo livro é perfeito. (Qualquer livro é prefeito)
Todo o livro é perfeito. (O livro inteiro é perfeito)
Todos os que fizeram as provas passaram. (nunca todos que)

19. Haja vista – Expressão invariável (**nunca** use haja vist**o**)
Ex.: A dengue não acabou, haja vista os casos de dengue dos últimos meses.
Acredito ser um caso de grandes expectativas, haja vista o seu súbito interesse.

20. Em frente de / em face de / diante de (nunca use em frente a; face a)
Ex.: Inauguraram uma padaria **em frente de** minha casa. (ou em frente da)

21. ***A meu ver*** (ou *em meu ver*), sua argumentação procede. (ao meu ver, não!)
Ex.: Não são corretas as formas *ao meu ver* e *ao meu modo de ver*.

22. Anexo ; **em anexo** - Apenso, junto
Ex.: O documento segue *anexo* (ou *em anexo*).
Envio-lhe as fotos *anexas* (ou *em anexo*).

23. Adequar - Ajustar, adaptar. Não é usado nas três pessoas do singular nem na terceira pessoa do plural do presente do indicativo e formas derivadas:
Ex.: Ele sempre *adapta* a linguagem à ocasião.
E não: Ele sempre adéqua a linguagem à ocasião.

24. Algum - Usado antes do substantivo, tem sentido afirmativo (Ele precisa de *algum* dinheiro).

Ex.: Usado depois do substantivo, tem sentido negativo e equivale a *nenhum* (Ele não tem dinheiro *algum*).

25. Ao nível de; em nível de - À mesma altura (Estamos *ao nível do* mar).
Ex.: Na instância, no plano (A questão será resolvida *em nível de* diretoria).
Nunca use **a nível de**.

26. A ponto de; a par
Ex.: O time esteve *a ponto* (e não *ao ponto*) *de* ser campeão.
O Presidente está *a par* (e não *ao par*) dos acontecimentos.

27. Confraternizar não é pronominal; **suicidar**, sim.
Ex.: No Natal ela pretende *confraternizar* (e não *se confraternizar*) com todos.
Ele se suicidou. (Constitui o que chamamos de pleonasmo enfático.)

28. Desapercebido (desprovido, desguarnecido)
Ex.: Ele viajou *desapercebido* de recursos e documentos.

29. Despercebido (sem ser notado, não percebido)
Ex.: O pedido de aporte do Líder da Oposição passou *despercebido*.

30. Oportunizar - Este verbo ainda não está dicionarizado.
Ex.: *Devemos oportunizar o ingresso à faculdade a todos.* (cuidado com tais construções)

31. Em que pese (a) - Ainda que incomode a, doa a
Ex.: *Em que pese* a alguns parlamentares, o projeto foi aprovado.

32. Em via(s) de - Prestes a, a caminho de
Ex.: A represa está *em via(s) de* romper-se.

33. Enquanto - No tempo em que
Ex.: *Enquanto* o irmão estudava, ele jogava futebol.

Obs.: Ao passo que - Pedro continua enriquecendo, *enquanto* o irmão está cada dia mais pobre.

Nunca use: *Enquanto* pessoa, queremos ser respeitados ou *Enquanto que...*

34. *Grosso modo*- A expressão, que é latina, não tem preposição:

Ex.: A reforma exigirá, *grosso modo* (e não, *a grosso modo*), R$1.000,00.

35. Independente - é adjetivo

Ex.: Ele foi elogiado por sua atuação *independente.*

Obs.: Independentemente é advérbio - O parlamentar, *independentemente* da opinião dos eleitores, votou contra o projeto.

36. Intempestivo - Fora do tempo próprio, inoportuno:

Ex.: Perdeu a causa porque a apresentação do recurso foi *intempestiva*.

37. Mais bem ; **mais mal** - Usam-se estas expressões antes de particípio:

Ex.: O último processo foi *mais bem* conduzido, apesar de ter sido mal preparado.

Não é correto o uso de "melhor" e "pior" antes de particípio.

38. Nesse sentido – no sentido de - Não se usam essas expressões com sentido de consequência ("assim", "dessa forma") e de finalidade ("para", "com o objetivo de")

Ex.: Dessa forma (assim), sua reeleição não foi surpresa para ninguém.

E não: Nesse sentido, sua reeleição não foi surpresa para ninguém.

O Deputado trabalhou muito, com o objetivo de (para) garantir sua reeleição.

E não: O Deputado trabalhou muito, no sentido de garantir sua reeleição.

39. O dito - O referido, o mencionado. No caso, o artigo definido não pode ser omitido.

Ex.: O *dito* projeto foi retirado da pauta.

40. Qualquer - Não se usa como equivalente a "nenhum".

Ex.: Ele não fez *nenhum* (e não, *qualquer*) comentário sobre o assunto.

41. Tampouco – Também não

Ex.: O Presidente não conseguiu cumprir as promessas de campanha, e o Governador, *tampouco*.

Diferente de: Ele come *tão pouco*!

42. Viger - Estar em vigência, vigorar.

Não tem a primeira pessoa do singular do presente do indicativo nem o presente do subjuntivo. Atenção para a conjugação no pretérito perfeito:

Ex.: A lei *vigeu* ano passado, mas não vige mais.

43. Sic é uma palavra do latim e significa 'assim'. É usada para evidenciar um erro de outrem dentro de um determinado contexto.

Ex.: Afirmou ainda no depoimento que não tinha trago (sic) a arma com ele.

44. A princípio – primeiramente, antes de tudo, *a priori*.

Ex.: A princípio, só vamos trabalhar com os pesquisas de opinião.

45. Em princípio – em tese.

Ex.: Para o projeto, só temos esses recursos em princípio.

TESTES

01. Marque a alternativa que preencha as lacunas de forma correta.

I - _______ as moças da sala, ele tirou uma para dançar.

II - _______ os filmes em cartaz, o melhor é o Meu Malvado favorito 2.

a) dentre / entre
b) entre / dentre
c) dentre / dentre
d) entre / entre

02. Marque a alternativa que preencha as lacunas de forma correta.

I - Você vai melhorar ________ for tomando esse remédio.

II - Vamos seguir o regulamento________ ele foi aprovado.

a) na medida em que / à medida em que
b) à medida que / na medida em que
c) à proporção que / uma vez que
d) B e C estão corretas.

03. Todas as alternativas abaixo estão de acordo com a norma culta do Português, **exceto**:

a) Tome conta do seu cachorro, **senão** ele foge.
b) Você pode devolver a cota do clube **se não** quiser continuar pagando.
c) Ambos tinham comportamentos **a fins**.
d) Não disse **sequer** uma palavra para agradecer.

04. Complete as frases abaixo com os verbos ter e possuir, depois, marque a opção correta:

I) Ela _________ cabelos castanhos e olhos azuis.
II) A praia agora ________ quadras de esportes e banheiros limpos.
III) Ele ______ uma bela casa de campo.
IV) Nós _______ direitos adquiridos.

a) tem / possui / tem / possuímos
b) tem / tem / possui / temos
c) possui / tem / possui / temos
d) n.d.a

05. "Ele estava de _____ humor, aliás, ele é _____-humorado."

a) mau - mau
b) mal - mal
c) mau - mal
d) mal - mau

06. Considere as seguintes orações:

*I) Não disse nada **acerca do** plano econômico que elaborou.*
*II) Minha casa fica **a cerca de** 100m da praia.*
***III) A cerca de** dez anos que eles estudam no exterior.*

Estão corretas:

a) Todas
b) I e II
c) II e III
d) I e III

07. Complete as frases abaixo e marque a alternativa correta:

I) ______ você vai?
II) ______ estão os livros?
III) A reunião _____ todos saíram magoados, terminou tarde.
IV) Não sei ______ te encontrar.

a) Aonde - Naonde - onde - onde
b) Aonde - Onde - da qual - onde
c) Aonde - Onde - aonde - aonde
d) Onde - Aonde - em que - aonde

08. "O caminhão foi ______________ muro."
"Sua opinião veio __________ minha, unindo nossas reivindicações."

a) de encontro ao / ao encontro da
b) ao encontro do / de encontro a
c) ao encontro do / de encontro à
d) n.d.a

09. Marque a alternativa **errada**.

a) Deixou-nos indignado **demais**.
b) Não vejo nada **de mais**
c) Ele estudou muito, **mais** não conseguiu boas notas.
d) Eram pessoas extremamente **más**.
e) Os preços das mercadorias aumentam **dia a dia**.

10. Dê como resposta a soma das alternativas corretas:

01) Não sei o **porquê** do seu sorriso.

02) Não vim à aula **por que** estava doente.

04) Você não veio à festa **por quê**?

08) Preciso lhe contar as razões **porque** deixei de vir à aula.

16) **Por que** você não estuda Japonês?

32) Tirou boa nota **porque** estudou bastante.

a) 53
b) 61
c) 55
d) 31
e) 44

11. Assinale a alternativa que completa, correta e respectivamente, as lacunas. Não entendeu _______ o garoto estava _____ humorado.

a) porque - mau
b) porque - mal
c) por que - mal
d) por que - mau
e) por quê - mau

12. (**TJM**) Em todas as alternativas, a expressão *sic* foi usada pela mesma razão, **EXCETO**:

a) O Meretíssimo (*sic*) Juiz *a quo* não tomou em consideração toda a prova que tinha à sua disposição por forma a proferir a mais justa, boa e legal Decisão.
b) É consenso dentro desta Corporação que os Bolsões Residenciais, não só o de Interlagos, mas todos os outros, são um impecilho (*sic*) para o atendimento emergencial, devendo o quanto antes serem eliminados."
c) E alega não haver *"condições de confiabilidade do referido magistrado"*, razão da *"presente suspeição até por que* (*sic*) *este juíz* (*sic*) *ao sentenciar em processo tambem* (*sic*) *demonstro* (*sic*) *a mesma tendência de comportamento.*
d) A comissão ficou encarregada de proceder à partilha do patrimônio social em duas metades iguais (*sic*), devendo a liquidação das contas estar concluída até 31 de Dezembro de 1995.

13. (**TJM**) Todos os trechos abaixo apresentam passagens redundantes, **EXCETO**:

a) Dentro do âmbito do Direito Administrativo Militar, o tema da comunicabilidade do decisório penal na esfera administrativa é parte integrante de um elenco de questões atuais e desafiadoras, notadamente para os que atuam perante a Justiça Militar na defesa dos interesses de seus constituintes.
b) O porta-voz do Ministério do Interior palestino afirmou que o líder do Hamas, que frequentava habitualmente o local, planejou antecipadamente os conflitos na Faixa de Gaza contra a Autoridade Nacional Palestina.
c) O vice-presidente do Superior Tribunal de Justiça, ministro Francisco Peçanha Martins, no exercício da Presidência, determinou que o ministro de Estado da Justiça

envie informações acerca de pedido de pensão feito por militares anistiados.

d) Ao final do encontro, houve consenso e todos foram unânimes em aceitar a sugestão do Senhor Presidente, segundo a qual os incisos I, II e III não deveriam sofrer quaisquer alterações, o que desagradou alguns chefes de departamento.

14. Considere as frases abaixo:
"Por que você não compra outra revista?"
"Você trouxe as fitas por que?"
"Não entendi o porquê daquela insinuação."
"Não disse nada por que não queria incomodar."
Está(ão) correta(s)

a) apenas uma das sentenças.
b) duas sentenças.
c) três sentenças.
d) todas as sentenças.

15. (**FCC**) Há exemplo de linguagem figurada na frase:

a) Já está ocorrendo há algum tempo uma avaliação mais rigorosa de todas as formas aparentes de progresso.
b) A popularização das teses científicas não significa que elas se tornem menos sérias ou menos importantes.
c) Há palavras que, por si mesmas, parecem abrir as portas para um mundo inteiramente novo e positivo.
d) O adjetivo sustentável designa um atributo que pode levar em conta na definição do substantivo desenvolvimento.
e) Nenhum indivíduo pode eximir-se da tarefa de fiscalizar toda iniciativa que acarrete algum efeito sobre o meio ambiente.

16. (**FCC**) Considere as seguintes frases:

I) Os horrores trazidos pela II Guerra Mundial marcaram o porquê da criação de um documento internacional que garantisse o respeito aos direitos humanos.

II) Sem conhecer seus direitos, os indivíduos não saberão dispor dos instrumentos nem apresentar razões porque reivindicar sua efetiva aplicação.

III) Por falta de divulgação dos termos previstos na Declaração Universal, grupos minoritários se tornam mais vulneráveis à violação de seus direitos, sem mesmo saber por quê.

IV) São inúmeros os benefícios trazidos pela Declaração Universal, embora exista desrespeito aos direitos nela previstos, como a persistência da pobreza, por que passa um terço da população mundial.

Estão escritos corretamente os termos que aparecem grifados em:

a) I, III e IV apenas.
b) II, III e IV apenas.
c) I, II e III apenas.
d) I, II e IV apenas.
e) I, II, III e IV.

17. Na passagem "Talvez **porque** dentro da bonita embalagem haja muito pouco valor." A palavra destacada está corretamente empregada. Assinale a opção em que há ERRO quanto ao emprego do

"porque", em uma de suas opções:

a) **Por que** as pessoas se tornam presentes?

b) **Porque** a embalagem não é presente, não é necessário valorizá-la.

c) Não sabemos a razão **porque** as pessoas são tão complicadas.

d) Ninguém revelará o **porquê** do segredo.

e) Nós só gostaríamos de saber **por quê.**

18. *É melhor começar a exercitar a linguagem, __________o seu relacionamento pode acabar mal.*

A pesquisa recentemente realizada pela empresa foi _________ do estresse emocional do trabalhador.

Expliquei-lhe as exigências do atual mercado __________ ele se adaptasse melhor.

A sequência que completa corretamente as frases acima é:

a) se não - a cerca - a fim de que

b) se não - acerca - afim de que

c) se não - acerca - a fim de que

d) senão - acerca - a fim de que

e) senão - a cerca - afim de que

19. *As razões________ não simpatizo com você são muitas.*
Não faça críticas negativas, __________se arrependerá.
O que eu disser poderá ser __________ interpretado.
A opção cuja sequência completa, corretamente, as sentenças acima é:

a) por quê – senão – mal
b) por que – senão – mal
c) porquê – se não – mal
d) porque - se não – mau
e) porque - senão - mau

20. Assinale a opção em que é possível substituir, de acordo com a norma culta, a expressão grifada pela palavra **"onde"**:

a) O cinema **em que** nos encontramos passa bons filmes.
as, **quando** iremos almoçar.
ar, **então** vamos à praia.
criou não é aceitável.
ıpo **no qual** íamos juntos trabalhar.

GABARITO						
04. B	05. C	06. B	07. B	08. A	09. C	10. A
14. B	15. C	16. A	17. C	18. D	19. B	20. A

INTERPRETAÇÃO DE TEXTO

"O texto é um tecido de citações saídas de mil focos de cultura."
– Roland Barthes

1. INTRODUÇÃO

O primeiro passo, para que se compreenda a dimensão de uma interpretação textual, é, evidentemente, entendendo o que é um texto. Texto, que vem do latim (*textum*: tecido), é todo enunciado linguístico, oralizado ou escrito, de qualquer extensão, dotado de sentido completo e não um amontoado de frases meramente. Receitas, manuais, símbolos diversos, filmes, esculturas, etc., também apresentam caráter textual. Vejam o texto abaixo, um poema de Carlos Drummond de Andrade:

Há muito tempo, sim, que não te escrevo.
Ficaram velhas todas as notícias.
Eu mesmo envelheci: olhe em relevo,
estes sinais em mim, não das carícias

(tão leves) que fazias no meu rosto:
são golpes, são espinhos, são lembranças
da vida a teu menino, que ao sol-posto
perde a sabedoria das crianças.

A falta que me fazes não é tanto
à hora de dormir, quando dizias
"Deus de abençoe", e a noite abria em sonho.

É quando, ao despertar, revejo a um canto
a noite acumulada de meus dias,
e sinto que estou vivo, e que não sonho.

O texto abordado é compreendido em todas as suas dimensões, pois, para isso, há uma série de critérios, que corroboram o seu todo semântico. Esses critérios são chamados de *textualidade*. São eles que fazem de uma sequência linguística um texto. Vejam a seguir quais são os critérios de textualidade.

a) coerência – Está relacionada com a ideia, com o sentido que perpassa por todo o texto. A coerência se manifesta na macrotextualidade e se refere ao modo como os conceitos e as relações subjacentes ao texto de superfície unem-se numa configuração relevante. É o todo semântico, a unidade.

A coerência é uma característica textual que depende da interação do texto, do seu produtor e de quem procura entendê-lo. Além disso, ela se desdobra em coerência global – adequação do texto à visão de mundo que temos e da realidade; coerência local – consistência interna do texto; e a coerência temática – aquela que se ocupa da manutenção do tópico do discurso.

A coerência se estabelece, portanto, na interação e é ela a responsável pela continuidade dos sentidos no texto, numa rede de fatores de ordem linguística e cognitiva.

b) coesão – Está relacionada com a articulação textual, dotada de mecanismos gramaticais (concordância, regência, pronomes, conjunções, etc.) e lexicais (reiteração, substituição e associação de informações) que vão sustentar o todo, a unidade.

Os mecanismos coesivos funcionam como elos que vão estruturar o texto a partir de dois movimentos: um de referência ao que já foi dito, e outro de progressão, de avanço. A referência ou retomada assegura a manutenção do assunto e, portanto, a unidade. O avanço se dá com novas informações ou dados articulados sobre o assunto, garantindo, assim, não só o desenvolvimento, mas também a informatividade do texto.

Além de toda essa articulação coesiva, é necessário – conforme vimos – ainda cumplicidade entre autor e leitor: é preciso que haja intenção de comunicar e atuar sobre o outro – é o componente pragmático.

A coesão não é condição necessária nem suficiente para que um conjunto de enunciados seja texto, ou seja coerente. Em certos casos, como na poesia moderna, ela é plenamente dispensável.

O uso, porém, de elementos coesivos em textos didáticos, jurídicos, técnicos, científicos proporciona ao texto maior legibilidade e garante uma interpretação mais uniforme, uma vez que explicita relações entre seus elementos constitutivos (Koch, 1997).

Veja o exemplo ao centro:

A pesca

o anil
o anzol
o azul
o silêncio
o tempo
o peixe. (...)

– Affonso Romano de Sant'Anna

Como podemos observar, um texto poético pode não apresentar estruturas coesivas – isto é, articulação textual – mas é completamente coerente no que tange ao seu sentido e ao papel a que se presta. No entanto, vale lembrar que, no texto dissertativo, tais estruturas coesivas são obrigatórias, bem como a confecção de um texto com linhas cheias, dividido em começo, meio e fim.

Ainda no tocante à coesão, o contrário também acontece: o texto, por vezes, pode estar articulado e, no entanto, não apresentar coerência. Por exemplo: *Juventina chegou atrasada, embora tenha mudado a cor do cabelo.* É notável que a simples presença de um fator coesivo, não torna o texto coerente. O importante é que se usem tais fatores de maneira acertada. Vejam os outros exemplos abaixo:

Adão e Eva vivem harmonicamente e felizes, pois as ideias dele vêm de encontro às dela. A expressão **de encontro a** expressa exatamente uma ideia de oposição, choque, não concordância, de onde se pode concluir que não há harmonia então. Daí a relevância dos conhecimentos gramaticais e de estruturas específicas que possam evidenciar, no texto, ideias de oposição, finalidade, concessão, condição, explicação, conclusão, etc., conforme o intuito e a necessidade do texto e / ou do autor.

Quando a coesão textual não é apresentada de maneira clara e objetiva, o entendimento do texto também pode ser comprometido, mesmo que na verbalização. Veja o exemplo:

"– Como é que é? O seu pai tinha ataques? Ataques de quê?"

"– Não, Jô. Meu pai tinha táxi, era taxista."

(Aconteceu em entrevista no Programa do Jô, da Rede Globo)

Acompanhem os versos de Chico Buarque:

Aqui na terra estão jogando futebol
Tem muito samba, muito choro e rock'n'roll
Uns dias chove, noutros dias bate sol
Mas o que eu quero é lhe dizer que a coisa aqui tá preta

Nos três primeiros versos, notamos um cotidiano com uma aparente habitualidade positiva. No entanto, com o acréscimo do último verso, que se inicia com a conjunção adversativa '***mas***', todo o sentido fica alterado, pois vem à tona a alienação que ocorre em certo espaço e tempo, embora a situação esteja 'preta'. A referência é aos tempos difíceis da ditadura brasileira. A normalidade aparente envolvia uma situação de suspensão de liberdade individual e opressão.

São importantes ainda os seguintes fatores de textualidade:

c) **intencionalidade**, isto é, a intenção do autor, empenhado em construir um texto coeso e coerente, capaz de evidenciar uma determinada situação comunicativa;

d) **aceitabilidade**, que diz respeito ao modo como o interlocutor recebe a informação e interage com ela, adquirindo conhecimentos ou simplesmente cooperando com os objetivos do autor;

e) **situacionalidade**, que diz respeito aos elementos responsáveis pela pertinência e a relevância do texto quanto ao contexto em que ocorre. É a adequação do texto à situação sócio-comunicativa;

f) **informatividade**, que representa a quantidade *necessária* de informação no plano conceitual ou formal para que o receptor possa interagir realmente com o texto sem perder o entusiasmo pela leitura e pela informação. É a informação na dose certa: se o texto é muito aprofundado, principalmente na parte técnica, pode desmotivar o leitor; por outro lado, se o texto for carente de informações essenciais, não será possível interação, o que vai ocasionar danos também;

g) intertextualidade, ou seja, concerne aos fatores que fazem a utilização de um texto dependente do conhecimento prévio de outros textos. Tal item será aprofundado mais adiante.

A estrutura textual é complexa e apresenta uma concorrência de fatores que vão interagir com o leitor para que se evidencie a finalidade do texto, qual seja: a comunicação.

Essa comunicação se dá pela leitura que é o "processo no qual o leitor realiza um trabalho ativo de compreensão e interpretação do texto, a partir de seus objetivos, de seu conhecimento sobre o assunto, sobre o autor, de tudo o que sabe sobre a linguagem, etc. Não se trata de extrair informação decodificando letra por letra, palavra por palavra. Trata-se de uma atividade que implica estratégias de seleção, antecipação, inferência e verificação, sem as quais não é possível proficiência". (Ingedore Koch)

1.1. LINGUAGEM E COMUNICAÇÃO

"Interesso-me pela linguagem porque ela me fere ou me seduz."
– Roland Barthes

A linguagem, signos e sons convencionalmente estabelecidos, é a base mais profunda da sociedade. É por meio dela que o indivíduo instaura e transmite sua cultura, modela seu pensamento, suas emoções, influencia seus semelhantes e, numa via de mão dupla, é influenciado por eles também. A linguagem pode se apresentar de diversas maneiras: cinematográfica, musical, gestual, verbalizada, escrita, etc., e seu fim precípuo é a comunicação.

A língua é a parte social da linguagem, uma vez que pertence a uma comunidade ou grupo social. Tal grupo cria e convenciona certos símbolos e signos que, a partir daquele momento, vão definir o mundo interior e exterior a que pertencem. Comunicar-se é antes de tudo socializar-se.

A língua pode ser falada ou escrita. A primeira é mais solta, livre, espontânea e emotiva, pois reflete um contato humano direto. A ela damos o nome de língua coloquial ou **linguagem coloquial** ou ainda **registro coloquial de linguagem**. Já a língua escrita é mais disciplinada e gramatical. Deve estar em sintonia com o que chamamos de **norma culta** ou **oficial** cujos padrões vêm estabelecidos pela **gramática normativa**, é o **registro formal de linguagem.** Cumpre-nos ainda ressaltar que, mesmo em alguns tipos textuais escritos, como por exemplo, um bilhete ou um e-mail para um amigo, pode ocorrer o uso despojado da linguagem uma vez que há uma liberdade maior dedicado ao tratamento com os pares.

Conforme dito, o objetivo da linguagem é a comunicação que, por sua vez, tem por fim a transmissão de uma mensagem. Para tal, são necessários alguns elementos, como por exemplo, o **emissor, locutor** ou **remetente** (aquele que emite a mensagem); o **receptor, interlocutor** ou **destinatário** (aquele que recebe a mensagem); o **código** (conjunto de signos e regras utilizados na transmissão da mensagem); o **canal** (meio pelo qual a mensagem é transmitida) e a **mensagem** propriamente dita (o conjunto de informações dentro de um determinado contexto). Acompanhem a tirinha abaixo:

Atrás da pergunta feita pela personagem, existe uma série de informações nas entrelinhas do texto. Espera-se que quando alguém lhe mostra um bule e pergunta "café?", percebendo todo o contexto criado, haja uma interação com esse e o outro responda se deseja ou não tomar café. No entanto, o que ocorre é que, desconsiderando todo o processo de interação discursiva e o pragmatismo do discurso, isto é, a cumplicidade entre os interlocutores e o desejo de se comunicar, a personagem responde: "acho que é", delineando, deste modo, uma situação em que não houve a devida interação entre os sujeitos do discurso, o que torna o texto incoerente. Vejam este outro exemplo:

www.DrPepper.com.br

Como podemos observar, o locutor inicia o diálogo com o interlocutor. O código utilizado é a Língua Portuguesa, ou seja, o modo como se traduz a informação. O canal é o diálogo propriamente dito, ao lado do registro oralizado e gestual de linguagem. No entanto, mesmo presentes todos os elementos da comunicação, a mensagem não é propagada como se espera uma vez que não há interação entre os personagens.

O mesmo aconteceria se alguém lhe perguntasse: "*Você tem horas*"? E você respondesse: "*Tenho sim*". A comunicação não teria atingido seu fim uma vez que faltaram cumplicidade e entendimento entre os partícipes do processo comunicativo. É preciso haver uma concorrência de ambas as partes com o intuito de se produzir sentido e interação. "A comunicação é uma necessidade básica da pessoa humana". (Juan Bordenave)

1.2. VARIAÇÃO LINGUÍSTICA

Variação linguística é o modo pelo qual uma língua sofre alterações de acordo com o contexto histórico, geográfico e sociocultural. Tais diferenças decorrem do fato de o sistema linguístico não ser unitário, mas comportar vários eixos de diferenciação: estilístico, regional, sociocultural, ocupacional e etário. A variação e a mudança podem ocorrer em algum ou em vários dos subsistemas constitutivos de uma língua (fonético, morfológico, fonológico, sintático, léxico e semântico). O conjunto dessas mudanças constitui a evolução dessa língua.

Cumpre-nos ressaltar, primeiramente, que as mudanças acontecem muito mais no âmbito oralizado do que no âmbito escrito.

Vejam abaixo um excerto de Jô Soares:

"Pois é. U purtuguêis é muito fáciu di aprender, purqui é uma língua qui a genti iscrevi ixatamenti cumu si fala. Num é cumu inglêis qui dá até vontadi di ri quandu a genti discobri cumu é qui si iscrevi algumas palavras. Im portuguêis, é só prestátenção. U alemão pur exemplu. Qué coisa mais doida? Num bate nada cum nada. Até nu espanhol qui é parecidu, si iscrevi muito diferenti. Qui bom qui a minha lingua é u purtuguêis. Quem soubé falá, sabi iscrevê."

Em nenhuma língua há uma coincidência exata da escrita com a fala. Um dos objetivos da ortografia é exatamente manter certa unidade linguística, por mais que os regionais falem de modo diversificado. Assim, "o arroish com caishca" dos cariocas, "a porrrteira aberrrta" do interior de São Paulo e o peculiar jeito mineiro de falar, conforme ilustramos a seguir, diversificados como o são, assumem contornos muito próximos na escrita.

A língua apresenta uma multiplicidade de variantes que se relacionam com um determinado tempo, espaço ou grupo de falantes. Quanto mais complexas forem as sociedades, mais variantes linguísticas nós encontraremos nela. Uma mesma pessoa faz uso de vários registros diferenciados de linguagem: não se conversa da mesma forma com o grupo de amigos, os pais, os familiares, os colegas de trabalho, o chefe, o médico, o juiz ou a namorada. Cada situação pede uma variante específica. Por mais que o sujeito seja o mesmo, os aspectos interrelacionais são deveras diferenciados. Daí é que surgem os **dialetos** (variações faladas por determinadas comunidades geograficamente definidas), os **idioletos** (variedade peculiar a um único indivíduo ou o conjunto de traços próprios ao seu modo de se expressar), os **etnoletos** (variações faladas por um grupo étnico), os **socioletos**

(variedades faladas por grupos de indivíduos que apresentam características sociais em comum como profissão, faixa etária, etc.) e os **ecoletos** [idioleto adotado por um número muito reduzido de pessoas (membros de uma família ou de um grupo de amigos, por exemplo)]. Todos eles frutos de variações diversificadas como apresentaremos abaixo:

- **Variação geográfica** – estabelecida de acordo com a distância geográfica que separa os falantes. Daí a razão da fala mineira ser diferente da fala de um gaúcho, que por sua vez é diferente da fala de um português ou nordestino.

- **Variação anacrônica** – é aquela que depende da época em que um determinado texto é escrito.

  "De ponta a ponta, é tudo praia... Muito chã e muito formosa. Nela, até agora, não pudemos saber que haja ouro nem prata... Porém a terra em si é de muitos bons ares, assim frios e temperados... Águas são muitas; infindas. E em tal maneira é graciosa, que querendo-a aproveitar, dar-se-á nela tudo por bem das águas que tem. Porém o melhor fruto que dela pode tirar me parece será salvar essa gente. E esta deve ser a principal semente que Vossa Alteza em ela deve lançar."

Trecho da carta de Pero Vaz de Caminha

- **Variação social ou diastrática** – é aquela que depende do ambiente em que o falante se desenvolve.

CHOPIS CENTIS
Eu "di" um beijo nela
E chamei pra passear.
A gente fomos no shopping
Pra "mode" a gente lanchar.
Comi uns bicho estranho, com um tal de gergelim.
Até que "tava" gostoso, mas eu prefiro aipim.
Quanta gente, quanta alegria,
A minha felicidade é um crediário nas Casas Bahia.
Esse tal Chopis Centis é muito legalzinho.
Pra levar a namorada e dar uns "rolezinho",
Quando eu estou no trabalho,
Não vejo a hora de descer dos andaime.
Pra pegar um cinema, ver Schwarzneger
E também o Van Damme.

(Dinho e Júlio Rasec, encarte CD Mamonas Assassinas, 1995.)

- **Variação situacional ou diafásica** (que incluem as modificações na linguagem decorrentes do grau de formalidade da situação ou das circunstâncias em que se encontra o falante, afetando o grau de observância das regras, normas e costumes na comunicação linguística).

Aí, Galera

Jogadores de futebol podem ser vítimas de estereotipação. Por exemplo, você pode imaginar um jogador de futebol dizendo "estereotipação"? E, no entanto, por que não?

– Aí, campeão. Uma palavrinha pra galera.

– Minha saudação aos aficionados do clube e aos demais esportistas, aqui presentes ou no recesso dos seus lares.

– Como é?

— Aí, galera.

— Quais são as instruções do técnico?

— Nosso treinador vaticinou que, com um trabalho de contenção coordenada, com energia otimizada, na zona de preparação, aumentam as probabilidades de, recuperado o esférico, concatenarmos um contragolpe agudo com parcimônia de meios e extrema objetividade, valendo-nos da desestruturação momentânea do sistema oposto, surpreendido pela reversão inesperada do fluxo da ação.

— Ahn?

— É pra dividir no meio e ir pra cima pra pegá eles sem calça.

— Certo. Você quer dizer mais alguma coisa?

— Posso dirigir uma mensagem de caráter sentimental, algo banal, talvez mesmo previsível e piegas, a uma pessoa à qual sou ligado por razões, inclusive, genéticas?

— Pode.

— Uma saudação para a minha progenitora.

— Como é?

— Alô, mamãe!

— Estou vendo que você é um, um...

— Um jogador que confunde o entrevistador, pois não corresponde à expectativa de que o atleta seja um ser algo primitivo com dificuldade de expressão e assim sabota a estereotipação?

— Estereoquê?

— Um chato?

— Isso."

Luís Fernando Veríssimo

1.3. ESTRUTURA TEXTUAL

Todos os textos trabalham no âmbito das informações, o objetivo é comunicar. Essas informações podem se apresentar de maneira explícita no texto, o que chamamos de pressupostos textuais ou de maneira implícita, que, na verdade, é aquilo que está subentendido no texto. Essa última é a informação das **entrelinhas**, isto é, insinuações, deduções e inferências.

Em torno do tema, que é o núcleo textual, outras ideias vão sendo adicionadas com o intuito de argumentar, provar, exemplificar, enfim, discorrer sobre o assunto de maneira consistente, coesa e coerente.

Nesse desenvolvimento, encontramos inúmeros processos que se apresentam como articuladores entre os parágrafos, contribuindo para a relação lógica do texto. Eles podem vir por meio de declarações ou interrogações; citações ou definições; enumeração ou exemplificação. Há ainda procedimentos que são largamente utilizados, como por exemplo, causa e efeito; dedução-conclusão; tempo e espaço; e vantagens e desvantagens. Atentando para isso, ao escrever, o texto vai ficando completamente articulado, ou seja, coeso, procedimento que, ao mesmo tempo, auxilia na coerência textual.

1.4. INTERPRETAÇÃO DE TEXTOS

A palavra interpretar vem do latim *interpretare* e significa explicar, comentar, aclarar o sentido dos signos e símbolos. Equivale ao sentido de *análysis* que, do grego, tem o sentido de decompor o todo em suas partes para melhor compreendê-lo.

A interpretação depende muito da experiência do leitor, bem como de sua vivência, hábito de leitura e agilidade de raciocínio. Depende de 'saber ler', isto é, além de decodificar as palavras ou combinações linearmente ordenadas em sentenças, deve-se aprender a enxergar o contexto conotativo e denotativo, o assunto principal, suas críticas e argumentações, polissemias, ambiguidades, etc. Além disso, o conhecimento do assunto sobre o qual versa o texto e o domínio do vocabulário específico das diversas áreas do conhecimento também são fundamentais.

A **leitura** é indispensável para desenvolver a capacidade de compreensão. Com ela, vamos construindo o nosso conhecimento, aumentando o vocabulário, melhoramos nossa argumentação e, consequentemente, a escrita. De um modo geral, quando lemos um texto, inicialmente olhamos o conjunto, depois vemos os títulos e os subtítulos, o autor, as referências, a época em que o texto foi escrito, por último os detalhes, procurando participar efetivamente e ativamente do processo de construção do significado do texto.

Nesse processo, é importante sublinhar as palavras-chave que marcam as ideias principais, bem como aquelas palavras que estabelecem a estrutura lógica dos raciocínios (porque, além do mais, conquanto, sendo assim, apesar de, por conseguinte, etc.).

Interpretar um texto é entendê-lo, penetrar em sua essência, observar qual é a ideia principal, quais os argumentos que comprovam a ideia do autor, como o texto está escrito, quais as vozes que ali são apresentadas e as relações existentes de ideias no texto e com outros textos.

Na interpretação, fiquem atentos às alternativas das questões. Eliminem aquelas que extrapolam, limitam ou contradizem as ideias principais do texto. Devem ser eliminadas também as assertivas que se mostram parcialmente verdadeiras, bem como as que não abordam o tema do texto.

1.4.1. Dicas para melhor analisar e compreender os textos

- Crie o hábito da leitura: ferramenta importante, cuja consequência é o aumento de vocabulário e cultura;
- Leia atentamente o texto mais de uma vez a fim de poder resgatar todas as informações intrínsecas e extrínsecas;
- Fique atento àquilo que se pede e à ideia do autor, que pode não ser a sua;
- Fique atento também a 'simples' mudanças de posição das palavras que, na verdade, não têm nada de simples: *certos alunos* não é a mesma coisa que *alunos certos*; *engenheiro novo* não é a mesma coisa que *novo engenheiro;*
- Não existe interpretação em tiras, isto é, aquela feita em frases isoladas. É necessário mentalizar tudo o que é dito no texto dentro do seu contexto específico;
- Para cada parágrafo, procure explicitar o **tópico frasal** – aquele que encerra a ideia principal, o núcleo em forma de generalização. Isto contribui para que se volte aos parágrafos de forma rápida, buscando a essência destes, caso seja necessário;
- Ler todas as alternativas das questões, procedendo à eliminação por hipóteses – entre duas mais aceitáveis, uma será mais completa. As alternativas que devem ser eliminadas apresentam ausência de informação (carência); presença de informações contraditórias em relação ao texto (inversão) e presença de informações alheias ao texto (acréscimo).

1.5. SURREALISMO

Salvador Dalí

Vladimir Kush

Desempenhar o papel de intérprete é uma função nada fácil. Precisamos não só interagir com a informação e cooperar com ela, conforme vimos, mas também buscar, muitas vezes, ideias dos autores nos interstícios textuais, o que acaba por dificultar a interpretação.

A liberdade de expressão e criação dos nossos autores é infinita. Assim, ao mesmo tempo em que isso se traduz em riqueza, criatividade e inventividade, por outro lado, pode representar certa dificuldade na interpretação. Até porque, em nome da licença poética, os autores, respaldados em um estilo que lhes permite o inverossímil, o inacreditável, o ilusório, dão vida a textos que muitas vezes transcendem o campo da razão comedida e passeiam pelo desmedido impossível.

É o caso do **Surrealismo,** movimento artístico e literário nascido em Paris na década de 1920, inserido no contexto das vanguardas que viriam a definir o Modernismo. Reúne artistas anteriormente ligados ao Dadaísmo – estilo que também abusa do irreal e do sem sentido.

Fortemente influenciado pelas teorias psicanalíticas do psicólogo Sigmund Freud (1856-1939), o surrealismo enfatiza o papel do inconsciente na atividade criativa. Um dos seus objetivos foi produzir uma arte que, segundo o movimento, estava sendo destruída pelo racionalismo. Portanto, há uma combinação do representativo, do abstrato, do irreal e do inconsciente. Entre muitas das suas metodologias estão a *colagem* e a *escrita automática*. Segundo os surrealistas, a arte deve libertar-se das exigências da lógica e da razão e ir além da consciência cotidiana, procurando expressar o mundo do inconsciente e dos sonhos e da contralógica. Vejam os quadros abaixo:

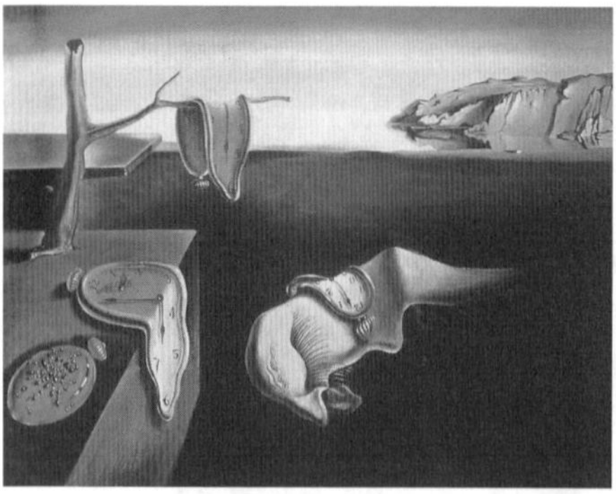

Salvador Dalí

Wladimir Kush

Nos textos, os surrealistas rejeitam a chamada ditadura da razão e valores preestabelecidos pela sociedade como trabalho e religião, trazendo à baila o humor, o sonho, a contralógica e a irracionalidade. O surrealismo é um movimento que busca superar a contradição entre objetividade e subjetividade, tentando consagrar uma poética da alucinação, de ampliação da consciência.

A escrita automática procura buscar o impulso criativo artístico por meio do acaso e do fluxo de consciência despejado sobre a obra. Procura-se escrever no momento, sem planejamento, de preferência como uma atividade coletiva que vai se completando. Uma pessoa escreve algo num papel, e outro o completa; mas não de maneira lógica, passando a outro que dá sequência. Por isso, a interpretação de textos que contenham um viés surrealista dá muito trabalho. Sendo assim, quando notarmos tais fragmentos inseridos nos textos, basta a identificação de tal característica sem uma maior preocupação em entender o que muitas vezes é incompreensível. Vejam alguns exemplos de versos surrealistas em nossa literatura:

Pré-história

Mamãe vestida de rendas
Tocava piano no caos.
Uma noite abriu as asas
Cansada de tanto som,
Equilibrou-se no azul,
De tonta não mais olhou
Para mim, para ninguém!
Cai no álbum de retratos.

– Murilo Mendes

No fundo do mato-virgem nasceu Macunaíma, herói de nossa gente. Era preto retinto e filho do medo da noite. Houve um momento em que o silêncio foi tão grande escutando o murmurejo do Uraricoera, que a índia tapanhumas pariu uma criança feia. Essa criança é que chamara de Macunaíma. Já na meninice fez coisas de sarapantar. De primeiro passou mais de seis anos não falando. Si o incitavam a falar ele exclamava: ai! que preguiça!...

(...) Nesse momento um mulato da maior mulataria trepou numa estátua e principiou um discurso entusiasmado explicando pra Macunaíma o que era o dia do Cruzeiro. No céu escampado da noite não tinha uma nuvem nem Capei. A gente enxergava os conhecidos, os pais das árvores os pais das aves os pais das caças e os parentes manos pais mães tias cunhadas cunhãs cunhatãs, todas essas estrelas piscapiscando bem felizes nessa terra sem mal, adonde havia muita saúde e pouca saúva, o firmamento lá.

– *Mario de Andrade*

1.6. A MORTE DO AUTOR

Em relação ao sentido do texto, autor e leitor são peças chaves para o seu entendimento. No momento da produção do texto, o autor tem um sentido e um propósito em mente, procurando escolher os elementos linguísticos que servirão de baliza para um específico entendimento do texto por parte do leitor. No entanto, isso não garante que o leitor vá entender exatamente o que o autor pretendia. Assim, o sentido se constrói no momento da leitura, o que por sua vez, não significa que o leitor pode ler o texto como bem quiser: existem várias indicações que ele não pode ignorar, caso contrário, leitura e escrita tornam-se vazias.

Roland Barthes, teórico da Literatura, trabalha com a ideia da morte do autor. Segundo ele, quando se escreve um texto determinado e esse texto cai em domínio público, qualquer um pode lê-lo e interpretá-lo. Não mais são consideradas as reflexões daquele autor determinado, mas de qualquer leitor que interaja com o texto escrito. Os leitores, com toda sua subjetividade, vão dar ao texto uma interpretação plausível e coerente.

De acordo com Barthes, o autor "*nutre o livro, existe antes dele, pensa, sofre, vive por ele. Ele está para sua obra na mesma relação de antecedência que um pai para com o filho; no entanto, sabemos que um texto não é feito de uma linha de palavras a produzir um sentido único, (...) mas um espaço de dimensões múltiplas, onde se casam e contestam escrituras variadas, das quais nenhuma é original: o texto é um tecido de citações saídas de mil focos de cultura*".

Barthes ainda afirma que a unidade do texto não está na sua origem, mas no seu destino que não mais é pessoal. É preciso inverter o mito: o nascimento do texto deve pagar-se com a morte do Autor.

1.7. DIFICULDADES TEXTUAIS OU LEITORES DIFÍCEIS?

Mesmo que um texto se apresente do modo como se espera, se o leitor não fizer por onde, não interagir com o texto, a informação pode não se dar da maneira devida. Por isso, vale ressaltar novamente que é importante saber para quem eu escrevo, qual é o publico alvo da informação.

Também a falta dos elementos ora citados e a não observância de estruturas fundamentais para que haja a interação semântica entre o locutor (aquele que fala), interlocutor (com quem se fala) e o processo de comunicação propriamente dito, podem ocasionar dificuldades como estas:

"Ninguém nasce mulher; torna-se mulher"

Essa frase 'despretensiosa' de Simone de Beauvoir foi colocada nos ônibus da cidade de São Paulo em homenagem ao Dia Internacional da Mulher. Um repórter teve a ideia de fazer uma entrevista com os passageiros, perguntando o que eles achavam da referida frase.

As respostas foram as mais variadas possíveis, a começar do motorista do ônibus que disse assim: "*Só se for aqui nesta terra, porque de onde venho, quem nasce mulher é sempre mulher e quem nasce homem é cabra macho pro resto da vida.*"

Outro passageiro disse o seguinte: "*Eu concordo com a frase, acho boba, mas eu concordo. Ninguém nasce mulher, nasce criança, vai crescendo e torna-se mulher*".

Outro ainda afirmou: "*Acho uma sem-vergonhice essa frase*".

Pouquíssimas pessoas atentaram para o sentido exato da frase, dentro do seu contexto. Faltaram os fatores de textualidade. Por isso, precisamos ficar atentos: interpretar é uma tarefa árdua e deve ser feita com muito cuidado. Outro exemplo:

Textos incomunicáveis

O gerente geral de uma empresa chama seu gerente de divisão e lhe passa a seguinte informação: "Na sexta-feira, às 17 horas, aproximadamente, o Cometa Halley estará visível nesta área. Trata-se de um acontecimento que acontece a cada 76 anos. Assim, por favor, reúna os funcionários no pátio da fábrica. Todos usando capacete de segurança, quando explicarei o fenômeno a eles. Se estiver chovendo não podemos ver nada, neste caso, os funcionários devem se reunir no refeitório, onde mostraremos a eles um filme sobre o cometa. Repasse a informação para o gerente de fábrica".

Informa assim o fato ao gerente de fábrica: "Por ordem do gerente geral, na sexta-feira, às 17 horas, o Cometa Halley vai aparecer sobre a fábrica. Se chover, por favor, reúna os funcionários, todos usando capacete de segurança, e encaminhe-os ao refeitório, onde o raro fenômeno terá lugar, o que ocorre a cada 76 anos. Repasse a informação para o chefe de pessoal".

O fato é informado ao chefe de pessoal da seguinte maneira: "Por ordem do gerente geral, às 17 horas de sexta-feira, o fenomenal Cometa Halley vai aparecer no refeitório, usando capacete de segurança. Se chover o gerente de fábrica Dara outra ordem, o que ocorre uma vez a cada 76 anos. Repasse a informação para o supervisor".

Ao supervisor chega a seguinte informação: "Na sexta-feira, às 17 horas, o gerente geral vai aparecer no refeitório com o cientista Halley, o que acontece a cada 76 anos. Se chover, o gerente geral levará o cometa para o pátio para explicar o fenômeno. Todos devem usar apenas capacete".

Os funcionários são informados assim: "Nesta sexta-feira, o gerente geral vai fazer 76 anos. A comemoração será no pátio da fábrica. Vão estar lá Bill Halley e seus cometas. Todos devem estar nus, usando apenas o capacete. O espetáculo vai rolar mesmo que chova porque a banda é um fenômeno".

– Jornal Diário da Tarde – 10/05

Sofistas do tribunal

Córax, filósofo muito inteligente, foi o autor do primeiro tratado de retórica – a arte da persuasão e do convencimento. Conta a lenda que ele foi procurado por Tísias, um jovem rico, brilhante e ambicioso que queria aprender a arte da retórica para ter sucesso na vida pública. Para se assegurar que receberia um ensino de qualidade, Tísias propôs um contrato que estipulava uma forma curiosa de pagamento: Córax só receberia por suas lições se Tísias vencesse sua primeira causa; se perdesse o aluno nada precisaria pagar. Coráx, confiando em sua capacidade, aceitou o contrato sem hesitar.

No entanto, quando o treinamento terminou, Tísias não procurou causa alguma para defender, e recolheu-se ao ócio que sua fortuna permitia. O tempo passava e Córax percebeu que, desse jeito, nunca iria receber por seu trabalho, até o dia em que perdeu a paciência com seu ex-aluno e ameaçou processá-lo. Tísias então se adiantou e entrou com uma ação em que acusava Córax de não ter cumprido o contrato.

A argumentação consistia-se na seguinte tese: "Eu nada lhe devo, pois do que eu esperava aprender ele me ensinou pouco. Sendo este o meu primeiro processo, se eu perder, isto é, se a razão estiver com Córax, será confirmada a tese de que ele pouco me ensinou e assim não preciso pagar-lhe. No entanto, se os senhores decicirem que eu estou com a razão, eu ganho a causa e não preciso pagar nada, como alego. Em suma, quer a decisão deste tribunal favoreça a Córax ou a mim, eu nada tenho a pagar".

Córax, sem se perturbar, respondeu: "Ensinei a Tísias tudo o que sei sobre retórica, com a condição de que ele me pagasse do dia em que vencesse sua primeira causa, que é essa. Se ele vencê-la, isso vai provar que foi bem treinado, e de acordo com o contrato deve me pagar. Se, no entanto, ele perder a causa, é porque os senhores consideraram absurda a alegação de que ele nada me deve, então terá de me pagar. Qualquer que seja a decisão senhores, eu vou receber".

A lenda não diz qual foi a decisão do tribunal. Uma das versões se limita a dizer que os juízes, declarando que de ave ruim não pode vir ovo bom, expulsaram os dois do tribunal.

– ***Moreno e Martins, 2006*** –
Texto adaptado.

2. HIPERTEXTO

O texto tem como objetivo principal a comunicação e, para que ela aconteça de maneira precisa, são importantes as relações existentes entre **significado** e **significante**.

Chamamos de **significado** o som e a grafia formados por um conjunto de letras, enquanto **significante** é o conceito, a imagem que um conjunto de letras ou sons é capaz de concretizar. Quando lemos ou escutamos alguém dizer a palavra casa, essa por si só é o significado. Já aquilo que imaginamos quando escutamos ou lemos o termo, a imagem que formamos a partir de um simples termo é o significante.

Significante e significado são peças fundamentais para o processo comunicativo. A comunicação é como se fosse um jogo que está em constante movimento. A todo instante, por meio de mensagens, são feitos ajustes e transformações no contexto. A cada nova mensagem o contexto é ressignificado. Pierre Levy trabalha com a metáfora do jogo de xadrez para explicar o contexto e, consequentemente o hipertexto.

> *Em uma partida de xadrez, cada novo lance ilumina com uma luz nova o passado da partida e reorganiza seus futuros possíveis (...); a situação sobre o tabuleiro de xadrez em determinado momento certamente permite compreender um lance, mas a abordagem complementar segundo a qual a sucessão dos lances constrói pouco a pouco a partida traduza ainda melhor o espírito do jogo.*

Assim é o texto. As palavras, ali existentes, são pequenos fios de informação que se entrelaçam formando uma grande rede. Ao ouvirmos, por exemplo, a palavra *escola*, junto com ela aparecem conceitos, modelos, imagens, cores, formas, lembranças e uma quantidade enorme de informações que fazem parte da rede escola e que, necessariamente, são ligadas a outras redes, em outra palavras: é a relação existente entre significante e significado.

O contexto dá sentido à palavra que, por sua vez, produz o contexto. Assim, esse contexto vai se ampliando, criando uma rede semântica cada vez maior. Daí a importância extraordinária da leitura, uma vez que ela é responsável não só na constituição da rede, compondo cada um de seus nós, como também na sua remodelação. Essa imensa rede de sentidos e significados está em constante metamorfose; a todo o tempo ela é ressignificada, aumentada, sistematizada, conceituada, adicionada a novos elementos, a novas redes; mas nunca diminuída.

Entretanto, é importante ressaltar que essa rede não cresce sozinha, não! Como já dito anteriormente, a leitura é o que sustenta essa rede, bem como o conhecimento acerca do mundo físico e social que nos rodeia. É importante estarmos inteirados sobre o meio ambiente e sua sustentabilidade, as questões políticas e econômicas, as potências e os países emergentes, as guerras, os conflitos religiosos, etc.

2.1. PARALELISMO MORFOSSINTÁTICO (OU SINTÁTICO) E SEMÂNTICO

Como vimos, um texto não é apenas um amontoado de palavras, mas, sim, parágrafos devidamente organizados e interligados entre si por meio de uma junção harmoniosa de elementos coesivos, ideias dispostas e uma sequenciação lógica, de modo a formar um "todo" coerente. Essa organização é imprescindível para o bom entendimento do sentido do texto, uma vez que sem sentido, não há texto (pelo menos nos moldes ortodoxos).

Nesse aspecto, são vários os mecanismos que concorrem para a formação do sentido textual, principalmente os mecanismos semânticos e sintáticos. Semânticos porque sem sentido, como já disse, não temos texto; sintáticos porque são tais mecanismos que corroboram a produção de sentido no texto. Digamos que a semântica e a sintaxe são primas-irmãs da coerência e da coesão. É o todo significativo sendo sustentado pelas relações gramaticais.

É nessa relação concorrente entre significado e significante que se insere o que chamamos de **paralelismo**. Paralelismo é semelhança entre palavras e expressões, materializadas por meio do campo morfológico (quando as palavras pertencem a uma mesma classe gramatical), sintático (quando as construções das frases ou orações são semelhantes) e semântico (quando há correspondência de sentido).

Paralelismo sintático é um encadeamento de funções sintáticas idênticas ou encadeamento de orações de valores sintáticos iguais, criando uma coordenação, isto é, termos que desempenham função sintática idêntica dentro do período. Vejam a frase abaixo:

"*Sua saída se deve a mágoas, humilhações, ressentimentos e a agressores que tanto pretendiam ocupar seu cargo dentro da empresa*".

Como se pode notar, há uma ruptura de ordem morfossintática, evidenciada pelo uso do termo "agressores" em vez de "agressões". O contexto é formado por substantivos (mágoas, humilhações, ressentimentos) e, de repente, aparece um adjetivo (agressores). Vejam outro exemplo:

"*A preservação do meio ambiente representa não só um dever de cidadania e é para que o planeta sobreviva*". Há uma quebra de ordem sintática, pois, quando utilizamos o conectivo 'não só', esperamos que a ideia se complete com 'mas também' para concretizarmos a ideia de adição. Então, a frase ficaria mais bem estruturada se fosse assim reescrita "*A preservação do meio ambiente representa não só um dever de cidadania, mas também contribui para que o planeta sobreviva*".

Quando começamos um período com o termo 'tanto', esperamos que a continuação seja algo do tipo "quanto ou como". Isso ocorre porque "tanto... como" ou "tanto... quanto" é uma estrutura correlativa. Da mesma forma são também correlatos os termos 'ora... ora'; 'não só... mas também'; 'quanto mais... tanto mais'; 'por um lado..., por outro'; etc. O mesmo pode também ser observado em relação às preposições. Se não for usada as preposições correlatas (de... a; entre... e; desde... até), há uma perda no tocante ao paralelismo. Exemplos: "Foram vacinadas as crianças entre 1 e três anos de idade"; e não: "Foram vacinadas as crianças entre 1 até três anos de idade". "Serão aceitos os candidatos desde dezoito até vinte e um anos"; e não: "Serão aceitos os candidatos desde dezoito a vinte e um anos".

Vejam o ensinamento abaixo de Othon M. Garcia:

> *Se coordenação é, como vimos, um processo de encadeamento de valores sintáticos idênticos, é justo presumir que quaisquer elementos da frase – sejam orações, sejam termos dela–, coordenados entre si, devam – em princípio, pelo menos – apresentar estrutura gramatical idêntica, pois*

–como, aliás, ensina a gramática de Chomsky – não se podem coordenar frases que não comportem constituintes do mesmo tipo. Em outras palavras: as ideias similares devem corresponder forma verbal similar. Isso é o que se costuma chamar paralelismo ou simetria de construção.

Paralelismo semântico é o que consiste em uma sequência de expressões simétricas no plano das ideias. É a coerência entre as informações.

Quando dizemos que "Juca gosta de uva e de maçã", entendemos sem maiores problemas a relação semântica entre as expressões "uva" e "maçã": frutas de que João gosta.

No entanto, se disséssemos que "Juca gosta de livros de ficção e de ovo mexido" não seria uma sequência esperada já que os termos "livros de ficção" e "ovo mexido" não constituem uma relação semântica lógica entre si. Temos dificuldade de relacionar a presença de ambos os termos na forma como foram apresentados. Esse é um exemplo de falta de paralelismo semântico.

Machado de Assis, entre outros escritores, explorou os efeitos estéticos desse tipo de defeito de construção. Está no livro "D. Casmurro" a seguinte frase "um rapaz aqui do bairro, que eu conheço *de vista e de chapéu*". Houve uma quebra do referido paralelismo o que cria um estilo peculiar e característico do autor. É claro que estamos falando de um registro literário de linguagem, em que a liberdade de criação é bem diferente daquela contida em textos formalizados.

Vejam o texto abaixo, retirado da Folha de São Paulo:

Português: Falta de paralelismo semântico cria efeito de estilo

– Thaís Nicoleti de Camargo

Já tratamos neste espaço da importância do paralelismo sintático para a clareza da expressão. Em: "Ele hesitava entre ir ao cinema ou ir ao teatro", falta simetria no plano sintático. O uso da preposição "entre" pressupõe a existência de dois elementos de mesmo valor sintático ligados pela conjunção "e". Como a conjunção "ou" indica alternativa, é possível ocorrer confusão num contexto como esse.

É preciso lembrar, entretanto, que a preposição "entre" delimita um intervalo entre dois pontos definidos. Daí o motivo de reger dois elementos ligados por "e".

Mas, atenção. Embora claro do ponto de vista do paralelismo sintático, um enunciado como "A diferença entre os alunos e as carteiras disponíveis na sala é muito grande" contém um problema semântico. Alunos e carteiras não são elementos comparáveis entre si.

A diferença a que se refere a sentença é numérica. Então, o ideal é dizer: "A diferença entre o número de alunos e o de carteiras é muito grande". Agora, sim, a informação ganhou precisão. Faltava na frase o que chamamos paralelismo semântico, ou seja, a simetria no plano das ideias.

Esse é o mesmo problema verificado em construções do tipo: "O time brasileiro vai enfrentar a França nas quartas-de-final". Ora, um time não pode enfrentar um país. Então, entre outras possibilidades: "O time brasileiro vai enfrentar a seleção da França" ou "O Brasil vai enfrentar a França".

Preservar o paralelismo semântico é tão importante quanto preservar o paralelismo sintático. Mas, na pena de um bom escritor, a quebra da simetria semântica pode resultar em curiosos efeitos de estilo. Não foi outra coisa o que fez Machado de Assis no conhecido trecho de "Memórias Póstumas de Brás Cubas", em que, irônica e amargamente, o narrador diz: "Marcela amou-me durante 15 meses e 11 contos de réis". No mesmo livro: "antes cair das nuvens que de um terceiro andar".

O uso desse artifício parece ser uma das marcas estilísticas do autor. Na abertura de "Dom Casmurro", o narrador diz: "(...) encontrei (...) um rapaz (...), que eu conheço de vista e de chapéu".

No conto "O Enfermeiro", ao anunciar que vai relatar um episódio, o narrador adverte que poderia contar sua vida inteira, "mas para isso era preciso tempo, ânimo e papel". O elemento "papel", disposto nessa sequência, surpreende o leitor e instala o discurso irônico. Ter ou não papel para escrever é algo prosaico. A falta de ânimo, um problema pessoal, está em outro patamar semântico.

Essa interpenetração de planos é um dos articuladores do tom irônico do discurso machadiano.

3. SEMÂNTICA

Semântica é o estudo da significação das palavras. Para tal, é preciso que se considere o contexto no qual o termo está inserido, uma vez que é no contexto que as ideias vão, ponto-a-ponto, sendo delineadas.

Considerando ainda a rede de significados, seus fios podem ser desdobrados em **sentido denotativo** e **sentido conotativo**. O primeiro é sempre o sentido real da palavra dentro de um contexto. É o sentido do dicionário. Já o sentido conotativo, é um segundo patamar de interpretação que determinada palavra ou expressão assume dentro de outro contexto específico. O sentido conotativo também é chamado de **sentido figurado**.

Ex.: Devido à falta de água, murcharam as *flores* do jardim. (sentido denotativo)

Maria é uma *flor* de menina: colorida, perfumada e de uma delicadeza rara. (sentido conotativo)

Nota-se claramente que a palavra flor não apresenta o mesmo sentido nas duas frases, isto é, nos dois contextos. Por isso, essas redes, que determinam também o contexto, são fundamentais para o entendimento, a interpretação e a comunicação.

Ex.: "Eu fiz um livro, mas, oh, meu
Deus, não perdi a poesia.
De vez em quando Deus
me tira a poesia.
Olho pedra e vejo pedra
mesmo".

– *Adélia Prado*

3.1. SINONÍMIA

Características de determinadas palavras assumirem, num dado contexto, significação semelhante. Tais palavras são chamadas de sinônimos.

Ex.: branco – alvo; forte – robusto; longo – comprido.

3.2. ANTONÍMIA

Palavras com sentidos opostos. São chamadas de antônimos.

Ex.: alto – baixo; gordo – magro; cedo – tarde.

3.3. HOMONÍMIA

Propriedade do que é homônimo, ou seja, que possui a mesma grafia ou a mesma pronúncia, ou mesmo as duas coisas a um só tempo. Os homônimos podem ser:

a) **Homófonos** – mesma pronúncia, grafia diferente. (Cela – sela; seção – sessão);

b) **Homógrafos** – mesma grafia, pronúncia diferente. {acordo (subst.) e acordo (verbo)};

c) **Perfeitos** – mesma pronúncia e mesma grafia. {são (verbo) e são (adj.)}.

3.4. PARONÍMIA

Propriedade do que á parônimo, isto é, muito parecido. Os parônimos não possuem nem a pronúncia nem a grafia igual.

Abaixo, segue a lista dos principais parônimos e homônimos:

Acender - pôr fogo a
Ascender - elevar-se, subir

Acento - inflexão de voz, tom de voz
Assento - base, lugar de

Acessório - pertences de qualquer instrumento ou máquina; que não é principal

Assessório - diz respeito a assistente, adjunto ou assessor

Aço - ferro temperado
Asso - do verbo 'assar'

Anticéptico - contrário ao cepticismo
Antisséptico - contrário ao pútrido; desinfetante

Asar - guarnecer de asas
Azar - má sorte, ocasionar

Brocha - tipo de prego
Broxa - tipo de pincel

Caçado - apanhado na caça
Cassado - anulado

Cardeal - principal; prelado; ave; planta; ponto (cardeal)
Cardial - relativo ao coração

Cartucho - carga de arma
Cartuxo - frade de Cartuxa

Cédula - documento
Sédula - feminino de sédulo (cuidadoso)

Cegar - tornar ou ficar cego
Segar - ceifar

Cela - aposento de religiosos; pequeno quarto de dormir
Sela - arreio de cavalgadura

Censo - recenseamento
Senso - juízo

Censual - relativo a censo
Sensual - relativo aos sentidos

Cerra - do verbo cerrar (fechar)
Serra - instrumento cortante; montanha; do v. serrar (cortar)

Cerração - nevoeiro denso
Serração - ato de serrar

Cerrado - denso; terreno murado; fechado
Serrado - particípio de serrar (cortar)

Cessão - ato de ceder
Sessão - tempo que dura uma assembleia
Secção ou seção - corte, divisão

Cevar - nutrir, saciar
Sevar - ralar

Chá - infusão de folhas para bebidas
Xá - título do soberano da Pérsia

Cheque - ordem de pagamento
Xeque - perigo; lance de jogo de xadrez;

Cinta - tira de pano
Sinta - do verbo sentir

Círio - vela de cera
Sírio - relativo à Síria;

Cível - do Direito Civil
Civil - polido; referente às relações dos cidadãos

Cocho - tabuleiro
Coxo - que manqueja

Comprimento - extensão
Cumprimento - ato de cumprir, saudação

Concelho - município
Conselho - parecer

Concerto - sessão musical; harmonia
Conserto - reparação

Concílio - assembleia de prelados católicos
Consílio - conselho

Conjetura - suposição
Conjuntura - momento

Coringa - pequena vela triangular usada à proa das canoas; moço de barcaça
Curinga - carta de baralho

Corisa - inseto
Coriza - secreção das fossas nasais

Coser - costurar
Cozer - cozinhar

Decente - decoroso
Descente - que desce

Deferir - atender, conceder
Diferir - distinguir-se; posicionar-se contrariamente; adiar

Descargo - alívio
Desencargo - desobrigação de um encargo

Desconcertado - descomposto; disparato
Desconsertado - desarranjado

Descrição - ato de descrever
Discrição - qualidade de discreto

Descriminar - inocentar
Discriminar - distinguir, diferenciar

Despensa - copa
Dispensa - ato de dispensar

Despercebido - não notado
Desapercebido – desprevenido

Distratar = romper um trato:
Destratar = tratar mal:

Espavorir = ficar apavorado:
Esbaforir = ficar ofegante:

Édito - ordem judicial
Edito - decreto, lei (do executivo ou legislativo)

Elidir - eliminar
Ilidir - refutar

Emergir - sair de onde estava mergulhado
Imergir - mergulhar

Emerso - que emergiu
Imerso - mergulhado

Emigração - ato de emigrar
Imigração - ato de imigrar

Eminente - excelente
Iminente - sobranceiro; que está por acontecer

Emissão - ato de emitir
Imissão - fazer entrar

Empossar - dar posse
Empoçar - formar poça

Enfear - tornar feio
Enfiar - introduzir

Espectador - o que observa
Expectador - o que tem expectativa

Espedir - despedir; estar moribundo
Expedir - enviar

Esperto - inteligente, vivo
Experto - perito ("expert")

Espiar - olhar, observar
Expiar - cumprir pena

Estático - paralisado
Extático - em êxtase

Estância - fazenda, sítio
Instância - jurisdição, foro

Estante - armário
Instante - momento, ocasião

Esterno - osso dianteiro do peito
Externo - do lado de fora

Estrato - tipo de nuvem, camada
Extrato - essência, concentrado

Fluido - qualquer líquido ou gás
Fluído - particípio do verbo fluir

Fragrante - que tem perfume
Flagrante - evidente

Fuzil - arma, carabina
Fusível - para proteger contra excesso de corrente elétrica

História - real ou fictícia
Estória - só ficção

Esplanada - terreno plano
Explanada (o) - part. do v. explanar

Estasiado - ressequido
Extasiado - arrebatado

Estático - firme
Extático - absorto

Esterno - osso dianteiro do peito
Externo - que está por fora

Estirpe - raiz, linhagem
Extirpe - flexão do v. extirpar

Estofar - cobrir de estofo
Estufar - meter em estufa

Estrato - filas de nuvens
Extrato - coisa que se extraiu de outra

Estremado - demarcado
Extremado - extraordinário

Flagrante - evidente
Fragrante - perfumado

Fluir - correr
Fruir - desfrutar

Fuzil - arma de fogo
Fusível - peça de instalação elétrica

Gás - fluido aeriforme
Gaz - medida de extensão

Incidente - acessório, episódio
Acidente - desastre; relevo geográfico

Inflação - ato de inflar
Infração - ato de infringir

Imanar - magnetizar
Emanar - sair de, exalar

Iminente - está prestes a ocorrer:
Eminente - ilustre, célebre:

Incerto - duvidoso, incorreto:
Inserto - inserido:

Incipiente - principiante, novato
Insipiente - que não é sapiente, ignorante

Locador - proprietário do imóvel, quem aluga
Locatário - quem toma por aluguel

Infligir - aplicar pena
Infringir - transgredir

Incipiente - que está em começo, iniciante
Insipiente - ignorante

Intenção - propósito
Intensão - intensidade; força

Intercessão - ato de interceder
Interseção - ato de cortar

Laço – tipo de nó
Lasso – fatigado

Lista - relação ou risco, linha
Listra - só risco, linha

Lustro - polimento ou período de cinco anos
Lustre - candelabro

Maça - clava; pilão
Massa - mistura

Maçudo - monótono
Massudo - que tem aspecto de massa

Mandado - ordem judicial
Mandato - período de permanência em cargo

Mesinha - diminutivo de mesa
Mezinha - medicamento

Óleo - líquido combustível
Ólio - aranha grande

Paço - palácio
Passo – marcha

Pequenez - qualidade do que é pequeno
Pequinês - raça de cachorro (originário de Pequim)

Perceber - notar
Aperceber-se - prover-se de, ficar ciente

Peão - indivíduo que anda a pé; peça de xadrez
Pião – brinquedo

Praga - maldição, desgraça
Plaga - região, terra

Pleito - disputa
Preito - homenagem

Presar - aprisionar
Prezar - estimar muito

Precedente - antecedente:
Procedente - proveniente, legítimo

Previdente - prudente
Providente - que se abastece de

Prover - abastecer, fornecer
Provir - vir de, originar-se

Prostrar-se - curvar-se
Postar-se - colocar-se

Prescrição - ordem, receita ou prazo vencido
Proscrição - expulsão, eliminação

Previdência - que prevê
Providência - medida a ser tomada

Proeminente - saliente no aspecto físico
Preeminente - nobre, distinto

Ratificar - confirmar
Retificar - corrigir

Recreação - recreio
Recriação - ato de recriar

Recrear - proporcionar recreio
Recriar - criar de novo

Ruço - grave, insustentável
Russo - da Rússia

Serva - criada, escreva
Cerva - fêmea do cervo

Sesta - hora do descanso
Sexta - redução de sexta-feira; hora canônica; intervalo musical

Tacha - tipo de prego; defeito
Taxa - imposto

Tachar - censurar, notar defeito em; pôr prego em
Taxar - determinar a taxa de

Tráfego - trânsito
Tráfico - negócio ilícito

Viagem - jornada
Viajem - do verbo viajar

Vultoso - volumoso
Vultuoso - inchado

3.5. POLISSEMIA

Dentro do hipertexto, a mesma palavra pode ter vários sentidos, como ocorre, por exemplo, com manga, mangueira, colher, etc. É também chamada de **plurissignificação**. Assim, só é possível afirmar o que tais palavras significam dentro de um contexto, isto é, uma rede específica.

BRINCANDO COM AS PALAVRAS

1. Quem casa quer casa.
2. Paula lixa a unha com a lixa vermelha.
3. Linda comprou uma linda camisola.
4. Juliana bota a bota no armário.
5. Domino o dominó como ninguém.
6. Brinco com o meu brinco de ouro.
7. Como como um leão faminto.
8. Sua irmã sua muito durante a aula.
9. Negocio um negócio dos deuses.
10. Ela cozinha feijão na minha cozinha.

3.6. HIPÔNIMO

É uma relação estabelecida entre dois termos com base na maior especificidade do significado de um deles. Ex.: mesa (mais específico) e móvel (mais genérico).

3.7. HIPERÔNIMO

É uma relação estabelecida entre dois termos, sendo que, um deles apresenta sentido mais amplo, englobando o outro termo. Ex.: **felino** está numa relação de **hiperonímia** com **gato**.

4. FUNÇÕES DA LINGUAGEM

Vimos que o objetivo de ler e interpretar um texto se dá na busca de informação e na interação com essa informação. A ferramenta que vai possibilitar esse trânsito de comunicação é a linguagem. É por intermédio da língua (**código**) que o emissor comunica ao receptor determinadas mensagens.

A linguagem não só espelha o mundo e o pensamento, como também possibilita aos membros de uma sociedade os mais diversos tipos de ações e reações. Além do mais, vários fatores podem originar variações linguísticas, como por exemplo, fatores geográficos, sociais, profissionais e situacionais.

As funções da linguagem se dividem em seis. São elas:

4.1. FUNÇÃO REFERENCIAL OU DENOTATIVA

A mensagem centrada na informação (o quê). É aquela função voltada para a informação, ou seja, para o próprio contexto. A intenção é transmitir ao interlocutor dados da realidade de uma forma direta e objetiva, num discurso denotativo, daí a classificação. Geralmente os textos que apresentam a função referencial são escritos em terceira pessoa, com ênfase no referente, isto é, naquilo de que e fala. Textos jornalísticos e científicos são precipuamente denotativos.

Ex.: Conforme pesquisa recentemente divulgada pela *Folha de São Paulo*, quase 40% dos brasileiros têm problemas com o sobrepeso o que pode acarretar doenças, como por exemplo, o diabetes e a aterosclerose.

➢ **Referenciação** – é o processo pelo qual se buscam ou evidenciam, no texto, os referentes, isto é, as ideias que já foram apresentadas ou ainda serão introduzidas no contexto.

Sempre que se **retoma** uma informação com um pronome, por exemplo, houve um processo de referenciação que chamamos de **anáfora**. O pronome em questão é chamado de pronome anafórico.

Quando um determinado pronome é utilizado para **apresentar uma nova informação**, algo que ainda não apareceu dentro do contexto, temos também um processo de referenciação chamado de **catáfora**. O pronome em questão é chamado de pronome catafórico.

Por fim, dêixis ou referência dêitica é a associação conceitual entre uma ocorrência de uma palavra cujo significado depende do contexto, e a entidade que essa ocorrência representa. Por exemplo, na sentença "eu estarei aqui amanhã", a pessoa representada pela palavra "eu", o local representado por "aqui", e o dia representado por "amanhã" são exemplos de dêixis. Na sentença "conversaremos", a conjugação do verbo indica um tempo no futuro e um conjunto de pessoas, que são exemplos de dêixis, pois suas exatas identidades dependem do contexto.

As palavras que rotineiramente manifestam a dêixis são chamadas de dêiticos. Na língua portuguesa, os dêiticos incluem os pronomes como "eu", "lhe", "isto"; os artigos como "o", "as"; a maioria dos advérbios de lugar e de tempo, como "hoje", "logo", "aqui", "perto"; as terminações verbais; e várias outras categorias, até mesmo certos verbos como "ir" e "vir".

4.2. FUNÇÃO CONATIVA OU APELATIVA

A mensagem centrada no interlocutor. (para quem)

Do latim, *conatus* significa esforço ou ação que procura impor-se a uma resistência. Assim, a função conativa se dá quando a intenção é influenciar, persuadir, convencer, seduzir e /ou encantar o interlocutor. Anúncios de publicidade, textos instrucionais e dissertativos, horóscopos, comícios políticos são exemplos de textos em que prevalece a função conativa da linguagem. É muito comum, nos textos conativos, os verbos aparecerem no imperativo.

Ex.: Nove entre dez das estrelas de Hollywood usam *Lux Luxo*. Use você também.

"Há aí, entre cinco ou dez pessoas que me leem, há aí alguma alma sensível, que está decerto um tanto desgastada com o capítulo anterior, começa a tremer pela sorte de Eugênia, e talvez... sim, talvez, lá no fundo de si mesma, me chame de cínico. Eu cínico, alma sensível? (...) eu não sou cínico, eu fui homem; (...) Retira, pois, a expressão, alma sensível, castiga os nervos, limpa os óculos, - e acabamos de uma vez com esta flor da moita."

– *Machado de Assis*

4.3. FUNÇÃO FÁTICA

Testando o canal. (onde)

Aqui, a preocupação do falante é manter contato com o interlocutor, prolongando uma comunicação ou testando o funcionamento do canal de comunicação com frases que vão buscar a confirmação e entendimento da mensagem. Ao telefone, por exemplo, utilizamos a função fática todo o tempo.

Obs.: canal é o suporte material ou sensorial pelo qual se faz a comunicação; meio utilizado para enviar o sinal de um emissor a um receptor.

Olá, como vai?
Eu vou indo e você, tudo bem?
Tudo bem, eu vou indo, correndo pegar meu lugar no futuro e você?
Tudo bem eu vou indo em busca de um sono tranquilo, quem sabe?
Quanto tempo...
Pois é... Quanto tempo...

– Paulino da Viola

4.4. FUNÇÃO METALINGUÍSTICA

A mensagem centrada no código. (com o quê)

Ocorre função metalinguística quando o falante utiliza o código para explicar o próprio código, ou então o código é o tema da mensagem. Uma música que fala sobre o ato de compor ou um poema que verse sobre o modo de escrever poemas, utiliza a metalinguagem. O dicionário é um bom exemplo de metalinguagem, uma vez que ele faz uso da palavra para explicar a própria palavra. Abaixo, no poema *Oficina Irritada* de Carlos Drummond de Andrade, notamos que o poeta usa o soneto para falar do soneto: o código evidenciando o próprio código: metalinguagem. Exemplo:

Eu quero compor um soneto duro
como poeta algum ousara escrever.
Eu quero pintar um soneto escuro,
seco, abafado, difícil de ler.

Quero que meu soneto no futuro,
Não desperte em ninguém nenhum prazer.
E que no seu maligno ar imaturo,
ao mesmo tempo saiba ser, não ser.

Esse meu verbo antipático e impuro
há de pungir, há de fazer sofrer
tendão de Vênus sobre o pedicuro.

Ninguém o lembrará: tiro no muro
cão mijando no caos, enquanto Arcturo,
claro enigma, se deixa surpreender.

4.5. FUNÇÃO POÉTICA

Lapidação das palavras (como). Aqui, toda a construção do texto está voltada para a mensagem e o que ela tem de concreto, quer na sua estrutura, quer na seleção e combinação de palavras. Estão sempre presentes, no texto poético, o ritmo, a sonoridade, o belo e o inusitado das imagens. A poesia é imagética e tem a função de dizer o indizível.

Impressionista
Uma ocasião
meu pai pintou a casa toda
de alaranjado brilhante.
Por muito tempo moramos numa casa
como ele mesmo dizia:
constantemente amanhecendo.

– Adélia Prado

"Às folhas tantas do livro matemático
Um quociente apaixonou-se um dia
doidamente por uma incógnita.
Olhou-a com seu olhar inumerável e
viu-a do ápice á base:
Uma figura ímpar; olhos romboides,
boca trapezoide, corpo retangular,
seios esferoides.
Fez da sua uma vida paralela á dela,
até que se encontraram no infinito."

– Millôr Fernandes

Xícara

Na tarde fria de julho
voa o cheiro, o barulho
do café descendo quente
pelo bule reluzente...
E me pergunto já em prosa:
— Existe coisa mais gostosa?

4.6. FUNÇÃO EMOTIVA OU EXPRESSIVA

O texto em primeira pessoa (quem).

Existe função emotiva quando a intenção do locutor é posicionar-se em relação ao tema de que está sendo tratado, expressando seus sentimentos, emoções (verdadeiras ou não), produzindo um texto subjetivo, escrito em primeira pessoa. É muito comum nesse tipo de texto o aparecimento de interjeições, pontos de exclamação e reticências. Tal função também aparece em outros veículos de informação, como a pintura e a fotografia.

O meu olhar é nítido como um girassol.
Tenho o costume de andar pelas estradas
Olhando para a direita e para a esquerda,
E de vez em quando, olhando para trás...
E o que vejo a cada momento
É aquilo que nunca antes eu tinha visto,
E eu sei dar por isso muito bem...
Sei ter o pasmo essencial
Que tem uma criança se, ao nascer,
Reparasse que nascera deveras...
Sinto-me nascido a cada momento
Para a eterna novidade do mundo...

– Fernando Pessoa

5. INTERTEXTUALIDADE

Lavoisier

Na poesia,
natureza variável das palavras,
nada se perde ou cria,
tudo se transforma:
cada poema,
no seu perfil incerto e caligráfico,
já sonha outra forma.

– Carlos de Oliveira

Da mesma maneira que uma pessoa não se forma sem a influência de inúmeras outras e do contexto sociocultural em que se encontra inserida, os textos também precisam e dependem de outros textos: não existem escritos absolutamente originais, isolados dos outros ou do contexto sócio-político-cultural. É essa relação entre textos, bem como seus contextos, que chamamos de **intertextualidade**.

Na produção e interpretação de um texto, os interlocutores se valem de crenças e conhecimentos que fazem parte da história e da cultura de sua sociedade. Conhecimentos e crenças que lhe vieram sob a forma de textos – falados e escritos – na família, na escola, na igreja, no trabalho, no jornal, no rádio, na TV, na literatura, etc. Cada texto, como diz Bakhtin, é como um elo na grande corrente de produções verbais que circulam numa sociedade. Cada texto retoma textos anteriores, reafirmando uns e contestando outros, e se propondo como 'matéria prima' para outros textos futuros. (Maria das Graças Costa Val).

Intertextualidade feita a partir do quadro "O grito" de Edvard Munch - kdimagens.com

Segundo Julia Kristeva, o texto se constrói como um mosaico de citações, pois absorve e transforma uma multiplicidade de outros textos. Em todo texto, encontramos um discurso polifônico, isto é, várias vozes, várias melodias que se desenvolvem independentemente, mas dentro de uma mesma tonalidade que, evidencia, por fim, a mensagem. No entanto, essa mensagem só é entendida em toda plenitude se o interlocutor conhecer os textos e ensinamentos que deram origem àquele outro em questão. Passar por cima ou olvidar as referências intertextuais contidas em qualquer contexto pode tornar o texto pobre e até mesmo sem sentido.

A intertextualidade pressupõe a criação de novos sentidos e de uma releitura na reorganização de textos já existentes. Há uma ressemantização do objeto artístico. Conforme bem disse Machado de Assis, "*podes buscar a especiaria alheia, mas há de ser temperada com o molho de sua fábrica*".

Intertextualidade com o quadro "Monalisa" de Leonardo da Vinci - Google imagens.

O diálogo textual apresenta alguns desdobramentos. São eles:

5.1. PARÁFRASE

Reafirma-se com palavras diferentes o mesmo sentido, a mesma essência do texto. Assim, o texto dá uma continuidade semântica ao modelo imitado.

Importante, no entanto, ressaltar que essas palavras não podem ser completamente diferentes, pois a forma aproximada é o que primeiro estabelece os elos semânticos, depois, vem seguida, evidentemente, pela ideia textual, que sempre é mantida.

Exemplo:

* **Poema das Sete Faces, segundo Carlos Drummond de Andrade**
Quando nasci, um anjo torto
desses que vivem na sombra
disse: Vai, Carlos! Ser *gauche* na vida.

* **Até o fim, segundo Chico Buarque**
Quando nasci, veio um anjo safado
o chato d'um Querubim
e decretou que eu estava predestinado
a ser errado assim.

Como se pode observar, os textos em questão têm como pano de fundo a anunciação de um nascimento, bem como suas características e predestinações. O primeiro, o de Drummond, deu origem à série. Por sua vez, o texto do Chico tem em sua estrutura a mesma ideia, a mesma sustentação semântica, com poucas variantes formais.

Exemplo:

* **Canção do Exílio, segundo Gonçalves Dias**
Minha terra tem palmeiras,
onde canta o sabiá
as aves que aqui gorjeiam
não gorjeiam como lá.

* **Nova Canção do Exílio, segundo Drummond**
Um sabiá
Na palmeira, longe
Estas aves cantam
Um outro canto

* Minha terra tem palmeiras onde gorjeia o mar. (**Oswald de Andrade**)

* Eu quero ouvir na laranjeira, à tarde, cantar o sabiá. (**Oswald de Andrade**)

5.2. PARÓDIA

Na paródia, ocorre uma desconstrução da imagem anterior. É mantida praticamente a mesma forma, pois são esses os resquícios que vão estabelecer as pontes de significação. No entanto, o texto parodístico faz uma reapresentação daquilo que havia sido outrora apresentado. É uma maneira diferente de ler o convencional, libertando o discurso para uma consciência crítica e, por vezes, bem humorada.

A paródia trabalha com uma argumentação ideológica, pervertendo o que foi dito anteriormente, rompendo com a temática, questionando, criticando ou negando os modelos pré-concebidos.

Exemplo:

* **Poema das Sete Faces, segundo Carlos Drummond de Andrade**
Quando nasci, um anjo torto
desses que vivem na sombra
disse: "Vai, Carlos! Ser *gauche* na vida".

* **Com Licença Poética segundo Adélia Prado**
Quando nasci, um anjo esbelto
desses que tocam trombeta, anunciou:
vai carregar bandeira.
(...)
vai ser coxo na vida é maldição pra homem
mulher é desdobrável. Eu sou.

Nota-se que Adélia Prado, a despeito de usar o poema de Drummond como molde, aproveita apenas a forma e modifica substancialmente a essência do texto, característica da paródia. A intertextualidade é tão presente e potente no poema, que, no final, tem-se a ideia de que ela dialoga com Drummond.

Exemplo:

* **Canção do Exílio, segundo Gonçalves Dias**
Minha terra tem palmeiras,
onde canta o sabiá
as aves que aqui gorjeiam
não gorjeiam como lá.

* **Canção do Exílio às Avessas, segundo Jô Soares**
Minha Dinda tem cascatas onde canta o curió
não permita Deus que eu tenha que voltar pra Maceió
minha Dinda tem coqueiros da Ilha de Marajó
as aves que aqui gorjeiam não fazem cocoricó
o meu céu tem mais estrelas, minha várzea tem mais cores
este bosque reduzido deve ter custado horrores.

* Minha terra tem Palmeiras, Corinthians e outros times. (**Eduardo Alves da Costa**)

* Minha terra não tem palmeiras. (**Mário Quintana**)

Hoje, é difícil falar em um texto completamente original, sejam nas paráfrases, sejam nas paródias. Até mesmo o texto de Drummond, visto como molde para os outros textos subsequentes, não é tão original quanto pensamos. Veja o exemplo a seguir:

* **Evangelho, segundo São Lucas**
O anjo Gabriel foi enviado por Deus a Nazaré, cidade da Galileia. Foi a

uma virgem, prometida em casamento a um homem chamado José. O nome da virgem era Maria. O anjo aproximou-se de Maria e disse: "Alegra-te, cheia de graça! O Senhor é contigo. Não tenhas medo, Maria, porque você encontrou graça diante de Deus. Conceberás e darás à luz um filho no qual porás o nome de Jesus. Ele será grande e será chamado filho do altíssimo. O Senhor dará a ele o trono de seu Pai, Davi, e ele reinará para sempre sobre os descendentes de Jacó".

Podemos afirmar, então, que Drummond se espelha no texto bíblico para criar o seu. Aquele é que deu origem à série. Evidentemente, como a essência do texto é modificada, temos aí um exemplo de paródia.

5.3. CITAÇÃO

Por sua vez, a citação também é um tipo de intertextualidade. Diferentemente das outras duas ora apresentadas, ela precisa ser anunciada. É preciso indicar o nome do autor que escreveu o referido texto, bem como o nome da obra e a época em que foi escrito. Isso faz a citação bem-vinda em textos de função referencial, monografias, teses, artigos científicos, etc. enquanto a paráfrase e a paródia são mais utilizadas no âmbito literário.

5.3.1. Epígrafe

É um tipo de citação, geralmente, feita sob o título de um determinado capítulo e de maneira recuada à esquerda da página. É importante o uso das aspas no começo e no final da epígrafe, exatamente por se tratar de uma citação direta. Também se pode usar o *itálico*. A epígrafe não é texto ornamental; deve estar diretamente relacionada com o desenvolvimento do texto. Em geral, seu objetivo é fornecer ao leitor uma pista interpretativa do texto capitular.

5.3.2. Alusão

Alusão é uma citação indireta. Nela, não aparecem explicitamente palavras ou imagens de outro autor, mas são reproduzidas construções sintáticas em que certas figuras são substituídas por outras. O simples fato de dizer, por exemplo: Segundo *Fulano de Tal*, isso traz para o texto uma ideia de seriedade e autoridade. É uma citação não textual, ou seja, uma alusão.

5.4. Pastiche

O último tipo de intertextualidade que temos é o pastiche. Não é tão comum como os demais e também não tão cobrado em provas. No entanto, é importante que saibamos pelo menos o que é.

Pastiche é definido como obra literária ou artística em que se imita abertamente o estilo de outros escritores, pintores, músicos, etc. Não tem, contudo, função de satirizar, criticar a obra de origem, diferindo, assim, da paródia. Modernamente, o pastiche pode ser visto como uma espécie de colagem ou montagem, tornando-se retalhos de vários textos. Nem sempre é grosseiro, como demonstra o romance *Em Liberdade*, de Silviano Santiago, que é pastiche do estilo de Graciliano Ramos. Ou os livros *Amor de Capitu*, de Fernando Sabino, e *Capitu – Memórias Póstumas*, de Domício Proença Filho, que reescreveram *Dom Casmurro*, de Machado de Assis. (Wikipédia)

Outros exemplos de intertextualidade

Texto ilustrativo (Casseta e Planeta)

Chapeuzinho Vermelho era uma militante da CUT, por isso usava na cabeça um chapéu vermelho. Um dia, Chapeuzinho, revoltada com a programação televisiva alienante que a obrigavam a assistir, resolveu sair pelo bosque para preservar algumas espécies de plantas em extinção e aproveitou para visitar sua avozinha.

Chapeuzinho era revoltada com o tratamento dedicado por seus pais a pessoas idosas como sua avó, que era obrigada a morar num bosque, exposta a sabe-se lá quais riscos. A menina considerava desde já a possibilidade de conquistar sua independência financeira e poder morar em sua própria casa, onde além de abrigar a sua avó, teria a liberdade de fazer o que quisesse.

Ao chegar à casa de sua avó, Chapeuzinho percebeu duas coisas. Primeiro: algo muito estranho havia acontecido com sua avó, que estava deitada na cama com uma cara esquisita. Segundo: era um absurdo uma septuagenária como sua avó continuar pagando IPTU, morando num casebre no meio do bosque.

O que Chapeuzinho não sabia era que o lobo mau havia entrado na casa da avozinha, tinha comido a velha e deitado em seu lugar. Chapeuzinho fora alertada por seus pais da existência de um lobo mau rondando a floresta, mas nunca levou isso a sério, pois considerava esse rótulo de mau apenas mais uma demonstração do maniqueísmo típico da sociedade judaico-cristã. Ora, um lobo não é mau nem bom. Um lobo é um lobo e pronto.

Chapeuzinho aproximou-se da cama e perguntou:

- Vovozinha, apesar de não ser, em princípio, contra a utilização de drogas de qualquer espécie, pois considero que cada um é responsável por seus atos, eu tenho que lhe perguntar: pra que esse nariz tão grande?

- É pra te cheirar, minha netinha, respondeu prontamente o lobo mau.

- Vovozinha, e por que uma boca tão grande?

- É pra te comer, minha filha - falou o lobo, com voz grossa, levantando-se e mostrando sua verdadeira face.

Mesmo espantada com a revelação, Chapeuzinho conseguir argumentar:

- Se você fala *comer* no sentido de realizar seus desejos sexuais reprimidos, considero sua forma de abordagem muito grosseira. Agora, se você se refere ao ato de se alimentar da minha pessoa pra suprir a sua fome, compreendo, pois todos os animais carnívoros têm que se alimentar de carne, mas meu instinto de sobrevivência me obriga a fugir.

Nesse instante, Chapeuzinho corre, tentando se livrar do lobo, que vem ao seu encalço. Até que surge um caçador para acudir a menina. Mas, para surpresa de todos, Chapeuzinho joga-se no colo do lobo mau.

- Sai pra lá, caçador sem escrúpulos! Não me venha sob o pretexto de me defender, tentar extinguir mais uma espécie de nossa fauna já tão espoliada pelo homem.

E assim, o lobo mau exigiu um representante do IBAMA, enquanto o caçador foi condenado por crime contra a humanidade. Chapeuzinho Vermelho nunca mais viu sua avó, mas herdou sua casa no bosque e entrou imediatamente com um processo contra a prefeitura, pedindo ressarcimento de todos os IPTU's pagos pela avó.

E não foram felizes para sempre, pois essa visão fantasiosa de que a felicidade é eterna, é uma invenção dos adultos para as crianças acreditarem que a vida é um mar de rosas.

Comercial da Bombril®, que se intertextualiza com a figura de Albert Einstein, na apresentação de um novo produto da marca.

No caminho com Maiacovsky, Eduardo Alves da Costa

Na primeira noite eles se aproximam
e roubam uma flor no nosso jardim
E não dizemos nada.
Na segunda noite, já não se escondem,
pisam as flores, matam nosso cão
E não dizemos nada.
Até que o mais frágil deles entra sozinho em nossa casa
Rouba-nos a luz e, conhecendo nosso medo, arranca-nos a voz da garganta
E já não podemos dizer nada.

Bertold Brecht

Primeiro levaram os negros
Mas eu não me importei com isso
Eu não era negro.
Em seguida levaram alguns operários
Mas eu não me importei com isso
Eu também não era operário
Depois prenderam os miseráveis
Mas não me importei com isso
Porque eu não sou miserável
Depois agarraram uns desempregados
Mas como tenho meu emprego
Também não me importei
Agora estão me levando
Mas já é tarde.
Como eu não me importei com ninguém
Ninguém se importa comigo.

Martin Niemöller

Um dia levaram meu vizinho que era judeu.

Como não sou judeu, não me incomodei.

No dia seguinte, vieram e levaram meu outro vizinho que era comunista.

Como não sou comunista, não me incomodei.

No terceiro dia, vieram e levaram meu vizinho católico.

Como não sou católico, não me incomodei.

No quarto dia, vieram e me levaram;

Já não havia mais ninguém para reclamar.

Cláudio Humberto

Primeiro eles roubaram nos sinais, mas não fui eu a vítima;

Depois incendiaram os ônibus, mas eu não estava neles;

Depois fecharam ruas, onde não moro;

Fecharam então o portão da favela, que não habito;

Em seguida arrastaram até a morte uma criança, que não era meu filho...

6. ESTILÍSTICA

A estilística estuda a utilização da linguagem como meio de exteriorização de dados emotivos e estéticos. Seus objetivos de estudos são os processos de manipulação da linguagem que permitem a quem fala ou escreve, mais do que simplesmente informar – interessam principalmente as possibilidades de sugerir conteúdos emotivos e intuitivos por meio das palavras e da sua organização.

Diferentemente da gramática normativa, que é rígida por excelência, a estilística apresenta aos falantes variados matizes de construção, visando a maior expressividade e beleza. Aqui, muitos termos ou expressões são usados no âmbito figurado, criando efeitos diferenciados de interpretação, bem como ampliando o significado de determinadas palavras ou suprindo a falta de termos mais adequados.

Paul Valery ensina que, na estilística, é possível "*dilatar ou restringir o sentimento das palavras, operando as mesmas simetrias ou conversões, ora pela boca do povo, ora pelas necessidades imprevistas da expressão técnica, ou sob a pena vacilante do escritor, engendra essa variação da língua que, insensivelmente, vai se tornando distinta*".

"*As palavras têm vida. Vestem-se de significados. Mascaram-se. Contagiam-se com as outras palavras próximas. Dançam conforme a música tocada no salão de baile onde estão. O salão é o discurso e é aí que elas cristalizam momentaneamente uma de suas máscaras.*" (Maria Aparecida Baccega).

6.1. RECURSOS MORFOLÓGICOS

Os casos mais comuns de exploração expressiva de recursos morfológicos estão relacionados com o uso de determinados sufixos. É muito frequente o emprego dos sufixos aumentativos e diminutivos para exprimir conteúdos afetivos, nem sempre relacionados com a dimensão física dos seres. É o caso de palavras como ***mulherão*** e ***coitadinho***, que fazem referência respectivamente à beleza e às características psicológicas dos seres designados.

6.2. RECURSOS SINTÁTICOS

A sintaxe é uma fonte inesgotável de recursos expressivos. Nela, sobressaem as figuras de construção (ou de sintaxe). Eis algumas formas de obter efeitos sutis de significação:

6.2.1. Assíndeto

Consiste na coordenação de termos ou orações sem utilização de conectivos. Esse recurso costuma imprimir lentidão ao ritmo narrativo. Exemplos:

Vim, vi, venci.

"Foi apanhar gravetos, trouxe do chiqueiro das cabras uma braçada de madeira meio roída pelo cupim, arrancou touceiras de macambira, arrumou tudo para a fogueira." (G. Ramos).

6.2.2. Polissíndeto

É a repetição por várias vezes da mesma conjunção. Esse recurso costuma acelerar o ritmo narrativo. Exemplo:

*Passam homens, **e** mulheres, **e** cachorros, **e** crianças.*

6.2.3. Inversão

Como o próprio nome sugere, há uma inversão da ordem natural dos termos da oração ou frase. O termo deslocado de sua posição natural recebe forte ênfase. Ocorre tanto na linguagem literária quando no uso cotidiano. Também conhecida como **anástrofe** (inversão mais simples, geralmente sujeito e predicado) e **hipérbato** (inversão mais complexa). Exemplos:

"Ouviram do Ipiranga as margens plácidas
De um povo heroico o brado retumbante."

Das minhas coisas cuido eu!

6.2.4. Repetição

Também chamada de **anáfora**, quando ocorre no início de duas ou mais frases sucessivas, é um recurso de ênfase e coesão. Exemplos:

A vós, pregados pés, por não deixar-me;
A vós, sangue vertido para ungir-me;
A vós, cabeça baixa por chamar-me.
– Gregório de Matos

Um homem vai devagar
Um cachorro vai devagar

Um burro vai devagar.
– Carlos Drummond de Andrade

6.2.5. Anacoluto

É uma ruptura da ordem lógica da frase, prosseguindo a frase de outra maneira. Recurso muito utilizado nos diálogos que procuram reproduzir na escrita a língua falada. Exemplo:

Quem ama o feio, bonito lhe parece. (o feio parece bonito a quem o ama)

"Os três reis orientais ... é tradição da igreja que um era preto." (Vieira)

Os alunos da quarta série, parece-me que o Maneco foi o último colocado.

6.2.6. Silepse

É uma concordância estabelecida com a ideia veiculada pelo contexto e não com aquilo que, efetivamente, está escrito (concordância ideológica). Pode ser de gênero, número ou pessoa. Exemplos:

Sua Excelência está atrasada para o concerto.

"Inútil, a gente somos inútil." (Ultraje a rigor)

Todos precisamos trabalhar.

6.2.7. Elipse

É a supressão de um determinado termo sem que isso possa interferir na interpretação do contexto. Quando o termo omitido é o verbo, a elipse também é conhecida como **zeugma**. Nesse caso, deve-se colocar a vírgula no local onde foi suprimido o verbo.

Poeta sou; pai, pouco; irmão, mais.

"O meu pai era paulista
meu avô, pernambucano
o meu bisavô, mineiro
meu tataravô, baiano..."
– Chico Buarque

6.2.8. Hipálage

Adjetivação de uma palavra em vez de outra. Exemplo:

O voo branco das garças. (As garças é que são brancas)

6.2.9. Enálage

Uso de um tempo verbal por outro. Exemplo:

Que seria de mim, não fora sua ajuda (fora no lugar de fosse)

6.2.10. Quiasmo

Inversão e repetição de termos. Exemplo:

Tinha uma pedra no meio do caminho

No meio do caminho tinha uma pedra.

6.2.11. Pleonasmo

Consiste na repetição de um termo para realçar o seu sentido. Exemplos:
Cheirou os móveis com um nariz experiente.
A grande ajuda, encontrei-a naquele dia.

Obs.: Alguns pleonasmos são viciosos. Nós os estudaremos mais à frente.

6.2.12. Repetição ou iteração

Consiste em repetir diversas vezes a mesma palavra. Exemplo:
Ou se tem sol e não se tem chuva
Ou se tem chuva e não se em sol.

6.2.13. Epizeuxe

Pronuncia-se *epizêuze* – é a repetição seguida de uma palavra com fins expressivos.
Amai, amai, que tudo o mais não importa.
Elas falam, falam, falam e nada se aproveita.

6.3. RECURSOS SEMÂNTICOS

É aquele que trabalha com a exploração dos significados das palavras. As figuras desse recurso se dividem em figuras de palavras (ou **tropos**) e figuras de pensamento.

I) Figuras de Palavras

6.3.1. Metáfora

É uma espécie de comparação, em que se nota uma aproximação se sentidos afins. Consiste na transferência de um termo para o âmbito de significação que não é o seu. Exemplos:
Ó pedaço de mim
Oh, metade arrancada de mim

Leva o vulto teu
Que a saudade é o revés de um parto
A saudade é arrumar o quarto
Do filho que já morreu.
– Chico Buarque

Ela é a rosa, poeta... assim se chama
sente bem seu perfume ... Ela te ama
– Vinícius de Moraes

Senti a seda do seu rosto em minhas mãos.

LAERTE. *Classificados: livro 3*. São Paulo: Devir, 2004. p. 63

6.3.2. Comparação

É um tipo especial de metáfora em que é feita uma comparação constituída com algum conectivo. Também conhecida como **símile**. Exemplos:

Não fique aí parado, feito uma coluna do templo.

"O favo da jati não era doce como o seu sorriso e nem a baunilha recendia no bosque como seu hálito perfumado". (José de Alencar)

6.3.3. Alegoria

É uma sequência de metáforas que significam uma coisa nas palavras e outra no sentido. Geralmente as alegorias são bem conhecidas, algumas famosas inclusive, como por exemplo, "A alegoria da Caverna, de Platão". Nela, o autor cria o seu texto a partir de um continuado de metáforas que pretendem, na verdade, indicar não o escrito ao pé da letra e, sim, um determinado comportamento, algumas características da sociedade. As expressões populares são também exemplos de alegoria, pois o que vale não é o sentido denotativo de cada expressão, mas o sentimento e interpretação que elas querem despertar no ouvinte. Vejam alguns exemplos:

Água mole em pedra dura, tanto bate até que fura.

Mais vale um pássaro na mão do que dois voando.

6.3.4. Metonímia

Também conhecida como sinédoque, consiste na ampliação do âmbito semântico de uma palavra ou expressão. É uma substituição de uma palavra por outro com sentido equivalente. Pode se desdobrar da seguinte forma:

a) O todo pela parte ou a parte pelo todo

"As velas do Mucuripe vão sair para pescar

Eu vou levar minha mágoa pras águas fundas do mar." (Fagner)

"Meu coração não aprendeu nada." (Fernando Pessoa)

b) O autor pela obra

No cinema espanhol prefiro Almodóvar.

Ler Guimarães Rosa é deveras difícil.

c) O recipiente pelo conteúdo

Comeram cada um três pratos de canjiquinha e beberam dois copos de caipirinha.

d) A marca pelo produto

Preciso de uma *gilete* para me barbear.

Que tal uma *skol* depois do expediente?

e) a matéria pelo objeto

Ao longe soava o bronze.

f) o singular pelo plural

Todo homem é mortal.

g) o abstrato pelo concreto

Devemos respeitar a velhice.

h) O inventor pelo invento

Vou comprar um Ford ainda este ano.

i) O gênero pela espécie

Os mortais são capazes de tudo.

j) A causa pelo efeito

Mais uma vez ele foi o Cristo da Turma.

6.3.5. Sinestesia

É quando o contexto provoca uma mistura de duas ou mais sensações numa só unidade. Na sinestesia, a percepção sensorial é capaz de provocar relações nos demais sentidos; há uma correspondência de perfumes, cores e os sons, como bem disse Baudelaire.

Pelo ar sutil... tem cheiro a luz,
A manhã nasce...
Oh sonora audição colorida do aroma.

– Alphonsus de Guimarães

Um perfume que não conheço me invade: é o cheiro do vosso sono quente, doce, enrodilhado nos braços das espanholas.

– Drummond

6.3.6. Catacrese

É quando um determinado termo assume outro sentido devido à ausência de um termo mais apropriado. Exemplos: A batata da perna; O dente de alho.

6.3.7. Perífrase

Também conhecida como antonomásia, é a substituição de um nome por uma expressão que o identifique ou um fato notável pelo qual são conhecidos. Exemplos:

Naquela jaula, estava o rei dos animais. (leão)

Ele conheceu o poeta dos escravos. (Castro Alves)

Tiradentes – Joaquim José da Silva Xavier

Lula – Luís Inácio Lula da Silva

A perífrase pode se "afetar" de tal forma que passa a representar um exagero na linguagem, em prejuízo da naturalidade e da clareza. Assim, deixa de ser apenas uma substituição de um nome por uma expressão que o identifique, tornando o contexto deveras rebuscado.

Vejam os exemplos abaixo:

Na pretérita centúria, presenciei o acasalamento do Astro-rei com a rainha da noite. (No século passado, presenciei o eclipse solar).

Meu progenitor sofre de alopecia androgênica. (Meu avô é careca)

II) FIGURAS DE PENSAMENTO

6.3.8. Antítese

Oposição de duas ou mais ideias ou termos opostos, marcadas principalmente por meio da oposição dessas palavras.

Exemplos:

Amor é fogo que arde sem se ver
é ferida que dói e não se sente
é um contentamento descontente
é dor que desatina sem doer.

– Camões

De repente do riso fez-se o pranto
Silencioso e branco como a bruma.

– Vinícius de Moraes

6.3.9. Paradoxo ou oxímoro

É um tipo especial de antítese em que há uma fusão de ideias contrárias, gerando um resultado ilógico ou até mesmo absurdo.

Exemplos:

Claro enigma.

– Drummond

Eu não posso me dizer do amor que tive
Que não seja imortal posto que é chama
Mas que seja infinito enquanto dure.

– Vinícius de Moraes

6.3.10. Hipérbole

É a figura que engrandece ou diminui exageradamente a verdade.

Exemplos:

Repeti um milhão de vezes e ela ainda não entendeu?

"Rios te correrão dos olhos se chorares". (Olavo Bilac)

6.3.11. Eufemismo

É a suavização ou abrandamento de expressões rudes, chocantes, repugnantes. A arma verbal da diplomacia. Tal ideia, transmitida de outra forma, poderia causar sensações desagradáveis. Exemplos:

Vossa Excelência faltou com a verdade. (em vez de 'é um mentiroso')

O prefeito, juntamente com seu assessor, desviou dois milhões de reais dos cofres públicos. (em vez de 'é um ladrão')

Fui procurar-te na última morada, não te encontrei.
Apenas encontrei lousas brancas e pássaros cantando...
Teu espírito, longe, onde não sei,
Da obra da eternidade assegurada,
Sorri aos amigos, que te estão chorando. (em vez de 'morreu).

– Manuel Bandeira

6.3.12. Ironia

É a figura que diz o contrário daquilo que se queria dizer. Reconhecida pelo tom de voz ou pela situação daquele a quem se dirige. Exemplos:

"Nhá Loló, moça graciosa, um tanto acanhada a princípio, mas só a princípio."

– Machado de Assis

"Marcela amou-me durante quinze meses e onze contos de réis; nada menos."

– Machado de Assis

6.3.13. Gradação

Acúmulo de imagens ou ações que se dão de maneira progressiva. Apresenta-se em ordem direta (clímax – aumento de intensidade) e inversa (anticlímax – diminuição de intensidade). Exemplos:

"O caixão, a terra, o mármore, os muros caiados de branco, o portão de madeira azul, as correntes e o cadeado a poeira vermelha e o vento protegem e liberam os mais próximos e os que mais te amam."

– Silviano Santiago

Chega de tentar dissimular e disfarçar e esconder (...)
Nascendo, rompendo, rasgando, tomando o meu corpo e eu
Chorando,sofrendo, gostando, adorando, gritando

– Gonzaguinha

6.3.14. Personificação ou prosopopeia

É a atribuição a seres inanimados ou a animais características ou ações exclusivas dos humanos. Muito comum em fábulas.

Exemplos:

"De repente o cortiço acorda." (Aluísio Azevedo)

"São vitórias-régias resplandecendo em beleza, que também parecem falar". (Hiram Firmino)

6.3.15. Zoomorfização

É o processo inverso da personificação. É quando se atribui ao ser humano características e ações de animais.

Exemplo:

"Agora Fabiano era vaqueiro. Entocara-se feito um bicho, mas criara raízes e estava plantado." (Graciliano Ramos)

6.3.16. Apóstrofe

Invocação de alguém ou alguma coisa personificada.

Exemplo:

Deus, ó Deus, onde estás que não respondes?

6.3.17. Reticência ou Reticências

Consiste em suspender o pensamento da frase, sem que ele esteja concluído. Exemplo:

Vaidade e mais vaidade... Nada de asas! Nada de poesia.

6.3.18. Lítotes ou Litótes

É a afirmação branda por meio da afirmação ao contrário.

Sua namorada não é nada boba. (ou seja, ela é bem esperta!)

Juvenslaudo não ficou nada contente. (ou seja, ficou descontente)

6.4. Recursos Fonológicos

Acontecem quando os sons da língua podem ser organizados de forma a transmitir sugestões e conteúdos intuitivos. Podem dar-se de três formas diferentes:

6.4.1. Onomatopeia

Figura que resulta de quando se repetem ou combinam palavras cujos sons, numa espécie de harmonia imitativa, dão ideia exata ou aproximada do objeto da ação a que se refere o texto.

"a onda anda
aonde anda a onda
a onda ainda
ainda onda
aonde?
aonde?
A onda a onda"

– Manuel Bandeira

(ideia de movimento e ondulação)

"Café com pão
Café com pão
Café com pão
Virge Maria que foi isto maquinista?

– Manuel Bandeira

O ritmo do poema colabora na visualização da partida de um trem. No poema seguinte de Ascenso Ferreira, temos a ideia de um trem em alta velocidade.

"Vou danado para catende
Vou danado para catende
Vou danado para catende
Com vontade de chegar."

6.4.2. Aliteração

Consiste na repetição de fonemas consonantais na mesma frase ou verso. Exemplos:

"**V**ozes **v**eladas
Veludosas **v**ozes
Volúpias dos **v**iolões..."

– Cruz e Souza

"Na me**ss**e que enloure**c**e, estreme**c**e a querme**ss**e...
o **s**ol, o **c**elestial gira**ss**ol e**s**more**c**e..."

– Eugênio de Castro

6.4.3. Assonância

Consiste na repetição de fonemas vocálicos na mesma frase ou verso. Exemplos:

"Na m**e**ss**e** qu**e** **e**nlour**e**c**e**, **e**str**e**m**e**c**e** a qu**e**rmesse...
o sol, o c**e**l**e**stial girassol **e**smor**e**c**e**..."

– Eugênio de Castro

Que me import**a** **a** p**a**is**a**gem, **a** Glóri**a**, **a** b**a**í**a**, **a** linh**a** do horizonte?
– o qu**e** **e**u vejo **é** o b**e**co.

– Manuel Bandeira

7. VÍCIOS DE LINGUAGEM

Na linguagem coloquial, encontramos com frequência os vícios de linguagem, nome genérico dado a qualquer desvio da norma gramatical (português padrão). Por serem erros, devem ser evitados a todo custo. São eles:

7.1. Barbarismos

São erros que atentam contra a forma da palavra.

7.1.1. Cacoépia

Erro de pronúncia ('adevogado' em vez de advogado);

7.1.2. Cacografia

Erro de grafia ('meretíssimo' em vez de meritíssimo);

7.1.3. Cacofonia

Duas palavras que, juntas, fazem-nos lembrar de uma terceira palavra que nada tem a ver com o contexto. (um **por cada**; **lá tinha** duas pessoas).

O marido, ao chegar em casa no final da noite diz à mulher que já estava deitada:

— Querida, eu quero amá-la.

A mulher, que estava dormindo, com a voz embolada, responde:

— A mala... Ah não sei onde está, não! Use a mochila que está no maleiro do quarto de visitas.

— Não é isso querida, hoje vou amar-te.

— Por mim, você pode ir até Marte, Júpiter, Saturno, aonde quiser, desde que me deixe dormir em paz...

- Os vigaristas

7.2. Solecismos

São erros que atentam contra as normas de concordância, regência ou colocação pronominal. (Fazem dois anos que cheguei / assisti o filme / me empresta o livro?)

7.3. Arcaísmos

São palavra ou expressões que já pertencem ao passado da língua. (*físico* em vez de médico, etc.).

O Navio Negreiro

'Stamos em pleno mar
Era um sonho dantesco... o tombadilho,
Que das luzernas avermelha o brilho, em sangue a se banhar.
Tinir de ferros... estalar do açoite...
Legiões de homens negros como a noite, horrendos a dançar...
E ri-se a orquestra irônica, estridente...
E da ronda fantástica a serpente faz doudas espirais!
Qual num sonho dantesco as sombras voam...
Gritos, ais, maldições, preces ressoam! E ri-se Satanaz!...

Senhor Deus dos desgraçados! Dizei-
me vós, Senhor Deus!
Se é loucura... se é verdade tanto
horror perante os céus...
Ó mar, por que não apagas co'a
esponja de tuas vagas de teu manto
este borrão?...
Astros! Noite! Tempestades! Rolai das
imensidades! Varrei os mares, tufão!...

– Castro Alves

7.4. Plebeísmos

Gírias, chavões e expressões populares. (troço, broto, arrebentar a boca do balão, bacana, etc.).

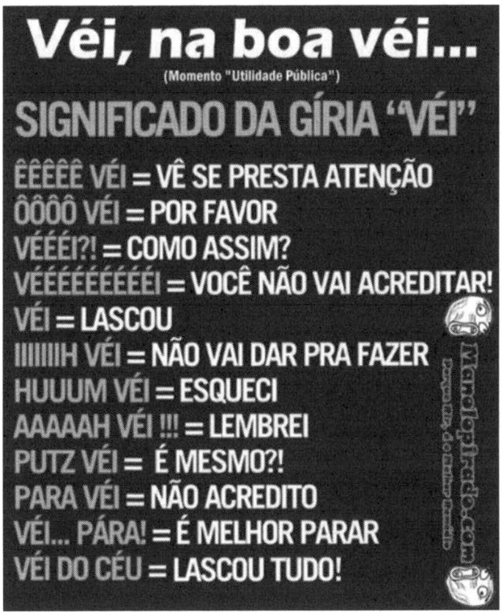

7.5. Hiato

É o acúmulo de vogais ao longo do período.

Ex.: *Já há alguns dias não chove.*

7.6. Colisão

É a sequência das mesmas consoantes ao longo do período (no mato, tu matarás o tatu).

Qualquer Coisa

Esse papo já tá qualquer coisa
Você já tá pra lá de Marraqueche

Mexe qualquer coisa dentro, doida
Já qualquer coisa doida dentro mexe
Não se avexe não Baião de dois
Deixe de manha, 'xe de manha, pois
Sem essa aranha! Sem essa aranha!
Sem essa, aranha!
Nem a sanha arranha o carro nem o
sarro aranha a Espanha
Meça: Tamanha! Meça: Tamanha!

Esse papo seu já tá de manhã.
Berro pelo aterro, pelo desterro
Berro por seu berro, pelo seu erro
Quero que você ganhe, que você me
apanhe.
Sou o seu bezerro gritando mamãe.

Esse papo meu tá qualquer coisa
E você tá pra lá de Teerã

– Caetano Veloso

7.7. Eco

É a rima inserida num texto em prosa. Ex.: *O Clemente enfrentou o valente tenente.*

7.8. Neologismo

É a invenção de palavras.
Ex.: *Precisamos oportunizar uma educação de qualidade a todos.*

É um procedimento muito comum na poesia, mas não é bem-vindo em textos dissertativos ou situações formais. Guimarães Rosa, por exemplo, inventou muitos termos em seus livros; para isso ele é dotado de licença poética, mas o então Ministro da Educação não tinha esse condão (foi ele quem disse a frase acima).

Vale ressaltar ainda que algumas palavras que surgiram como neologismos, é o caso de imexível, inventada pelo então ministro Magri, não o são mais. O termo citado já se encontra em alguns dos nossos dicionários, no Vocabulário Ortográfico da Língua Portuguesa (VOLP) inclusive. No entanto, como não foi formado por meios ortodoxos, digamos assim, acaba não aparecendo em textos sérios ou formalizados.

O Eutanazista

"Não podendo eliminar o resto da humanidade, suicidou-se."

– *Glauco Mattoso*

7.9. Estrangeirismo

É o uso de palavras estrangeiras dentro do português. É considerado um problema quando se tem a palavra no idioma, e, por uma questão qualquer, deixa de se utilizá-la. Por exemplo, *business,* em vez de negócios; *personal trainner,* em vez de treinador, *carnet*, em vez de carnê. Isso ocorre porque muitas pessoas acham importante, mais bonito, mais chique fazer uso de expressões estrangeiras em vez daquelas de seu próprio idioma, o que prova não conhecerem bem o rico idioma que é o Português. O estrangeirismo pode se dar:

- **Com aportuguesamento**: consiste em adaptar a grafia do idioma estrangeiro para o português. Exemplos: abajur (do francês "abat-jour"), algodão (do árabe "al-qutun"), lanche (do inglês "lunch"), etc.
- **Sem aportuguesamento**: consiste em conservar a forma original da palavra. Exemplos: *networking*, *mise-en-scène*, *pizza* , "jet-ski", "hot-dog", "fast-food", etc.

7.10. Ambiguidade ou anfibologia

Também conhecida como duplicidade de sentidos, multiplicidade de sentidos ou pluralidade de sentidos – é a extração de mais de uma interpretação dentro de um determinado contexto. Diga-se de passagem, é o pior erro que pode aparecer em um texto, principalmente, quando se tratar de um texto dissertativo, que busca o convencimento. Sendo ambíguo, não se convence ninguém de coisa nenhuma.

Muitas instituições que elaboram provas de concurso formulam as suas questões, retirando do texto alguma frase e reescrevendo-a. Em seguida, no enunciado das questões, elas pedem para que você identifique aquela que não apresenta nenhuma mudança em relação ao sentido, ou então aquela que apresenta uma duplicidade de sentido, ou seja, ambiguidade.

No que tange ainda à ambiguidade, precisamos ficar atentos com os **pronomes possessivos** e a partícula **que**, pois, em muitos casos, o uso dessas palavras pode ocasionar ambiguidade. (A menina chegou com seu irmão – melhor seria: a menina chegou com o irmão dela; Encontramos o pai da fazendeira que se acidentou – melhor seria: Encontramos o pai da fazendeira o qual se acidentou ou Encontramos o pai da fazendeira a qual se acidentou ou Encontramos o pai da fazendeira acidentada, depende da ideia a ser repassada).

Exemplos:

A menina viu o incêndio do prédio.

O médico operou o paciente calmo.

Temos camisas para meninas brancas.

O motorista avisou ao guarda que não tinha documento.

A girafa Josefina não morreu por causa dos sacos plásticos encontrados em seu estômago.

Thaves. *Frank e Ernest*

7.11. Pleonasmo

É a repetição desnecessária de palavras ou expressões dentro de um determinado contexto. Pode se dividir em pleonasmo vicioso ou enfático. O primeiro, como o próprio nome já diz, é um vício de linguagem e como tal conta como erro no português padrão, devendo ser rechaçado. O segundo evidencia a ênfase do contexto, não sendo, portanto, considerado um erro.

Exemplos de pleonasmos viciosos:

Quezinho ***subiu para cima*** *do prédio.*

Merinha ***entrou para dentro*** *do quarto.*
O governo precisa ***encarar*** *o problema dos menores* ***de frente****.*
O projeto é um ***elo de ligação*** *entre empresa e escola.*
O preço da gasolina ***aumentou*** *ainda* ***mais****.*
Eu, particularmente*, não aceito a proposta.*
Na minha ***opinião pessoal****, faltam candidatos idôneos.*
O ***arquipélago de ilhas*** *estava na rota do furacão.*
Josenilda sofria de ***hepatite no fígado****.*
Dividiu o bolo em ***duas metades iguais****.*
Clotilde é ***parte integrante*** *do primeiro período.*
"Eu nasci ***há*** *dez mil anos* ***atrás****". (Raul Seixas)*
*"****Detalhes tão pequenos*** *de nós dois". (Roberto e Erasmo)*
A ***chuva que caiu*** *ontem à noite provocou inúmeros prejuízos.*
Tenho muitos ***planos para o futuro****.*
O professor fez uma ***previsão*** *otimista* ***para o futuro****.*
O ***resultado*** *do* ***laudo****, realizado pela médico legista, será fornecido em uma semana.*
Mais um a vez o prejuízo recai sobre o ***erário público****.*
Este é o **habitat** ***natural*** *de muitas dessas espécies.*

Exemplos de pleonasmos enfáticos:
É um assunto que compete a **nós mesmos**.
A grande maioria votou nas últimas eleições.
A **prefeitura Municipal** de Belo Horizonte já apresentou os projetos.
A mim, não **me** enganam mais estes corruptos.

7.12. Queísmo

Queísmo é o nome dado ao uso indiscriminado do pronome relativo "que". Muitos falantes do Português tendem a reproduzir a fala na escrita, ocasionando tal problema estilístico cada vez mais comum nos textos formais. Vejam a frase abaixo:

O aluno disse **que** *o professor havia pedido* **que** *todos trouxessem o material* **que** *seria utilizado nos cartazes* **que** *seriam confeccionados na escola.*

Vejam como podemos melhorar a frase:

O aluno disse **que** *o professor havia pedido o material a ser utilizado nos cartazes confeccionados na escola.*

Acompanhem algumas formas de resolver o problema:

a) Substituição da oração adjetiva por substantivos. Exemplo:

O cientista, ***que*** *inventou o robô* ***que*** *iria participar do projeto, deu uma entrevista ontem.*

O cientista, inventor do robô que iria participar do projeto, deu uma entrevista ontem.

b) Substituição por adjetivo. Exemplo:

A política no Brasil é constituída por políticos que não são honestos.

A política no Brasil é constituída por políticos desonestos

c) Substituição da oração desenvolvida por uma oração reduzida. Exemplo:

Votaram a emenda que extinguiria a CPMF.

Votaram a emenda extinguindo a CPMF.

Todos ficaram sabendo do mensalão por meio de uma reportagem que foi publicada pelo jornal.

Todos ficaram sabendo do mensalão por meio de uma reportagem publicada pelo jornal.

7.13. Gerundismo

Para iniciarmos a nossa conversa, é preciso saber o que é o gerúndio. Gerúndio é uma das formas nominais do verbo e é usado para expressar uma ação em curso ou simultânea, bem como uma ideia de progressão indefinida. A frase "*Estou trabalhando*" indica que o sujeito executa a ação de trabalhar no exato momento em que se fala. Já a expressão "*A vida foi passando*" denota uma ação durativa realizada progressivamente.

O que ocorre hoje, porém, é o abuso do gerúndio, ou gerundismo, em que, normalmente, na tentativa de expressar ações de execução imediata no tempo futuro se usa o gerúndio sem a aplicação apropriada.

Exemplo: Eu vou estar te ligando amanhã (Parece que a pessoa vai ligar o dia todo), em vez de "Eu ligarei para você amanhã" ou "eu vou ligar para você amanhã".

Vejam o texto abaixo, de Élio Gáspari, que aborda de forma bem humorada o tema em questão:

Este artigo foi feito especialmente para que você possa estar recortando, estar imprimindo e estar fazendo diversas cópias, para estar deixando discretamente sobre a mesa de alguém que não consiga estar falando sem estar espalhando essa praga terrível que parece estar se disseminando na comunicação moderna, o gerundismo.

Você pode também estar passando por fax, estar mandando pelo correio ou estar enviando pela Internet. O importante é estar garantindo que a pessoa em questão vai estar recebendo esta mensagem, de modo que ela possa estar lendo e, quem sabe, consiga até mesmo estar se dando conta da maneira como tudo o que ela costuma estar falando deve estar soando nos ouvidos de quem precisa estar escutando. Sinta-se livre para estar fazendo tantas cópias quanto você vá estar achando necessárias, de modo a estar atingindo o maior número de pessoas infectadas por esta epidemia de transmissão oral.

Mais do que estar repreendendo ou estar caçoando, o objetivo deste movimento é estar fazendo com que esteja caindo a ficha nas pessoas que costumam estar falando deste jeito sem estar percebendo. Nós temos que estar nos unindo para estar mostrando a nossos interlocutores que, sim! Pode estar existindo uma maneira de estar aprendendo a estar parando de estar falando deste jeito. Até porque, caso contrário, todos nós vamos estar sendo obrigados a estar emigrando para algum lugar onde não vão estar nos obrigando a estar ouvindo frases assim o dia inteirinho.

Sinceramente: nossa paciência está a ponto de estar estourando. O próximo "eu vou estar transferindo a sua ligação" que eu vá estar ouvindo, pode chegar a estar provocando alguma reação violenta da minha parte. Eu não vou estar me responsabilizando pelos meus atos.

As pessoas precisam estar entendendo a maneira como esse vício maldito conseguiu estar entrando na linguagem do dia a dia. Tudo começou a estar acontecendo quando alguém precisou estar traduzindo manuais de atendimento por telemarketing: daí a estar pensando que "We'll be sending it tomorrow" possa estar significando que "Nós vamos estar mandando isso amanhã" acabou por estar sendo só um passo.

Pouco a pouco a coisa deixou de estar acontecendo apenas no âmbito dos atendentes de telemarketing para estar ganhando os escritórios. Todo mundo passou a estar marcando reuniões, a estar considerando pedidos e a estar retornando ligações.

A gravidade da situação só começou a estar se evidenciando quando o diálogo mais coloquial demonstrou estar sendo invadido inapelavelmente pelo gerundismo. A primeira pessoa que inventou de estar falando "Eu vou estar pensando no seu caso" sem querer acabou por estar escancarando uma porta para essa infelicidade linguística estar se instalando nas ruas e estar entrando em nossas vidas. Você certamente já deva ter estado ouvindo coisas como "O que cê vai estar fazendo domingo?", ou "Quando que cê vai estar viajando pra praia?", ou "Me espera, que eu vou estar te ligando assim que eu chegar em casa". Deus!

O que a gente pode estar fazendo para que as pessoas estejam entendendo o que esse negócio pode estar provocando no cérebro das novas gerações? A única solução vai estar sendo submeter o gerundismo à mesma campanha de desmoralização à qual precisaram estar sendo expostos seus coleguinhas contagiosos, como o "a nível de", o "enquanto", o "pra se ter uma ideia" e outros menos votados.

A nível de linguagem, enquanto pessoas, o que você acha de 'tá' insistindo em 'tá' falando desse jeito?

8. TIPOLOGIA TEXTUAL

O tipo de texto é caracterizado pela natureza linguística de sua construção, isto é, pelos seus fatores internos. Assim, os aspectos lexicais e sintáticos, tempos e modos verbais, a forma como se dá a articulação de ideias e a concatenação de sentidos são de fundamental importância para que possamos classificar o texto dentro de uma tipologia padronizada.

É importante não confundir gênero literário com tipologia textual – também conhecida como gênero textual. O primeiro se limita à literatura, sendo dividida em gênero lírico (sentimental), épico (narrativa) e dramático (encenações). O segundo, que é nosso objeto de estudo, se desdobra em uma infinidade de tipos, já que para cada situação específica de comunicação haverá um mais apropriado: os textos vão desde bulas de remédio, horóscopo ou lista telefônica a cartas, romances e dissertações. Entretanto, mesmo com toda essa infinidade, os textos vão se enquadrar em cinco grandes grupos: narrativo, descritivo, dissertativo, injuntivo e carta.

8.1. CARTA

"Todas as cartas de amor são
Ridículas.
Não seriam cartas de amor se não fossem
Ridículas.

Também escrevi em meu tempo
Cartas de amor
Ridículas.

As cartas de amor, se há amor,
Tem de ser
Ridículas.

Quem me dera o tempo em que eu escrevia
Sem dar por isso
Cartas de amor como as outras
Ridículas

Afinal,
Só as criaturas que nunca escreveram
Cartas de amor
É que são
Ridículas.

– Fernando Pessoa

É um dos textos mais simples que temos devido à sua objetividade. Mesmo com os avanços tecnológicos e da Internet, a carta continua sendo um meio de comunicação muito usado. No entanto, em provas de interpretação de texto, aparece pouco.

Na carta, é importante atentar para quem é que se escreve e com qual intuito se faz isso. Assim, percebemos o registro de linguagem contido nela. Cartas informais para amigos ou namoradas geralmente vêm escritas com um vocabulário menos formal. Não é de se espantar, por exemplo, numa carta de amor, encontrar o vocativo "Meu docinho de coco,". Em contrapartida, cartas formais para ministros, secretários de estado, professores, reitores, etc., pedem o registro formalizado da linguagem, o português padrão, culto.

Os vocativos, as pessoas as quais as cartas se destinam, estão relacionados aos pronomes de tratamento. Se o intuito é escrever uma carta para o reitor de uma universidade, por exemplo, o vocativo adequado seria 'Magnificentíssimo reitor'.

Obs.: O quadro de pronomes de tratamento está inserido no capítulo de pronomes.

8.2. TEXTOS DESCRITIVOS

Caracteriza-se por ser o "retrato verbal ou escrito" de pessoas, objetos, cenas ou ambientes. Trabalha com imagens, permitindo uma visualização do que está sendo descrito. Por isso, é muito comum a descrição abusar dos sentidos – audição, tato, paladar, olfato e visão que, combinados, produzem a sinestesia. É necessário sensibilidade para combinar e transmitir sensações físicas (cores, formas, sons, gostos e odores) e psicológicas, bem como externar impressões subjetivas e comportamentos.

Há uma farta adjetivação, verbos de estado, linguagem metafórica, comparações e prosopopeias.

Pode ser redigida em apenas um parágrafo.

Raramente aparece, em provas, um texto essencialmente descritivo. O mais comum é que a descrição seja inserida em outros tipos textuais. A descrição pode ser subdividida das seguintes formas:

- **Subjetiva** – quando algo é descrito a partir de um **ponto de vista pessoal**. Pode se apresentar ainda de maneira vaga e imprecisa.
- **Objetiva** – quando o narrador procura transmitir uma imagem concreta e precisa, destacando nitidamente os detalhes que a caracterizam. Expressa ainda uma imagem bastante próxima à realidade, evitando o juízo de valor.
- **Técnica** – quando se transmite a imagem de determinado objeto por intermédio de uma linguagem e vocabulário técnicos, ligados a alguma ciência. Nesse tipo descritivo, devem-se prevalecer a clareza e a precisão, bem como outros aspectos da redação oficial (objetividade, eficácia, etc.).

Exemplos de descrição:

Trechos da carta de Pero Vaz de Caminha

"A feição deles é serem pardos, a maneira de avermelhados, de bons rostos e bons narizes, bem feitos. andam nus, sem nenhuma cobertura, nem estimam nenhuma cousa cobrir suas vergonhas. (...)

Ali andavam três ou quatro moças, bem moças e bem gentis, com cabelos muito pretos, compridos, pelas espáduas; e suas vergonhas tão altas e tão saradinhas e tão limpas das cabeleiras que nós, de muito bem a olharmos, não tínhamos nenhuma vergonha. (...)

Outros traziam carapuças de penas amarelas e outros de verdes. E uma daquelas moças era toda tinta, de fundo a cima, daquela tintura, a qual, certo, era tão bem feita e tão redonda a sua vergonha, que ela não tinha, tão graciosa, que muitas mulheres de nossa terra, vendo-lhes tais feições, fizera vergonha, por não terem a sua como a dela. (...)

Também andava aí outra moça com um menino ou menina no colo, atado com um pano não sei de quê aos peitos, que lhe não apareciam senão as perninhas, mas as pernas da mãe e o resto não traziam nenhum pano. (...)

Eles não lavram, não criam, nem há aqui boi, nem vaca, nem cabra, nem ovelha, nem galinha, nem nenhuma outra alimária, que acostumada seja ao viver dos homens; nem comem senão desse inhame que aqui há muito e dessa semente e fruto que a terra e as árvores de si lançam. E com isso andam tão rijos e tão nédios, que o não somos nós tanto com quanto trigo e legumes comemos. (...)"

"Além, muito além daquela serra, que ainda azula no horizonte, nasceu Iracema. a virgem dos lábios de mel. tinha os cabelos mais negros que a asa da graúna, e mais longo que seu talhe de palmeira.

O favo da jati não era doce como o seu sorriso; nem a baunilha recendia no bosque como seu hálito perfumado.

Mais rápida que a ema selvagem, a morena virgem corria o sertão e as matas do Ipu, onde campeava sua guerreira tribo da grande nação tabajara. O pé grácil e nu, mal roçando alisava apenas a verde pelúcia que cobria a terra com as primeiras águas."

ALENCAR, José de. *Iracema*.
São Paulo, ática, 1997.

Rita havia parado no meio do pátio. Cercavam-na homens, mulheres e crianças; todos queriam novas dela. Não vinha em trajo de domingo; trazia casaquinho branco, uma saia que lhe deixava ver o pé sem meia num chinelo de polimento com enfeites de marroquim de diversas cores. No seu farto cabelo, crespo e reluzente, puxado sobre a nuca, havia um molho de manjericão e um pedaço de baunilha espetado por um gancho. E toda ela espirava o asseio das brasileiras irrequieta, saracoteando o atrevido e rijo quadril baiano, respondia para a direita e para a esquerda, pondo à mostra um fio de dentes claros e brilhantes que enriqueciam sua fisionomia com um realce fascinador.

AZEVEDO, Aluísio. *O Cortiço*.
São Paulo, Scipione, 1995.

Camilo quis sinceramente fugir, mas já não pôde. Rita, como uma serpente, foi-se acercando dele, envolveu-o todo, fez-lhe estalar os ossos num espasmo, e pingou-lhe o veneno na boca. Ele ficou atordoado e subjugado. Vexame, sustos remorsos, desejos, tudo sentiu de mistura; mas a batalha foi curta e a vitória delirante.

ASSIS, Machado. *A cartomante*.
São Paulo, ática, 1997.

8.3. TEXTOS NARRATIVOS

Narrar é contar uma história, um enredo, uma trama, construída na maioria das vezes com certo suspense, que vai se complicando, complicando, até atingir um ponto máximo (clímax), finalizando em seguida. O texto narrativo é o mais próximo da realidade das pessoas. Relatar algo é um dos fatores que diferenciam o ser humano dos outros animais.

A narrativa se dá no âmbito real ou fictício sempre com a predominância de ações que ocorrerão em um determinado tempo – momento em que a história ocorre. O tempo da narrativa pode ser **cronológico**, isto é, quando há uma obediência à sequência de passado, presente e futuro ou **anacrônico** – quando os fatos apresentados não obedecem ao tempo sequencial, sendo apresentados aleatoriamente.

Insta salientar ainda o espaço e o ambiente em que a narrativa ocorre. O primeiro está relacionado com o local geográfico. Sendo assim, é muito diferente interpretar um texto que foi escrito no Brasil ou em Cuba, levando-se em consideração a liberdade de expressão dos seus autores. Já o ambiente está relacionado à questão cultural e social em que a história é percebida. Dentro de uma mesma cidade, por exemplo, uma história que acontece na periferia e outra que acontece na zona sul vai apresentar necessariamente as suas particularidades e idiossincrasias.

Quando se narra uma história, é preciso garantir, no texto, algumas informações básicas que façam com que o leitor entenda esse texto de maneira afetiva. Assim, é de fundamental importância informar **quando**, **onde** e **com quem** um determinado **fato** aconteceu.

8.3.1. Personagens

Todo texto narrativo tem personagens que podem ser assim classificados:

a) Personagens **principais**: protagonista e antagonista. O primeiro é o mocinho com quem os outros personagens interagem. Ele está sempre o foco da narrativa. O segundo já é o vilão da história. É o personagem que, do início ao fim, tenta atrapalhar os planos do protagonista. Nem sempre o antagonista é uma pessoa. Um acidente, por exemplo, ou o simples passar do tempo pode representar um problema sem precedentes no percurso do protagonista.

b) Personagens **secundários**: também chamados de coadjuvantes, ajudam a sustentar a história e os fatos que vão sendo narrados.

c) Personagens **terciários**: também são chamados de figurantes, ajudam a compor uma determinada cena. Podem aparecer ou não na trama narrativa e, quando aparecem, muitas vezes, não têm fala.

c) Personagens **caricaturais**: são aqueles exagerados em algum aspecto, principalmente, no campo das emoções e atitudes.

d) **Narrador**: é aquele que conta a história. O narrador pode ser de primeira pessoa ou de terceira pessoa.

O texto em primeira pessoa apresenta um posicionamento subjetivo do narrador. O que importa ali são as impressões, as ideias, as atitudes e desconfianças deste narrador. É um texto estruturado em um tripé cujas bases são: subjetividade, *tendenciosidade* e juízo de valor.

O mais importante, neste tipo de texto, é enxergar de maneira clara essa tendência do narrador ou a ideia por ele defendida de tal forma que, mesmo que você não concorde com ela, tal discordância não influencie a interpretação. Quando não concordamos com o narrador, temos certa tendência em achar que aquilo que está sendo defendido não é essencial no texto ou está errado.

Esse tipo de narrador também é conhecido como **narrador personagem**, por isso seu texto é tão subjetivo. Ele vive a história, tem sentimentos e emoções, gosta ou desgosta de algo ou alguém. O narrador tenta – o tempo todo – convencer o leitor daquilo que ele sente e também no que acredita.

Já o narrador em terceira pessoa, também conhecido como narrador onisciente, trabalha com um posicionamento mais objetivo, uma vez que não tem vínculos com a história. Seu papel ali é simplesmente narrar a história tal e qual aconteceu. Não se envolve com personagens e nem toma partido. Preocupa-se em desvendar todos os mistérios ao longo da narrativa, não restando assim nenhuma obscuridade.

Se o livro Dom Casmurro, por exemplo, de Machado de Assis, tivesse sido narrado em terceira pessoa, não pairariam dúvidas sobre a traição de Capitu. O narrador teria como objetivo comprovar se houve ou não a traição. No entanto, do modo como o livro é narrado, é impossível afirmar com certeza que tal ato ocorreu. Capitu não teve nem vez e nem voz no livro. Tudo o que é informado passa pela ótica do narrador.

8.3.2. Tipo de discurso

É a forma como o narrador apresenta as falas dos personagens. Pode ser classificado como:

a) **Discurso direto** – é a reprodução direta da fala, transcrita de maneira clássica: entre aspas ou introduzidas por travessão. Há sempre a presença de um verbo que tem como objetivo anunciar a fala do personagem (disse, perguntou, afirmou, etc.).

Ex.: Lavador de carros, Juarez de Castro, 28 anos, ficou desolado, apontando para os entulhos: "Alá minha frigideira, alá meu escorredor de arroz. Minha lata de pegar água era aquela. Ali meu outro tênis".

b) **Discurso indireto** – as falas são adaptadas pelo narrador e também introduzidas por um verbo cujo objetivo é anunciar a fala do personagem. Neste tipo de discurso, as interrogações e exclamações tornam-se declarações. Tudo o que sabemos passa pelo crivo do narrador. Há uma espécie de filtro. Sendo assim, o texto fica mais tendencioso.

Ex.: Juarez, desolado, dizia que não tinha tido tempo de apanhar suas coisas e que agora não possuía mais nada. Tudo se fora água abaixo.

c) **Discurso indireto livre** – é a combinação dos dois anteriores. Confunde as falas dos personagens com o pensamento do narrador, muitas vezes, ficando difícil saber quem é que disse isto ou aquilo.

Ex.: O desolado Juarez tinha perdido tudo. E agora, cadê dinheiro para comprar tudo de novo?

8.3.3. Principais tipos de narração

a) **Romance** – texto longo, dotado de um núcleo principal e outras tramas;
b) **Novela** – texto menos longo que o romance, mas também com tramas paralelas;
c) **Conto** – narrativa curta, com tempo reduzido e poucos personagens;
d) **Crônica** – texto que narra fatos do dia a dia e situações presenciáveis por todos;
e) **Fábula** – texto curto, que tem como pano de fundo um ensinamento, uma moral. As personagens são animais, mas com comportamento e socialização semelhantes a dos seres humanos.
f) **Parábola** – é a versão da fábula com personagens humanos.
g) **Apólogo** – é semelhante à fábula e à parábola, mas podem-se utilizar as mais diversas personagens: animadas ou inanimadas, reais ou fantásticas, humanas ou não.
h) **Anedota** – texto breve cujo objetivo é motivar o riso. Depende de fatores como entonação, oratória do intérprete e até representação.
i) **Lenda** – história fictícia a respeito de personagens ou lugares reais, sustentada primeiramente por meio da oralidade e só depois registrada pela escrita. O tempo, o povo e a cultura concorrem na autoria.

Exemplos de narrativas:

(...) Olhos de cigana oblíqua e dissimulada. A demora da contemplação creio que lhe deu outra ideia do meu intento; imaginou que era um pretexto para mirá-los mais de perto, com os meus olhos longos, constantes, enfiados neles, e a isto atribuo que entrassem a ficar crescidos, crescidos e sombrios, com tal expressão que...

Retórica dos namorados, dá-me uma comparação exata e poética para dizer o que foram aqueles olhos de Capitu. Não me acode imagem capaz de dizer, sem quebra da dignidade do estilo, o que eles foram e me fizeram. Olhos de ressaca? Vá de ressaca. É o que me dá ideia daquela feição nova. Traziam não sei que fluido misterioso e enérgico, uma força que arrastava para dentro, como a vaga que se retira da praia, nos dias de ressaca. (...) Mas tão depressa buscava as pupilas, a onda que saía delas vinha crescendo, cava e escura, ameaçando envolver-me, puxar-me e tragar-me.

ASSIS, Machado de. *Dom Casmurro*. São Paulo, Scipione, 1994.

POEMA TIRADO DE UMA NOTÍCIA DE JORNAL

Manuel Bandeira

João Gostoso era carregador de feira livre e morava num bairro da Babilônia num barracão sem número.
Uma noite ele chegou ao bar Vinte de Novembro
Bebeu
Cantou
Dançou
Depois se atirou na Lagoa Rodrigues de Freitas e morreu afogado.

A Casa

Rubem Braga

Outro dia eu estava folheando uma revista de arquitetura. Como são bonitas essas casas modernas; o risco é ousado e às vezes lindo, as salas são claras, parecem jardins com teto, o arquiteto faz escultura em cimento armado e a gente vive dentro da escultura e da paisagem.

Um amigo meu quis reformar seu apartamento e chamou um arquiteto novo.

O rapaz disse: "vamos tirar esta parede e também aquela; você ficará com uma sala ampla e cheia de luz. Esta porta vamos arrancar; para que porta aqui? E esta outra vamos substituir por vidro; a casa ficará mais clara e mais alegre." E meu amigo tinha um ar feliz.

Eu estava bebendo a um canto, e fiquei em silêncio. Pensei nas casinhas que vira na revista e na reforma que meu amigo ia fazer em seu velho apartamento. E cheguei a conclusão de que estou velho mesmo.

Porque a casa que eu não tenho, eu a quero cercada de muros altos, e quero as paredes bem grossas e quero muitas paredes, e dentro da casa muitas portas com trincos e trancas; e um quarto bem escuro para esconder meus segredos e minha solidão.

Pode haver uma janela bem alta de onde eu veja o céu e o mar, mas deve haver um canto bem sossegado em que eu possa ficar sozinho, quieto, pensando minhas coisas; um canto bem sossegado onde um dia eu possa morrer.

A mocidade pode viver nessas alegres barracas de cimento, nós precisamos de sólidas fortalezas, a casa deve ser antes de tudo o asilo inviolável do cidadão triste; onde ele possa bradar, sem medo nem vergonha, o nome de sua amada: Joana, JOANA! – certo de que ninguém ouvirá; casa é o lugar para andar nu de corpo e alma, e sítio para falar sozinho.

Onde eu, que não sei desenhar, possa levar dias tentando traçar na parede o perfil de minha amada, sem que ninguém veja e sorria; onde eu, que não sei fazer versos, possa improvisar canções em alta voz para o meu amor; onde eu, que não tenho crença, possa rezar a divindades ocultas, que são apenas minhas.

Casa deve ser a preparação para o segredo maior do túmulo.

Um Apólogo

Machado de Assis

Era uma vez uma agulha, que disse ao novelo de linha:

- Por que você está com esse ar, toda cheia de si, toda enrolada, para fingir que vale alguma cousa neste mundo?

- Deixe me, senhora.

- Que a deixe? Que a deixe, por quê? Porque lhe digo que está com um ar insuportável? Repito que sim, e falarei sempre que me der na cabeça.

- Que cabeça, senhora? A senhora não é alfinete, é agulha. Agulha não tem cabeça. Que me importa o meu ar? Cada qual tem o ar que Deus lhe deu. Importe-se com a sua vida e deixe a dos outros.

- Mas você é orgulhosa.

- Decerto que sou.

- Mas por quê?

- É boa! Porque coso. Então os vestidos e enfeites de nossa ama, quem é que os cose, senão eu?

- Você? Esta agora é a melhor. Você os cose? Você ignora que quem os cose sou eu, e muito eu?

- Você fura o pano, nada mais; eu é que os coso, prendo um pedaço ao outro, dou feição aos babados...

- Sim, mas que vale isso? Eu é que furo o pano, vou adiante, puxando por você, que vem atrás obedecendo ao que eu faço e mando...

- Também os batedores vão adiante do imperador.

- Você é imperador?

- Não digo isso. Mas a verdade é que você faz um papel subalterno, indo adiante; vai só mostrando o caminho, vai fazendo o trabalho obscuro e ínfimo, eu é que prendo, ligo, ajunto...

Estavam nisso quando a costureira chegou à casa da baronesa. Não sei se disse que isto se passava em casa de uma baronesa, que tinha a modista ao pé de si, para não andar atrás dela. Chegou a costureira, pegou do pano, pegou da agulha, pegou da linha, enfiou a linha na agulha, e entrou a coser. Uma e outra iam andando orgulhosas, pelo pano adiante, que era a melhor das sedas, entre os dedos da costureira, ágeis como os galgos de Diana – para das a isso uma cor poética. E dizia a agulha:

- Então, senhora linha, ainda teima no que dizia há pouco? Não repara que esta distinta costureira só se importa comigo; eu é que vou aqui entre os dedos dela, unidinha a eles, furando abaixo e acima...

A linha não respondia nada; ia andando. Buraco aberto pela agulha era logo enchido por ela, silenciosa e ativa, como quem sabe o que faz, e não está para ouvir palavras loucas. A agulha, vendo que ela não lhe dava resposta, calou-se também, e foi andando. E era tudo silêncio na saleta de costura; não se ouvia mais que o *plic-plic-plic-plic* da agulha no pano. Caindo o sol, a costureira dobrou a costura, para o dia seguinte; continuou ainda nesse e no outro, até que no quarto acabou a obra, e ficou esperando o baile.

Veio a noite do baile, e a baronesa vestiu-se. A costureira, que a ajudou a vestir-se, levava a agulha espetada no corpinho, para das algum ponto necessário. E enquanto compunha o vestido da bela dama, e puxava a um lado ou outro, arregaçava daqui ou dali, alisando, abotoando, acolcheteando, a linha, para mofar da agulha, perguntou-lhe:

- Ora, agora, diga-me, quem é que vai ao baile, no corpo da baronesa, fazendo parte do vestido e da elegância? Quem é que vai dançar com ministros e diplomatas, enquanto você volta para a caixinha da costureira, antes de ir para o balaio das mucamas? Vamos, diga lá.

Parece que a agulha não disse nada; mas um alfinete, de cabeça grande e não menor experiência, murmurou à pobre agulha: – Anda, aprende, tola. Cansas-te em abrir caminho para ela e ela é que vai gozar da vida, enquanto aí ficas na caixinha de costura. Faze como eu, que não abro caminho para ninguém. Onde me espetam, fico.

Contei essa história a um professor de melancolia, que me disse, abanando a cabeça: – Também eu tenho servido de agulha a muita linha ordinária.

8.4. TEXTOS DISSERTATIVOS

A dissertação é um tipo de texto que trabalha com a abstração. Nele, não há construção de imagens como no descritivo e narrativo. É um texto que trabalha com opiniões, reflexões, críticas, informações científicas, acadêmicas ou jornalísticas, expondo pontos de vista fundamentados e raciocínios baseados na vivência dos homens, na leitura, e nos acontecimentos. A função referencial da linguagem é a que predomina neste tipo de texto.

Todo texto dissertativo parte de conhecimento prévio: observa, sente, analisa e julga, comenta a vida, as pessoas e os acontecimentos, comunica-se com o leitor. Nele, é apresentada uma tese, que deve ser desenvolvida com argumentos convincentes e coerentes, com informação e interpretação.

Dizemos que o texto é **dissertativo-expositivo** quando trata de determinado tema sem o objetivo de apresentar a opinião do autor sobre a questão. Esse tipo textual apresenta conhecimentos e esclarecimentos de caráter explicativo e analítico e nele predomina a função referencial da linguagem.

A dissertação pode também se apresentar de maneira argumentativa (texto **dissertativo-argumentativo**). Tais textos têm como finalidade precípua persuadir o leitor sobre o ponto de vista do autor a respeito de um determinado assunto. Há predominância da função conativa da linguagem e também da referencial. É muito comum aparecerem citações, vistas aqui como argumento de autoridade, o que acaba ajudando no convencimento.

Os textos argumentativos trabalham ainda com raciocínio lógico, mesmo calcado em uma falácia, consenso e empirismo. Diversas propagandas, por exemplo, trabalham com uma lógica que muitas vezes não é a nossa lógica, e nem a lógica real, mas o texto é tão bem articulado que tendemos a concordar e adquirir os produtos divulgados.

Não devemos, entretanto, nos esquecer de que os conceitos de mundo e as ideias apresentadas no texto dissertativo não são exclusivamente do autor, mas também de uma miríade de pessoas que comungam as mesmas opiniões. Por isso, o texto se apresenta em norma culta e, na maioria das vezes, de maneira impessoal. Porém, é comum aparecer a primeira pessoa do plural.

No âmbito do texto dissertativo-argumentativo, encontramos o **Artigo de Opinião** que são textos publicados em jornais e revistas em que prevalece uma opinião pessoal baseada em análise da situação ou dos fatos que têm feito parte dos noticiários. Apresenta naturalidade, densidade e concisão porque conta com o conhecimento prévio do leitor.

A estrutura composicional desse gênero discursivo varia bastante (não necessariamente terá a estrutura tradicionalmente ensinada na escola: tese na introdução, argumentação / refutação no desenvolvimento e conclusão), mas sempre desenvolve, explícita ou implicitamente, uma opinião sobre o assunto, com um fecho conclusivo, a partir da exposição de ideias ou da argumentação / refutação construída. (Sérgio Roberto Costa)

Exemplo 01
(texto argumentativo-expositivo)

A medicina é uma das muitas áreas do conhecimento ligada à manutenção e restauração da saúde. Ela trabalha, num sentido amplo, com a prevenção e cura das doenças humanas e animais num contexto médico. (...)

A atual prática da medicina utiliza em seu favor conhecimentos obtidos por diversas ciências, por exemplo, biologia, química, física, antropologia, epidemiologia. Trata-se, na verdade, de várias ligações das ciências relacionadas à saúde. Em um conceito estrito, a medicina busca a saúde por meio de estudos, diagnósticos e tratamentos, e no conceito mais amplo, aliviar o sofrimento e manter o bem estar global.

Wikipédia

Exemplo 02
(Texto dissertativo-argumentativo)

A face da medicina brasileira que temos hoje é tão perniciosa que já provoca o sentimento de que as doenças seriam menos perniciosas se elas não existissem. Esse sentimento não tem base científica, mas o fato é que ele existe. (...)

No Brasil, opera-se menos da metade dos pacientes que se pode operar, e opera-se mal. Enquanto isso, há gente que poderia ser salva, mas morre sem conseguir sequer um diagnóstico.

Francisco Theófilo

Exemplo: ***Artigo de opinião* - *O Brasileiro é Mal-educado?***

SIM

(Alice Carta – empresária de eventos)

É impossível generalizar o "brasileiro", já que na imensa arca de nosso país convivem milhões de pessoas em mundos completamente diferentes. Assim analisarei o brasileiro dentro de minha atividade profissional. Dentro dela, os considero, com pouquíssimas exceções, um povo mal educado.

Normalmente envio convites para um evento, pedindo um retorno através do R.S.V.P., em Francês, *répondez s'il vous plait*. Poucos respondem. Talvez não saibam o significado. Talvez esqueçam ou achem uma coisa sem importância. É impressionante o pouco caso que se faz com esse tipo de coisa. Agradecer flores, convites, presentes e até telegramas é uma questão de educação, de educação, de gentileza. Nesse ponto digo com toda a certeza: falta educação para os brasileiros! Quer outro exemplo? Imagine a longa escadaria do Teatro Municipal de São Paulo. Sabe quantos homens estendem o braço para subir com sua esposa ou amiga? Pouquíssimos. Falta gentileza, cavalheirismo. Em situações cotidianas, como abrir a porta do carro para uma mulher, ou puxar a cadeira à mesa de um restaurante, também falta educação, aquela do "berço", e tradição.

E não são só homens, falta educação também às mulheres que falam alto em ambientes públicos, que tudo criticam, sem saber sequer do que estão falando. Aliás, saber do que e como se fala também é uma questão de educação. Neste ponto, falta cultura aos brasileiros (cultura é educação!). Não somos 100% culpados disso, afinal o Brasil é um país novo, cuja preocupação tem sido o desenvolvimento econômico e político e não o crescimento social e pessoal de seu povo. No entanto, mais de meio século vivido pelo Brasil pode fazer com que o povo aprenda e aplique pelo menos os princípios básicos da boa educação.

NÃO

(Cláudia Matarazzo – jornalista)

O brasileiro não é mal-educado e já posso imaginar os narizes torcidos ante essa afirmação e todos os argumentos a favor de outros do Primeiro Mundo, que, em tese, seriam mais educados do que nós. Mas é preciso definir o que entendemos como "educação". Seria o conhecimento de regras e procedimentos formais que dividem os indivíduos em tribos, facilitando o convívio em círculos com acesso limitado apenas a quem domina estas regras? Ou teria mais a ver com a cortesia, a sabedoria de transmitir simpatia nos menores gestos? Acho que educação está muito mais ligada à maneira afetiva de se relacionar do que as formalidades. De nada adianta saber comer com todos os nove talheres de um serviço à francesa se na hora da sobremesa, preparada com o maior capricho, você declinar com um suspiro discorrendo sobre o excesso de colesterol contido na receita. É uma enorme falta de educação. E quantas vezes não presenciamos pessoas de Primeiro Mundo perpetrando "deseducações" como estas?

Podemos ser mal-informados ou despreparados para um comportamento cosmopolita e sofisticado, mas isso não quer dizer que sejamos mal-educados. Nossa marca registrada é a alegria, a gentileza, talvez certo calor humano. Mas, convenhamos, é tão mais simpático este excesso quando confrontamos com a fleuma dos britânicos, a quase rispidez natural dos franceses, o drama exagerado dos italianos a falsa jovialidade dos americanos ou a impassibilidade misteriosa dos japoneses. Somos uma enorme mistura de raças e culturas, este talvez seja o grande trunfo do brasileiro. Que, aliás, lhe permite sublimar suas falhas monumentais de educação, quando aplicamos a palavra no sentido de alfabetização, escolas decentes e ensino digno. Neste quesito, infelizmente, nem com todo jeitinho da terra conseguimos fazer frente aos tais povos do Primeiro Mundo.

Revista Veja, com adaptação.

8.5. TEXTOS INJUNTIVOS

O texto injuntivo é destinado, sobretudo, à instrução. Trata-se de um tipo textual construído para despertar uma ação no leitor/ouvinte e pode se apresentar de maneira explícita ou não. Bulas de medicamentos, receitas culinárias, manuais de instrução são exemplos de textos injuntivos explícitos.

Quando alguém lhe pergunta "Você tem horas?", na verdade, tal pessoa deseja ser informada do horário. Eis aí um tipo de texto injuntivo implícito. De acordo com os critérios de coerência e coesão, a sua resposta deveria ser a informação do horário, por exemplo, "são 9 horas". E não, "sim, tenho!".

9. CHARGES

Disponível em <portal.rpc.com.br/gazetadopovo/charges/index.phtml?foffset=24&offset=&ch=Pancho>. Acesso em: 21 jul. 2008.

A charge é uma crítica político-econômico-social feita por intermédio de desenhos caricaturais, isto é, exagerados em algum aspecto, visando a evidenciar algum acontecimento atual com uma ou mais personagens envolvidas de modo satírico e com certa dose de humor.

Na charge, a linguagem apresentada, geralmente, é verbal (por meio de palavras) e não verbal (por meio de desenhos).

(marcelocunhadearaujo.blogspot.com)

Quando há uma sequência de quadros, geralmente, chamamos de 'tirinhas'.

2003 KING FEATURES/INTERCONTINENTAL PRESS

BROWNE, Dik. *Hagar, o horrível 1*. Porto Alegre: L&PM, 2002. v. 80. p. 60. Coleção L&PM Pocket.

10. TEXTOS TÉCNICOS E / OU OFICIAIS

São aqueles textos que circulam ente os órgãos do serviço público ou autárquico, na troca de informações de interesse comum ou das partes. Diferem-se dos textos comerciais pelo seu conteúdo, finalidade e uma série de cerimônias burocráticas do meio.

Existem vários documentos oficiais, como, por exemplo, atestados, certidões, atas, declarações, ofícios, memorandos, requerimentos, procurações, portarias e circulares.

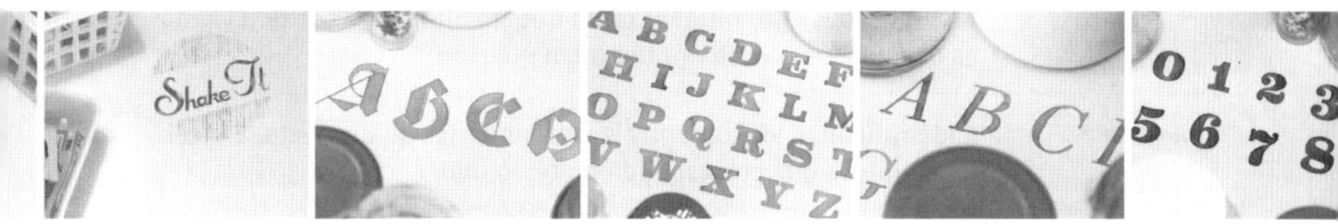

11. QUADRO SINÓPTICO DE AÇÕES IMPORTANTES NO QUE TANGE À INTERPRETAÇÃO

Inferir	Processo cognitivo que gera uma informação semântica nova a partir de outra anteriormente evidenciada em contexto específico. Ocorre quando o leitor estabelece elos lexicais, organiza suas redes de sentido e busca extratexto informações e conhecimento que possam preencher as lacunas textuais. Concluir, deduzir pelo raciocínio.
Identificar	É assinalar os elementos fundamentais de uma argumentação, uma época, um processo, etc. Determinar.
Comentar	É relacionar os conteúdos de um texto com uma determinada realidade, de forma opinativa. Falar sobre. Tecer observações que esclarecem ou criticam uma obra ou um trecho literário.
Explicar	Tornar inteligível ou claro aquilo que é ambíguo ou obscuro. Expor, explanar, desenvolver. Dar a conhecer a origem ou o motivo de.
Comparar	Descobrir as relações de semelhança ou diferença entre determinadas épocas, processos argumentações.
Interpretar	É reproduzir o conteúdo do texto, parafraseando-o, mantendo as ideias originais do texto em questão.
Analisar	Dividir o todo em partes, examinando com minúcias os argumentos, reflexões e fundamentações que justifiquem e tornem válidas as observações sobre um texto em questão.
Resumir	É identificar as ideias centrais e secundárias de um texto. É fazer uma síntese que corresponda ao texto lido.

Criticar	Examinar um determinado texto, evidenciando-se um posicionamento que tem "como pano de fundo" um juízo de valor. Julgar.
Justificar	Provar, dar razão, fundamentar, demonstrar. É a prova ou documento que comprova a realidade de um fato ou a veracidade uma posição.
Refutar **Rechaçar**	Reprovar, combater com argumentos. Ser contrário a.
Parafrasear	Reafirmar com palavras diferentes o mesmo sentido, a mesma essência do texto. Assim, o texto dá uma continuidade semântica ao modelo imitado.
Parodiar	É desconstruir a imagem anterior de um determinado texto. Reapresentação daquilo que havia sido outrora apresentado. É o rompimento da temática.
Explicitar	É esclarecer por meio de conceitos e definições, exemplificações ou analogias.
Enumerar	É enunciar uma série de dados, fatos ou elementos, exemplificando um por um.
Transcrever	Reproduzir fielmente uma determinada informação *ipsis litteris* (ao pé da letra). Uso obrigatório das aspas e indicação do autor, bem como nome da obra e o ano.
Demonstrar	Mostrar, evidenciar, revelar, confirmar.
Associar	Estabelecer correspondência, unir, agregar.
Problematizar	Tornar problemático, pôr em dúvida.

12. CONSIDERAÇÕES FINAIS

É imperioso salientar aqui que, conquanto estarmos falando de interpretação de texto, a gramática é de grande valia, além de funcionar como aspecto coesivo. Peguemos por exemplo a classe dos pronomes: sua função é substituir o nome, sendo assim, as instituições cobram muito a questão semântica relacionada a essa substituição. É bom ficar atentos também em relação ao uso do pronome demonstrativo, principalmente, quando este resgata uma ideia que já foi evidenciada ao longo do contexto (isto é, passado). Veja o exemplo abaixo:

A questão do aquecimento global foi discutida novamente. E essa será também a tônica do Congresso de meio ambiente que se aproxima.

O pronome **essa**, necessariamente, resgata a ideia do aquecimento global. (uma única ideia já mencionada no passado – resgate **anafórico**):

Pais e professores discutiram o problema em reunião. Aqueles não concordaram com a posição adotada na escola e estes tentavam dar explicações.

Aqui a situação muda de figura: O pronome **aqueles** resgata a informação que está mais longe, necessariamente, então, aquela que apareceu primeiro: *pais*. Já o pronome **estes** resgata sempre a última informação aparente do discurso, ou seja: *professores*. (resgate **anafórico**)

Obs.: Quando o pronome demonstrativo (ou outro) for usado para apresentar uma informação nova dentro do contexto, chamamo-lo de **pronome catafórico.**

As relações semânticas entre as orações (que evidenciam ideias de causa, consequência, condição, finalidade, proporcionalidade, comparação, tempo e concessão) também devem ser salientadas. Em relação à ideia de concessão é importante lembrar que *embora, ainda que, mesmo que, conquanto, apesar de, em que pese, não obstante, posto que* e *malgrado* são expressões sinônimas. Esse é outro ponto também bastante explorado pelas instituições que preparam as provas do concurso. Podemos até responder tais questões, respaldados na interpretação de texto; no entanto, sabendo as orações subordinadas adverbiais fica mais fácil.

Atinar também para a mudança de sentido ocorrida com algumas informações que aparecem separadas pelas vírgulas ou sem o uso dessas, como é o caso das orações subordinadas adjetivas explicativas e restritivas, também é de suma importância. Analise as orações abaixo:

As crianças ***que estavam descalças*** *assentaram-se no meio da sala.*

*As crianças****, que estavam descalças,*** *assentaram-se no meio da sala.*

Como podemos observar, a informação extraída do primeiro período é que existe um grupo heterogêneo, formado por crianças calçadas e descalças; e somente aquelas que estavam descalças é que se assentaram no meio da sala.

Já no segundo período, **a informação entre vírgulas**, que tem como função precípua explicar algo inerente das crianças ou uma característica qualquer, permite-nos inferir que **todas** as crianças estavam descalças. Sendo assim, todas se assentaram no meio da sala. Veja outros exemplos abaixo:

Só, Clemilda vez o trabalho de Hermenêutica. (sozinha)

Só Clemilda fez o trabalho de Hermenêutica. (apenas ela)

Josenilton canta Garçom, de Reginaldo Rossi. (pratica a ação de cantar)

Josenilton, canta Garçom, de Reginaldo Rossi. (é chamado para cantar)

Os alunos dedicados passaram no concurso. (somente aqueles que se dedicaram)

Os alunos, dedicados, passaram no concurso. (todos eram dedicados)

A Associação Brasileira de Imprensa, pela comemoração do seu centenário, também publicou algumas frases bem interessantes referentes à interpretação do contexto com vírgula ou sem vírgula. Vejam abaixo:

- A vírgula pode ser uma pausa... ou não! (Não, espere / Não espere);
- Pode sumir com seu dinheiro (23,4 / 2,34);
- Pode ser autoritária (Aceito, obrigado / Aceito obrigado);
- Muda uma opinião (Não queremos saber / Não, queremos saber);

- Pode criar heróis (Isso só, ele resolve / Isso só ele resolve);
- Ela pode ser a solução (Vamos perder, nada foi resolvido / Vamos perder nada, foi resolvido);
- Pode condenar ou salvar (Não tenha clemência! / Não, tenha clemência!)

Mais um exemplo:
"*Se o homem soubesse o valor que tem a mulher andaria de quatro à sua procura.*"

Se você é mulher, certamente acrescentou a vírgula depois de mulher; se for homem, virgulou depois de tem. Brincadeiras à parte, o fato é que a vírgula pode mudar substancialmente o seu texto, daí a necessidade de estar sempre atento à sua colocação.

Enfim, não significa que se você desconhecer as regras gramaticais, não vai conseguir interpretar um determinado texto. Mas, com certeza, que elas ajudam na interpretação, ajudam. Saber bem a gramática acaba melhorando a interpretação textual.

EXERCÍCIOS DE FIXAÇÃO

NOÇÕES GERAIS

01. Em todas as situações descritas abaixo a linguagem está presente, EXCETO:

a) No aceno de mão.
b) Numa carta registrada.
c) No preparo de uma refeição.
d) No filme mudo.

02. Marque a alternativa ERRADA.

a) Linguagem conotativa é aquela que não se restringe ao significado do dicionário.
b) A frase "Com ternura, Maria pôs os pratos na mesa" é um exemplo de linguagem denotativa.
c) Para que haja uma efetiva comunicação, precisamos de alguns elementos como, por exemplo, o emissor, o receptor, a mensagem, o código e o canal comunicativo.
d) A ambiguidade e o pleonasmo podem ser usados na língua culta.

03. Quanto à Narração podemos afirmar, EXCETO:

a) Direto e Indireto são os dois tipos de discurso possíveis da narrativa.
b) O narrador desempenha seu papel em 1a pessoa (personagem) ou 3a pessoa (onisciente).
c) Pode vários personagens entre eles o protagonista, o antagonista e os coadjuvantes.
d) Podemos notar a presença de trechos descritivos em um texto narrativo.

04. Considere o fala a seguir e marque a alternativa incorreta: *"Avisa que o vovô está só dormindo... E não quer doar os órgãos."*.

a) O interlocutor é o avô, pois é ele que desencadeia a conversação.
b) Para uma efetiva comunicação precisamos de elementos, como por exemplo, o emissor, o receptor e a mensagem.
c) O código utilizado na mensagem é a língua portuguesa.
d) O contexto é toda a informação que foi passada.

05. Considere o texto abaixo:

Touro 21/04 a 20/05
"É possível que surja algum tipo de tensão entre você e a pessoa com a qual convive. Trata-se de uma tensão necessária e oportuna para que ambos consigam, juntos, aprimorar o relacionamento e se livrar de mal-entendidos. Dialogue, expresse suas dúvidas e evitará problemas futuros. A taurina deverá também dedicar mais tempo à família. Se você pretende investir em imóveis ou reformar a sua casa, aproveite a presente fase."
O canal e o código inseridos na mensagem são, respectivamente,

a) a língua portuguesa e a revista.
b) o texto e a língua portuguesa.
c) a revista e a língua portuguesa.
d) a língua portuguesa e o texto.

06. A opção que não apresenta linguagem <u>conotativa</u> é

a) A paciência é uma virtude a qual aprendemos com o tempo.
b) O pensamento, às vezes, é como um rio subterrâneo.
c) Os anjos voam porque pensam leve.
d) O meu coração não aprendeu nada.

07. Assinale a opção que apresenta o provérbio que mais se aproxima da seguinte ideia do texto: os seres vivos se desenvolvem de um estado de imperfeição a outro de perfeição.

a) A pressa é inimiga da perfeição.
b) Águas passadas não movem moinhos.
c) Passinho a passinho se faz o caminho.
d) Depois da tempestade vem a bonança.
e) Quem nasceu para 10 réis não chega a vintém.

08. **(TJ)** "Num restaurante de classe média, pessoas *torcem o nariz* [...] porque, na mesa ao lado, se senta um casal negro..."
É ***CORRETO*** afirmar que a expressão destacada nessa frase é usada, *habitualmente,* na linguagem

a) acadêmica.
b) informal.
c) oratória.
d) poética.

09. **(TJ - 2ª Instância)** "O mal ataca hoje em dia faixas etárias que, ***uma ou duas gerações atrás***, julgávamos naturalmente imunizadas a seu contágio."

A expressão destacada pode ser substituída sem alteração significativa do sentido por

a) a uma ou duas gerações.
b) acerca de duas gerações.
c) há uma ou duas gerações.
d) por uma ou duas gerações.

10. (**TJ - 2ª Instância**) "Esse é o problema, separar fato de opinião, [...]" Considerando-se as ideias explicitadas no texto, é ***CORRETO*** afirmar que, nessa frase, está expresso o difícil relacionamento entre

a) individualidade e coletividade.
b) perenidade e transitoriedade.
c) subjetividade e objetividade.
d) unidade e pluralidade.

11. Tendo em conta as frases abaixo, o emprego da palavra em destaque está **adequado** em:

I - Zidane literalmente perdeu a cabeça e agrediu violentamente Materazzi.
II - Esta é, sabidamente, a única cerveja que desce redondo.
III - Aparentemente, algumas máquinas já vieram todo montadas.

a) II, apenas.
b) I e II, apenas.
c) II e III, apenas.
d) I, II e III.

12. (**TJ - 2ª Instância**) "O que é real para ***uns*** [...] pode não ser para ***outros***." Assinale a alternativa em que o sentido das palavras destacadas nessa frase está ***CORRETAMENTE*** identificado.

a) definição
b) indeterminação
c) qualificação
d) quantificação

13. (**TJ - 2ª Instância**) "O que é real para uns [...] pode não ser para outros." É ***CORRETO*** afirmar que, nessa frase, a noção de realidade acha-se

a) definida.
b) otimizada.
c) relativizada.
d) resumida.

14. (**Fumarc**) A série de itens - adágio, anexim, dito popular, ditado, rifão, máxima - apresenta a estratégia metalinguística denominada:

a) paronomásia.
b) hiperonímia.
c) hiponímia.
d) sinonímia.

15. (**FCC**) Há exemplo de linguagem figurada na frase:

a) Há palavras que, por si mesmas, parecem abrir as portas para um mundo inteiramente novo e positivo.
b) A popularização das teses científicas não significa que elas se tornem menos sérias ou menos importantes.
c) Já está ocorrendo há algum tempo uma avaliação mais rigorosa de todas as formas aparentes de progresso
d) O adjetivo sustentável designa um atributo que pode levar em conta na definição do substantivo desenvolvimento.
e) Nenhum indivíduo pode eximir-se da tarefa de fiscalizar toda iniciativa que acarrete algum efeito sobre o meio ambiente.

16. (**CESPE**) Assinale a opção em que as palavras grifadas mantêm, entre si, a relação semântica indicada entre parênteses.

a) A Todos os réus foram julgados sem discriminação. Nos processos não houve ato algum de descriminação. (paronímia)
b) A lei caracteriza algumas ações e as define como crimes. Esses delitos são classificados de acordo com o tipo de bem que atingem, material ou imaterial. (hiperonímia/hiponímia)
c) O crime já foi definido como toda conduta humana que infringisse a lei penal. Nesse sentido, o indivíduo que transgredisse essa lei deveria ser punido. (homonímia)
d) A dissidência nem sempre impossibilita a conciliação. (sinonímia)
e) A delação constrangeu os jurados, o que motivou a dilação do julgamento pelo juiz. (antonímia)

17. (**CESPE**) No texto, há linguagem figurada no(s) trecho(s)

I - "abrindo à flor do rosto dois grandes olhos azuis".
II - "vaporosa e ideal como uma criação de Shakespeare".
III - "A sua fala deve ser um murmúrio de harpa eólia".

Assinale a opção correta.

a) Apenas um dos itens está certo.
b) Apenas os itens I e II estão certos.
c) Apenas os itens I e III estão certos.
d) Apenas os itens II e III estão certos.
e) Todos os itens estão certos.

18. Assinale a opção que **não** apresenta exemplo de emprego de linguagem figurada no texto.

a) "expeliu a sua obra"

b) "penso que abortícia"
c) "exclusão sistemática"
d) "o empertigado k"
e) "infatigável caminhante"

19. Alguns textos se caracterizam pelo emprego abundante de expressões coloquiais, usualmente condenadas na escrita formal. Há um exemplo desse tipo de expressão no trecho

a) "Do editor não recebeu olhar algum".
b) "Seu sorriso era cruel".
c) "Já vi muita gente quebrar a cara aqui".
d) "Uma mulher aproximou-se da mesa".
e) "Voltou a olhar para o editor".

20. (**FCC**)

A leitura dos clássicos.

Os clássicos são livros que exercem uma influência particular quando se impõem como inesquecíveis e também quando se ocultam nas dobras da memória, preservando-se no inconsciente. Por isso, deveria existir um tempo na vida adulta dedicado a revisitar as leituras mais importantes da juventude. Se os livros permaneceram os mesmos (mas também eles mudam, à luz de uma perspectiva histórica diferente), nós com certeza mudamos, e o encontro é um acontecimento totalmente novo.

Portanto, usar o verbo ler ou o verbo reler não tem muita importância. De fato, poderíamos dizer: toda releitura de um clássico é uma leitura de descoberta, como a primeira.

(Ítalo Calvino, "Por que ler os clássicos")

Atente para as seguintes afirmações:

I - A releitura de uma obra clássica é reconfortante pela recuperação exata do sentido que já lhe atribuímos no passado.

II - Uma nova perspectiva histórica pode ser determinante para uma nova compreensão de uma mesma obra clássica.

III - Assim como nós podemos permanecer os mesmos ao longo do tempo, o sentido de uma obra clássica pereniza-se na história.

Em relação ao texto, APENAS está correto o que se afirma em

a) I.
b) II.
c) III.
d) I e II.
e) II e III.

21. (**Fundep**) "A ideia de que o Poder Público deve garantir um mínimo de renda a todos os cidadãos [...] deixa ainda ***muita gente arrepiada***..." É ***CORRETO*** afirmar que, nessa frase, a expressão destacada configura o emprego de uma linguagem

a) erudita.
b) figurada.
c) hermética.
d) incorreta.

22. (**Fundep**) "A intolerância [...] é, com certeza, um feio pecado *capital.*" **É *CORRETO*** afirmar que, entre os sentidos que se podem atribuir à palavra destacada nessa frase, **NÃO** se inclui o de

a) fundamental.
b) humilhante.
c) principal.
d) relevante.

23. Leia os provérbios seguintes:

I - "Quem com ferro fere, com ferro será ferido".

II - "Em casa de ferreiro, o espeto é de pau".

Sobre esses dois provérbios, é **correto** o que se afirma em:

a) Apresentam o mesmo significado, uma vez que empregam os termos "ferro" e "ferreiro".

b) Possuem sentido contrário, visto que as palavras ferro e pau não têm o mesmo significado.

c) Em II, entende-se que o ferreiro não confia nos espetos que fabrica.

d) Em I, pode-se inferir que o homem que pratica o mal pode receber esse mesmo mal.

24. A alternativa em que o termo destacado **NÃO** está ***corretamente*** explicado entre parênteses é

a) "[...] aos membros privilegiados de sociedades que [...] transformavam ***a faina*** abusiva da maioria no luxo de pouquíssimos eleitos." (A CARÊNCIA, A MISÉRIA)

b) "Basta [...] que à satisfação do biologicamente básico se associe ***o cerceamento*** de outras possibilidades [...]" (A RESTRIÇÃO, A SUPRESSÃO)

c) "[...] os países socialistas se revelaram ***exímios*** fabricantes do tédio [...]" (EMINENTES, PERFEITOS)

d) "***Um espectro*** ronda o mundo atual: o espectro do tédio." (UM FANTASMA, UMA AMEAÇA)

25. Considere as seguintes orações:

I - Não disse nada ***acerca do*** *plano econômico que elaborou.*

II - Minha casa fica ***a cerca de*** *100m da praia.*

III - ***A cerca de*** *dez anos que eles estudam no exterior.*

Estão corretas:

a) Todas.

b) I e II.

c) II e III.

d) I e III.

26. "O caminhão foi ________ muro."
"Sua opinião veio ________ minha, unindo nossas reivindicações."

a) de encontro ao / ao encontro da

b) ao encontro do / de encontro a

c) ao encontro do / de encontro à

d) n.d.a.

27. (**Fundep**) A expressão entre parênteses NÃO corresponde ao termo destacado em:

a) "[...] aos membros privilegiados de sociedades ***que***, organizadas e avançadas, transformavam a faina abusiva da maioria [...]" (MEMBROS PRIVILEGIADOS DE SOCIEDADES)

b) "E, todavia, os pais se veem cada vez mais compelidos a inventar maneiras de distrair seus filhos durante as horas ociosas ***destes***, [...]" (DE SEUS FILHOS)

c) "O mal ataca hoje em dia faixas etárias que, uma ou duas gerações atrás, julgávamos naturalmente imunizadas a ***seu*** contágio." (O MAL)

d) “Se não existisse, não haveria, por exemplo, tantas empresas de entretenimento e tantas fortunas decorrentes ***delas***.” (DE TANTAS EMPRESAS DE ENTRETENIMENTO)

28. A supressão da vírgula implica alteração do sentido em:

a) “Coube à Revolução Industrial a produção em massa daquilo que, previamente, eram raridades reservadas a uma elite mínima.” - Coube à Revolução Industrial a produção em massa daquilo que previamente eram raridades reservadas a uma elite mínima.
b) “Nenhum deles tinha tempo de sentir o tédio, que pressupõe ócio abundante e sistemático” - Nenhum deles tinha tempo de sentir o tédio que pressupõe ócio abundante e sistemático [...]
c) “O tédio não é piada, nem um problema menor.”

   - O tédio não é piada nem um problema menor.
d) “[...] também é verdade que, por milênios, somente uma minoria dispunha das precondições necessárias”.

   - [...] também é verdade que por milênios somente uma minoria dispunha das precondições necessárias [...].

29. (**Fumarc**) “Olhava a cena da caçada **aqui** como se estivesse **lá**” É correto afirmar que as duas palavras destacadas podem ser consideradas

a) homônimos.
b) parônimos.
c) antônimos.
d) sinônimos.

30. Assinale a proposição correta respeito dos homônimos perfeitos.

a) O acordo será firmado através de palavras orais e escritas / Acordo sempre no horário previsto.
b) Os juízes e os tribunais, em suas sentenças, acórdão e arestos decidem mediante palavras / A mãe não soube ensinar as sentenças à filha.
c) O que se critica, de agora em diante, não pode ficar impune / A crítica que ela fez ao tribunal não tinha respaldo.
d) O estudante tropeça nas palavras, durante o discurso de paraninfo / O tropeço do advogado, quando discursava, levou-o ao chão.

31. O significado da expressão “ponho o carro na frente dos bois” é:

a) Ser inseguro em suas decisões, imaturo.
b) Tomar uma decisão precipitada, irrefletida.
c) Ser precavido e atento nas decisões.
d) Tomar uma decisão de forma entusiástica.

32. “Quando uma das turmas perdia na bola, tinha que **ganhar no braço**.”

A melhor interpretação para expressão destacada é:

a) Promover nova partida com disputa da bola.
b) Vencer a partida sob um novo comando técnico.
c) Disputar a partida através da força física.
d) Utilizar de novas estratégias, utilizando a inteligência.

33. "Quiçá esse desconforto indefinível não seja nem tanto medo do escuro quanto do escurecer." O Vocábulo destacado tem sentido equivalente a:

a) Embora.
b) Realmente.
c) Finalmente.
d) Talvez.

34. Todas as alternativas abaixo são incoerentes, EXCETO:

a) O dia está tranquilo, as pessoas circulam normalmente pelas vielas do morro, mas os dois policiais continuam calmamente tomando café no bar da esquina.
b) Apesar de terem a mesma estrutura e a mesma compleição física, os atletas não apresentaram grande diferença de peso.
c) Não obstante o marido e a mulher não se entendessem, com o passar do tempo resolvera trilhar novos caminhos, separando-se definitivamente.
d) De acordo com o laudo médico, os pacientes podem prescindir do oxigênio extra e, por essa razão, o equipamento será desconectado.

35. (**FCC - 2012**) O par grifado que constitui exemplo de **parônimos** está em:

a) No espaço de uma noite, o rio havia transbordado e inundado o quintal da casa.

   Pela manhã, foi possível constatar a força destrutiva das águas.
b) O rio se convertera em um caudaloso fluxo de águas sujas.

   O menino se assustou com a violência barrenta das águas.
c) Famílias eminentes podiam ir para o campo, fugindo do bulício da cidade.

   Eram iminentes os riscos causados pela inundação das águas barrentas do rio.
d) Era urgente a necessidade de obras para a contenção do rio.

   Havia heroísmo na concentração dos homens que lutavam conta a corrente.
e) No Pomar atrás da casa havia frutas, entre elas, mangas e cajus.

   Em mangas de camisa, homens tentavam salvar o que as águas levavam.

36. (**FCC - 2012**) A única frase que, do ponto de vista semântico, NÃO está comprometida é:

a) Há muito tempo o rapaz está submerso; se ele demorar mais para imergir, pode correr perigo de morte.

b) Nunca vi uma chuva que não dá um minuto de trégua; essa intermitência me angustia.

c) Distratava tanto a cunhada, que ela deixou de visitá-los.

d) Quando o temporal se anunciou, mandou arrear o cavalo e partiu imediatamente.

e) Delatou a pupila há meia hora, por isso não está enxergando bem.

37. Assinale a opção em que a mudança na ordem dos termos **altera** sensivelmente o sentido do enunciado.

a) A informática, como espinha dorsal da comunicação humana, predomina, em tempos de linguagem virtual. Predomina a informática, em tempos de linguagem virtual, como espinha dorsal da comunicação.

b) A linguagem literária deverá continuar, ainda que marginal à linguagem oficial, que será virtualizada. A linguagem literária, que será virtualizada, deverá continuar ainda que marginal à linguagem oficial.

c) A palavra impressa continuará como poderoso elemento da comunicação humana. Como poderoso elemento da comunicação humana, a palavra impressa continuará.

d) Os homens são homens, segundo Iago e sempre dão um jeito de melar as coisas, até mesmo aquilo que escrevem. Segundo Iago, os homens são homens e dão um jeito de sempre melar as coisas, inclusive aquilo que escrevem.

38. Assinale a opção em que os adjetivos destacados **não** possuem basicamente o mesmo significado.

a) Pensaremos uma pergunta e sensores **digitalizados** a transmitirão.

   Pensaremos uma pergunta e sensores **caligrafados** a transmitirão.

b) Mesmo assim, deixo a pergunta ortodoxamente **impressa**.

   Mesmo assim, deixo a pergunta ortodoxamente **escrita.**

c) Então, aquilo, um corpo **esquálido** e mortificado, vencido pela morte...

   Então, aquilo, um corpo **cadavérico** e mortificado, vencido pela morte...

d) Mas, além da realidade **física.**

   Mas, além da realidade **presencial.**

39. Na sequência de 1 a 4 dos quadrinhos, podem ser identificadas as seguintes características de linguagem:

I. No primeiro quadrinho, há apenas a linguagem verbal oral.

II. No segundo quadrinho, pode-se perceber apenas a linguagem não verbal.

III. No terceiro quadrinho, o chargista apresenta uma mistura entre o verbal escrito e o não verbal.

IV. No quarto quadrinho, há uma informação verbal escrita.

Marque a alternativa **CORRETA.**

Ivo Viu a Uva – http://www.ivoviuauva.com.br

a) apenas as proposições III e IV são verdadeiras.
b) apenas as proposições I e II são verdadeiras.
c) apenas as proposições I e III são verdadeiras.
d) as proposições I,II,III e IV são verdadeiras.

Considere o quadro abaixo para resolver as questões 40 e 41:

(Rodrigo Zoom. http://www.flickr.com/photos/rodrigozoom/4541220951/sizes/z/in/photostream/)

40. A respeito do quadrinho, analise as afirmativas a seguir:

I. O humor do quadrinho se constrói com um jogo de palavras com semelhança sonora.

II. A noção do verbo dever na segunda fala é de probabilidade.

III. O humor do quadrinho é construído na articulação entre texto e imagem.

Assinale

a) se todas as afirmativas estiverem corretas.

b) se apenas as afirmativas II e III estiverem corretas.

c) se apenas as afirmativas I e II estiverem corretas.

d) se apenas as afirmativas I e III estiverem corretas.

41. Assinale a alternativa que **NÃO** poderia substituir a primeira fala do quadrinho, sob pena de alteração grave de sentido.

a) Você ouviu falar do menino que morreu porque comeu sucrilhos?

b) Você ouviu falar do menino que morreu quando comeu sucrilhos?

c) Você ouviu falar do menino que morreu não obstante comer sucrilhos?

d) Você ouviu falar do menino que morreu por ter comido sucrilhos?

42. (**FCS - 2012**) Considere as afirmações abaixo.

I. A expressão "vai de encontro a" significa "a favor".

II. O adjetivo "pejorativo" tem valor positivo.

Está correto o que se afirma em

a) somente I.

b) somente II.

c) I e II.

d) nenhuma.

43. (**FCC - 2013**) *Sucede que a busca do novo pode <u>conduzir</u> à desintegração da linguagem artística...*

Mantendo-se a correção e a lógica, sem que nenhuma outra alteração seja feita na frase, o verbo grifado acima pode ser substituído APENAS por:

a) prosseguir.

b) dirimir.

c) acompanhar.

d) levar.

e) ocasionar.

GABARITO									
01. C	02. D	03. A	04. A	05. C	06. A	07. C	08. B	09. C	10. C
11. C	12. B	13. C	14. D	15. A	16. A	17. E	18. C	19. C	20. D
21. B	22. B	23. D	24. A	25. B	26. A	27. A	28. B	29. C	30. B
31.B	32.C	33.D	34.D	35.C	36. D	37. B	38. A	39. C	40. C
41. C	42. D	43. D							

INTERTEXTUALIDADE

01. Em relação à INTERTEXTUALIDADE, todas as alternativas abaixo estão corretas, EXCETO:

a) Ela pode se apresentar como paródia e paráfrase.

b) É a referência que um texto faz a outro texto.

c) Acontece apenas na poesia.

d) As citações diversas também têm um aspecto intertextual.

02. Leia o texto a seguir:

Texto I

Phishing Scam, para quem não está familiarizado com este nome, é uma modalidade de golpe realizado pela internet em que um programa escondido dentro do seu computador rouba senhas de banco, e-mails, cadastros, etc. Geralmente é instalado no computador porque a vítima clica em algum e-mail "isca" do tipo "Você tem pendências no Serasa, clique aqui", ou "Alguém enviou para você um cartão virtual, clique aqui". A pessoa clica e, em vez de ver o cartão virtual, instala sem querer o programa espião. Também é chamado por aí de "pesca-senha".

Compare com a charge ao lado:

É **CORRETO** afirmar que, entre os textos I e II, ocorre uma relação

a) de causa e efeito, uma vez que o texto I é causa e o II é o efeito da espionagem instalada em programas de computadores.
b) intertextualizada, no nível da paródia, pois o texto II tem a função de romper com a temática do texto I.
c) comparativa, porque o II texto tem a função de confirmar a realidade de programas de espionagens apresentada no texto I.
d) intertextualizada, no nível da paráfrase, pois o texto II apresenta uma ideia que se assemelha com a do texto I.

03. (**Fumarc**) Leia os textos seguintes:

Texto I

É olhar para o horizonte, ver o que todos veem, mas enxergar o que poucos enxergam. É dar-se o direito de sonhar e agir para concretizar o sonho. E, acima de tudo, aliar persistência ao bom senso de se divertir enquanto vai em busca do que tanto deseja.

MELO, Ricardo

Texto II

Uma criança vê o que o adulto não vê. Tem olhos atentos e limpos para o espetáculo do mundo. O poeta é capaz de ver pela primeira vez o que, de tão visto, ninguém vê. Há pai que nunca viu o próprio filho. Marido que nunca viu a própria mulher, isso existe às pampas. Nossos olhos se gastam, no dia a dia, opacos. É por aí que se instala no coração o monstro da indiferença.

O procedimento intertextual entre ambos se dá por meio de

a) Paródia.
b) Epígrafe.
c) Paráfrase.
d) Plágio.

04. (**Fumarc**) Seguem abaixo alguns versos do poema de Roberto Pompeu de Toledo e, entre parênteses, uma indicação do recurso textual utilizado pelo autor. Assinale a opção que traz a correlação **INCORRETA**.

a) "Engulo mosca além da conta, / giro como barata tonta." (comparação)
b) "Aceito o abraço do urso, vacilo / às lagrimas de crocodilo." (ironia)
c) "prossigo, e ao dar com os macacos ordeno: / cada um no seu galho!" (intertextualidade)
d) "Agora chove, e é em vão que falo: / por favor, tirem o cavalo" (polifonia)

05. Introduzir a voz de outro, credenciado a falar de determinado assunto, por meio de uma citação ou alusão (a provérbio ou texto de outro gênero) é fenômeno denominado

a) polifonia.
b) metalinguagem.
c) denotação.
d) referenciação.

06. "*Um jovem é diagnosticado como tal exatamente pela sua potência romântica, seu coração destemido e quixotesco e pela sua confiança na própria capacidade*

de mudar o mundo." Nesse fragmento, com o uso do adjetivo 'quixotesco', temos uma estratégia argumentativa bastante recorrente, denominada

a) Metalinguagem.
b) Denotação.
c) Ironia.
d) Intertextualidade.

GABARITO					
01. C	02. D	03. C	04. D	05. A	06.D

FUNÇÕES DE LINGUAGEM

01. Todas as alternativas abaixo apresentam função metalinguística, EXCETO:

a) Um filme que ensina como fazer cinema e revela todos os seus bastidores.
b) A leitura de um livro que narra as aventuras de uma pessoa em férias.
c) Uma música que retrata o ato de compor e dá boas dicas aos compositores iniciantes.
d) Um poema que fala da arte de escrever poemas.

02. Considere os seguintes versos da música de Rita Lee:

"Alô, alô, Marciano / Aqui quem fala é da terra"

Podemos enquadrá-los na função

a) Metalinguística.
b) Fática.
c) Emotiva.
d) Jornalística.

03. A função de linguagem predominante no texto abaixo é a

Touro 21/04 a 20/05

"É possível que surja algum tipo de tensão entre você e a pessoa com a qual convive. Trata-se de uma tensão necessária e oportuna para que ambos consigam, juntos, aprimorar o relacionamento e se livrar de mal-entendidos. Dialogue, expresse suas dúvidas e evitará problemas futuros. A taurina deverá também dedicar mais tempo à família. Se você pretende investir em imóveis ou reformar a sua casa, aproveite a presente fase."

a) fática
b) referencial
c) conativa
d) metalinguística

04. (**Fumarc**) Leia a seguinte passagem: *"Não é difícil especular (verbo que, no fundo, é um dos sinônimos de fofocar) sobre a origem do hábito."* Pode-se afirmar que no trecho acima há a presença de:

a) anacoluto.
b) metalinguagem.
c) antonomásia.
d) homeoteleuto.

GABARITO			
01. B	02. B	03. C	04. B

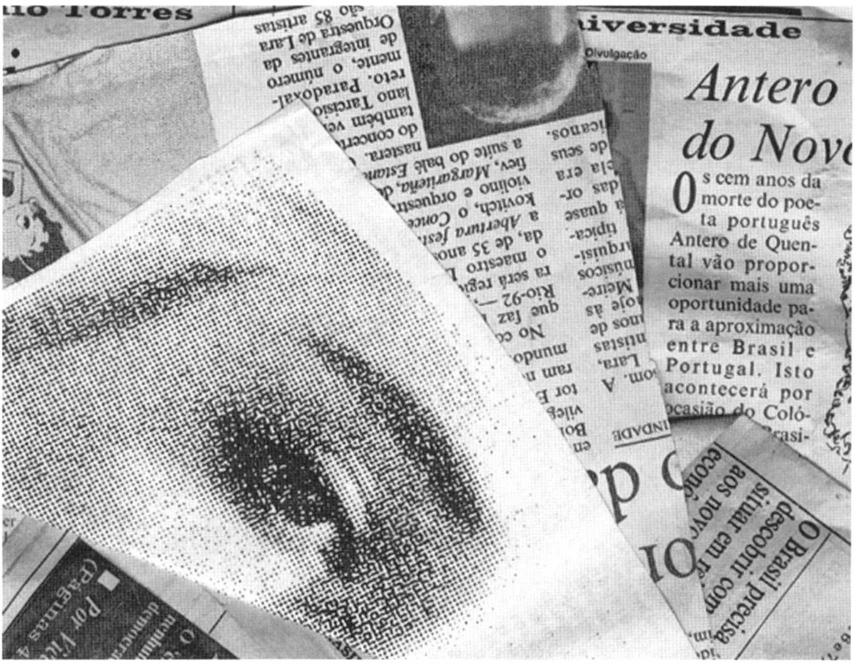

FIGURAS DE LINGUAGEM

01. Em todas as alternativas abaixo encontramos a relação correta entre o trecho literário e a figura de linguagem nele inserido, EXCETO:

a) "Amor é fogo que arde sem se ver
É ferida que dói e não se sente
É um contentamento descontente
É dor que desatina sem doer."
(Camões) - ***Antítese***

b) "Casas entre bananeiras
Mulheres entre laranjeiras
Pomar, amor, cantar
Um homem vai devagar
Um cachorro vai devagar
Um burro vai devagar
Devagar, as janelas olham...
Eta vida besta meu Deus!"
(Drummond) - ***Personificação***

c) "Além, muito além daquela serra que ainda azula no horizonte, nasceu Iracema. A virgem dos lábios de mel."
(José de Alencar) – ***Metáfora***

d) "Marcela amou-me por quinze meses e onze contos de réis". (Machado de Assis) – ***Metonímia***

02. Analise os versos abaixo de Manuel Bandeira e depois marque a opção INCORRETA.

Café com pão
Café com pão
Café com pão
Virge Maria que foi isso maquinista
(...)
Foge, bicho
Foge, povo
Passa ponte
Passa poste

Passa pasto

Passa boi

Passa boiada (...)

a) Manuel Bandeira joga com as palavras, expressando certa sonoridade que muito contribui para a interpretação do poema.

b) A aliteração e a assonância são alguns dos recursos utilizados pelo poeta como potentes figuras fonéticas.

c) Podemos considerar o poema como uma grande onomatopeia, à medida que, ao longo da leitura, os sons por ela produzidos nos trazem a nítida ideia de um trem de ferro.

d) O autor utiliza algumas metáforas para enfatizar a ideia do trem de ferro em movimento.

03. Considere as frases abaixo:

I - Naquela terrível luta muitos adormeceram para sempre. (ironia)

II - O bonde passa cheio de pernas. (metonímia)

III - O importante é achar as palavras que o violão pede e deseja. (personificação)

Estão corretamente classificadas as frases:

a) I e II.

b) I e III.

c) II e III.

d) I, II e III.

04. Relacione as colunas e marque a alternativa correta.

1) Eufemismo	( ) O sentido oculto das coisas é que elas não têm sentido oculto nenhum.
2) Personificação	( ) O meu computador está em greve.
3) Paradoxo	( ) Os políticos desviaram dinheiro para a conta deles na Suíça.
4) Antítese	( ) Sinto mais longe o passado, sinto a saudade mais perto.

a) 3, 2, 1, 4

b) 4, 2, 1, 3

c) 3, 4, 1, 2

d) 4, 3, 2, 1

05. Relacione a segunda coluna de acordo com a primeira e marque a alternativa correta.

I) Eufemismo	( ) O ipê acenava-lhe brandamente, chamando-o para casa.
II) Onomatopeia	( ) O advogado desviou R$ 50.000,00 do escritório.
III) Antítese	( ) Sinos de Belém fazem blém, blém, blém.
IV) Personificação	( ) Amor é um contentamento descontente.

a) II, III, I, IV
b) IV, II, III, I
c) IV, I, II, III
d) I, IV, II, III

Para cada um dos fragmentos abaixo, indique a figura de linguagem nele inserida:

06. "Vem ser meu canto, meu verso, meu soneto
Vem ser poema no árido deserto
Serei oásis, silêncio, festejo
Serei sertão nas horas de aconchego" (Roberto Mendes)

a) metonímia
b) personificação
c) metáfora
d) sinestesia

07. "Amei e odiei como toda gente
Não sei se a vida é pouco ou demais para mim
Não sei se sinto demais ou de menos
Dá vontade de dar pulos e de ficar no chão
E ir ser selvagem entre árvores e esquecimentos" (Álvaro de Campos)

a) antítese
b) metonímia
c) eufemismo
d) onomatopeia

08. "Outrora eu era daqui e hoje regresso estrangeiro
forasteiro do que vejo e ouço, velho de mim
já vi tudo, ainda o que nunca vi, nem o que nunca verei

eu reinei no que nunca fui"
(Fernando Pessoa)

a) antítese

b) paradoxo

c) metáfora

d) sinestesia

09. "Oh! Lua branca de fulgores e de encanto
se é verdade que ao amor tu dás abrigo
vem tirar dos olhos meus o pranto
Ai! Vem matar essa paixão que anda comigo" (Chiquinha Gonzaga)

a) hipérbole

b) eufemismo

c) personificação

d) aliteração

10. "Que me importa a paisagem, a baía, a Glória, a linha do horizonte o que eu vejo é o beco."
(Manuel Bandeira)

a) aliteração

b) assonância

c) onomatopeia

d) metáfora

11. (**CESPE**)
Nasce o sol, e não dura mais que um dia.
Depois da luz se segue a noite escura,
Em tristes sombras morre a formosura
Em contínuas tristezas a alegria.

Gregório de Matos Guerra. **Obra poética de Gregório de Matos**. Rio de Janeiro: Record, 2.ª ed. 1990.

Assinale a opção que apresenta a figura de linguagem predominante no trecho do poema de Gregório de Matos.

a) sinestesia

b) comparação

c) antítese

d) eufemismo

e) hipérbole

12. (**Fumarc**) Que figura de linguagem aparece em:...Olhos leves, as bocas satisfeitas...

a) metáfora.

b) eufemismo.

c) metonímia.

d) pleonasmo.

13. (**Fumarc**) A figura de linguagem presente em "ouvindo cobras e lagartos" é

a) metáfora.

b) metonímia.

c) perífrase.

d) pleonasmo.

14. Não tenho nada contra malhar o corpo, mas me preocupo com a desproporção em relação à malhação do espírito. Acho ótimo, vamos todos morrer esbeltos: "Como estava o defunto?". "Olha, uma maravilha, não tinha uma celulite!"

Neste fragmento, Frei Betto utiliza duas figuras de linguagem bastante recorrentes. São elas:

a) antítese e metáfora.

b) metonímia e pleonasmo.

c) metonímia e ironia.

d) metáfora e ironia.

15. (**Vunesp - 2012**) Assinale a alternativa em que está caracterizada a figura de sintaxe denominada pleonasmo.

a) Esperamos, sinceramente, você compreenda nossos motivos.
b) Dizem que os brasileiros autênticos somos loucos por futebol.
c) Ao povo, nada lhe dão que não seja seguido de novos impostos.
d) Ele que era forte e corajoso, ei-lo fraco e covarde.
e) Informaram que Sua Santidade continua adoentado.

GABARITO									
01. D	02. D	03. C	04. A	05. C	06. C	07. A	08. B	09. C	10. B
11. C	12. C	13. A	14. D	15. C					

VÍCIOS DE LINGUAGEM

01. Em todas as alternativas abaixo, notamos uma duplicidade de sentido na frase, EXCETO:

a) Esse pessoal anda feio!
b) Estou com vontade de beijar a Xuxa de novo.
c) A mangueira do jardim está furada e precisa ser substituída.
d) Vendem-se pratos de sobremesa.

02. Todas as opções abaixo apresentam um erro em sua estruturação caracterizando um vício de linguagem, EXCETO:

a) Já que estamos na hora do rango, por que não vamos até a lanchonete?
b) Assim que o dia amanheceu, ficamos sabendo da notícia.
c) Você não gostaria de um *drink* antes da refeição?
d) Vendem-se calças para meninas brancas

03. Marque a opção errada.

a) A cacofonia é uma palavra resultante da união de sílabas de palavras vizinhas, formando uma palavra desconhecida dentro do contexto.
b) A repetição de palavras desnecessariamente na frase, como por exemplo, "vi com meus próprios olhos", constitui o que nós chamamos de ambiguidade.

c) Na frase, “Assim que chegou, pôs-se a sugestionar questões sem a mínima lógica” notamos a presença de um neologismo.
d) Em um registro formal de linguagem devemos evitar plebeísmos e pleonasmos.

04. Todas as frases abaixo apresentam duplicidade de sentido, EXCETO:
a) A escolha do ministro não agradou a todos.
b) A mãe da estudante que chegou ainda não foi atendida.
c) Ismênia saiu com sua irmã.
d) Estou ouvindo o disco que você me deu.

05. Considere as afirmações abaixo:
I - Você receberá uma gratificação por cada camisa vendida. (cacofonia)
II - Os pássaros gaivoteavam no céu. (neologismo)
III - Temos tempero para peixe em pó. (ambiguidade)
Estão corretas as alternativas:
a) Todas
b) I e II
c) II e III
d) I e III

06. (**TJM**) Todos os trechos abaixo apresentam passagens redundantes, EXCETO:
a) Dentro do âmbito do Direito Administrativo Militar, o tema da comunicabilidade do decisório penal na esfera administrativa é parte integrante de um elenco de questões atuais e desafiadoras, notadamente para os que atuam perante a Justiça Militar na defesa dos interesses de seus constituintes.
b) O porta-voz do Ministério do Interior palestino afirmou que o líder do Hamas, que frequentava habitualmente o local, planejou antecipadamente os conflitos na Faixa de Gaza contra a Autoridade Nacional Palestina.
c) O vice-presidente do Superior Tribunal de Justiça, ministro Francisco Peçanha Martins, no exercício da Presidência, determinou que o ministro de Estado da Justiça enviasse informações acerca de pedido de pensão feito por militares anistiados.
d) Ao final do encontro, houve consenso e todos foram unânimes em aceitar a sugestão do Senhor Presidente, segundo a qual os incisos I, II e III não deveriam sofrer quaisquer alterações, o que desagradou alguns chefes de departamento.

07. (**FCC**) A ocorrência de ambiguidade e falta de clareza faz necessária uma

revisão da seguinte frase:

a) Inconformados com a resposta insatisfatória que nos deu, reiteramos o pedido para que ele não deixe de tomar as providências que o caso requer.

b) Ele deu uma resposta insatisfatória à providência que lhe solicitamos, em razão da qual será preciso insistir em que não venha a repeti-la.

c) Caso não sejam tomadas as providências cabíveis, seremos obrigados a comunicar à direção o menoscabo com que está sendo tratado este caso.

d) Causa-nos revolta, a todos, o pouco interesse que ele vem demonstrando na condução desse processo – razão pela qual há quem peça a demissão dele.

08. (**CESPE**) Assinale a opção em que o fragmento de texto **não** apresenta ambiguidade.

a) Ao realizar o casamento civil coletivo de casais, um programa social do governo visa concretizar o anseio daqueles que não tiveram a oportunidade de legitimar sua vida conjugal e efetivar, de certa forma, a inclusão social, resgatando, entre outros aspectos, a autoestima.

b) O principal intuito da futura lei é estabelecer, de forma inequívoca, que o valor probante dos documentos eletrônicos não é menor que o dos impressos.

c) Os casos previstos em leis que exijam intimação ou vista pessoal não podem ser supridos por meio virtual.

d) O advogado informou à empresa requerente que sua decisão havia sido considerada pelo juiz.

e) Um juiz que recebe carta precatória a respeito de um caso conhece menos a causa que o juiz titular do caso, portanto somente esse juiz tem competência para decidir a questão.

09. (**FUMARC / 2011**) Leia o seguinte texto:

"E aí vovô? É o senhor que veio detonar o lero? Muito prazer. Eu sou o Xobas Farias Malta. Qualquer azarão pro seu lado é só me bater um grambel, falô? Transo tudo numa boa. E a galera é massa! Pega leve..."

Assinale a alternativa cujo texto **NÃO** se encontra em sintonia com o tipo de variedade linguística presente no trecho em destaque.

a)

b) 

c) 

d) 

10. Assinale a afirmativa **INCORRETA** sobre a formação e/ou semântica das palavras.

a) Em "superexecutivos", um neologismo, o prefixo intensifica o sentido.
b) Em "QI" e "IE", o autor usa siglas, seguidas da explicação (metalinguagem).
c) "Shopping Center" é empréstimo linguístico do inglês, que manteve a forma original.
d) "Socrático", adjetivo presente no título, é formação esdrúxula porque irregular.

11. *"Olha aí, ah o meu guri, olha aí (...). Espero ele chegar cá em cima no morro, essa* ***onda*** *de assalto ta um horror..."* Há informações implícitas em textos conotados que somente se traduzem no contexto. A palavra "onda", no trecho acima, é um recurso linguístico denominado

a) clichê.
b) gíria.
c) jargão.
d) arcaísmo.

12. Existe ambiguidade, EXCETO em:

a) Consulte a empresa sobre a venda de seu imóvel.
b) Solicite o atendimento em domicílio de um de nossos consultores.
c) Depois que o corretor vendeu seu imóvel, nunca mais o vi por aqui.
d) O despachante emplaca seu carro com rapidez e segurança, sem cobrar mais por isso.

13. Assinale a alternativa em que **não** haja palavra supérflua.

a) Marajó é uma ilha fluvial banhada pelos rios Amazonas e Tocantins.
b) À medida que nos afastamos do Equador, as estações do ano vão ficando mais definidas.
c) Para dar mais segurança aos moradores, os cacos de garrafas quebradas foram fixados no topo do muro.
d) O governo realizou um plebiscito popular a fim de consultar a população quanto à proibição do comércio de armas de fogo.

14. (**Fumarc**) Assinale alternativa em que não haja informação redundante:

a) O curioso é que a pirâmide não só divide continentes e oceanos em duas metades iguais; mais que isso, ela situa-se no centro de gravidade dos continentes.
b) O geodo, formação rochoso oca por dentro, geralmente contém uma cavidade forrada de cristais ou matéria mineral.
c) Em cada noite estrelada, admiro as constelações, imaginando o respeito e o espanto de nossos antepassados com esse espetáculo que se repete.
d) É de suma importância que os usuários de *internet banking* participem desse movimento, pois, com a ajuda deles, serão desenvolvidas soluções específicas contra o crescente aumento de fraudes on-line.

GABARITO				
01. C	02. B	03. B	04. D	05. A
06. C	07. B	08. B	09. C	10. D
11. B	12.D	13.B	14.C	

EXERCÍCIOS PARTE II – TEXTOS

Esta parte de atividades é composta por textos propriamente ditos de vários concursos e de várias instituições.

TEXTO 01

A curiosidade das crianças (FCC)

O escritor tcheco Milan Kundera, em seu mais famoso romance, "A Insustentável Leveza do Ser", presta uma homenagem à curiosidade das crianças: "De fato, as únicas questões realmente sérias são aquelas que até uma criança pode formular. Elas são as questões sem resposta. Uma questão sem resposta é uma barreira intransponível. Em outras palavras, são as questões sem resposta que definem as limitações das possibilidades humanas, as que descrevem as fronteiras da existência humana".

Que adulto nunca se deparou com uma criança fuzilando perguntas, "Por que isso? Mas por que aquilo?" Pena que tantos adultos tenham esquecido que, quando eram crianças, também perguntaram, aflitos, sobre os mistérios do mundo, da vida e da morte, e façam tão pouco esforço para responder às perguntas dos filhos, sobrinhos ou netos: "Pai, por que o céu é azul? O que acontece de dia com as estrelas? O que faz elas brilharem? Será que existe vida em outros planetas? Como a vida surgiu aqui? O que aconteceu com a vovó, depois que ela morreu? Quando você vai morrer?" "Ah, sei lá, filho! Pára de ficar fazendo perguntas. Vai jogar bola, vai!"

Esta semana dei uma palestra na escola de meu filho de 13 anos. Na realidade, não consegui dar a palestra. Um dia antes, o professor sugeriu que cada um dos alunos me desse uma pergunta por escrito, algo que quisessem saber sobre astronomia ou física. Resultado: recebi cem perguntas, todas relevantes, sobre assuntos de ponta em astrofísica.

Foi uma das melhores experiências da minha carreira como professor. Primeiro, pelo privilégio de poder falar para 50 crianças e jovens, com idades entre 10 e 14 anos. Segundo, pelo entusiasmo contagiante que emanava deles. Era possível sentir a eletricidade no ar, o interesse pelos assuntos, a curiosidade enorme de entender os mistérios do Universo, a tentativa de dar sentido à vida, de pô-la em contexto dentro da visão do mundo científico.

Como disse o físico I. I. Rabi, os cientistas são os "Peter Pans" da sociedade: querem permanecer crianças, curiosos, perguntando-se sobre os mistérios do mundo. De minha parte, decidi que, a cada vez que sentir a chama falhar, visitarei uma escola e conversarei com as crianças.

Marcelo Gleiser, *Folha de S. Paulo*, 04/02/07.

01. De acordo com o trecho de Milan Kundera citado no primeiro parágrafo do texto, as perguntas das crianças

a) são irrespondíveis porque não se prendem às preocupações dos adultos.
b) têm a irrelevância dos enigmas que não admitem possibilidade de solução.
c) constituem o limiar das soluções a que custosamente chegaram os adultos.
d) são reveladoras dos impasses fundamentais do conhecimento humano.
e) têm a relevância da ingenuidade capaz de elaborar soluções simples.

02. Atente para as seguintes afirmações:

I - O autor do texto sugere que as perguntas que fazemos quando crianças costumam ser retóricas, pois desde então sabemos que não têm resposta possível.
II - A curiosidade infantil é análoga à do cientista, razão pela qual o autor se sente estimulado pelas perguntas que lhe fazem os jovens estudantes.
III - Em sua experiência como convidado de uma escola, o autor percebeu que as preocupações de seus jovens interlocutores extrapolavam as dos cientistas.

Em relação ao texto, está correto o que se afirma APENAS em

a) I.
b) II.
c) III.
d) I e II.
e) II e III.

03. A razão pela qual o autor afirma que, na realidade, não conseguiu dar a palestra, explica-se pela:

a) forma de condução de sua participação no evento.
b) iniciativa das crianças, que assumiram todas as falas.
c) dificuldade de responder às questões levantadas.
d) informalidade da situação e pela limitação dos temas.
e) resistência que encontrou para suas explicações.

04. A expressão *a cada vez que sentir a chama falhar* (último parágrafo) tem, no contexto, sentido equivalente ao de:

a) tão logo sucumba à facilidade das respostas.
b) conquanto me sinta estimulado a responder.

c) sempre que esmorecer o interesse de questionar.

d) uma vez que não esteja convicto das respostas.

e) nos momentos em que me disponha a interrogar.

05. *Pena que tantos adultos tenham esquecido que, quando eram crianças, também perguntaram, aflitos, sobre os mistérios do mundo, da vida e da morte, e façam tão pouco esforço para responder às perguntas dos filhos, sobrinhos ou netos.*
O trecho acima passará a apresentar uma incorreção caso se substitua, sem outras providências,

a) tenham esquecido por hajam se esquecido de.

b) e façam tão pouco esforço por e despendam um esforço tão pequeno.

c) quando eram crianças por à medida que eram crianças.

d) perguntaram por especularam.

e) Pena que por É de se lamentar o fato de que.

06. No contexto da frase *Como disse o físico I. I. Rabi, os cientistas são os "Peter Pans" da sociedade: querem permanecer crianças* (...), os dois pontos assumem um sentido equivalente ao de uma expressão como

a) ainda assim.

b) em que pese.

c) conquanto.

d) ao passo que.

e) porquanto.

07. O equívoco quanto ao sentido exato de uma palavra ou expressão torna necessário corrigir seu emprego na seguinte frase:

a) Inteirado das questões que recebera, optou o professor pela forma do diálogo, abdicando da formalidade de uma palestra.

b) Durante a palestra, o professor ficou feliz ao ver que o seu fascínio pelo assunto ia de encontro à legítima curiosidade dos alunos.

c) Não é dada a todos os professores a faculdade de afinar seu interesse real pelo que seus alunos também mantêm vivo.

d) As perguntas essenciais são como aquelas leis que jamais prescrevem: estão em todas as culturas e em todos os tempos.

e) Quem não se provê de boas perguntas jamais chega a respostas de fato satisfatórias.

GABARITO						
01. D	02. B	03. A	04. C	05. C	06. E	07. B

TEXTO 02

Alta velocidade (FCC)

Não é fácil precisar, na história da civilização, quando foi que o fator velocidade passou a ganhar prestígio por si mesmo: o que é mais rápido é sempre melhor. Talvez tudo tenha começado com as experiências pioneiras de viagens e transportes. É provável que os primeiros navegadores já aspirassem à maior velocidade possível de suas embarcações, pela razão óbvia de que isso diminuiria os custos do empreendimento, os riscos para a segurança e o tédio da tripulação. O mesmo raciocínio vale para os transportes por terra: a impulsão de um motor, substituindo a de um animal, criou novo parâmetro para as viagens: em vez de semanas, dias; em vez de dias, horas. Com o avião, em vez de horas, minutos. E continua, como se sabe, nossa devoração progressiva de espaço e tempo.

O prestígio contemporâneo da velocidade manifesta-se, sobretudo, no campo da informação: quanto mais rápido se divulga, melhor. A informática foi alçada ao trono de divindade e trouxe uma nova ansiedade: o potentíssimo processador de ontem está obsoleto hoje, e o de hoje, amanhã. A banda larga faz disparar as imagens na tela de um monitor, mas certamente não terá como competir com a velocidade do próximo sistema de acesso e navegação. Meninos de sete anos tamborilam os dedos na mesa do computador, impacientes, enquanto aguardam os longos segundos que leva o *download* de um novo jogo.

Em nossos dias, atribui-se ao fator velocidade um prestígio tão absoluto que parece tolice querer desconfiar dela: uma das expressões acusatórias e humilhantes é, justamente, "devagar, quase parando", aplicada a quem não demonstre muita pressa. Mas por que não ponderar que algumas das capacidades humanas nada têm a ganhar – ao contrário, têm muito a perder – com a aceleração do processo?

Estaria nesse caso a qualidade das nossas emoções e das nossas reflexões. São mais intensas as emoções passageiras? A reflexão mais rápida é a mais consequente? Nesses domínios da sensibilidade e da consciência, a velocidade não parece ter muito a fazer. Quando alguém repousa os olhos numa bela paisagem, a imobilidade não é paralisia: a imaginação está ativa, e o espírito ganha tempo para dar-se conta de si mesmo. Quando se ouve com atenção uma peça musical ou quando se lê refletidamente um texto consistente, sentimentos e reflexões gastam o tempo que precisam gastar para que a linguagem da música e o encadeamento das ideias se alojem e amadureçam dentro de nós. Amadurecer exige tempo. É possível que nossa época tecnológica, maravilhada com tantas e tão rápidas conquistas, represente para a futura história da civilização uma espécie de adolescência. Para um adolescente, o impacto das grandes novidades traduz-se como paradoxal mistura de sentimento de insegurança e sensação de onipotência.

Justino Borba, inédito.

01. No primeiro parágrafo do texto, o autor está tratando das

a) prováveis origens da busca da velocidade, que só veio a arrefecer nos tempos modernos.

b) primeiras experiências humanas no sistema de transportes, que culminaram com o advento das embarcações a motor.

c) prováveis origens da busca da velocidade, obsessão que permanece viva em nossos dias.

d) experiências primitivas dos navegadores, preocupados tão somente com a rapidez dos deslocamentos.

e) prováveis origens da busca da velocidade, identificadas com a antiga necessidade de informação e conhecimento.

02. A imagem representada na frase Men*inos de sete anos tamborilam os dedos na mesa do computador* (segundo parágrafo) pode ilustrar a seguinte afirmação do autor do texto:

a) Nesses domínios (...), a velocidade não parece ter muito a fazer.

b) A informática (...) trouxe uma nova ansiedade (...)

c) (...) sentimentos e reflexões gastam o tempo que precisam gastar (...)

d) (...) capacidades humanas nada têm a ganhar (...) com a aceleração (...)

e) Estaria nesse caso a qualidade das nossas emoções (...)

03. Considere as seguintes afirmações, contextualizando-as no último parágrafo do texto:

I. Nem sempre a imobilidade corresponde à falta de ação.

II. Há domínios humanos em que a busca de velocidade não faz sentido.

III. Tomar consciência de si é um processo que demanda tempo.

Está correto o que se afirma em:

a) I, II e III.

b) I e II, apenas.

c) II e III, apenas.

d) I e III, apenas.

e) I, apenas.

04. Considerando-se o contexto, traduz-se corretamente o sentido de uma expressão do texto em:

a) não é fácil precisar (primeiro parágrafo) = é difícil enfrentar a necessidade.

b) pela razão óbvia (primeiro parágrafo) = pelo pretexto alegado.

c) alçada ao trono de divindade (segundo parágrafo) = destituída de um patamar honroso.

d) se alojem e amadureçam dentro de nós (quarto parágrafo) = invistam-se de nossas indecisões.

e) paradoxal mistura (quarto parágrafo) = combinação contraditória.

05. A expressão **nesse caso**, no início do quarto parágrafo, refere-se a um tipo de situação em que:

a) a aceleração de um processo acarreta óbvios benefícios.
b) o prestígio absoluto da velocidade se impõe inapelavelmente.
c) a reflexão mais rápida é também a mais consequente.
d) a aceleração de um processo passa a representar uma perda.
e) o benefício da transitoriedade se torna evidente.

GABARITO				
01. C	02. B	03. A	04. E	05. D

TEXTO 03

Os olhos de Isabel (FCC)

Instalou-se ontem, no Rio, um banco de olhos. Ali será conservada na geladeira uma parte dos olhos tirados de pessoas que acabam de morrer, de acidentados e natimortos. Os cegos que são capazes de distinguir a claridade poderão, em muitos casos, ter vista perfeita, recebendo nos olhos a córnea da pessoa morta. Já houve muitos casos dessa operação no Brasil, como o da jovem Isabel, de 18 anos, cega desde nascença, que passou a ver bem. Não a conheço; e estimo que seja feliz em suas visões, e veja sempre coisas que a façam alegre.

É pelos olhos que entra em nós a maior parte das alegrias e tristezas. Os meus, ainda que bastante usados, enxergam bem, e mesmo, em certas circunstâncias, demais. São, é natural, sujeitos a muitas ilusões; de muitas já fui ao empós, e eram miragens que me levaram ao meio de um deserto onde me alimentei de gafanhotos e lágrimas, tomando sopa de vento, comendo pirão de areia, como diz a canção.

A fina membrana dos olhos não guarda a lembrança das visões; mas que sabemos? A matéria viva é uma coisa sutil e sensível que ninguém entende. O jornal não diz de quem eram os olhos com que hoje vê a moça Isabel; e ela, nunca tendo visto antes, não sabe se as visões de hoje são verdade ou fantasia; talvez esteja a ver este mundo através do filtro emocional de uma criatura já morta; (...) mas tenham visto o que tiverem antes, que ora vejam tudo em suave e belo azul, a cor dos sonhos e descobrimentos nas navegações dos 18 anos.

Que são tontas, mas belas navegações.

Rubem Braga, O homem rouco. Rio: Editora do Autor, 1963.

01. As expressões *banco de olhos, córnea, operação, visões, miragens, filtro emocional e cor dos sonhos* indicam que o autor do texto desenvolve seu tema de modo a:

a) considerá-lo numa perspectiva clínica e científica, eximindo-se de especulações subjetivas.

b) combinar dados objetivos e considerações subjetivas, prevalecendo estas sobre aqueles.

c) tornar acessível uma questão científica por meio de uma linguagem informativa e jornalística.

d) mesclar, na linguagem jornalística, a informação e a crítica que o fato informado suscita.

e) alternar o sentido positivo de um feito científico e os aspectos negativos que ele implica.

02. Considere as seguintes afirmações:
I. O autor acredita que, por já ter usado bastante seus olhos, passou a ser uma presa fácil das miragens e das ilusões.
II. É dado como fato que o bem sucedido transplante fez de Isabel uma fiel depositária das visões do doador.
III. O autor sabe que é dado como certo serem os olhos incapazes de, em sua membrana, gravar lembranças de visões.
Está correto o que se afirma APENAS em:

a) I.
b) II.
c) III.
d) I e II.
e) II e III.

03. O sentido contextual da frase *Que são tontas, mas belas navegações*, na qual se retoma uma informação anterior, está adequadamente formulado em:

a) Como são tontas, mais do que belas, as navegações dos 18 anos!

b) Aos 18 anos, as navegações são belas, uma vez que tontas.

c) Porque belas, as navegações dos 18 anos são também tontas.

d) As navegações dos 18 anos, sendo tontas, não deixam de ser belas.

e) São tontas, antes de belas, as navegações dos 18 anos.

04. A exclusão ou inclusão de vírgula(s) alterou o sentido da seguinte frase do texto:

a) Ali, será conservada na geladeira uma parte dos olhos tirados de pessoas que acabam de morrer.

b) Os cegos, que são capazes de distinguir a claridade, poderão, em muitos casos, ter vista perfeita.

c) Instalou-se ontem no Rio um banco de olhos.

d) (...) estimo que seja feliz em suas visões e veja sempre coisas que a façam alegre.

e) O jornal não diz de quem eram os olhos com que, hoje, vê a moça Isabel (...).

GABARITO			
01. B	02. C	03. D	04. B

TEXTO 04

(CESPE/TJRJ/Téc. de Ativ. Judiciária)

Debruçando-se sobre o estudo do exercício da política, Maquiavel dissecou a anatomia do poder de sua época: dos senhores feudais e da igreja medieval. E, por isso mesmo, por botar o dedo na ferida, foi considerado um autor maldito. Ele se mostra preocupado com o fato de que na política não existem regras fixas. Governar, isto é, tomar atitudes políticas, é um trabalho extremamente criativo e, por isso mesmo, sem parâmetros anteriores. Assim, essa preocupação do filósofo, por incrível que pareça, torna-se um bom instrumento para repensarmos a ética. Hoje, com o fim das garantias tradicionais, estamos todos mais ou menos na posição do príncipe de Maquiavel – isto é, em um mundo de incertezas, dentro do qual temos de inventar nossa melhor posição. É mergulhado nesse mundo de incertezas, de instabilidade social e política, de culto ao individualismo, que construímos nossa identidade, nosso modo de agir. Como seres humanos, nosso fim último é a felicidade. Como indivíduos sociais, precisamos entender que, por melhores que sejam nossos objetivos na vida, os meios para alcançá-los não podem entrar em contradição com a nobreza dos fins. Desse modo, não basta termos fins nobres, é necessário também que os meios para alcançá-los sejam adequados a essa nobreza.

Planeta, jul./2006, p. 59 (com adaptações).

01. Ao considerar nossos objetivos na vida e a maneira como devemos alcançá-los, a argumentação do texto se apoia no paralelo entre

a) política e trabalho.
b) Maquiavel e o filósofo.
c) o governo e a igreja medieval.
d) Maquiavel e os senhores feudais.
e) seres humanos e indivíduos sociais.

02. No texto, a expressão figurada que indica um uso coloquial, isto é, menos formal da língua, é

a) "dissecou a anatomia do poder".
b) "botar o dedo na ferida".
c) "parâmetros anteriores".
d) "garantias tradicionais".
e) "entrar em contradição".

03. No desenvolvimento das relações lógicas do texto, a preocupação de Maquiavel "com o fato de que na política não existem regras fixas" é "um bom instrumento para repensarmos a ética", porque

a) todo poder corrompe.
b) ele era considerado maldito.
c) a instabilidade torna as atividades políticas criativas.
d) Maquiavel acabou com as garantias individuais.
e) não há limites para conquistar a felicidade e o poder.

04. Na organização do texto, os termos que se referem a Maquiavel não incluem

a) "se" em "Debruçando-se".
b) "autor maldito".
c) "Ele".
d) "filósofo".
e) "príncipe".

05. Considerando que intertextualidade é a retomada das ideias de um texto em outro, o texto em questão apresenta intertextualidade entre

a) as ideias de Maquiavel e a discussão sobre atitudes políticas atuais.
b) o conceito de poder na igreja e dos senhores feudais.
c) os instrumentos de governo e a busca da felicidade.
d) nobreza de espírito e objetivos de vida.
e) filosofia e política.

Considere o texto abaixo para as questões de 6 a 7.

Podemos criticar nossas leis processuais pelo número exagerado de recursos à disposição dos advogados. Mas, enquanto as regras forem essas, não haverá o que fazer. Mais do que a faculdade, os advogados têm o dever de lutar pelo interesse de seus clientes usando todas as armas da lei. E o Poder Judiciário não pode saltar etapas em um julgamento nem agir de maneira que desrespeite o devido processo legal. Todos gostaríamos que o processo no Brasil fosse ágil e enxuto.

Entrevista com a ministra Ellen Gracie Northfleet. *Veja*, 12/3/2008 (com adaptações).

06. O contexto da argumentação desfaz uma possível ambiguidade presente na ideia de

a) "exagerado".
b) "faculdade".
c) "clientes".
d) "julgamento".
e) "ágil".

07. Mantém-se a correção do texto, tornando-o mais adequado à formalidade do assunto, com a substituição de

a) "criticar" por **criticarmos**.
b) "forem" por **foram**.
c) "haverá" por **haveremos.**
d) "saltar" por **suprimir.**
e) "gostaríamos" por **apreciam.**

GABARITO						
01. E	02. B	03. C	04. E	05. A	06. B	07. D

TEXTO 05 (FUNDEP)

Desde a safra Delly, que data do princípio do século, os romances de amor passaram a ter uma cor e uma definição femininas: são os romances cor-de-rosa. A partir daí, a coisa intensificou-se. Hoje, todas as coleções de romances de amor, as de livrarias e sobretudo as de bancas de jornais, têm na capa apelos tipicamente femininos, quer na parte gráfica - que em alguns mais parece um risco de bordado, cheios de flores e corações - , quer nas ilustrações, quer nos títulos. No Brasil, várias coleções foram batizadas com nomes de mulher, como Sabrina ou Júlia.

O conteúdo não trai as promessas da capa. Não só são escritos quase que apenas por mulheres, como se dirigem só a elas. A personagem central é sempre uma mulher. O homem que ela ama obedece ao estereótipo clássico do macho idealizado: é bonito, mais velho, forte, rico e aparentemente distante ou difícil. Mas se revelará doce e terno ao final, quando seu amor pela heroína explodir em toda a intensidade. A maioria desses romances não tem violência, e muitos não tem sequer sexo. Tudo se passa no plano da expectativa, do porvir. A felicidade não se encontra no presente, mas sim no futuro que já está a caminho.

E por que esse produto agrada tanto às mulheres? Primeiro, porque, apesar da aparente inocência, mexe com emoções profundas. E as mulheres estão, mais do que os homens, ligadas a essas emoções. Segundo, porque reforça todo um quadro de "filiação" feminina ao homem. Mas eu acho que há uma terceira razão, que é o desapontamento da mulher em relação ao homem.

Sem perceber, a sociedade cria uma grave duplicidade na imagem masculina que a mulher traz dentro de si. Desde o início lhe vende uma imagem do homem absolutamente fantástico: forte, maduro, centrado, protetor, que lhe dará plena felicidade ao leito e saberá amá-la romanticamente. Esse homem impossível parece encontrar identidade na força todo-poderosa e equilibrada que é atribuída ao pai. Sem perceber o equívoco, as mulheres crescem se preparando para esse homem.

Mas rumo à idade adulta, descobrem, progressivamente, que ele não existe. Nenhum homem pode reunir em si tantas qualidades. Os homens são fortes ou fracos, maduros ou imaturos, centrados ou aloprados. Podem dar felicidade ao leito, mas as mulheres têm que batalhar por ela. E quanto a amar romanticamente, costuma ser muito difícil para eles, que tiveram cortado o trânsito com as emoções.

O entendimento tem que ser realizado com esse novo homem, que é real, que existe e está disponível. Mas, embora conseguindo-o, e eventualmente até com bons resultados, fica no coração da mulher a saudade daquele outro para o qual havia preparado o enxoval que, nunca usado, continua guardado com cheiro de alfazema nas escuras arcas do seu ser. É esse outro que ela vai procurar nos romances de amor, certa de que não será desapontada.

Marina Colassanti

01. Em todas as alternativas, a expressão destacada está corretamente interpretada, de acordo com seu sentido no texto, EXCETO:

a) A personagem central é sempre uma mulher. = protagonista
b) O homem que ela ama obedece ao estereótipo clássico do macho idealizado. = figura
c) E por que esse produto agrada tanto às mulheres? = tipo de texto
d) Sem perceber o equívoco as mulheres crescem se preparando para esse homem. = engano
e) Costuma ser muito difícil para eles que tiveram cortado o trânsito com as emoções = convívio.

02. Com relação ao texto, todas as afirmativas estão corretas, EXCETO:

a) Os dois primeiros parágrafos tratam dos aspectos externo e interno dos romances de amor.
b) O terceiro parágrafo aponta as razões que levam os romances de amor a atrair o interesse do público feminino.
c) O quarto parágrafo mostra que o pai detém necessariamente um grande número de qualidades.
d) O quinto parágrafo cita possíveis características do homem real, sejam positivas ou negativas.
e) O último parágrafo demonstra que, para a leitora o romance de amor preenche um ideal não realizado.

03. "(...) fica no coração da mulher a saudade daquele outro para o qual havia preparado o enxoval que, nunca usado, continua guardado com cheiro de alfazema nas escuras arcas do seu ser".

A passagem acima permite inferir que:

a) O primeiro amor é considerado pela mulher o único verdadeiro.
b) O enxoval preparado para o casamento com um homem não pode ser usado para outro.
c) A mulher guarda profundas lembranças do seu primeiro amor.
d) A mulher se sente frustrada com o homem que a realidade lhe reserva.
e) A mulher tem dificuldade de esquecer sua primeira decepção amorosa.

04. "(...) os romances de amor passaram a ter uma cor e uma definição femininas." Todas as alternativas confirmam o que está expresso nessa

passagem, EXCETO:

a) Várias coleções de romances de amor publicadas no Brasil têm nomes de mulher.

b) As capas e as ilustrações dos romances de amor apelam para motivos como flores e corações.

c) Os romances de amor são designados genericamente pela expressão "romances cor-de-rosa".

d) A maioria dos romances de amor é escrita por mulheres e tem uma mulher como personagem principal.

e) Os romances de amor criam na mulher uma imagem feminina idealizada.

05. Em todas as alternativas, a passagem 2 confirma o que está expresso na passagem 1, EXCETO em:

a) 1. Os homens são fortes ou fracos, maduros ou imaturos, centrados ou aloprados.

2. É esse outro que ela vai procurar nos romances de amor, certa de que não será desapontada.

b) 1. O homem que ela ama obedece ao estereótipo clássico do macho idealizado.

2. forte, maduro, centrado, protetor, que lhe dará plena felicidade ao leito e saberá amá-la romanticamente.

c) 1. Mas eu acho que há uma terceira razão, que é o desapontamento da mulher em relação ao homem.

2. fica no coração da mulher a saudade daquele outro para o qual havia preparado o enxoval.

d) 1. E as mulheres estão, mais do que os homens, ligadas a essas emoções.

2. E quanto a amar romanticamente, costuma ser muito difícil para eles, que tiveram cortado o trânsito com as emoções.

e) 1. Mas se revelará doce e terno ao final, quando seu amor pela heroína explodir em toda a intensidade.

2. A felicidade não se encontra no presente, mas sim no futuro que já está a caminho.

06. Todas as alternativas explicam por que as mulheres apreciam os romances de amor, EXCETO:

a) Eles reforçam a dependência da mulher em relação ao homem.

b) Eles ensinam à leitora como obter uma relação afetiva harmônica e prazerosa.

c) Eles criam um tipo masculino que satisfaz a expectativa feminina.

d) Eles permitem às leitoras realizar suas fantasias românticas.

e) Eles reforçam as expectativas femininas de felicidade.

07. Todas as alternativas estão de acordo com o texto, EXCETO:

a) A leitura de romances de amor compensa a frustração amorosa da mulher.

b) As mulheres têm mais trânsito com as emoções do que os homens.

c) A imagem do homem ideal viabiliza para a mulher a aceitação do homem real.

d) O homem ideal passa ser identificado com a imagem de pai criada ideologicamente.

e) As mulheres são preparadas para viver sob a proteção do homem amado.

08. A alternativa que resume adequadamente o texto é:

a) O homem que a realidade coloca ao alcance da mulher não corresponde à imagem masculina que a sociedade transmite a ela; por isso, a mulher busca nos chamados romances de amor a satisfação da expectativa criada e não correspondida.

b) O homem que se acha disponível para a mulher costuma ter dificuldade em manter uma relação saudável com a amada, embora ele procure se mostrar forte, maduro, equilibrado e amar romanticamente aquela que ele escolheu como companheira.

c) O homem não é preparado para manter o livre trânsito com as emoções profundas; por isso, mesmo que aja romanticamente, segundo os padrões dos romances de amor, não consegue corresponder à expectativa criada na mulher que ele ama.

d) O homem não pode ter todas as qualidades das personagens masculinas dos romances de amor, que são exclusivas do pai e não do amante; por isso ele procura se mostrar mais forte do que é na realidade e eventualmente satisfaz a expectativa da mulher amada.

e) O homem não costuma lidar com emoções profundas, já que não foi preparado para se entregar a elas; por isso, os romances de amor destinam exclusivamente à mulher, contribuindo positivamente para que ela se realize com seu companheiro.

GABARITO			
01. E	02. C	03. D	04. E
05. A	06. B	07. C	08. A

TEXTO 06

Fantasias de uma mulher casada (FUMARC)

Com o professor de matemática, o triângulo amoroso foi um resultado não calculado. O produto de olhares coordenados, durante aquele curso de especialização, foi o desejo. A soma de tantos desejos subtraiu-lhes a repressão, multiplicou-lhes as fantasias e deixou-os divididos em uma equação de amor. (...) ela jamais calculara que pudesse ser tão feliz. Os dois corpos, em linhas retas e curvas, traçavam ângulos de vários graus formando um teorema de amor.

Com o carteiro a conversa foi telegráfica. Antes trocaram olhares em um correio tipo mala direta.

- Quer?
- Quero.
- Quando?
- Agora.
- Agora?
- É.
- Onde?
- Aqui.
- Aqui?
- É.

No quarto postaram-se frente a frente a beijaram aereamente. Puseram logo as cartas na cama e selaram aquele momento de prazer. Carimbados pelo amor, os dois, ali naquela cama, pareciam um cartão postal registrado por Eros.

Com o capitalista, dividiu toda a sua afetividade. Resgatou as dívidas de prazer que contraíra consigo mesma ao longo daquele casamento falido. Aplicou todo o seu amor naquela sociedade anônima. Suas carências nunca mais ficaram a descoberto. Aquele homem era uma apólice de prazer resgatável em um prazo fixo de cada sete dias. Ele hipotecava juras de amor e o seu desempenho era adicionado a carícias que rendiam infindáveis dividendos. Duplicavam-se os telefonemas durante o resto da semana. Cada telefonema era um cheque em branco, em que ela colocava a quantia de felicidade que desejasse. Nunca tivera uma relação afetiva tão lucrativa. Quanto aos orgasmos, às vezes ele ficava em débito, mas prometia-lhe outros, em duplicata, ao curto prazo de uma semana. Ela sempre dava-lhe crédito pois sabia que os jogos de amor são como as bolsas de valor – há dias de alta e há dias de baixa. (...) Aquele homem rendeu-lhe muito prazer. Enquanto durou, ela contabilizava cada momento, somava os beijos e os abraços e depositava na alma todas as palavras doces.

Com o linguista o sexo era polissêmico. A ele, não faltava competência e o seu desempenho era invejável. Dominava a sintaxe do amor, porém não era normativo. (...) Um de seus traços distintivos era seu alto grau de aceitabilidade das fantasias da parceira. (...) Sexo para ele não era apenas sintaxe, era um fenômeno semântico, dinâmico, criatividade, inventividade, força criadora presente em todo ser humano. Não aceitava o sexo dentro dos limites do condicionamento social, vinculado à história e à cultura. Tinha estilo próprio. Não era fiel. (...) Falavam o mesmo dialeto amoroso, eram a mesma substância, a mesma forma.

Com o professor de inglês, o *affair* não foi o *happening* esperado. O *kick off* foi dado em um *cocktail party* onde ela usou todo o seu *sex appeal* para conquistar mais um *partner*. Conversaram sobre o que era *in*, o que era *out*, *big business*, *cult movies*, *pop music*, *best sellers*, o *crack* da bolsa de Nova *York*, o *apartheid*, e ele fez o convite. "Vamos ao meu *flat*? Eu tenho uns discos de *jazz* que você vai adorar." Ela se sentiu uma *out-sider* naquele apartamento americanalhado. Mas a esperança de ouvir "*My darling, I love you*" dava-lhe a certeza de um *happy end*. No dia seguinte ele apareceu com um novo *look*. Calça jeans, *T-shirt*, tênis *All Star*. Convidou-a para um *fast food*. Neste *in-between*, ela fez um *flashback* e optou por um *farewell dinner*.

Vera Lúcia Menezes de Oliveira Paiva

happening - final
affair - caso de amor
in between - meio tempo
farewell dinner - jantar de despedida

01. O objetivo principal do narrador do texto foi:

a) Apontar a existência de vocabulário tão caracterizador da profissão que o profissional não consegue libertar-se dele.
b) Jogar com as palavras e, através desse recurso, relacionar jogos amorosos e profissões dos diferentes parceiros das fantasias de uma mulher.
c) Demonstrar como é fértil a imaginação de uma mulher quando caracteriza seus parceiros fictícios.
d) Julgar como são ilusórias as aventuras de uma mulher casada, à medida que não levam a nada.
e) Descrever aventuras por que passou uma mulher casada, envolvendo diferentes profissionais.

02. O termo sublinhado e o colocado nos parênteses equivalem-se, quanto ao sentido que passam a ter no texto, em todas as opções, EXCETO em:

a) Com o carteiro a conversa foi **telegráfica**. (por telegrama)
b) No quarto postaram-se frente a frente a beijaram **aereamente**. (rapidamente)
c) Puseram logo as cartas na cama e **selaram** aquele momento de prazer. (confirmaram)
d) Com o linguista o sexo era **polissêmico**. (muito variado)
e) A ele, não faltava **competência** e o seu desempenho era invejável. (capacidade)

03. Em relação ao tempo de cada fantasia amorosa, marque a alternativa errada.

a) O envolvimento com o professor de matemática foi antecedido de um tempo de inibição.
b) A relação com o carteiro durou apenas um rápido encontro.
c) O envolvimento com o capitalista estendeu-se por semanas.
d) A relação com o linguista foi muito estável e duradoura.
e) O encontro com o professor de inglês chegou a ser decepcionante.

04. Em todas as opções, a característica da relação amorosa descrita é confirmada pelo trecho que se segue, EXCETO:

a) Com o professor de matemática foi imprevista. "Com o professor de matemática, o triângulo amoroso foi um resultado não calculado".

b) Com o carteiro foi rápida.

- Quer?
- Quero.
- Quando?
- Agora.
- Agora?
- É.
- Onde?
- Aqui.
- Aqui?
- É.

c) Com o capitalista, a satisfação foi sempre imediata: "Ela sempre dava-lhe crédito pois sabia que os jogos de amor são como as bolsas de valor - há dias de alta e há dias de baixa".

d) Com o linguista, foi cheia de novidade: "Sexo para ele não era apenas sintaxe, era um fenômeno semântico, dinâmico, criatividade, inventividade, força criadora presente em todo ser humano".

e) Com o professor de inglês, chegou a ser decepcionante: "Com o professor de inglês, o *affair* não foi o *happening* esperado".

05. Como se viu, cada personagem foi caracterizada por um vocabulário específico. Há entre os parceiros, dois que se aproximam, levando-se em conta a semelhança dos termos usados para caracterizá-los. São eles:

a) capitalista e linguista.

b) linguista e professor de inglês.

c) capitalista e professor de inglês.

d) professor de matemática e capitalista.

e) professor de matemática e professor de inglês.

06. Releia os trechos:

I - Com o professor de matemática, o triângulo amoroso foi um resultado não calculado.

II - Resgatou as dívidas de prazer que contraíra consigo mesma ao longo daquele casamento falido.

III - Ela jamais calculara que pudesse ser tão feliz.

IV - O linguista não aceitava o sexo dentro dos limites do condicionamento social.

V - O linguista tinha estilo próprio. Não era fiel.

A opção que aponta os trechos onde se pode ler que as fantasias são, de fato, de uma mulher casada é:

a) um - dois.

b) um - dois - cinco.

c) dois - três - cinco.

d) dois - quatro - cinco.

e) dois - cinco.

GABARITO					
01. B	02. A	03. D	04. C	05. D	06. A

TEXTO 07 (FUNDEP)

Não foi há muito tempo assim. Cheguei à praia com minhas filhas e encontrei um aglomerado de cidadãos. Eles montavam guarda num pequeno trecho da areia, caras alarmadas, pior: pungidas. Não fui eu quem vi o grupo: foi o grupo que me viu e dois de seus membros vieram em minha direção, delicadamente me afastaram das meninas e comunicaram: - "tire depressa suas filhas daqui!". As palavras foram duras, mas o tom era ameno, cúmplice. Quis saber por quê. Em voz baixa, conspiratória, um dos cidadãos me comunicou que ali na arrebentação, boiando como uma anêmona, alga desprendida das profundezas oceânicas, havia uma camisinha - que na época atendia pelo poético nome de "camisa de Vênus".

O grupo de cidadãos - num tempo em que direitos e deveres da cidadania ainda esperavam pela epifania de Betinho - ali estava desde cedo, alertando pais incautos, como se a camisinha fosse uma pastilha de material nuclear, uma cápsula de césio com pérfidas e letais emanações.

Não me lembro da reação que tive, é possível que tenha levado as meninas para outro canto, mas tenho certeza de que nem alarmado fiquei. Hoje, a camisinha aparece na televisão, é banal e inocente como um par de patins, um aparelho de barba.

Domingo último, levando minhas *setters* à única praia em que são permitidos animais domésticos, encontrei um grupo de cidadãos em volta de uma coisa. Não, não era aquele monstro marinho que Fellini colocou no final de um de seus filmes. Tampouco era uma camisinha - que as praias estão cheias delas, mais numerosas que as conchas e os tatuís de antigamente. O motivo daquela expressão de cidadania era uma seringa que as águas despejavam na areia. Objeto na certa infectado, trazendo na ponta de sua agulha o vírus da AIDS que algum viciado ali deixara para contaminar inocentes e culpados. Daqui a dois, cinco anos, espero que o vírus da AIDS não mais preocupe a humanidade. Mas os cidadãos continuarão alarmados, descobrindo novas misérias na efêmera eternidade das espumas.

Carlos Heitor Cony - Folha de São Paulo.

01. Assinale a alternativa que representa o título mais apropriado para o texto.

a) A camisinha: passado, presente e futuro.
b) A importância das descobertas da humanidade.
c) O caráter efêmero das preocupações humanas.
d) O vírus da AIDS: um perigo para a humanidade.

02. Todas as alternativas apresentam

afirmações que podem ser confirmadas pelo texto, EXCETO:

a) A humanidade encontra razão para alarme em todas as épocas.
b) As preocupações da humanidade mudam, mas existem sempre.
c) As preocupações do presente são mais sérias do que as do passado.
d) Os cidadãos de hoje estão preocupados com o vírus da AIDS e suas consequências.

03. Todas as afirmativas contêm afirmações corretas sobre o texto, EXCETO:

a) O autor usa dois fatos, para fazer reflexões sobre o ser humano.
b) O cronista tece considerações sobre o futuro da humanidade.
c) O narrador sugere que o sexo vai continuar sendo um tabu entre os homens.
d) O texto contrapõe passado e presente, mostrando, no entanto, a semelhança entre essas épocas.

04. Todas as alternativas contêm afirmações corretas sobre a construção do texto, EXCETO:

a) o autor usa a exemplificação, para evidenciar diferentes posturas em relação ao conceito de cidadania.
b) O autor usa o diálogo, para dar vivacidade à cena narrada.
c) O autor utiliza elementos temporais, para caracterizar diferentes momentos da transformação da sociedade.
d) O autor utiliza uma linguagem concisa, para garantir objetividade nas suas avaliações.

05. Em todas as alternativas, o significado da palavra destacada está corretamente identificado, EXCETO:

a) ... Como se a camisinha fosse (...) uma cápsula com pérfidas e letais **emanações**. (contaminações)
b) ... Como se a camisinha fosse (...) uma cápsula de césio com pérfidas e **letais** emanações. (mortais)
c) Eles montavam guarda num pequeno trecho da areia, caras alarmadas, pior: **pungidas**. (atormentadas)
d) O grupo de cidadãos (...) ali estava desde cedo, alertando pais **incautos**. (desavisados)

06. *O motivo daquela expressão de cidadania era uma seringa que as águas despejaram na areia.*
Nessa passagem o autor se mostra

a) alarmado
b) deprimido
c) indignado
d) irônico

07. *Tampouco era uma camisinha –* ***que*** *as praias estão cheias delas, mais numerosas que as conchas e os tatuís de antigamente.* A Alternativa que apresenta a interpretação correta da palavra destacada é

a) Tampouco era uma camisinha – **cujas** praias estão cheias delas...
b) Tampouco era uma camisinha – **logo** as praias estão cheias delas...
c) Tampouco era uma camisinha – **no**

entanto as praias estão cheias delas...

d) Tampouco era uma camisinha - **uma vez que** as praias estão cheias delas...

08. Em todas as alternativas, a mudança de ordem das palavras destacadas não altera o significado básico das passagens, EXCETO em

a) Daqui a dois, cinco anos, espero que a AIDS não **mais** preocupe a humanidade.

   Daqui a dois, cinco anos, espero que a AIDS não preocupe **mais** a humanidade.

b) **Em voz baixa, conspiratória**, um dos cidadãos me comunicou que ali (...) havia uma camisinha.

   Um dos cidadãos, **em voz baixa, conspiratória**, me comunicou que ali (...) havia uma camisinha.

c) **Hoje**, a camisinha aparece na televisão, é banal e inocente como um par de patins, (...).

   A camisinha, **hoje**, aparece na televisão, é banal e inocente como um par de patins (...).

d) Objeto na certa infectado, trazendo na ponta de sua agulha o vírus da AIDS, que **algum** viciado ali deixara...

   Objeto na certa infectado, trazendo na ponta de sua agulha o vírus da AIDS, que viciado **algum** ali deixara...

09. Em todas as alternativas, está presente a relação de ideias identificada entre parênteses, EXCETO:

a) As palavras foram duras, mas o tom era ameno, cúmplice. (oposição)

b) Levando minhas setters à praia, encontrei um grupo de cidadãos em volta de uma coisa. (temporalidade)

c) Não fui eu quem viu o grupo: foi o grupo que me viu. (comparação)

d) Objeto na certa infectado, trazendo na ponta de sua agulha o vírus da AIDS que algum viciado ali deixara para contaminar inocentes e culpados. (finalidade)

10. Em todas as alternativas a palavra destacada está corretamente interpretada, EXCETO em

a) Em voz baixa, conspiratória, um dos cidadãos me comunicou **que** ali na arrebentação (...) havia uma camisinha. (um dos cidadãos)

b) Não me lembro da reação **que** tive, é possível que tenha levado as meninas para outro canto. (reação)

c) Não, não era aquele monstro marinho **que** Felline colocou no final de um de seus filmes. (aquele monstro marinho)

d) O motivo daquela expressão de cidadania era uma seringa **que** as águas despejaram na areia. (uma seringa)

GABARITO				
01. C	02. C	03. C	04. D	05. A
06. D	07. D	08. D	09. C	10. A

TEXTO 08

Janelas de ontem e de hoje (FCC - TRF)

Os velhinhos de ontem costumavam, sobretudo no fim de tarde, abrir as janelas das casas e ficar ali, às vezes com os cotovelos apoiados em almofadas, esperando que algo acontecesse: a aproximação de um conhecido, uma correria de crianças, um cumprimento, uma conversa, o pôr do sol, a aparição da lua.

Eles se espantariam com as crianças e os jovens de hoje, fechados nos quartos, que ligam o computador, abrem as janelas da Internet e navegam por horas por um mundo de imagens, palavras e formas quase infinitas.

O homem continua sendo um bicho muito curioso. O mundo segue-o intrigando-o.

O que ninguém sabe é se o mundo está cada vez maior ou menor. O que eu imagino é que de suas janelas, os velhinhos viam muito pouca coisa, mas pensavam muito sobre cada uma delas. Tinham tempo para recolher as informações mínimas da vida e matutar sobre elas. Já quem fica nas janelas da Internet vê coisas demais, e passa de uma para outra quase sem se inteirar plenamente do que está vendo. Mudou o tempo interior do homem, mudou seu jeito de olhar. Mudaram as janelas para o mundo – e nós seguimos olhando, olhando, olhando sem parar, sempre com aquela sensação de que somos parte desse espetáculo que não podemos parar de olhar, seja o cachorro de verdade que se coça na esquina da padaria, seja o passeio virtual em Marte, na tela colorida.

01. Deve-se considerar que o tema central do texto, responsável por sua estruturação, é

a) a evidência de que o mundo e torna cada vez mais compreensível.
b) o antigo hábito de, das janelas das casas, ficar olhando tudo.
c) o hábito moderno de se ficar abrindo imagens da Internet.
d) o interesse permanente com que o olhar humano investiga o mundo.
e) a vantagem de se conhecer cada vez mais realidades virtuais.

02. Considere as seguintes afirmações:

I - O primeiro parágrafo ilustra a afirmação de que havia mais tempo, antigamente, para recolher as informações mínimas da vida e refletir sobre elas.

II - O autor do texto afirma que a única diferença entre abrir as janelas das casas e abrir as janelas da Internet está no tipo de imagem que é recolhido.

III - Quaisquer que sejam as janelas que o homem abra, todas lhe dão a mesma sensação de que ele pouco tem a ver com o que observa à distância.

Em relação ao texto, está correto somente o que se afirma em:

a) II e III.
b) I e II.
c) III.
d) II.
e) I.

03. O trecho em que se expressa uma alternativa é:

a) Tinham tempo para recolher as informações mínimas da vida e matutar sobre elas.
b) Eles se espantariam com as crianças e os jovens de hoje.
c) O homem continua sendo um bicho muito curioso.
d) Mudou o tempo interior do homem, mudou seu jeito de olhar.
e) O que ninguém sabe é se o mundo está maior ou menor.

04. O autor não explora uma relação de oposição entre os segmentos

a) (...) fechados nos quartos / abrem as janelas.
b) Os velhinhos de ontem / as crianças e os jovens de hoje
c) Nos fins de tarde / o pôr do sol
d) Viam muito pouca coisa / vê coisa demais
e) Seja o cachorro de verdade / seja o passeio virtual.

05. Representam uma causa e seu efeito, nessa ordem, os segmentos:

a) a aproximação de um conhecido / uma correria de crianças
b) já quem fica nas janelas da Internet / vê coisas demais
c) o homem continua sendo / um bicho curioso
d) os velhinhos de ontem costumavam / abrir as janelas das casas
e) seja o cachorro de verdade / que se coça na esquina da padaria

GABARITO				
01. D	02. E	03. E	04. C	05. B

TEXTO 09

Psicologismos Modernos

"Dona Marlene, dona Marlene" - irrompe sala adentro a empregada Judith, apavorada, como se o bolo tivesse se queimado. - "É o Ricardinho. Ele subiu na janela, amarrou a toalha no pescoço igual uma capa e agora falou que vai voar... Três andares é muito alto, dona Marlene, eu não quis nem chegar perto dele...".

"E nem deve" - argumenta passivamente dona Marlene sem desviar os olhos do televisor.

"Mas, dona Marlene, ele diz que quer voar."

"É que você não entende disso, Judith. - explica tranquilamente dona Marlene, aproveitando o intervalo comercial. - Leio muitas revistas sobre psicologia infantil. Uma reação como essa é perfeitamente normal na fase transicional por que passa o Ricardinho. Ele quer apenas se identificar com as figuras míticas de sua simbologia infantil. Ele quer se travestir em herói de histórias em quadrinhos ou de filmes de televisão. Sua pulsão é onírica. Ele quer romper o elo vital que o liga aos pais. Ser autodeterminado estruturalmente. Superar o Édipo que habita dentro de si, exorcizando o pai castrador. Ele quer assumir sua sexualidade. Libertar-se. Fantasiar a libido. Maquina evoluções sexuais...".

"Ele falou que não tem medo."

"Mas está evidente. É a outra feição da personalidade da criança que flui naturalmente através de um impulso narcisista. Ele quer chamar a atenção, quer afeto, quer admiração. Paradoxalmente, ele quer retornar às origens, à plenitude de satisfação pessoal plasmada no ventre. Nada de reforço pavloviano, cara Judith, basta uma atitude passiva do universo que o envolve e ele retroage."

"Pois ele vai cair, dona Marlene."

"Nada de precipitações. Deixa o Ricardinho viver intensamente a emoção. Uma atitude repressora, qualquer postura inibidora numa hora dessas iriam causar traumas profundos na estrutura psicossomática do menino. Suas iniciativas seriam bloqueadas no futuro com graves prejuízos à sua maturação." Neste instante, dona Marlene volta a atenção para o televisor novamente.

Ao lado, o barulho de um jornal que se fecha e o ranger de um sofá avisam que, finalmente, doutor Getúlio, o pai, está disposto a interferir no assunto. "É isso mesmo, Judith. A patroa tem razão. Sou um marido moderno que procura valorizar a inteligência feminina. Minha mulher sabe das coisas, se informa. É tudo com ela. Só me meto em assunto de família no último caso. Faça o que ela disse."

Mal Judith entra na cozinha, escuta um forte barulho e um grito demorado. Sai correndo e encontra os pais do menino descendo afobadamente as escadas. No passeio algumas pessoas cercam a criança. Ele chora muito ao lado do Siena amassado. O ortopedista do 102 está ajoelhado e apalpando Ricardinho por todos os lados.

"Não se assustem" - diz ele. "Felizmente o carro amorteceu o impacto. Foram só algumas escoriações, me parece uma pequena fratura na costela, um braço quebrado e uma torção no joelho, mas nada de realmente grave."

Dona Marlene abraça o marido e olha para Judith com um ar superior. "Agimos com equilíbrio, querido. Nada de sério com o Ricardinho, o carro é o seu, e, mais importante, o desenvolvimento da personalidade do nosso filho não sofreu o menor abalo."

01. O texto, "Psicologismos Modernos", retrata

a) uma família de classe média que faz todas as vontades do filho.
b) uma tendência psicanalítica encontrada nas famílias atuais.
c) uma sociedade moderna que busca na psicologia explicação para as crises familiares.
d) o despreparo dos pais de Ricardinho e a má aplicação da psicologia.

02. Todas as características abaixo podem ser relacionadas às personagens do texto, EXCETO:

a) dona Marlene - moderna e tranquila
b) doutor Getúlio - submisso e passivo
c) Judith - preocupada e dedicada
d) Ricardinho - arteiro e aventureiro

03. Todas as alternativas abaixo estão corretas, EXCETO:

a) Dona Marlene é muito ligada à leitura e tudo aquilo que lê, torna-se lei para ela.
b) Doutor Getúlio é o protótipo fiel da figura do pai que não se deixa envolver na vida doméstica.
c) Ricardinho aparenta ser uma criança muito envolvida com o meio televisivo e suas personagens.
d) O texto como um todo apresenta teorias da psicologia que precisam ser aplicadas na infância.

04. Marque a alternativa errada.

a) O texto apresenta elementos intertextuais e referências até mesmo à antiguidade clássica.
b) A família moderna é apresentada de uma forma caricatural expondo seus pontos fracos.
c) Judith e o ortopedista são os únicos personagens que se preocupam com o menino do texto e ficam nervosos com a situação.
d) O texto expõe a fragilidade dos laços familiares que são muitas vezes marcados pela omissão.

05. Ao final da história,

a) dona Marlene percebe que agiu de maneira leviana.
b) a empregada se sente vingada pelo ocorrido com o menino
c) o pai finalmente toma os procedimentos adequados para solucionar o problema.
d) a mãe mais uma vez tenta racionalizar a situação buscando novas teorias.

06. A narração

a) pode ser aplicada no nosso dia-a-dia fazendo uma analogia às famílias modernas.
b) é uma referência a fatos que acontecem na televisão e em revistas de psicologia infantil.
c) tem o respaldo e o emprego da psicologia de forma eficaz na resolução de problemas familiares.
d) questiona o papel do feminismo e como isso pode desestruturar as famílias modernas.

07. Todas as opções abaixo são exemplos de intertextualidades verificadas no texto, EXCETO:

a) A história de Édipo.
b) A lenda de Narciso.
c) As experiências de Pavlov.
d) As revistas de psicologia.

GABARITO						
01. D	02. D	03. D	04. C	05. D	06. A	07. D

TEXTO 10

Sampa

Alguma coisa acontece no meu coração
Que só quando cruza a Ipiranga e a avenida São João
É que quando eu cheguei por aqui eu nada entendi
Da dura poesia concreta de tuas esquinas
Da deselegância discreta de tuas meninas
Ainda não havia para mim Rita Lee
A tua mais completa tradução
Alguma coisa acontece no meu coração
Que só quando cruza a Ipiranga e a avenida São João.
Quando eu te encarei frente a frente não vi o meu rosto
Chamei de mau gosto o que vi de mau gosto o mau gosto
É que Narciso acha feio o que não é espelho
E à mente apavora o que ainda não é mesmo velho
Nada do que não era antes quando não somos mutantes
E foste um difícil começo afasto o que não conheço
E quem vem de outro sonho feliz de cidade
Aprende depressa a chamar-te de realidade
Porque és o avesso do avesso do avesso do avesso
Do povo oprimido nas filas nas vilas favelas
Da força da grana que ergue e destrói coisas belas
Da feia fumaça que sobe apagando as estrelas
Eu vejo surgir teus poetas de campos e espaços
Tuas oficinas de florestas teus deuses da chuva
Panamérica de Áfricas utópicas túmulo do samba mais possível novo quilombo de Zumbi
E os novos baianos passeiam na tua garoa
E os novos baianos te podem curtir numa boa.

Caetano Veloso

01. O nome criado para o título dessa composição – SAMPA – expressa uma relação entre

a) São Paulo e Salvador.
b) São Paulo e samba.
c) Avenida Ipiranga e Avenida São João.
d) Salvador e samba.

02. O texto acima constrói uma análise da cidade. Para isso, o autor usa, inicialmente,

a) suas impressões pessoais.
b) a enumeração de dados importantes.
c) a descrição objetiva da cidade.
d) impressões dos habitantes da cidade.

03. No verso "é que Narciso acha feio o que não é espelho" acontece

a) uma intertextualidade com a mitologia grega.
b) um realce da beleza de Narciso.
c) uma paródia com o mito da perfeição.
d) uma paráfrase da história da deusa do amor.

04. O sentido do verso citado na questão anterior pode também ser encontrado em:

a) Porque és o avesso do avesso do avesso do avesso
b) E à mente apavora o que ainda não é mesmo velho
c) Quando eu te encarei frente a frente não vi o meu rosto / Chamei de mau gosto o que vi de mau gosto o mau gosto
d) E quem vem de outro sonho feliz de cidade / Aprende depressa a chamar-te de realidade

05. O verso, "E à mente apavora o que ainda não é mesmo velho", revela

a) o medo que os homens sentem da velhice.
b) a ânsia do ser humano pela renovação.
c) a procura incessante do homem que busca novas emoções.
d) a resistência do homem àquilo que rompe com os padrões já incorporados.

06. Na música, há uma aproximação entre a cidade e o Quilombo de Zumbi. Essa relação ocorre porque

a) como os quilombos, a cidade é uma fortaleza, onde não se pode entrar livremente.
b) a cidade, assim como os quilombos, repele os que a procuram.
c) a cidade representa uma esperança de libertação e de melhores condições de vida.
d) para a cidade, como para o Quilombo de Zumbi, convergem os que não são contrários à opressão.

07. Em todos os versos abaixo encontramos frases conotativas, EXCETO:

a) Da dura poesia concreta das tuas esquinas
b) Da feia fumaça que sobe apagando as estrelas
c) Da força da grana que ergue e destrói coisas belas
d) E os novos baianos passeiam na tua garoa

08. Interpretando-se os versos "quem vem de outro sonho feliz de cidade / aprende depressa a chamar-te de realidade", percebemos que:

a) Muitas pessoas sonham com um perfil da cidade de São Paulo e, ao chegar, acabam se decepcionando.
b) A realidade é o mais importante da cidade de São Paulo e todos, ao chegar, aprendem a lidar com ela.
c) São Paulo é a cidade que realiza todos os sonhos, por isso, é tão requisitada.
d) Muitas vezes a realidade é suavizada com os sonhos que as pessoas possuem.

09. O texto *Sampa* relaciona lugares de São Paulo, bem como poetas, músicas e movimentos culturais que agitavam essa cidade na época em que foi escrito. Tudo abaixo

confirma a essa ideia, EXCETO:

a) Narciso

b) Rita Lee

c) Ipiranga

d) Avenida São João

GABARITO				
01. B	02. A	03. A	04. C	05. D
06. C	07. D	08. A	09. A	

TEXTO 11 (CESPE)

O princípio de que o Estado necessita de instrumentos para agir com rapidez em situações de emergência está inscrito no arcabouço jurídico brasileiro desde a primeira Constituição, de 1824, dois anos após a Independência, ainda no Império. A figura do decreto-lei, sempre à disposição do Poder Executivo, ficou marcada no regime militar, quando a caneta dos generais foi acionada a torto e a direito, ao largo do

Congresso, cujos poderes eram sufocados pela ditadura. Com a redemocratização, sacramentada pela Constituição de 1988, sepultou-se o decreto-lei, mas não o seu espírito, reencarnado na medida provisória.

Não se discute a importância de o Poder Executivo contar com dispositivos legais que permitam ao governo baixar normas, sem o crivo imediato do Congresso, que preencham os requisitos da "relevância e urgência". O problema está na dosagem, que, se exagerada, como ocorre atualmente, sufoca o Poder Legislativo.

O Globo, 19/3/2008 (com adaptações).

01. Com base no texto, assinale a opção correta quanto ao emprego de palavras ou expressões.

a) "arcabouço jurídico" está sendo empregada com o sentido de acervo de leis.

b) "caneta dos generais" constitui uma figura de linguagem denominada hipérbole.

c) "sacramentada" está sendo empregada em sentido denotativo.

d) "reencarnado" está sendo empregada em sentido denotativo.

e) "o crivo" tem o sentido de **censura.**

02. A função da linguagem predominante no texto é

a) metalinguística.

b) poética.

c) expressiva.

d) apelativa.

e) referencial.

03. De acordo com as ideias do texto,

a) o decreto-lei e a medida provisória têm funções diferentes em relação a relevância e urgência.

b) o Poder Executivo deve dispensar instrumentos legais que lhe possibilitem agir com rapidez.

c) embora a medida provisória seja um instrumento útil, não deve ser utilizada com muita frequência.
d) é desnecessário que o Poder Executivo conte com dispositivos legais para casos de ações de relevância e urgência.
e) o Poder Legislativo é estimulado pelo uso frequente de medidas provisórias.

GABARITO		
01. A	02. E	03. C

TEXTO 12 - (FUNDEP)

Sim, eles viram Ulysses Guimarães posando pelado numa revista. Também assistiram entusiasmados ao recente concerto que marcou a volta de Villa-Lobos à frente de uma orquestra. Foi consenso que, conforme viram na televisão, Maguila bateu mais e mereceu a vitória por nocaute sobre Mike Tyson. Quanto ao projeto do Ministério da Saúde de aumentar os impostos para pessoas que têm o nariz maior e por isso consomem mais oxigênio, "tá certo, porque senão falta oxigênio pra gente" ou "não é certo isso aí: tem pobre que não vai poder pagar". Da mesma forma, eles estão longe da unanimidade quanto à conveniência de se adotar o efeito estufa como critério de desempate no futebol.

Eles, no caso, são alguns milhares de executivos, secretárias, boys, profissionais autônomos, donas-de-casa e estudantes que transitam diariamente pela avenida Paulista em São Paulo. É lá que o repórter Luiz Flávio Guimarães costuma aplicar o passe de mágica que faz com que a maioria elabore comentários sobre fatos que não existiram e opine gravemente sobre qualquer absurdo. A varinha de condão é um simples microfone, suficiente para transformar suas perguntas e afirmações enlouquecidas em realidades dignas de reflexão.

O programa radiofônico Trans-Piração põe no ar as respostas recolhidas todo dia, de hora em hora, e não pretendia chegar a dar o sombrio quadro das luzes medianas. Foi idealizado para, além de atrair público, combater a pobreza de ideias das FMs e mostrar que a criatividade podia existir no rádio, com algo engraçado e inteligente.

Mostrou muito mais. Que o dito nível socioeconômico, por exemplo, não tem lá grande influência no besteirol proferido. Um vendedor ambulante entrevistado sobre a possível revogação da lei da gravidade disse ser totalmente contra, temendo que, com a medida, perdesse seu ponto fixo. Já um senhor engravatado mostrou-se indiferente quanto ao destino da lei, "por não ser assalariado".

O fato de o microfone perseguir os passantes da avenida Paulista, democrático centro nervoso da maior cidade do País, torna a amostragem obtida por Guimarães mais que significativa. Boa parte dos entrevistados é estudante de segundo grau ou de cursinho pré-vestibular. Os mais eloquentes e entusiastas, nas bobagens que falam são os meninos. Mas, a rigor, nenhuma faixa etária, sexo ou atividade escapa do escorregão.

Para o autor dessa casca de banana, há várias hipóteses que explicam tanta gente no chão: "pra começar, o microfone intimida, as pessoas atribuem autoridade e credibilidade ao veículo. Tem ainda o jeito imperativo de chegar com a pergunta e a vergonha das pessoas de admitir que estão fora do assunto". Sylvia Leses de Mello, professora de Psicologia Social da Universidade de São Paulo, confirma que, na situação enfrentada pelos entrevistados, "o mais difícil é dizer não". Segundo ela, a mídia criou tal tipo de solicitação e expectativa, que as pessoas já ficam esperando ser entrevistadas. O fato de Guimarães disparar suas perguntas no meio da rua também ajuda: "Não há medo do ridículo, porque há o efeito do grupo, da multidão, no meio da qual o individuo é um ser anônimo, o que o libera de certas restrições. Maior é o pecado de dizer não e parecer que é pouco informado".

Outras tentativas de explicação para o fenômeno poderiam seguir via avenida Paulista, São Paulo, Brasil. Ao lado da assombrosa falta de informação, parece existir o sentimento generalizado de que, neste País, tudo é possível.

Isto É Senhor, São Paulo, 1029.

01. Em todas as alternativas, a palavra ou expressão destacada está corretamente interpretada, de acordo com o seu sentido no texto, EXCETO em:

a) suas perguntas e afirmações **enlouquecida**s (...) = INSENSATAS
b) **democrático** centro nervoso (...) = ECLÉTICO
c) escapa do **escorregão**. (...) = EQUÍVOCO
d) para o autor dessa **casca de banana** (...) = ARMADILHA
e) o jeito **imperativo** de chegar (...) = AGRESSIVO

02. Todas as opções apresentam justificativas do texto para as respostas absurdas dos entrevistados, EXCETO:

a) A autoridade e credibilidade atribuídas aos meios de comunicação de massa.
b) A opinião de psicólogos sociais a respeito da conduta dos indivíduos em grupo.
c) A vergonha das pessoas de admitir que estão pouco informadas sobre o assunto.
d) O anonimato que caracteriza o indivíduo no meio da multidão.
e) O jeito imperativo de o repórter chegar com a pergunta.

03. Em todas as alternativas, a palavra ou expressão destacada está empregada em sentido figurado, EXCETO em:

a) É lá que o repórter Luiz Flávio Guimarães costuma aplicar o **passe de mágica** (...).
b) O programa radiofônico Trans-Piração (...) não pretendia chegar a dar o sombrio quadro das **luzes** medianas.
c) Foi idealizado para (...) combater a **pobreza** das ideias das FM's (...).
d) Os mais **eloquentes** e entusiastas, nas bobagens que falam, são os meninos.
e) O fato de Guimarães **disparar** suas perguntas no meio da rua também ajuda (...).

04. Todas as passagens revelam a heterogeneidade do grupo de entrevistados, EXCETO:

a) Ao lado da assombrosa falta de informação, parece existir o sentimento generalizado de que, neste País, tudo é possível.
b) "Eles", no caso, são alguns dos milhares de executivos, secretárias, boys, profissionais autônomos (...).
c) Mas, a rigor, nenhuma faixa etária, sexo ou atividade escapa do escorregão.
d) O fato de o microfone perseguir os passantes da avenida Paulista, democrático centro nervoso da maior cidade do País (...).
e) Um vendedor ambulante entrevistado sobre a possível revogação da lei (...). Já um senhor engravatado mostrou-se indiferente (...).

05. Todas as passagens estão corretamente interpretadas, de acordo com o texto, EXCETO:

a) (...) "não é certo isso aí: tem pobre que não vai poder pagar" = O aumento de impostos, nesse caso, não é justo, uma vez que os mais pobres não terão meios para arcar com esse ônus.
b) É lá que o repórter Luiz Flávio Guimarães costuma aplicar o passe de mágica (...) = É na avenida Paulista que o repórter Luiz Flávio Guimarães habitualmente opera um verdadeiro truque.
c) O programa (...) não pretendia chegar a dar o sombrio quadro das luzes medianas = Não era projeto dos responsáveis pelo programa revelar a pouca informação da média das pessoas.
d) Foi idealizado para (...) mostrar que a criatividade podia existir no rádio (...) = Idealizou-se o programa com o intuito de demonstrar que é possível haver criatividade no rádio.
e) (...) as pessoas já ficam esperando ser entrevistadas = os cidadãos permanecem aguardando que lhes sejam feitas perguntas.

06. Em todas as alternativas, a palavra ou expressão destacada remete ao absurdo, ao irreal, ao fantástico,

EXCETO em:

a) A maioria dos entrevistados faz comentários sobre **fatos que não existiram**.
b) A **varinha de condão** é um simples microfone.
c) É lá que Luiz Flávio Guimarães costuma aplicar o **passe de mágica**.
d) O dito nível socioeconômico não tem lá grande influência no nível de **besteirol** proferido.
e) O programa foi idealizado para demonstrar que a **criatividade** pode existir no rádio.

07. A ordenação das ideias no primeiro parágrafo do texto faz-se por

a) causa e consequência.
b) conceituação.
c) contraste.
d) exemplificação.
e) tempo e espaço.

08. O título que resume adequadamente a ideia central do texto é:

a) A assombrosa falta de informação.
b) O jeito imperativo de chegar.
c) O pecado de dizer não.
d) O programa radiofônico Trans-Piração.
e) Realidades dignas de reflexão.

GABARITO			
01. E	02. B	03. S	04. A
05. E	06. E	07. D	08. A

TEXTO 13

Suave preconceito, mas nós enfrentamos (FUNDEP)

Existe por aí um preconceito contra os mineiros. Quem nasceu entre Espinosa e Extrema, entre Itiutaba e Mantena, quem viveu nesse entremeio, pegou jeito e depois foi morar fora desses limites sabe disso. Não é nada grave, não. Dá para enfrentar com um sorriso: é um suave preconceito.

Tão suave que às vezes a gente confunde com homenagem, vem junto um pode ser. Eles usam até a expressão: mineiro, no bom sentido. Mas uma coisa é certa: em qualquer lugar do país alguém tem sempre uma opinião sobre mineiro. Por isso que mineiro é bem recebido, porque não tem mistério, todo mundo sabe como ele é. E não sabe, pois todo mundo aprendeu que não é bom ter certezas a respeito de mineiros.

Ninguém percebe que é preconceito – já disse: é suave, tão suave que quem fala certas coisas sobre mineiro não pensa nunca em ofensa. Se a gente mostra o que há por trás da fala, eles não aceitam: "imagine, eu adoro mineiros!" "Incrível: eles contam com a nossa adesão".

Se você solta fácil algum dinheiro, dado ou emprestado, falam como se fosse elogio: "*pô*, você não foi nada mineiro, hein?" Se nega, "eh, mineiro" se pede uma garantia, "mineiro não dá ponto sem nó".

Se você se exalta, encara alguém no calor de uma discussão: "*qualé*, você não está sendo nada mineiro." Se leva desaforo para casa: "mineirinho, hein?".

O voto é secreto para todo mundo, mas mineiro fora de Minas não tem esse direito: "ah, deixa de ser mineiro, cara, fala logo em quem você votou".

Se você é chamado para árbitro de uma polêmica, justamente por terem os mineiros certa fama de desatar controvérsias, e pára um minuto para pensar, logo vai ouvir: "eh, não vai dar uma de mineiro, vai?" Mas quando a intenção é conciliar, e um de nós está por perto: "vem cá, você que é mineiro".

No amor, na paixão, também cabe o suave preconceito. Se a gente se desatina, declama versos, rilha os dentes de ciúmes, chora ao telefone, se deita na linha do metrô, está arriscado a ouvir: "*pô*, você podia ser mais mineiro, não?" Se você se segura e não diz que ama, vem a queixa: "ah, você é mineiro demais".

Se você não adere logo à greve: "mineiro é assim, sempre em cima do muro". Se você, pelo contrário, joga coquetel molotov ou chuta granada de gás lacrimogêneo de volta na polícia: "mineiro é assim dá um boi pra não entrar numa briga e uma boiada pra não sair"; "a gente vai com o milho ele já vem com o fubá".

E como esses há dezenas de casos. Se você estuda com calma algum negócio: "mineiro é muito devagar"; se doura um pouco a pílula: "mineiro dá volta pra chegar"; se dá uma reuniãozinha pra rever os amigos que não se vê há cinco anos: "vocês, mineiros, sempre juntinhos, hein? Sempre conspirando"; se compra um pouquinho de dólares de cada vez, porque não tem dinheiro pra comprar muito: "mineiro é assim, come pelas beiradas"; se você fala baixo por educação ou discrição ou mesmo para dar uma liçãozinha de civilidade aos falastrões nacionais: "mineiro não fala, cochicha"; se vai à praia, depois de uma no de escritório, só para tirar aquele tom verde-mofo da pele, como qualquer brasileiro que more a mais de 50 quilômetros da costa: "vocês mineiros são loucos por uma praia, hein?" Se te pegam comendo um franguinho com molho pardo ou uma couve com torresmo: "vocês saem de Minas, mas Minas não sai de vocês, não é?" Se você tem a delicadeza de se lembrar dos aniversários, vai ouvir uma daquelas que podem parecer elogios: "mineiro não esquece"; mas se você se lembra de que alguém te fez uma sacanagem: "mineiro é vingativo".

No capítulo das comidas, o preconceito é mais suave ainda: "cozinheira tem que ser mineira", "é muito difícil satisfazer um convidado mineiro"; "não se pode oferecer cachaça da gente a esses mineiros porque eles só bebem aquela cachacinha lá deles"; "como você me convida para almoçar e não serve uma comidinha mineira?" Todas essas "gentilezas" deixam uma famazinha de que mineiro se complica em matéria de comida.

No exercício desse preconceito eles contam com a nossa cumplicidade. É clássico isso, o preconceituoso ter tanta certeza do seu preconceito que acha impossível a vítima de preconceito não reconhecer que ela é como ele a vê.

E é aqui que vem o pior: nós mineiros sabemos que mineiro é tudo isso e mais alguma coisa, que a gente não conta pra ninguém pra poder usar quando for preciso.

Isto é Minas - Ivan Ângelo

01. Todas as alternativas podem ser comprovadas pelo texto, EXCETO:

a) As pessoas sabem e não sabem tudo a respeito sobre os mineiros.
b) O mineiro não se revela por uma questão de conveniência.
c) O mineiro reage com apreensão ao conhecer o que os outros pensam dele.
d) O mineiro tem consciência de que o julgamento que fazem a seu respeito é parcial.
e) O preconceito contra os mineiros às vezes aparenta ser uma homenagem.

02. Todas as alternativas apresentam opiniões correntes sobre os mineiros, EXCETO:

a) Diante das desavenças, é habilidoso.
b) Diante dos insultos é cauteloso.
c) Na concessão de empréstimos é reticente.
d) Na declaração do voto é intransigente.
e) No amor e na paixão é reservado.

03. "Existe por aí um preconceito contra os mineiros." Todas as alternativas apresentam falas que confirmam essa afirmação, EXCETO:

a) Cozinheira tem que ser mineira
b) É muito difícil satisfazer um convidado mineiro.
c) Mineiro é assim, sempre em cima do muro.
d) Mineiro é tudo isso e mais alguma coisa.
e) Vocês saem de Minas, mas Minas não sai de vocês.

04. As cenas apresentadas no texto são

a) depoimentos autobiográficos de mineiros.
b) exemplos de situações vivenciáveis por mineiros.
c) lamentações de vítimas de ideias preconcebidas.
d) provas da capacidade de observação dos brasileiros.
e) relatos de experiência vividas pelo autor em Minas.

05. Todas as alternativas estão corretas, EXCETO:

a) Algumas cenas do texto são apresentadas de modo caricatural.
b) A presença constante de adjetivos caracteriza o estilo do autor.
c) O autor confirma a sua mineiridade no modo matreiro de terminar o texto.
d) O autor faz uso da linguagem coloquial, dando graça e vivacidade ao texto.
e) Os argumentos do autor se constroem na enumeração de ocorrências possíveis.

06. Quando o autor concluir que "a gente não conta pra ninguém, pra poder usar quando for preciso", está dizendo que o mineiro é

a) calado e desconfiado.
b) cauteloso e astuto.
c) conservador e ponderado.
d) discreto e decidido.
e) inventivo e prolixo.

07. Em todas as alternativas, as relações entre as ideias estão corretamente interpretadas, EXCETO:

a) "Dá pra enfrentar com um sorriso: é um suave preconceito." (explicação)
b) "(...) é suave, tão suave que quem fala certas coisas sobre mineiros não pensa nunca em ofensa." (consequência)
c) "(...) o mineiro é bem recebido porque não tem mistério, todo mundo sabe como ele é." (causa)
d) "O voto é secreto para todo mundo, mas mineiro fora de Minas não tem direito." (oposição)
e) "Todas essas gentilezas deixam uma famazinha de que mineiro complica em matéria de cozinha." (condição)

08. Todas as alternativas apresentam expressões populares consagradas, empregadas no texto para definir os mineiros, EXCETO:

a) "A gente vai com o milho ele já vem com o fubá."
b) "Come pelas beiradas."
c) "Dá um boi pra não entrar numa briga e uma boiada pra não sair."
d) "Não dá ponto sem nó."
e) "Não fala, cochicha."

10. O dito popular que melhor resume a ideia central do texto é:

a) Água mole em pedra dura tanto bate até que fura.
b) Deus escreve certo por linhas tortas.
c) Nem tudo o que reluz é ouro.
d) Quem não tem cão caça com gato.
e) Se correr o bicho pega, se ficar o bicho come.

GABARITO				
01. C	02. D	03. D	04. B	05. B
06. B	07. E	08. E	09. E	10.

TEXTO 14

Sobre a Verdade (TJMG/OFICIAL JUDICIÁRIO)

O que é a verdade? O dicionário (Aurélio) nos diz que verdade é "conformidade com o real". Complicado isso, já que determinar o que é ou não "real" não é trivial. O que é real para uns, por exemplo, anjos, fadas e duendes, pode não ser para outros. Segundo essa definição, para determinar o que é verdadeiro, temos que conhecer bem a realidade.

E como fazer isso? Como distinguir, além da subjetividade humana, o que é real ou não? Esse é o problema, separar fato de opinião, o que é real "de verdade" do que é apenas fruto de uma visão pessoal ou de crenças de um grupo de pessoas.

Se tudo o que fazemos está ligado de um modo ou outro a quem somos, como, então, definir o que é verdade?

Uma possibilidade é estabelecer categorias de verdade. No topo, ficam as verdades absolutas, que transcendem o elemento humano.

Elas independem de opinião, de afiliação partidária, de religião, de contexto histórico ou de geografia. São as verdades matemáticas, as que podem ser afirmadas categoricamente como, por exemplo: 2 + 2 = 4. Essa afirmação, uma vez compreendidos os símbolos, é tida como verdadeira.

Ela é verdadeira para nós, para os monges de um monastério no Tibet, para sacerdotes egípcios que viveram há quatro mil anos, ou para supostas inteligências alienígenas que existam pelo cosmo afora. Como esta, existem muitas outras, baseadas em asserções matemáticas que dependem da percepção de objetos no mundo.

Se vemos uma pedra podemos associar uma unidade a ela ("uma" pedra). Se vemos uma podemos ver mais de uma e, com isso, construir uma aritmética. São muito úteis essas verdades matemáticas, mas menos interessantes. Não que a matemática pura seja pouco interessante, pelo contrário.

Existem complicações mesmo nela, inclusive ao nível mais elementar. [...] Mas, por serem verdades absolutas e, portanto, longe da confusa realidade humana, não dão muito espaço para a polêmica.

A coisa fica complicada quando se discute, por exemplo, a realidade física. O Universo, ou melhor, nossa concepção dele, mudou muito nos últimos 500 anos. Para uma pessoa da Renascença, antes de Nicolau Copérnico (1473-1543), o cosmo era finito, com a Terra imóvel no centro. O céu, a morada de Deus, ficava além da esfera das estrelas fixas. Era ela que marcava o fim do espaço.

Após Copérnico e, principalmente, após Johannes Kepler (1571-1630) e Galileu Galilei (1564-1642) nas primeiras décadas do século 17, o Sol passou a ser o centro do cosmo e a Terra um mero planeta. O que era "verdade" para alguém de 1520 não era para alguém de 1650.

E o universo em que vivemos hoje, gigantesco, com centenas de bilhões de galáxias se afastando uma das outras, é completamente diferente do de uma pessoa de 1650. Qual dessas várias cosmologias é verdadeira?

Todas e nenhuma delas. Se definirmos como verdade o que construímos com o conhecimento científico que detemos num determinado momento, todas essas versões são verdadeiras. Mas nenhuma delas é a verdade.

Dado que jamais poderemos medir com absoluta precisão todas as facetas do cosmo e da Natureza, é essencialmente impossível obter uma versão absoluta do que seja a realidade física. Consequentemente, a ciência jamais poderá encontrar a verdade.

O que podemos fazer – e o fazemos maravilhosamente bem – é usar nossa razão e nossos instrumentos para nos aproximar cada vez mais dessa verdade intangível. É essa limitação que enobrece a ciência, dando-lhe sua dimensão humana.

GLEISER, Marcelo. *Folha de S.Paulo*. 15 abr. 2007. (Texto adaptado)

01. A leitura do texto permite afirmar que, nele, são considerados, ***principalmente***, os conhecimentos obtidos por meio

a) da intuição.

b) da razão.

c) das emoções.

d) das práticas.

02. "[...] determinar o que é [...] 'real' não é ***trivial***." É ***CORRETO*** afirmar que, nessa frase, a palavra destacada significa

a) ambíguo.
b) estranho.
c) incomum.
d) simples.

03. "São as verdades matemáticas, as que podem ser afirmadas ***categoricamente*** [...]" É ***CORRETO*** afirmar que, nessa frase, a palavra destacada significa

a) evasivamente.
b) efusivamente.
c) irrefutavelmente.
d) ordenadamente.

04. "Como esta [afirmação], existem outras, baseadas em ***asserções*** matemáticas..." É ***CORRETO*** afirmar que, no texto, a palavra destacada tem o sentido de

a) argumentações.
b) correlações.
c) enumerações.
d) proposições.

05. "Uma possibilidade é ***estabelecer categorias de verdade***." É ***CORRETO*** afirmar que "estabelecer categorias de verdade" é uma atividade mental cujo resultado é uma

a) classificação.
b) harmonização.
c) modificação.
d) simbolização.

06. "Elas independem de opinião, de afiliação partidária, de religião, de contexto histórico ou de geografia." É ***CORRETO*** afirmar que, no texto, a frase transcrita refere-se às verdades

a) absolutas.
b) físicas.
c) particulares.
d) provisórias.

07. "[...] existem muitas outras [afirmações] baseadas em asserções matemáticas que dependem da percepção de objetos no mundo." Considerando as ideias expressas nessa frase, assinale a alternativa que apresenta um elemento fundamental para se chegar a verdades matemáticas.

a) A consciência de si
b) A estrutura do ser
c) A imaginação criadora
d) A realidade física

08. Assinale a alternativa que apresenta uma frase cujo sentido **NÃO** pode ser comprovado pelo que está expresso no texto.

a) A verdade independe das cosmologias que existiram.
b) As conquistas científicas ultrapassam a mera dimensão humana.
c) As várias cosmologias são verdadeiras em seu tempo.
d) O conhecimento total ainda está vedado à ciência.

09. "Mas, ***por serem verdades absolutas*** [...] não dão muito espaço para a

polêmica." É ***CORRETO*** afirmar que a oração destacada, nesse período, tem o sentido de uma

a) causal.

b) comparativa.

c) condicional.

d) consecutiva.

GABARITO				
01. B	02. D	03. C	04. D	05. A
06. A	07. D	08. B	09. A	

TEXTO 15 (CESGRANRIO)

WILLY. **Tribuna da Imprensa** (RJ), 02 abr. 05.

A charge é um gênero textual que apresenta um caráter burlesco e caricatural, em que se satiriza um fato específico, em geral de caráter político e que é do conhecimento público.

01. No plano linguístico, o humor da charge

a) tem como foco a imagem antagônica entre a palavra riqueza e a figura do homem maltrapilho.
b) baseia-se no jogo polissêmico da palavra economia, ora empregada como ciência, ora como conter gastos.
c) baseia-se na linguagem não verbal, que apresenta um homem subnutrido como um exemplo de brasileiro.
d) está centrado na ironia com que é tratada a produção de riquezas no Brasil.
e) reside na ideia de um morador de rua saber falar tão bem sobe assuntos como política, saúde e economia.

02. A primeira frase do personagem pode ser lida como uma hipótese formulada a partir da fala que faz a seguir. Apesar de não estarem ligadas por um conectivo, pode-se perceber a relação estabelecida entre as duas orações. O conectivo que deve ser usado para unir essas duas orações, mantendo o sentido, é

a) embora.
b) entretanto.
c) logo.
d) se.
e) pois.

GABARITO	
01. B	02. E

TEXTO 16

História da Cidadania (TJMG - FUNDEP)

Afinal, o que é ser cidadão?

Ser cidadão é ter direito à vida, à liberdade, à propriedade, à igualdade perante a lei: é, em resumo, ter direitos civis. É também participar no destino da sociedade, votar, ser votado, ter direitos políticos. Os direitos civis e políticos não asseguram a democracia sem os direitos sociais, aqueles que garantem a participação do indivíduo na riqueza coletiva: o direito à educação, ao trabalho, ao salário justo, à saúde, a uma velhice tranquila. Exercer a cidadania plena é ter direitos civis, políticos e sociais. [...]

Cidadania não é uma definição estanque, mas um conceito histórico, o que significa que seu sentido varia no tempo e no espaço. É muito diferente ser cidadão na Alemanha, nos Estados Unidos ou no Brasil (para não falar dos países em que a palavra é tabu), não apenas pelas regras que definem quem é ou não titular da cidadania (por direito territorial ou de sangue), mas também pelos direitos e deveres distintos que caracterizam o cidadão em cada um dos Estados-nacionais contemporâneos. Mesmo dentro de cada Estado-nacional, o conceito e a prática da cidadania vêm se alterando ao longo dos últimos duzentos ou trezentos anos.

Isso ocorre tanto em relação a uma abertura maior ou menor do estatuto de cidadão para sua população (por exemplo, pela maior ou menor incorporação dos imigrantes à cidadania), ao grau de participação política de diferentes grupos (o voto da mulher, do analfabeto), quanto aos direitos sociais, à proteção social oferecida pelos Estados aos que dela necessitam.

A aceleração do tempo histórico nos últimos séculos e a consequente rapidez das mudanças faz com que aquilo que, num momento, podia ser considerado subversão perigosa da ordem, no seguinte, seja algo corriqueiro, "natural" (de fato, não é nada natural, é perfeitamente social). Não há democracia ocidental em que a mulher não tenha, hoje, direito ao voto, mas isso já foi considerado absurdo, até muito pouco tempo atrás, mesmo em países tão desenvolvidos da Europa como a Suíça. Esse mesmo direito ao voto já esteve vinculado à propriedade de bens, à titularidade de cargos ou funções, ao fato de se pertencer ou não a determinada etnia, etc. Ainda há países em que os candidatos a presidente devem pertencer a determinada religião (Carlos Menem se converteu ao catolicismo para poder governar a Argentina), outros em que nem filho de imigrante tem direito a voto e por aí afora. A ideia de que o Poder Público deve garantir um mínimo de renda a todos os cidadãos e o acesso a bens coletivos, como saúde, educação e previdência, deixa ainda muita gente arrepiada, pois se confunde facilmente o simples assistencialismo com dever do Estado.

Não se pode, portanto, imaginar uma sequencia única, determinista e necessária para a evolução da cidadania em todos os países. [...] Isso não nos permite, contudo, dizer que inexiste um processo de evolução que marcha da ausência de direitos para sua ampliação, ao longo da história.

A cidadania instaura-se a partir dos processos de lutas que culminaram na Declaração dos Direitos Humanos, dos Estados Unidos da América do Norte, e na Revolução Francesa. Esses dois eventos romperam o princípio de legitimidade que vigia até então, baseado nos deveres dos súditos, e passaram a estruturá-lo com base nos direitos do cidadão. Desse momento em diante, todos os tipos de luta foram travados para que se ampliasse o conceito e a prática de cidadania e o mundo ocidental os estendesse para mulheres, crianças, minorias nacionais, étnicas, sexuais, etárias. Nesse sentido, pode-se afirmar que, na sua acepção mais ampla, cidadania é a expressão concreta do exercício da democracia.

PINSKY, Jaime; PINSKY, Carla Bassanezi (Orgs.). *História da cidadania*. São Paulo: Contexto, 2003. p. 9-10.

01. “Afinal, o que é ser cidadão?” É ***CORRETO*** afirmar que a resposta a essa pergunta, que introduz o texto, é construída sob a forma de uma

a) admoestação.
b) citação.
c) definição.
d) reiteração.

02. “Os direitos civis e políticos não asseguram a democracia sem os direitos sociais...” Com base na leitura do texto, é ***CORRETO*** afirmar que, nessa frase, se confere aos direitos sociais, numa democracia, ***principalmente***, um papel

a) coadjuvante.
b) essencial.
c) expressivo.
d) intermediário.

03. Considerando-se as informações do texto, é ***CORRETO*** afirmar que a prática da cidadania **NÃO** é

a) diferenciada.
b) evolutiva.
c) homogênea.
d) multifacetada.

04. “Esse mesmo direito ao voto já esteve vinculado à propriedade de bens, à titularidade de cargos ou funções, ao fato de se pertencer ou não a determinada etnia, etc.”
É ***CORRETO*** afirmar que as informações contidas nesse trecho permitem inferir que as instituições políticas ***nem sempre*** são

a) confiáveis.
b) exequíveis.
c) imutáveis.
d) presumíveis.

05. “Isso não nos permite, contudo, dizer que inexiste um processo de evolução que marcha da ausência de direitos para sua ampliação, ao longo da história.” É ***CORRETO*** afirmar que as informações contidas nesse trecho são, ***no texto***,

a) criticadas.
b) fundamentadas.
c) refutadas.
d) subestimadas.

06. “Esses dois eventos romperam o princípio de legitimidade que vigia até então, baseado nos deveres dos súditos, e passaram a estruturá-lo com base nos direitos do cidadão.” Com base nas informações desse trecho, é ***CORRETO*** afirmar que os direitos de cidadania orientam um processo de

a) elitização.
b) hierarquização.
c) moderação.
d) modernização.

07. “... todos os tipos de luta foram travados para que se ampliasse o conceito e a prática de cidadania...” Com base na leitura desse trecho, é ***CORRETO*** afirmar que o conceito e a prática de cidadania podem ser considerados

a) ambíguos.
b) contraditórios.
c) deterministas.
d) dinâmicos.

08. "... pode-se afirmar que, na sua acepção mais ampla, cidadania é a expressão concreta do exercício da democracia." É ***CORRETO*** afirmar que as informações contidas nessa frase permitem inferir que cidadania e democracia se

a) excluem.
b) implicam.
c) parecem.
d) projetam.

09. "Não se pode, ***portanto***, imaginar uma sequencia única [...] para a evolução da cidadania em todos os países." É **CORRETO** afirmar que, nessa frase, a palavra destacada veicula um sentido de

a) concessão.
b) conclusão.
c) consecução.
d) explicação.

10. "Desse momento em diante, todos os tipos de luta foram travados para que se ampliasse o conceito e a prática de cidadania e o mundo ocidental ***os*** estendesse para mulheres, crianças, minorias nacionais..." É ***CORRETO*** afirmar que o gênero e o número do pronome destacado nesse período se devem ao fato de que ele substitui a expressão

a) "mulheres, crianças, minorias nacionais".
b) "o conceito e a prática da cidadania".
c) "o mundo ocidental".
d) "todos os tipos de luta".

GABARITO				
01. C	02. B	03. C	04. C	05. B
06. D	07. D	08. B	09. B	10. B

TEXTO 17

A sua vez (CESGRANRIO)

Você já é grandinho o suficiente para saber que brincadeira é para a vida toda.

Boa parte das brincadeiras infantis são [sic] um ensaio para a vida adulta. Criança brinca de ser mãe, pai, cozinheiro, motorista, polícia, ladrão (e isso, você sabe, não implica nenhum tipo de propensão ao crime). E, ah, quando não tem ninguém por perto, brinca de médico também. É uma forma de viver todas as vidas possíveis antes de fazer uma escolha ou descoberta. Talvez seja por isso que a gente pare de brincar aos poucos – como se tudo isso perdesse o sentido quando viramos adultos de verdade. E tudo agora é para valer. Mas será que parar de brincar é uma decisão madura?

Atividades de recreação e lazer estimulam o imaginário e a criatividade, facilitam a socialização e nos ajudam a combater o estresse. Mas, se tudo isso for o objetivo, perde a graça, deixa de ser brincadeira. Vira mais uma atividade produtiva a cumprir na agenda. Você só brinca de verdade (ainda que de mentirinha) pelo prazer de brincar. E só. Como escreveu Rubem Alves, quem brinca não quer chegar a lugar nenhum - já chegou.

- Leandro Quintanilha

01. Quanto à tipologia, o texto pode ser classificado como

a) injuntivo.
b) descritivo.
c) expositivo.
d) narrativo.
e) argumentativo.

02. "Mas, se tudo isso for o objetivo, perde a graça, deixa de ser brincadeira". A justificativa para o que se afirma na passagem acima está na

a) casualidade com que as atividades de recreação e lazer ocorrem.
b) esporadicidade em relação ao tempo disponível das pessoas para recreação e lazer.
c) intencionalidade com relação à prática das atividades de recreação e lazer.
d) periodicidade cujo espaço de tempo entre uma ocorrência e outra não surte o efeito esperado.
e) regularidade da prática de tais atividades, o que faz com que se torne uma rotina DNA vida das pessoas.

03. Reescrevendo a passagem retirada do texto, o sentido se mantém em

a) "Boa parte das brincadeiras infantis são um ensaio para a vida adulta" - As brincadeiras infantis são, em grande parte, um ensaio para a vida adulta,
b) "E, ah, quando não tem ninguém por perto, brinca de médico também" - E, ah, brinca de médico quando também não há ninguém por perto.
c) "Talvez seja por isso que a gente pare de brincar aos poucos" - Por isso, talvez, a gente é que pare de brincar aos poucos.
d) "Mas será que parar de brincar é uma decisão madura?" - Mas será que uma decisão realmente madura não é parar de brincar?
e) "Você só brinca de verdade (ainda que de mentirinha) pelo prazer de brincar" - Ainda que de mentirinha, só você brinca de verdade pelo prazer de brincar.

04. Assinale a alternativa precedente em relação às ideias do texto.

a) A fantasia, na idade adulta, cerceia a atividade profissional do indivíduo.
b) A fase adulta, pró-traduzir a realidade, não comporta mais brincadeiras.
c) As brincadeiras da infância determinam o rumo que o indivíduo irá tomar.
d) Atividades de recreação e lazer precisam ter um espaço na fase adulta.

e) Na fase adulta, as brincadeiras infantis devem ser estimuladas com o intuito de contrabalançar os impactos causados pela realidade.

05. Em, "Mas, **se** tudo isso for o objetivo, perde a graça, deixa de ser brincadeira", o conectivo destacado estabelece, entre a ideia que introduz e a anterior, ma relação de

a) causa.
b) condição.
c) conclusão.
d) conformidade.
e) oposição.

GABARITO				
01. E	02. C	03. A	04. D	05. B

TEXTO 18

O Pecado da Intolerância (TJMG/ OFICIAL JUDICIÁRIO)

Numa escola de uma capital brasileira, alguns pais reclamam com a direção: não querem seus filhos estudando ao lado de dois meninos estrangeiros, de um país que consideram "atrasado e fanático". A direção, a meu ver, pecando por compactuar com a intolerância, agravada pelo fato de envolver crianças, pede aos pais que resolvam o assunto entre eles. Resultado: os pais dos meninos estrangeiros, pressionados de um lado e desamparados de outro, tiram os filhos da escola. Diga-se que o pai em questão é um executivo com um currículo invejável e a mãe, professora universitária. Mas, ainda que fossem pessoas simples, seus direitos teriam sido igualmente feridos.

***

Num restaurante de classe média, pessoas torcem o nariz e pagam a conta antecipadamente, sem concluir a refeição, porque, na mesa ao lado, se senta um casal negro, com uma filha e um filho adolescentes. Ninguém comenta ou reclama de que se trata de uma demonstração criminosa de racismo, não comprovável, mas evidente. A adolescente discriminada põe-se a chorar e pede aos pais para irem embora também. A família comemorava ali o 14º aniversário dela.

***

Um rapaz decide largar os estudos superiores e empregar-se numa empresa decente. O salário não é alto, mas a situação lhe convém: ele prefere experiência a diploma, e é isso que lhe está sendo oferecido. O pai resolve não falar mais com ele, nega-lhe qualquer ajuda monetária e só não o expulsa de casa devido aos apelos da mãe. Porém, em todas as ocasiões em que é possível, deixa claro que o filho é "a sua grande decepção".

***

Uma mulher decide sair de um casamento infeliz e pede a separação.

O marido, que, certamente, também não está feliz, recusa qualquer combinação amigável e quer uma separação litigiosa. As duas filhas moças tomam o partido do pai, como se, de repente, a mãe que delas cuidara por mais de vinte anos tivesse se transformado em alguém desprezível, irreconhecível e inaceitável. Nenhuma das duas lhe pergunta os seus motivos; ninguém deseja saber de suas dores; nenhuma das duas jovens mulheres lhe dá a menor chance de explicação, o menor apoio. Parece-lhes natural que, diante de um passo tão grave da parte de quem as criara, educara, vestira, acarinhara e acompanhara devotamente por toda a vida, fosse negado qualquer apoio, carinho e respeito.

***

Os casos se multiplicam, são muito mais cruéis do que esses, existem em meu bairro, em seu bairro. Nossa postura diante do inesperado, do diferente, raramente é de atenção, abertura, escuta. Pouco nos interessam os motivos, o bem, as angústias e buscas, direitos e razão de quem infringe as regras da nossa acomodação, frivolidade ou egoísmo. Queremos todos os privilégios para nós, a liberdade, a esperança. Para os outros, mesmo se antes eram muito próximos, queremos a imobilidade, a distância. Cassamos sem respeitar os seus direitos humanos mais básicos. A intolerância, que talvez não conste no índex das religiões mais castradoras, é, com certeza, um feio pecado capital. Do qual talvez nenhum de nós escape, se examinarmos bem.

LUFT, Lya. *VEJA*, 15 dez. 2004. p. 22.

01. É ***CORRETO*** afirmar que, entre os exemplos de discriminação tratados nesse texto, **NÃO** se inclui um que tem por motivo a

a) doença.
b) escolaridade.
c) etnia.
d) nacionalidade.

02. É ***CORRETO*** afirmar que os comentários que compõem a conclusão desse texto estão estruturados numa forma

a) descritiva.
b) dissertativa.
c) exortativa.
d) narrativa.

03. "A direção [...] pede aos pais que resolvam o assunto entre eles." Considerando-se as informações do texto, é ***CORRETO*** afirmar que o comportamento da Diretoria da escola, expresso nessa frase, revela uma atitude de

a) elitismo.
b) hostilidade.
c) indiferença.
d) orgulho.

04. "Ninguém comenta ou reclama de que se trata de uma demonstração criminosa de racismo, não comprovável,

mas evidente." É ***CORRETO*** afirmar que, nessa frase, se configura uma atitude de

a) desatenção.
b) discrição.
c) observação.
d) omissão.

05. "O pai resolve não falar mais com ele, nega-lhe qualquer ajuda monetária e só não o expulsa de casa devido aos apelos da mãe."
É ***CORRETO*** afirmar que a reação do pai aos atos do filho, explicitada nessa frase, revela, por parte daquele, uma atitude de

a) admoestação.
b) apreensão.
c) rejeição.
d) tensão.

06. "Parece-lhes natural que, diante de um passo tão grave da parte de quem as criara [...] e acompanhara devotamente por toda a vida, fosse negado qualquer apoio, carinho e respeito."
A leitura desse trecho permite concluir que a atitude das filhas em relação à mãe, narrada nessa frase, se acha bem caracterizada em um ditado popular muito conhecido. Assinale a alternativa que apresenta corretamente esse ditado popular.

a) "Acender uma vela a Deus e outra ao diabo."
b) "Cuspir no prato em que comeu."
c) "Desvestir um santo para vestir outro."
d) "Procurar sarna para se coçar."

07. "Diga-se que o pai em questão é ***um executivo com um currículo invejável...***"
É ***CORRETO*** afirmar que a expressão destacada nessa frase é inadequada para designar alguém cujo perfil profissional se caracteriza por uma

a) carreira em constante ascensão.
b) experiência em diferentes áreas.
c) formação intelectual primorosa.
d) resistência a ideias avançadas.

08. "Num restaurante de classe média, pessoas *torcem o nariz* [...] porque, na mesa ao lado, se senta um casal negro..." É ***CORRETO*** afirmar que a expressão destacada nessa frase é usada, ***habitualmente***, na linguagem

a) acadêmica.
b) informal.
c) oratória.
d) poética.

09. "A intolerância [...] é, com certeza, um feio pecado ***capital***." **É *CORRETO*** afirmar que, entre os sentidos que se podem atribuir à palavra destacada nessa frase, **NÃO** se inclui o de

a) fundamental.
b) humilhante.
c) principal.
d) relevante.

10. "Nenhuma das duas ***lhe*** pergunta os seus motivos..." Considerando-se o trecho do texto em que se insere essa frase, é ***CORRETO*** afirmar que o

pronome nela destacado se refere, ***especificamente,***

a) a alguém desprezível.
b) a uma mulher.
c) à mãe.
d) ao pai.

11. "Nossa postura diante do inesperado, do diferente, ***raramente*** é de atenção, abertura, escuta."
É ***CORRETO*** afirmar que, nessa frase, a palavra destacada exerce uma função

a) adjetiva.
b) adverbial.
c) conectiva.
d) substantiva.

12. "Queremos todos os privilégios para nós, a liberdade, a esperança. Para os outros queremos a imobilidade, a distância."
É ***CORRETO*** afirmar que esses ***dois*** períodos podem ser reunidos em ***apenas um,*** sem sofrerem qualquer alteração de sentido ou qualquer outra alteração de forma, utilizando-se o conectivo

a) conquanto.
b) enquanto.
c) portanto.
d) tanto.

13. "Cassamos ***sem respeitar os seus direitos humanos mais básicos.***"
É ***CORRETO*** afirmar que a oração destacada nesse período veicula uma ideia de

a) causa.
b) consequência.
c) finalidade.
d) modo.

14. "A intolerância [...] é, com certeza, um feio pecado capital. Do qual talvez nenhum de nós escape, ***se examinarmos bem.***" É ***CORRETO*** afirmar que, nesse trecho, a oração destacada se liga à que a precede, estabelecendo uma relação de

a) comparação.
b) concessão.
c) condição.
d) consecução.

GABARITO									
01. A	02. B	03. C	04. D	05. C	06. B	07. D	08. B	09. B	10. C
11. B	12. B	13. D	14. C						

TEXTO 19

Pobre língua portuguesa

Já por mais de uma vez foi lembrado, neste espaço, o ensinamento de Aires da Matta Machado Filho, ao observar que "o povo é quem faz a língua". Há um fundamento democrático na lição filosófica do mestre Aires, desde que obedecidos certos preceitos, normas e consolidação dos neologismos, e o desuso de tantas outras expressões.

Dentro da tese do mestre Aires, é o imperialismo idiomático invadindo o país, de maneira agressiva e injustificável. É "breakfast" de manhã, "happy hour" à tarde e um "drive in" à noite.

Atualmente antes de estudar o português, a criança já nada de braçada no inglês. Vai daí que pouco a pouco está sendo estruturada uma nova linguagem, na qual os estrangeirismos se somam aos neologismos, tudo caminhando para formação de uma nova expressão idiomática.

Outro dia depois do "cooper" matinal, Belisário, de "training made in Brazil", foi ao "shopping center", acionou o "ticket" de entrada, e comprou um "i-point", cujo "design" tanto o impressionou ao ver as letras garrafais "SALE".

Pelas ruas e avenidas, o "outdoor" atrai e ilumina, enquanto nas residências a televisão se transformou em atentado ao pudor e aumento de mediocridade.

Houve uma época em que se tornaram famosas as frases de um ilustre professor mineiro e de um não menos ilustre magistrado: "Ao transpor os umbrais da minha alcova", e por aí afora, até darmos de cara com o "pouco se me dá, que a azêmola claudique", porque, "eu quero é acicatá-la".

Nem tanto à terra, nem tanto ao mar nos ensinamentos da língua pátria. É alarmante o que se observa agora de anglicismos agredindo "a última flor do Lácio". Os supermercados e as imobiliárias nos transmitem a impressão de que estamos nos Estados Unidos ou na Inglaterra, tamanha a quantidade de estrangeirismos utilizados para atrair os incautos. Há muitos casos em que a palavra correlata em português é tanto ou mais expressiva do que a inglesa.

Em nome do modismo, sacrifica-se a autenticidade da pobre língua portuguesa.

José Bento Teixeira de Salles.
Estado de Minas, 17.08.2007.

01. O texto transcrito aponta que:

a) A mídia escrita agride a moral.
b) As emissoras de rádio estimulam a preguiça intelectual.
c) Os "outdoors" acentuam a mediocridade.
d) A mídia televisiva estimula a falta de pudor e torna o telespectador medíocre.

02. São possíveis títulos para esse texto, **EXCETO**:

a) Agressão à língua portuguesa.
b) Estrangeirismo.
c) Língua culta.
d) Imperialismo idiomático.

03. Qual das alternativas abaixo apresenta uma relação de sinonímia **INVERÍDICA**:

a) alcova - quarto de dormir.
b) incauto - inculto.
c) acicatar - estimular.
d) filologia - estudo da língua.

04. É correto afirmar que é objetivo do texto, **EXCETO**:

a) Criticar o uso exagerado do estrangeirismo na língua portuguesa.
b) Repreender a atitude dos comerciantes que se utilizam indiscriminadamente de palavras da língua inglesa para atrair os consumidores.
c) Estimular o uso da linguagem hermética, arcaica.
d) Alertar para o fato de que por mais que seja "o povo quem faz a língua", o uso exacerbado de vocábulos estrangeiros agride a autenticidade da língua portuguesa.

05. O uso das aspas se justifica pelo mesmo motivo nas seguintes passagens do texto, **EXCETO**:

a) É "breakfast" de manhã, "happy hour" à tarde e um "drive in" à noite. (2º parágrafo)
b) Já por mais de uma vez foi lembrado, neste espaço, o ensinamento de Aires da Matta Machado Filho, ao Observar que "o povo é quem faz a língua". (1º parágrafo)
c) É alarmante o que se observa agora de anglicismos agredindo "a última flor do Lácio" (7º parágrafo)
d) "Ao transpor os umbrais da minha alcova", e por aí afora, até darmos de cara com o "pouco se me dá, que a azêmola claudique", porque, "eu quero é acicatá-la". (6º parágrafo)

06. Complete a lacuna com a **OPÇÃO ADEQUADA**:

"Há um fundamento democrático na lição filosófica do mestre Aires, **desde que** obedecidos certos preceitos, normas e consolidação dos neologismos, e o desuso de tantas outras expressões."
A locução conjuntiva destacada no período acima expressa uma relação ____________ entre as orações constantes do referido período.

a) causal
b) condicional
c) proporcional
d) concessiva

GABARITO		
01. D	02. C	03. B
04. C	05. A	06. B

TEXTO 20

Passeio Socrático (FUMARC)

Frei Betto

Outro dia, eu observava o movimento do aeroporto de São Paulo: a sala de espera cheia de executivos dependurados em telefones celulares; mostravam-se preocupados, ansiosos e, na lanchonete, comiam mais do que deviam. Com certeza, já haviam tomado café da manhã em casa, mas como a companhia aérea oferecia outro café, muitos demonstravam um apetite voraz. Aquilo me fez refletir: Qual dos dois modelos produz felicidade? O dos monges ou o dos executivos?

A sociedade na qual vivemos constrói super-homens e supermulheres, totalmente equipados, mas muitos são emocionalmente infantilizados. Por isso as empresas consideram que, agora, mais importante que o QI (Quociente Intelectual), é a IE (Inteligência Emocional). Não adianta ser um superexecutivo se não se consegue se relacionar com as pessoas. Ora, como seria importante os currículos escolares incluírem aulas de meditação!

Uma próspera cidade do interior de São Paulo tinha, em 1960, seis livrarias e uma academia de ginástica; hoje, tem sessenta academias de ginástica e três livrarias!

Não tenho nada contra malhar o corpo, mas me preocupo com a desproporção em relação à malhação do espírito. Acho ótimo, vamos todos morrer esbeltos: "Como estava o defunto?". "Olha, uma maravilha, não tinha uma celulite!" Mas como fica a questão da subjetividade? Da espiritualidade? Da ociosidade amorosa?

Outrora, falava-se em realidade: análise da realidade, inserir-se na realidade, conhecer a realidade. Hoje, a palavra é virtualidade. Tudo é virtual. Pode-se fazer sexo virtual pela internet: não se pega AIDS, não há envolvimento emocional, controla-se no *mouse*. (...) Tudo é virtual, entramos na virtualidade de todos os valores, não há compromisso com o real! É muito grave esse processo de abstração da linguagem, de sentimentos: somos místicos virtuais, religiosos virtuais, cidadãos virtuais. Enquanto isso, a realidade vai por outro lado, pois somos também eticamente virtuais...

A cultura começa onde a natureza termina. Cultura é o refinamento do espírito. Televisão, no Brasil – com raras e honrosas exceções – é um problema: a cada semana que passa, temos a sensação de que ficamos um pouco menos cultos.

A palavra hoje é 'entretenimento'; domingo, então, é o dia nacional da imbecilidade coletiva. Imbecil o apresentador, imbecil quem vai lá e se apresenta no palco, imbecil quem perde a tarde diante da tela. Como a publicidade não consegue vender felicidade, passa a ilusão de que felicidade é o resultado da soma de prazeres: "Se tomar este refrigerante, vestir este tênis, usar esta camisa, comprar este carro, você chega lá!" O problema é que, em geral, não se chega!

Quem cede desenvolve de tal maneira o desejo, que acaba precisando de um analista. Ou de remédios. Quem resiste, aumenta a neurose. Os psicanalistas tentam descobrir o que fazer com o desejo dos seus pacientes. Colocá-los onde? Eu, que não sou da área, posso me dar o direito de apresentar uma sugestão. Acho que só há uma saída: virar o desejo para dentro. Porque, para fora, ele não tem aonde ir! O grande desafio é virar o desejo para dentro, gostar de si mesmo, começar a ver o quanto é bom ser livre de todo esse condicionamento globo colonizador, neoliberal, consumista. Assim, pode-se viver melhor. Aliás, para uma boa saúde mental três requisitos são indispensáveis: amizades, autoestima, ausência de estresse.

Há uma lógica religiosa no consumismo pós-moderno. Se alguém vai à Europa e visita uma pequena cidade onde há uma catedral, deve procurar saber a história daquela cidade - a catedral é o sinal de que ela tem história. Na Idade Média, as cidades adquiriam *status* construindo uma catedral; hoje, no Brasil, constrói-se um *shopping center*. É curioso: a maioria dos *shopping centers* tem linhas arquitetônicas de catedrais estilizadas; neles não se pode ir de qualquer maneira, é preciso vestir roupa de missa de domingos. E ali dentro sente-se uma sensação paradisíaca: não há mendigos, crianças de rua, sujeira pelas calçadas...

Entra-se naqueles claustros ao som do gregoriano pós-moderno, aquela musiquinha de esperar dentista. Observam-se os vários nichos, todas aquelas capelas com os veneráveis objetos de consumo, acolitados por belas sacerdotisas. Quem pode comprar à vista, sente-se no reino dos céus. Se deve passar cheque pré-datado, pagar a crédito, entrar no cheque especial, sente-se no purgatório. Mas se não pode comprar, certamente vai se sentir no inferno... Felizmente, terminam todos na eucaristia pós-moderna, irmanados na mesma mesa, com o mesmo suco e o mesmo hambúrguer de uma cadeia transnacional de sanduíches saturados de gordura...

Costumo advertir os balconistas que me cercam à porta das lojas: "Estou apenas fazendo um passeio socrático." Diante de seus olhares espantados, explico: "Sócrates, filósofo grego, que morreu no ano 399 antes de Cristo, também gostava de descansar a cabeça percorrendo o centro comercial de Atenas. Quando vendedores como vocês o assediavam, ele respondia: "Estou apenas observando quanta coisa existe de que não preciso para ser feliz."

01. Em sua crônica, Frei Betto utiliza as seguintes estratégias de construção textual, **EXCETO**:

a) Recorre a argumentos que intertexualizam com fatos ou dados do acervo cultural da humanidade.
b) Utiliza linguagem conotativa e denotativa de forma harmoniosa.
c) Adota como ponto de vista a 1ª pessoa do singular, mas usa também a do plural a fim de buscar adesão do leitor.
d) Fundamenta sua argumentação numa linguagem padrão e bastante conservadora.

02. "... a sala de espera cheia de executivos dependurados em telefones celulares; mostravam-se preocupados, ansiosos e, na lanchonete, comiam mais do que deviam. Com certeza, já haviam tomado café da manhã em casa, mas como a companhia aérea oferecia um outro café, muitos demonstravam um apetite voraz."
Assinale a opção que completa **corretamente** a afirmação abaixo: Com esse fragmento, o cronista

a) cria a imagem de que a sociedade moderna provoca sensações e situações de estresse e compulsão.
b) evidencia que os executivos costumam ser glutões em situações profissionais.
c) destaca a ansiedade e voracidade como características fundamentais do profissional moderno.
d) critica o fato de as companhias aéreas fornecerem lanches adicionais aos passageiros, condicionando-os mal.

03. "Há uma lógica religiosa no consumismo pós-moderno." Essa analogia se reitera nas seguintes afirmações do cronista, **EXCETO**:

a) Na sociedade moderna, construções laicas como shoppings valem, simbolicamente, tanto quanto as religiosas - catedrais - valiam no passado.
b) Shoppings - assim como as catedrais - rejeitam a presença de mendigos, crianças de ruas e pessoas vestidas de forma simples.
c) Muitos shoppings têm linhas arquitetônicas similares a catedrais estilizadas.
d) Tanto as catedrais quanto os shoppings procuram despertar nas pessoas a sensação de estarem vivenciando algo paradisíaco.

04. Atente para a charge que segue, denominada de texto II:

Relacionando-a ao texto I, pode-se perceber prioritariamente a tematização:

a) da alienação das pessoas, que valorizam o ter em detrimento do ser.

b) do consumismo desenfreado, capitaneado pela americanização.

c) da existência de valores éticos inerentes ao homem.

d) da ideia socrática do desapego frente à globo colonização.

05. "Os psicanalistas tentam descobrir o que fazer com o desejo dos seus pacientes. Colocá-los onde? Eu, que não sou da área, posso me **dar** o direito de apresentar uma sugestão. **Acho** que só **há** uma saída: virar o desejo para dentro. Colocá-los onde? O grande desafio **é** virar o desejo para dentro, gostar de si mesmo, começar a ver o quanto é bom ser livre de todo esse condicionamento globo colonizador, neoliberal, consumista." **"Colocá-los onde?"** O autor utiliza duas vezes esta estrutura, reiterando sua perplexidade diante do fato apresentado. Assinale a alternativa em que o uso de ONDE ou AONDE tenha sido feito de forma **INCORRETA**:

a) Aonde você vai? Gostaria de acompanhá-la.

b) A cidade de onde ele veio é pequena e acolhedora.

c) Ele nunca sabe onde quer chegar...

d) O lugar onde ele estava era sombrio e assustador.

GABARITO				
01. D	02. A	03. B	04. B	05. C

Texto 21 (CESPE)

O afastamento de Fidel Castro, como quer que deva ser analisado de diversos pontos de vista, tem certamente significado simbólico. Ele aponta para o fim de uma singular experiência revolucionária no hemisfério, que, não obstante o que aparece como sobrevida melancólica nas condições de hoje, ao nascer incendiou romanticamente a imaginação de muitos de nós e nos mobilizou. Eram os tempos provavelmente mais quentes da Guerra Fria, e a fantasia de uma alternativa socialista e revolucionária atraía muitos jovens generosos, estimulados pela visão sartriana de um furacão benigno sobre Cuba, protagonizado igualmente por jovens abnegados e heroicos.

A movimentação resultante concorreu, naturalmente, para que o processo político brasileiro desaguasse no desastre de 1964, enquanto em plano mundial se evidenciava a face bárbara da experimentação com o socialismo e se engendrava a dinâmica que terminaria por inviabilizá-lo. Felizmente, as circunstâncias do presente permitem, quando nada, evocar com bom humor algo do clima do imediato pós-Revolução Cubana – e quem sabe procurar refletir de novo sobre importantes e perenes temas políticos.

Fábio Wanderley Reis. ***Valor Econômico***, 24/2/2008 (com adaptações).

Com base no texto acima, julgue os seguintes itens.

01. O pronome "Ele" retoma o antecedente "Fidel Castro".
02. O termo "não obstante o" pode, sem prejuízo para a correção gramatical e para as informações originais do período, ser substituído por **apesar do** ou a **despeito do**.
03. A palavra "incendiou" está sendo empregada em sentido conotativo, com o significado de **estimulou**.
04. O trecho "incendiou romanticamente a imaginação de muitos de nós e nos mobilizou" confere um traço de subjetividade ao texto.
05. A expressão "se engendrava" está sendo empregada com o sentido de **rejeitava, recusava**.

GABARITO				
01. E	02. C	03. C	04. C	05. E

TEXTO 22 - (CESPE)

Os oceanos ocupam 70% da superfície da Terra, mas até hoje se sabe muito pouco sobre a vida em suas regiões mais recônditas. Segundo estimativas de oceanógrafos, há ainda 2 milhões de espécies desconhecidas nas profundezas dos mares. Por ironia, as notícias mais frequentes produzidas pelas pesquisas científicas relatam não a descoberta de novos seres ou fronteiras marinhas, mas a alarmante escalada das agressões impingidas aos oceanos pela ação humana. Um estudo recente do Greenpeace mostra que a concentração de material plástico nas águas atingiu níveis inéditos na história. Segundo o Programa Ambiental das Nações Unidas, existem 46.000 fragmentos de plástico em cada 2,5 quilômetros quadrados da superfície dos oceanos. Isso significa que a substância já responde por 70% da poluição marinha por resíduos sólidos.

Veja, 5/3/2008, p. 93 (com adaptações).

01. O termo "a substância" refere-se ao antecedente "plástico".
02. No trecho "até hoje se sabe", o elemento linguístico "se" tem valor condicional.

03. A palavra "recônditas" pode, sem prejuízo para a informação original do período, ser substituída por **profundas**.

04. O termo "mas" corresponde a qualquer um dos seguintes: todavia, entretanto, no entanto, conquanto.

GABARITO			
01. C	02. E	03. C	04. E

TEXTO 23 - (CESPE)

O alívio dos que, tendo a intenção de viver irregularmente na Espanha, conseguem passar pelo controle de imigração do Aeroporto Internacional de Barajas não dura muito tempo. A polícia está pelas ruas, uniformizada ou à paisana, e constantemente faz batidas em lugares que os imigrantes frequentam ou onde trabalham. Foram expedidas cerca de 7 mil cartas de expulsão de brasileiros no ano passado. O medo faz parte da rotina de boa parte dos cerca de 60 mil brasileiros sem papéis, que vivem de casa para o trabalho e do trabalho para casa, receosos de serem detidos e repatriados.

O Globo, 16/3/2008, p. 12 (com adaptações).

01. No trecho "alívio dos que", a substituição de "dos" por **daqueles** prejudica a correção gramatical do período.

02. A substituição de "cerca de" por **acerca de** mantém a correção gramatical do período.

03. As vírgulas das linhas 9 e 10 justificam-se por isolar oração subordinada adjetiva restritiva.

GABARITO		
01. C	02. E	03. E

TEXTO 24

Viagem para fora (FCC)

Há não tanto tempo assim, uma viagem de ônibus, sobretudo quando noturna, era a oportunidade para um passageiro ficar com o nariz na janela e, mesmo vendo pouco, ou nada, entreter-se com algumas luzes, talvez a lua, e certamente com os próprios pensamentos. A escuridão e o silêncio no interior do ônibus propiciavam um pequeno devaneio, a memória de alguma cena longínqua, uma reflexão qualquer.

Nos dias de hoje as pessoas não parecem dispostas a esse exercício mínimo de solidão. Não sei se a temem: sei que há dispositivos de toda espécie para não deixar um passageiro entregar-se ao curso das ideias e da imaginação pessoal. Há sempre um filme passando nos três ou quatro monitores de TV, estrategicamente dispostos no corredor. Em geral, é um filme ritmado pelo som de tiros, gritos, explosões. É também bastante possível que seu vizinho de poltrona prefira não assistir ao filme e deixar-se embalar pela música altíssima de seu fone de ouvido, que você também ouvirá, traduzida num chiado interminável, com direito a batidas mecânicas de algum sucesso pop. Inevitável, também, acompanhar a variedade dos toques personalizados dos celulares, que vão do latido de um cachorro à versão eletrônica de uma abertura sinfônica de Mozart. Claro que você também se inteirará dos detalhes da vida doméstica de muita gente: a senhora da frente pergunta pelo cardápio do jantar que a espera, enquanto o senhor logo atrás de você lamenta não ter incluído certos dados em seu último relatório. Quando o ônibus chega, enfim, ao destino, você desce tomado por um inexplicável cansaço.

Acho interessantes todas as conquistas da tecnologia da mídia moderna, mas prefiro desfrutar de uma a cada vez, e em momentos que eu escolho. Mas parece que a maioria das pessoas entrega-se gozosa e voluptuosamente a uma sobrecarga de estímulos audiovisuais, evitando o rumo dos mudos pensamentos e das imagens internas, sem luz. Ninguém mais gosta de ficar, por um tempo mínimo que seja, metido no seu canto, entretido consigo mesmo? Por que se deleitam todos com tantas engenhocas eletrônicas, numa viagem que poderia propiciar o prazer de uma pequena incursão íntima? Fica a impressão de que a vida interior das pessoas vem-se reduzindo na mesma proporção em que se expandem os recursos eletrônicos.

– Thiago Solito da Cruz, inédito.

01. Considerando-se o sentido integral do texto, o título **Viagem para fora** representa

a) uma alusão à exterioridade dos apelos a que se entregam os passageiros.
b) um específico anseio que o autor alimenta a cada viagem de ônibus.
c) a nostalgia de excursões antigas, em que todos se solidarizavam.
d) a importância que o autor confere aos devaneios dos passageiros.
e) a ironia de quem não se deixa abalar por tumultuadas viagens de ônibus.

02. Atente para as seguintes afirmações:

I. No primeiro parágrafo, configura-se a tensão entre o desejo de recolhimento íntimo de um passageiro e a agitação de uma viagem noturna.

II. No segundo parágrafo, o cruzamento de mensagens, em diferentes meios de comunicação, é considerado invasivo por quem preferiria entregar-se ao curso da imaginação pessoal.

III. No terceiro parágrafo, o autor considera a possibilidade de os recursos da mídia eletrônica e o cultivo da vida serem usufruídos em tempos distintos.

Em relação ao texto, está correto o que se afirma em

a) I, II e III.
b) I e II, somente.
c) II e III, somente.
d) I e III, somente.
e) II, somente.

03. O autor vale-se do emprego do pronome **você**, ao longo do segundo parágrafo, da mesma forma que esse pronome é empregado em:

a) Quando perguntei se você gostava de viajar, você titubeou, e não me respondeu.
b) Já sei a opinião dele acerca da mídia eletrônica; gostaria que você me dissesse, agora, qual a sua.
c) Não é aquele ou aquela passageira que me interessa; meus olhos não conseguem desviar-se de você.
d) Quando se está em meio a um tumulto, você não consegue concentrar-se em seus próprios pensamentos.
e) Espero que você não tenha se ofendido por eu lhe haver proposto que desligue o celular enquanto conversamos.

04. O último período do texto retoma e arremata, conclusivamente, uma ideia que já se representara na seguinte passagem:

a) (...) há dispositivos de toda espécie para não deixar um passageiro entregar-se ao curso das ideias.
b) A escuridão e o silêncio no interior do ônibus propiciavam um pequeno devaneio (...).
c) Claro que você também se inteirará dos detalhes da vida doméstica de muita gente (...).
d) Quando o ônibus chega, enfim, ao destino, você desce tomado por um inexplicável cansaço.
e) Há sempre um filme passando nos três ou quatro monitores de TV, estrategicamente dispostos no corredor.

05. Claro que você também **se inteirará** dos detalhes da vida doméstica de muita gente (...). A frase acima conservará o sentido básico, sem prejuízo para a correção, substituindo-se o elemento sublinhado por:

a) estará à corrente.
b) ficará ao par.
c) abeirar-se-á.
d) certificar-se-á.
e) tomará ciência.

GABARITO				
01. A	02. C	03. D	04. A	05. E

TEXTO 25

A vida em Cliques

Era uma vidinha monótona sem perspectivas: medíocre emprego numa empresa, as conversas inconsequentes com os amigos, o trânsito congestionado. Mas aí ele voltava para casa e podia, enfim, viver uma aventura.

Na Internet, claro. Navegador infatigável, percorrera um território humano desconhecido e às vezes inquietante, até encontrá-la, primeiro em uma sala de bate papo, depois em mensagem privadas. Conhecia-a apenas por Solly (solitária?) e pouco sabia de sua vida. Mas eram, sim, almas-irmãs. Partilhavam os mesmos gostos, as mesmas secretas aspirações. E ficavam horas trocando mensagens.

Quem não gostava, naturalmente, era a mulher. Estavam casados havia oito anos, não tinham filhos. Ela também trabalhava, claro – como sustentar, uma casa e a Internet, com um só emprego? – e também tinha o seu quinhão de amargura. Que despejava no marido: você fica aí nessa Internet e não dá bola pra mim, não tenho cm quem falar. Por isso, quando ela chegava do emprego, lá pelas dez da noite, ele tinha de precipitadamente desligar o computador. Clique: lá se ia a Solly. Lá se ia a única pessoa que para ele tinha importância.

Ah, se pudesse fazer o mesmo com a mulher. Se houvesse um dispositivo eletrônico capaz de fazer as pessoas sumirem... Tudo o que ele teria de fazer era dar um clique, e pronto, a incômoda esposa estaria deletada de sua existência.

Momentaneamente, claro. Porque a verdade é que não podia viver sem ela. Acostumara-se, pronto, sentia falta dela. De modo que seu dispositivo eletrônico permitiria que, quando necessário, ele a acessasse. Seria a vida perfeita.

Seria? Não. Porque numa dessas vezes a mulher retornaria do ciberespaço com um vírus qualquer. Um vírus que a faria, por exemplo, muito atraente aos olhos do vizinho do lado. Ou seja: um vírus que tornaria a sua vida incompreensível, infernal. Nem tudo, infelizmente, se resolve por cliques.

– Moacyr Scliar

01. Todos os comentários tecidos sobre o texto são adequados, EXCETO:

a) A narrativa é desenvolvida por narrador personagem; essa figura, além de contar a história, atua como uma das personagens na trama narrativa.

b) O narrador define-se como uma figura onisciente. É um ser que conhece tudo sobre os personagens, isto é, através dele somos informados, por exemplo, sobre o estado de espírito das personagens, seus sentimentos, intenções e pensamentos.

c) A despeito de o texto ser uma crônica literária, pode-se, a partir do que nele é representado, refletir sobre situações que afligem pessoas na vida cotidiana.

d) O texto é uma crônica cuja trama narrativa envolve situações e dilemas semelhantes aos que se encontram na vida cotidiana.

02. A respeito do texto, não é correto afirmar que

a) É uma narrativa cujo desfecho não lembra os que se encontram nos contos de fada: e viveram felizes para sempre.
b) É possível inferir que se pode viver uma aventura, mesmo que no campo virtual.
c) O título é caracteristicamente metafórico, ou seja, sugere a ideia de uma vida feita mediante passes de mágicas.
d) É uma narrativa, entrecortada por fatos, da vida de um casal, que exprime os grandes sentimentos humanos.

03. "Ah, se pudesse fazer o mesmo com a mulher. Se houvesse um dispositivo eletrônico capaz de fazer as pessoas sumirem... Tudo o que ele teria de fazer era dar um clique, e pronto, a incômoda esposa estaria deletada de sua existência." Sobre o trecho, todas as considerações se apresentam adequadas, EXCETO:

a) A voz que se anuncia nesse trecho é a do narrador através da qual se deixa revelar um suposto desejo da personagem.
b) A voz que se anuncia nesse trecho é a do narrador que deixa revelar um suposto desejo que ele próprio gostaria que fosse realizado pela personagem.
c) A expressão "e pronto" encarna um sentido equivalente ao de "resolvido o suposto problema", o qual é assim descrito: a incômoda esposa seria deletada de sua existência.
d) As formas verbais - se **pudesse fazer** o mesmo com a mulher; se houvesse um dispositivo eletrônico - exprimem um fato hipotético e irreal que se definem como condições para efetivar o suposto: o sumiço da mulher.

04. "Mas aí ele voltava para casa e podia, enfim, viver uma aventura. Na Internet, claro." Assinale a alternativa em que a mudança ocorrida não compromete o sentido previsto no trecho original.

a) Mas aí ele voltava para casa e podia, por fim, viver uma aventura, mas apenas na Internet, é claro.
b) Mas aí, se ele voltasse para casa poderia, finalmente, viver uma aventura, apenas na Internet.
c) Mas quando ele voltava para casa podia viver, enfim, uma aventura, mas na Internet, claro.
d) Ele voltava para casa a fim de viver uma aventura, na Internet, certamente.

05. "você fica aí nessa Internet e não dá bola pra mim, não tenho com quem falar." Sobre esse trecho é inadequado afirmar que

a) A referência do pronome **você** corresponde à figura do marido.
b) É uma reprodução da fala da esposa feita pelo narrador.
c) É uma fala que caracteriza uma linguagem formal, através da qual se faz um apelo.

d) Recupera-se o tom de desdém e desprezo na fala da esposa por meios das expressões **aí nessa** Internet.

GABARITO				
01. A	02. D	03. B	04. A	05. C

TEXTO 26 - FCC

Os Jogos Olímpicos são um desafio ao bom senso. Tome-se o arremesso do martelo. Terem inventado que tal coisa é uma atividade digna de ser praticada, digna de ser chamada de "esporte" e, para culminar, digna de figurar entre as modalidades olímpicas mostra como são instigantes os caminhos que a mente humana é capaz de percorrer. Tome-se o salto com vara. Por que saltar com vara? É outra invenção que só pode ser atribuída à tendência da mente humana em fugir do que é natural e razoável. E a corrida com barreiras? E o salto triplo? A rigor seria até dispensável o trabalho de selecionar uma ou outra modalidade. O esporte como um todo, e em especial a mania de superação que contamina seus praticantes, já repousaria sobre a premissa absurda de contrariar o prazer do sossego e do repouso.

Todo o universo atlético ganha um sentido, no entanto, quando nos damos conta de que ali se reencena a luta humana pela sobrevivência. A corrida tem sua origem na fuga das feras ou dos grupos rivais; a corrida com obstáculos, na dificuldade de superar os charcos, os barrancos e os espinheiros; o salto em distância, na ultrapassagem dos riachos; o salto em altura, na tentativa de alcançar os frutos no alto das árvores. Até o salto com vara ganha uma lógica: é o momento em que o homem primitivo se torna capaz de inventar ferramentas para superar os obstáculos impostos pela natureza. E o arremesso do martelo, assim como o do disco e o do dardo, visita a quadra em que o homem criou as armas para substituir os próprios punhos na caça e no enfrentamento dos inimigos.

Os Jogos Olímpicos miram na Grécia e acertam na pré-história. São uma releitura da Idade da Pedra. Ou melhor: uma parte dos Jogos. Os esportes com bola pertencem a outro capítulo da história da humanidade. Se nossos ancestrais demoraram tanto para inventar a roda, demoraram ainda mais para chegar à bola. A bola tem como principal característica uma esplendorosa inutilidade. É um brinquedo. As modalidades do atletismo lembram as sofridas necessidades da subsistência, na era em que a espécie procurava se consolidar sobre o planeta – fugir, comer, enfrentar o inimigo, contornar os obstáculos, conquistar a fêmea. Já a bola se notabiliza pela ausência de função nas lides pela sobrevivência. Por isso mesmo representa a conquista de um novo patamar, de inestimável valor, na escala da evolução:

o patamar da diversão. Consolidada e confiante em si mesma, a espécie permite-se o luxo de brincar.

O arremesso do martelo, mesmo não sendo mais com martelo, continua assustador. Haja músculo, para atirar aquela bola de ferro. Haja peso, para dar os rodopios que precedem seu lançamento. É uma atividade que pode causar admiração pela força, nunca pela astúcia. Já os passes no futebol ou as levantadas do vôlei mostram que, nos esportes com bola, a força é temperada, e às vezes até substituída, pela habilidade. O martelo pode até causar assombro, mas nunca provocará um sorriso. Já o drible, no futebol e no basquete, ou a "largada" no vôlei, manobras cujo objetivo é enganar o adversário, representam a intromissão do humor na competição. Do martelo à bola, desenha-se um percurso em cujo ponto de chegada a ênfase está menos nos músculos do que no uso da massa cinzenta alojada no cocuruto do animal humano.

Roberto Pompeu de Toledo. ***Veja****. 27 de agosto de 2008, p.170, com adaptações.*

01. Segundo o autor,

a) a qualificação de "esporte" atribuída a certas modalidades disputadas nos Jogos Olímpicos não se justifica mais nas condições da vida moderna.
b) a interferência do humor nas competições esportivas gera desrespeito aos competidores mais fracos, desestimulando o espírito olímpico.
c) algumas explicações para a presença de determinadas modalidades esportivas nos Jogos Olímpicos se encontram na própria história da humanidade.
d) a seriedade que sempre envolveu a realização dos Jogos Olímpicos pode ser comprometida por atitudes antiesportivas em certas modalidades.
e) as modalidades em que sobressai a força física dos atletas, embora possam causar estranheza, são preferíveis aos esportes com bola, que estimulam a brincadeira.

02. Considere as afirmativas abaixo:

I. A prática de certas modalidades esportivas, que se mantêm tradicionalmente, apenas vem confirmar que nem sempre há explicações lógicas para as atitudes humanas.

II. As diversas modalidades esportivas tradicionalmente agrupadas nos Jogos Olímpicos apontam para as necessidades básicas da história da humanidade.

III. A associação do uso da inteligência ao preparo físico dos atletas denota um degrau superior na linha evolutiva do homem.

Está correto o que se afirma em

a) I, apenas.
b) III, apenas.
c) I e II, apenas.
d) II e III, apenas.
e) I, II e III.

03. *Os Jogos Olímpicos são um desafio ao bom senso.* É correto afirmar, a partir da observação acima:

a) A ressalva "*Todo o universo atlético ganha um sentido, no entanto*" garante a coerência entre a frase que inicia o texto e o desenvolvimento, até a conclusão final.

b) O desenvolvimento do texto lhe acrescenta uma conclusão de certa forma incoerente, ao afirmar que há *um percurso em cujo ponto de chegada a ênfase está menos nos músculos do que no uso da massa cinzenta.*

c) A opinião inicial, desfavorável à manutenção de certas modalidades esportivas que mostram *como são instigantes os caminhos que a mente humana é capaz de percorrer,* garante a unidade de todo o desenvolvimento textual.

d) A afirmativa faz sentido até o último parágrafo, em que o autor se vale do mesmo tipo de linguagem crítica quando se refere às *manobras cujo objetivo é enganar o adversário* e que *representam a intromissão do humor na competição.*

e) Para o autor, a realização dos Jogos Olímpicos na época contemporânea perdeu sentido, tanto por terem se transformado em um espetáculo grandioso de força e poder, quanto por serem *uma releitura da Idade da Pedra.*

04. O texto se desenvolve como

a) condenação generalizada a algumas modalidades dos Jogos Olímpicos, por exigirem esforço físico além das possibilidades do ser humano.

b) censura indireta aos responsáveis pela realização dos Jogos Olímpicos por manterem neles certas modalidades que nada têm de esportivas.

c) elogio à maneira moderna de realização dos Jogos Olímpicos, em que se incluíram modalidades mais recentes, com bola, em meio às mais antigas.

d) apresentação, do início até hoje, de informações baseadas em dados históricos a respeito da origem e desenvolvimento dos Jogos Olímpicos.

e) considerações a respeito das modalidades em disputa nos Jogos Olímpicos, correlacionando-os à linha evolutiva da humanidade.

05. Como inferência, o ditado popular que pode ser aplicado ao conteúdo do 3º e do 4º parágrafos é:

a) Nem só de pão vive o homem.

b) Quem ama o feio, bonito lhe parece.

c) Nem tudo que reluz é ouro.

d) Deus dá o frio conforme o cobertor.

e) Quem espera sempre alcança.

06. Considerando-se o contexto, o segmento cujo sentido está corretamente transcrito em outras palavras é:

a) *como são instigantes os caminhos* = caso sejam possíveis os meios.

b) *fugir do que é natural e razoável* = desconsiderar problemas mais graves.

c) *mania de superação* = insistência na obtenção de melhores resultados.

d) *nas lides pela sobrevivência* = nos rumos de uma vida melhor.

e) *a conquista de um novo patamar* = uma premiação além do esforço empregado.

07. *As modalidades do atletismo lembram as sofridas necessidades da subsistência, na era em que a espécie procurava se consolidar sobre o planeta – fugir, comer, enfrentar o inimigo, contornar os obstáculos, conquistar a fêmea.* (3º parágrafo). A afirmativa INCORRETA a respeito do segmento acima é:

a) O travessão introduz uma sequência enumerativa de ações humanas.

b) Por introduzir um segmento especificativo, o travessão pode ser corretamente substituído por dois-pontos, sem alteração do sentido original.

c) Os verbos que aparecem no infinitivo podem ser corretamente substituídos pelos respectivos substantivos, como apostos à expressão *as sofridas necessidades da subsistência*.

d) Como o pronome relativo *que* vem antecedido da preposição *em*, a redação também estaria correta com o emprego de **onde** para substituir "em que".

e) A expressão *da subsistência* tem função sintática de complemento nominal, exigido pelo substantivo *necessidades*.

08. *... desenha-se um percurso em cujo ponto de chegada a ênfase está menos nos músculos do que no uso da massa cinzenta alojada no cocuruto do animal humano.* (final do texto). O sentido da afirmativa acima está reproduzido com correção, clareza e lógica, sem alteração do sentido original, em:

a) representa-se a chegada de um caminho onde o ponto está na força física do homem tanto mais na sua inteligência.

b) percebe-se uma trajetória cujo final demonstra mais o uso da inteligência do ser humano do que sua força física.

c) determina-se um caminho onde a chegada está no realce dado não só aos músculos, mas também no uso inteligente do cérebro humano.

d) vislumbra-se a trajetória humana de cujo realce salienta-se menos os músculos e mais a massa cerebral do homem.

e) esboça-se um percurso de cuja chegada está tanto na força física quanto no uso da massa cerebral humana.

GABARITO							
01. C	02. D	03. A	04. E	05. A	06. C	07. D	08. B

TEXTO 27 - A família na Copa do Mundo (FCC)

A rotina de uma família costuma ser duramente atingida numa Copa do Mundo de futebol. O homem da casa passa a ter novos hábitos, prolonga seu tempo diante da televisão, disputada com as crianças; a mulher passa a olhar melancolicamente para o vazio de uma janela ou de um espelho. E se, coisa rara, nem o homem nem a mulher se deixam tocar pela sucessão interminável de jogos, as bandeiras, os rojões e os alaridos da vizinhança não os deixarão esquecer de que a honra da pátria está em jogo nos gramados estrangeiros.

É preciso também reconhecer que são muito distintas as atuações dos membros da família, nessa época de gols. Cabe aos homens personificar em grau máximo as paixões envolvidas: comemorar o alto prazer de uma vitória, recolher o drama de uma derrota, exaltar a glória máxima da conquista da Copa, amargar em luto a tragédia de perdê-la. Quando solidárias, as mulheres resignam-se a espelhar, com intensidade muito menor, essas alegrias ou dores dos homens. Entre as crianças menores, a modificação de comportamento é mínima, ou nenhuma: continuam a se interessar por seus próprios jogos e brinquedos. Já os meninos e as meninas maiores tendem a reproduzir, respectivamente, algo da atuação do pai ou da mãe.

Claro, está-se falando aqui de uma "família brasileira padrão", seja lá o que isso signifique. O que indiscutivelmente ocorre é que, sobretudo nos centros urbanos, uma Copa do Mundo põe à prova a solidez dos laços familiares. Algumas pessoas não resistem à alteração dos horários de refeição, à alternância entre ruas congestionadas e ruas desertas, às tensas expectativas, às súbitas mudanças de humor coletivo – e disseminam pela casa uma insatisfação, um rancor, uma vingança que afetam o companheiro, a companheira ou os filhos. Como toda exaltação de paixões, uma Copa do Mundo pode abrir feridas que demoram a fechar. Sim, costumam cicatrizar esses ressentimentos que por vezes se abrem, por força dos diferentes papéis que os familiares desempenham durante os jogos. Cicatrizam, volta a rotina, retornam os papéis tradicionais – até que chegue uma outra Copa.

– Itamar Rodrigo de Valença

01. Atente para as seguintes afirmações:

I. No primeiro parágrafo do texto, mostra-se como a vida rotineira dos homens, ao contrário do que ocorre com a das mulheres, sofre alterações durante uma Copa do Mundo.

II. No segundo parágrafo do texto, mencionam-se as diferentes alterações que a Copa do Mundo provoca nas atitudes de alguns membros da família.

III. No terceiro parágrafo do texto, desenvolve-se a ideia de que o equilíbrio da vida familiar fica ameaçado pelas mudanças de hábito e pelas paixões provocadas por uma Copa do Mundo.

Em relação ao texto, está correto o que se afirma em

a) I, II e III.

b) I e II, apenas.

c) I e III, apenas.

d) II e III, apenas.

e) III, apenas.

02. O texto sugere que, durante uma Copa do Mundo, a cadeia de alterações no comportamento de uma família costuma

a) atingir simultaneamente a todos os membros da casa, do mesmo modo.

b) começar pelo homem da casa e propagar-se pelos outros membros da família.

c) começar por influência dos alardes da vizinhança.

d) atingir tão-somente a rotina de grupos familiares mal constituídos.

e) atingir tão-somente as pessoas da casa que se interessam por futebol.

03. Considerando-se o contexto, traduz-se corretamente o sentido da frase *Cabe aos homens personificar em grau máximo as paixões envolvidas* nesta outra redação:

a) É intenção dos homens envolver outras pessoas nas intensas paixões que ele vive.

b) É um direito masculino fazer de outras pessoas o centro de suas paixões.

c) É nos homens que as mais intensas paixões despertadas costumam corporificar-se.

d) Atribui-se aos homens o dever de partilhar com os outros as mais violentas emoções.

e) Atribui-se à personalidade masculina a obrigação de conter ao máximo suas emoções.

04. Há uma relação de **causa** (I) e **efeito** (II) entre os segmentos da seguinte formulação:

a) *A rotina de uma família* (I) / *costuma ser duramente atingida numa Copa do Mundo* (II).

b) (...) *retornam os papéis tradicionais* (I) *até que chegue outra Copa* (II).

c) *É preciso também reconhecer* (I) *que são muito distintas as atuações dos membros da família* (II).

d) (...) *são muito distintas as atuações dos membros da família* (I) *nessa época de gols* (II).

e) *Como toda exaltação de paixões* (I), *uma Copa pode abrir feridas que demoram a fechar* (II).

05. A coerência da frase está **prejudicada** pelo emprego da expressão sublinhada em:

a) A rotina familiar é alterada durante a Copa, tanto assim que há casos de ressentimentos gerados pelo excesso das paixões.

b) A despeito de serem os torcedores mais inflamados, os homens costumam deixar-se arrebatar pelo entusiasmo numa Copa do Mundo.

c) Muito embora as mulheres não sejam, de regra, torcedoras fanáticas, há sempre aquelas que sofrem com os maus resultados da nossa seleção.

d) À medida que transcorrem os jogos, vai subindo o grau de emoção e de nervosismo dos torcedores mais preocupados.

e) É comum ocorrerem desavenças familiares durante uma Copa, visto que muito poucas pessoas mantêm o espírito sereno durante os jogos.

GABARITO				
01. D	02. B	03. C	04. E	05. B

Texto 28 - O primeiro voo (FCC)

Mais do que um marinheiro de primeira viagem, o passageiro de primeiro voo leva consigo os instintos e os medos primitivos de uma espécie criada para andar sobre a terra. As águas podem ser vistas como extensão horizontal de caminhos, que se exploram pouco a pouco: aprende-se a nadar e a navegar a partir da segurança de uma borda, arrostando-se gradualmente os perigos. Mas um voo é coisa mais séria: há o desafio radical da subida, do completo desligamento da superfície do planeta, e há o momento crucial do retorno, da reconciliação com o solo. Se a rotina das viagens aéreas banalizou essas operações, nem por isso o passageiro de primeira viagem deixa de experimentar as emoções de um heroico pioneiro.

Tudo começa pelo aprendizado dos procedimentos iniciais. O novato pode confundir bilhete com cartão de embarque, ignora as siglas das placas e monitores do aeroporto, atordoa-se com os avisos e as chamadas da locutora invisível. Já de frente para a escada do avião, estima, incrédulo, quantas toneladas de aço deverão flutuar a quilômetros de altura – com ele dentro. Localizada a poltrona, afivelado o cinto com mãos trêmulas, acompanha com extrema atenção as estudadas instruções da bela comissária, até perceber que ele é a única testemunha da apresentação: os demais passageiros (mal-educados!) leem jornal ou conversam. Quando enfim os motores, já na cabeceira da pista, aceleram para subir e arrancam a plena potência, ele se segura nos braços da poltrona e seu corpo se retesa na posição seja-o-que-Deus-quiser.

Atravessadas as nuvens, encanta-se com o firmamento azul e não tira os olhos da janela – até perceber que é um embevecido solitário. Alguns buscam cochilo, outros conversam animadamente, todos ignoram o milagre. Pouco a pouco, nosso pioneiro vai assimilando a rotina do voo, degusta o lanche com o prazer de um menino diante da merenda, depois se prepara para o pouso na mesma posição que assumira na decolagem. Tudo consumado, resta-lhe descer a escada, bater os pés no chão da pista e convencer-se de que o homem é um bicho estranho, destinado a imaginar o irrealizável só pelo gosto de vir a realizá-lo. Nos voos seguintes, lerá jornal, cochilará e pouco olhará pela janela, que dá para o firmamento azul.

– Firmino Alves, inédito.

01. Atente para as seguintes afirmações:
I. No 1º parágrafo, o segmento arrostando-se gradualmente os perigos tem o sentido de prevenindo-se passo a passo contra os riscos.
II. No 2º parágrafo, o segmento estima, incrédulo tem o sentido de aprecia, duvidoso.
III. No 3º parágrafo, o segmento é um embevecido solitário tem o sentido de é o único enlevado.
Em relação ao texto, está correto o que se afirma SOMENTE em

a) I.
b) II.
c) III.
d) I e II.
e) II e III.

02. Ao detalhar e comentar as experiências de um passageiro imaginário, o autor do texto vai qualificando a evolução de suas reações, deixando clara a tese de que, ao fim e ao cabo,

a) a consumação de um ato heroico inspira novas ousadias.
b) a reiteração de um feito transmuda o encantamento em indiferença.
c) o espírito heroico do pioneirismo dá lugar ao sentimentalismo piegas.
d) o fascínio de uma aventura coletiva se converte em aflição individual.
e) a expectativa dos grandes desafios leva a uma inesperada frustração.

03. No contexto do primeiro parágrafo, entre as expressões *marinheiro de primeira viagem* e *passageiro de primeiro voo* estabelece-se uma relação de

a) sucessivas alternâncias, pois ora se está caracterizando uma, ora se está caracterizando a outra.
b) antagonismo de sentido, uma vez que o imobilismo de uma situação se opõe ao dinamismo da outra.
c) analogia de sentido, em que se ressalta, todavia, uma diferença marcante entre as situações a que se referem.
d) subordinação de sentido, uma vez que o entendimento da primeira expressão depende da compreensão da segunda.
e) semelhança meramente formal, pois o sentido da primeira em nada lembra o sentido da segunda.

04. Na frase *a rotina das viagens aéreas banalizou essas operações*, o sentido do verbo banalizar é equivalente ao sentido que assume o verbo em:

a) O progresso trivializou experiências que eram vistas como temerárias.
b) A nova diretoria restringiu algumas das iniciativas programadas.
c) A agência de turismo fez de tudo para popularizar seus planos de viagem.
d) O comandante vulgarizou-se ao se dirigir daquele modo à tripulação.
e) A companhia apequenou seus novos projetos diante da crise.

05. Na expressão '*localizada a poltrona e afivelado o cinto*', a forma sublinhada poderia ser precedida por
I. conquanto.
II. uma vez.
III. tão logo.
IV. ao estar sendo.
Complementa corretamente o enunciado da questão o que está SOMENTE em

a) I e II.
b) II e IV.
c) II e III.
d) I e III.
e) I e IV.

GABARITO				
01. C	02. B	03. C	04. A	05. C

Texto 29 – Por um pouco de limites (Fundep)

Sempre que devo falar em educação, procuro não parecer cética, mas me lembro do que dizia um velho e experiente professor: "Se, numa turma de quarenta alunos, faço um aprender a pensar, me dou por satisfeito". Não sou modelo de vida escolar. Não fui boa aluna; passei a gostar de estudar quase na faculdade; em geral, fui medíocre. Das coisas boas que me marcaram, uma foram os limites sensatos, outra, a autoridade bondosa. Nada a ver com autoritarismo, desrespeito ou controle abusivo.

Fui uma criança rebelde, numa época em que criança dormia cedo, nunca discutia com os adultos, menina deixava seu quarto impecável, bordava com mãos de fada e aprendia a ser uma moça tranquila, obedecendo ao futuro marido com a mesma graça com que obedecia a pais, avós e professores.

Eu não era nada disso: meu problema era a indisciplina. Coisas inocentes da perspectiva atual, como rir em aula, dificuldade em ficar quieta, achar graça onde ninguém via graça nenhuma e me entediar mortalmente na maioria das vezes. Sonhar olhando pela janela com vontade de estar em casa, lendo debaixo das árvores ou aconchegada no meu quarto. Ah, aquela cama embutida em prateleiras!

Mesmo assim, havia algo de reconfortante em existir um tipo de ordem e algumas exigências, evitando que, montada na vassoura da fantasia e do precoce desejo de independência, eu sumisse no ar ou nas páginas de algum livro. O colégio era severo, não cruel. Estudava-se muito. Aos 11 anos comecei a aprender latim, que me ajudaria a compreender melhor meu próprio idioma, entre outras coisas, e aos 12 decorávamos poemas em francês, alguns dos quais até hoje recordo (mal).

Na matemática e nas ciências exatas, meu fracasso era espetacular. Meu bom professor de matemática, que me deu intermináveis séries de aulas particulares, lamentava-se com meu pai: "essa menina não é burra, mas não aprende nada".

Repetir o ano era o horror dos horrores. Para a meninada de hoje isso deve soar quase irreal. A gente recebia nota, sim, não conceitos vagos. Era reprovado, sim, com certa facilidade, o que significava um exame de segunda época no período das esperadas férias de verão e uma enorme possibilidade de repetir o ano – o máximo opróbrio.

Muito de psicologia mal interpretada nos mostrou pelos anos 60 que não dá para traumatizar crianças e jovens: eles têm de aprender brincando. Esqueceu-se que a vida não é brincadeira e que o colégio – como a família – deveria nos preparar para ela. Transformou-se a escola num reduto familiar: professoras são tias, e muitas vezes a bagunça é generalizada, porque na família talvez seja assim.

Um pouco de ordem na infância e na adolescência – em casa, na escola e na sociedade em geral – ajudaria a aliviar a perplexidade e a angústia dos jovens. Respeito deveria ser algo natural e geral, começando em casa, onde frequentemente as crianças comandam o espetáculo.

Se os pais pudessem instaurar uma ordem em casa – amorosa, mas firme – dando aos filhos limites e sentido, respeitando o fato de eles estarem em formação, estariam sendo melhores do que agindo de forma servil ou eternamente condescendente.

Aliás, em casa começaria o melhor currículo, a melhor ferramenta para a vida: respeitar, enxergar e questionar. Nem calar a boca, como antigamente, nem gritar, bagunçar ou ofender: dialogar, comunicar-se numa boa, com irmãos, pais e outros. Isso estimularia a melhor arma para enfrentar o *tsunami* de informações, das mais positivas às mais loucas, que enfrentamos todos os dias: discernimento.

O resto, meus caros, pode vir depois: com todas as teorias, nomenclaturas, "modernidades" e instrumentação. É ornamento, é detalhe, pouco serve para quem não aprendeu a analisar, ler, concentrar-se, argumentar e ser um cidadão integrado e firme no caótico e admirável mundo nosso.

LUFT, Lya. *VEJA*, 14 jun. 2006, p. 22.
(Texto adaptado)

01. O texto **NÃO** apresenta

a) conclusão no sentido de que a educação de antigamente produzia melhores resultados que a oferecida pelas escolas de hoje.
b) crítica à forma de relações familiares modernas, em que os pais agiriam como se não pudessem nunca contrariar os filhos.
c) opinião no sentido de que a educação, tanto na esfera da escola quanto da família, deva ser conduzida com autoridade e diálogo.
d) respaldo aos métodos pedagógicos utilizados pelas escolas contemporâneas, que têm como um de seus pilares a ideia de que só se aprende brincando.

02. A autora descreve a escola de sua época como

a) disciplinada, séria, mas prepotente.
b) metódica, eficiente, mas insensata.
c) opressiva, dinâmica, mas inepta.
d) respeitosa, rígida, mas afável.

03. O termo cujo sentido **NÃO** está corretamente explicado entre colchetes é

a) "... estariam sendo melhores do que agindo de forma servil ou eternamente **condescendente**."
[TRANSIGENTE]
b) "... montada na vassoura da fantasia e do **precoce** desejo de independência..."
[PREMATURO]
c) "... o que significava [...] uma enorme possibilidade de repetir o ano – o máximo **opróbrio**".
[PROBLEMA]
d) "Sempre que devo falar em educação, procuro não parecer **cética**, mas me lembro..."
[DESCRENTE]

04. A expressão destacada **NÃO** é própria do padrão coloquial da língua em

a) "**A gente** recebia nota, sim, não conceitos vagos."
b) "... dialogar, comunicar-se, **numa boa**, com irmãos, pais e outros."
c) "... esta menina não é **burra**, mas não aprende nada."
d) "... menina [...] bordava **com mãos de fada** e aprendia a ser ..."

GABARITO			
01. D	02. D	03. C	04. D

Texto 30 - Tintim (Fundep)

Durante muito tempo o tintim me intrigou. Tintim por tintim: o que queria dizer aquilo? Imaginei que fosse alguma misteriosa medida de outros tempos que sobrevivera ao sistema métrico, como a braça, a légua, etc. Outro mistério era o triz. Qual a exata definição de um triz? É uma subdivisão de tempo ou de espaço. As coisas deixam de acontecer por um triz, por uma fração de segundo ou de milímetro. Mas que fração? O triz talvez correspondesse a meio tintim, ou o tintim a um décimo de triz. Tanto o tintim como o triz pertenceriam ao obscuro mundo das microcoisas. Há quem diga que não existe uma fração mínima de matéria, que tudo pode ser dividido e subdividido. Assim como existe o infinito para fora - isto é, o espaço sem fim, depois que o Universo acaba - existiria o infinito para dentro. A menor fração da menor partícula do último átomo ainda seria formada por dois trizes, e cada triz por dois tintins, e cada tintim por dois trizes, e assim por diante, até a loucura.

Descobri, finalmente, o que significa tintim. É verdade que, se tivesse me dado o trabalho de olhar no dicionário mais cedo, minha ignorância não teria durado tanto. Mas o óbvio, às vezes, é a última coisa que nos ocorre. Está no Aurelião. Tintim, vocábulo onomatopeico que evoca o tinido de moedas. Originalmente, portanto, "tintim por tintim" indicava um pagamento feito minuciosamente, moeda por moeda. Isso no tempo em que as moedas do Brasil tiniam, ao contrário de hoje, quando são feitas de papelão e se chocam sem ruído. Numa investigação feita hoje da corrupção no país, tintim por tintim, ficaríamos tinindo sem parar e chegaríamos a uma nova concepção de infinito.

Tintim por tintim. A menina muito dada namoraria sim-sim por sim-sim. O gordo incontrolável progrediria pela vida quindim por quindim o telespectador habitual viveria plim-plim por plim-plim. E você e eu vamos ganhando o nosso salário tin por tin (olha aí, a inflação já levou dois tins). Resolvido o mistério do tintim, que não é uma divisão nem de tempo, nem de espaço, nem de matéria, resta o triz. O Aurelião não nos ajuda: "triz", diz ele, significa por pouco. Sim, mas que pouco? Queremos algarismos, vírgulas, zeros, definições. Espera um pouquinho. Aqui tem outra definição para "triz". Substantivo feminino. Popular. "Icterícia". Triz quer dizer icterícia. Ou teremos que mudar todas as nossas teorias sobre o Universo ou teremos que mudar de assunto. Acho melhor mudar de assunto. O Universo já tem problemas demais.

01. Segundo o texto, o vocábulo "tintim", originalmente, "indicava um pagamento feito minuciosamente, moeda por moeda". Estas alternativas apontam o

sentido aproximado com que o termo é empregado hoje, EXCETO:

a) cautelosamente
b) criteriosamente
c) meticulosamente
d) escrupulosamente

02. Assinale a única alternativa em que há uma palavra formada pelo mesmo processo utilizado em "tintim":

a) sim-sim
b) quindim
c) plim-plim
d) Aurelião

03. Estas alternativas descrevem etapas utilizadas pelo narrador do texto, EXCETO:

a) Coloca como problema o sentido de duas expressões.
b) Resolve uma questão através de consulta ao dicionário.
c) Tece considerações sobre sua descoberta.
d) Muda o rumo de suas investigações.

04. Estes recursos foram usados pelo narrador e devidamente exemplificados, EXCETO:

a) Faz perguntas que ele mesmo se encarrega de responder: *"Qual a exata definição de um triz? É uma subdivisão de tempo ou de espaço."*.
b) Busca envolver o leitor em suas considerações: *"E você e eu vamos ganhando o nosso salário tin por tin (olha aí, a inflação já levou dois tins)"*.
c) Demonstra entusiasmo em sua busca por esclarecimentos: *"Queremos algarismos, vírgulas, zeros, definições."*.
d) Sensibiliza-se com os conflitos mais graves que os que ele enfrenta: *"o Universo já tem problemas demais"*.

05. É possível afirmar que a atualidade do texto se deve a estas razões, EXCETO:

a) Natureza das ideias apresentadas.
b) Realidade brasileira utilizada como exemplo.
c) Vocabulário empregado na redação.
d) Rigor na observação da norma culta.

06. Estes recursos estilísticos podem ser identificados na redação desse texto, EXCETO;

a) Enumeração, retrospectos e contraposições.
b) Ordem direta dos elementos na frase.
c) Períodos curtos.
d) Frases nominais.

07. Nestas alternativas, há um caráter de dúvida ou de hipótese, EXCETO em

a) "Tintim por tintim: o que queria dizer aquilo?"
b) "Outro mistério era o triz."
c) "O triz talvez correspondesse a meio tintim, ou o tintim a um décimo de triz."
d) Tanto o tintim quanto o triz pertenceriam ao obscuro mundo das microcoisas."

08. As expressões destacadas nestas frases atribuem circunstância de tempo ao termo a que se referem, EXCETO:

a) "***Durante muitos anos***, o tintim me intrigou."
b) "Imaginei que fosse alguma misteriosa medida ***de outros tempos***..."
c) "É uma subdivisão ***de tempo*** ou de espaço."
d) "Numa investigação feita ***hoje*** da corrupção no país tintim por tintim ficaríamos tinindo sem parar..."

09. Nestas alternativas, identificou-se o termo a que se refere a palavra ou expressão destacada, EXCETO:

a) Imaginei que fosse alguma misteriosa medida de outros tempos **que** sobrevivera ao sistema métrico, como a braça, a légua, etc. **que** = outros tempos
b) Mas o óbvio, às vezes, é a última coisa **que** nos ocorre. **que** = a última coisa
c) Isso no tempo **em que** as moedas do Brasil tiniam, ao contrário de hoje, quando são feitas de papelão e se chocam sem ruído. **em que** = no tempo
d) Resolvido o mistério do tintim, **que** não é uma divisão nem de tempo, nem de espaço, nem de matéria, resta o triz. **que** = tintim

GABARITO								
01. A	02. C	03. D	04. C	05. D	06. A	07. B	08. C	09. A

Texto 31 - Recado ao Senhor 903 (FDMC)

Vizinho,

Quem fala aqui é o homem do 1003. Recebi, outro dia, consternado, a visita do zelador, que me mostrou uma carta em que o senhor reclamava contra o barulho em meu apartamento. Recebi depois a sua própria visita pessoal - devia ser meia--noite - e a sua veemente reclamação verbal. Devo dizer que estou desolado com tudo isso e lhe dou inteira razão. O regulamento do prédio é explícito e, se não o fosse, o senhor ainda teria ao seu lado a Lei, e a polícia. Quem trabalha o dia inteiro tem direito ao repouso noturno e é impossível repousar no 903, quando há vozes, passos e músicas no 1003. Ou melhor: é impossível ao 903 dormir quando o 1003 se agita: pois como não sei o seu nome e nem o senhor sabe o meu, ficamos reduzidos a ser dois números, dois números empilhados entre dezenas de outros. Eu, 1003, me limito, a Leste pelo 1005, a Oeste pelo 1001, ao Sul pelo Oceano Atlântico, ao Norte pelo 1004, ao alto pelo 1103 e embaixo pelo 903 – que é o senhor. Todos esses números são comportados e silenciosos; apenas eu e o Oceano Atlântico fazemos algum ruído e funcionamos fora dos horários civis; nós dois apenas agitamos e bramimos ao sabor da maré, dos ventos e da lua. Prometo, sinceramente, adotar, depois das 22 horas, de hoje em diante, um comportamento de manso lago azul. Prometo. Quem vier à minha casa (perdão, ao meu número) será convidado a se retirar às 21:45, e explicarei: o 903 precisa repousar das 22 às 7, pois às 8:15 deve deixar o 783 para tomar o 109 que o levará até o 527 de outra rua, onde ele trabalha na sala 305. Nossa vida, vizinho, está toda numerada e reconheço que ela só pode ser tolerável quando um número não incomoda outro número, mas o respeita, ficando dentro dos limites de seus algarismos. Peço-lhe desculpas – e prometo silêncio.

... Mas que me seja permitido sonhar com outra vida e outro mundo, em que um homem batesse à porta do outro e dissesse: "Vizinho, são três horas da manhã e ouvi música em tua casa. Aqui estou." E o outro respondesse: "Entra, vizinho, e come do meu pão e bebe do meu vinho. Aqui estamos todos a bailar e cantar, pois descobrimos que a vida é curta e a luz é bela."

E o homem trouxesse sua mulher, e os dois ficassem entre os amigos e amigas do vizinho entoando canções para agradecer a Deus o brilho das estrelas e o murmúrio da brisa nas árvores, e o dom da vida, e a amizade entre os humanos, e o amor e a paz.

– Rubem Braga

01. Todas as posturas abaixo relacionadas refletem a visão de mundo do 1003, EXCETO:

a) Denuncia a personalização a que o ser humano está submetido.
b) Transfere ao próximo a idealização de uma forma da vida mais solidária.
c) Critica o esvaziamento do sentido da existência humana.
d) Ironiza os preceitos massificantes do mundo em que vive.
e) Enfatiza uma conveniência alicerçada na espontaneidade dos próprios impulsos.

02. Relacionadas às ideias do texto, todas as referências citadas abaixo sugerem atitudes em desacordo com o regulamento do prédio em que mora o 1003, EXCETO:

a) "bramimos ao sabor da maré"
b) "vozes, passos, músicas"
c) "comportamento de manso lago azul"
d) "são três horas da manhã (...) aqui estamos todos a bailar
e) "ouvi música em tua casa"

03. Todas as alternativas apresentam inferências que podem ser feitas a partir da leitura do texto, EXCETO:

a) O indivíduo tem necessidade de desrespeitar os preceitos sociais.
b) A estrutura social é a grande responsável pela mecanização humana.
c) O homem está solitário no meio da multidão.
d) O automatismo anula o bem-estar emocional da criatura.
e) Cada um deve beber no coração do outro.

04. Todas as citações textuais metaforizam esperanças alimentadas interiormente pelo 1003, EXCETO:

a) "sonhar com outra vida e outro mundo"
b) "Vizinho, são três horas da manhã e ouvi música em tua casa. Aqui estou."
c) "Aqui estamos todos a bailar e cantar"
d) "ficando dentro dos limites de seus algarismos"
e) "entoando canções para agradecer a Deus"

05. "... Mas que me seja permitido sonhar com outra vida e outro mundo, em que um homem batesse à porta do outro e dissesse" Os modos verbais indicam as diferentes maneiras de um fato se realizar. Na citação em questão, tal uso enuncia um fato

a) hipotético
b) positivo
c) habitual
d) que exprime ordem
e) que exprime um conselho

GABARITO				
01. A	02. C	03. A	04. D	05. A

TEXTO 32

Ouro Contemporâneo (FUMARC)

Uma vez visitei um lugarejo realmente encantado. Um vale com algumas casas e todos os habitantes descendentes de uma única família. As casas eram cercadas por várias árvores e, em cada tronco, havia uma carcaça de tatu, todos adultos. Sinal de que se tratava de caça seletiva. Ao redor da casa, havia muitas galinhas e uma hortinha cercada para manter os pés-de-couve, salsa e cebolinha protegidos das aves ciscadeiras. Intrigado com a presença de tantas penáceas, contrastando com as carcaças de tatus, perguntei por que não comiam as galinhas, em vez dos silvestres tatus. Prontamente, a matriarca me respondeu que buscar tatus era tarefa dos homens. Das galinhas, se alimentavam com os ovos. Comer galinha é só nas festas e quando tem "neném novo". Um costume autêntico do século XVIII, mantido até o presente momento.

Naquele tempo, qualquer quantidade de carne durava muito, pois a carne cozida ficava guardada na banha. O torresmo apertado ia sendo adicionado à farofa ou ao tutu de feijão. Aproveitava-se, aos poucos, de tudo; o toucinho reservado ficava pendurado sobre o fogão a lenha, recebendo fumaça para ser degustado mais à frente. Depois, sobrava a pele que, salgada, se transformava em pururuca ou num gembê de pele (refogado suculento), que recebia os temperos verdes dos quintais. Ainda sobre o fogão a lenha, ficavam vários metros de linguiça, recebendo fumaça e que, aos pequenos pedaços, iam sendo consumidos. As partes menos nobres do porco, como focinho, orelhas, pés, joelhos e rabo, também ficavam salgados sobre o fogão, para, mais tarde, compor a famosa feijoada. Carne salgada, carne seca, carne de sol. Uma verdadeira multiplicação do alimento.

Para as viagens, a comida dos tropeiros tinha que ter proteínas: feijão tropeiro – o alimento seco que podia ser sacolejado sobre o lombo das mulas, subindo e descendo serras infinitas. A receita se compunha de feijão inteiro, ovo, torresmo, linguiça – mexidos. O tutu: feijão, farinha, torresmo, coberto por couve refogada. Tudo feito em panelas de barro, de pedra ou de ferro. Nos fornos feitos com adobe ou de bossa de cupim, eram assados biscoitos que duravam longos dias e eram transportados nos embornais dos tropeiros.

A criatividade e a necessidade fizeram com que a população buscasse alternativas para saciar a fome. Por isso, desenvolveram um cardápio tão original. Mesmo assim, em Minas, milhares de pessoas passavam fome, e, em Tiradentes, houve uma tão acirrada que as pessoas tiveram que se alimentar dos próprios animais domésticos para não sucumbir pela fome.

Com a riqueza ou com a pobreza a tradição alimentar ficou enraizada no nosso dia-a-dia, mesmo com a forte presença dos enlatados, de tecnologia e novidades que não param de surgir. No século XVIII, quando Tiradentes viveu o apogeu do ouro, a comida foi escassa, mas criativa, e conseguiu romper três séculos de história. Hoje, quando a cidade está revitalizada pelo turismo, a tradicional comida mineira vem marcar expressa presença.

– Luiz Cruz

01. Em relação à cidade de Tiradentes, o título do texto refere-se, especificamente, à riqueza de:

a) seu solo
b) sua culinária
c) sua cultura
d) sua história

02. Entre as afirmações que o texto dá sobre a cozinha mineira, não se inclui

(em):

a) A maneira como tal cozinha foi surgindo.
b) As causas do seu aparecimento
c) As modificações introduzidas com os anos
d) O tempo em que ela foi se desenvolvendo.

03. "em cada tronco, havia uma carcaça de tatu, todos adultos. Sinal de que se tratava de caça seletiva" O autor chega à conclusão de que os animais sacrificados eram adultos, porque as carapaças

a) eram de tamanho semelhante.
b) eram de uma única espécie.
c) estavam distribuídas uniformemente.
d) estavam presas em árvores.

04. "Naquele tempo, qualquer quantidade de carne durava muito..." Entre os motivos que justificam essa afirmação não se inclui

a) a manipulação adequada.
b) o aproveitamento total.
c) o consumo gradual.
d) o tratamento natural.

05. "Com a riqueza ou com a pobreza a tradição alimentar ficou enraizada no nosso dia-a-dia, mesmo com a forte presença dos enlatados, de tecnologia e novidades que não param de surgir". Nessa frase, a característica da comida mineira ressaltada é a sua capacidade de

a) acomodação.
b) adaptação.
c) persistência.
d) transigência.

06. "Das galinhas, se alimentavam com os ovos." Assinale a alternativa cuja explicação mais se aproxima do sentido vinculado nessa frase:

a) Alimentavam-se apenas com os ovos das galinhas.
b) Apenas se alimentavam com os ovos das galinhas.
c) Com os ovos das galinhas apenas se alimentavam
d) Das galinhas alimentavam-se apenas com os ovos.

07. Em todas as seguintes frases, transcritas do texto, há palavras que veiculam ideia de indefinição, EXCETO em:

a) Naquele tempo, qualquer quantidade de carne durava muito.
b) O torresmo apertado ia sendo adicionado à farofa ou ao tutu de feijão.
c) Tudo feito em panelas de barro, de pedra ou de ferro.
d) Um vale com algumas casas e todos os habitantes descendentes de uma única família.

GABARITO			
01. B	02. C	03. A	04. D
05. C	06. D	07. B	

Texto 33

Lar desfeito

José e Maria estavam casados há 20 anos e eram muito felizes um com o outro. Tão felizes que um dia, na mesa, a filha mais velha reclamou:

_ Vocês nunca brigam?

José e Maria se entreolharam. José respondeu:

_ Não, minha filha. Sua mãe e eu não brigamos.

_ Nunca brigaram? - quis saber Vítor, o filho do meio.

_ Claro que já brigamos, mas sempre fizemos as pazes. Na verdade, brigas, mesmo, nunca tivemos. Desentendimentos, como todo mundo. Mas sempre nos demos muito bem...

_ Coisa mais chata - disse Venancinho, o menor.

Vera, a filha mais velha, tinha uma amiga, Nora, que a deixava fascinada com suas histórias de casa. Os pais de Nora viviam brigando. Era um drama. Nora contava tudo para Vera. Às vezes chorava. Vera consolava a amiga. Mas no fundo tinha certa inveja. Nora era infeliz. Devia ser bacana ser infeliz assim. O sonho de Vera era ter um problema em casa para poder ser revoltada como Nora. Ter olheiras como Nora.

Vítor, o filho do meio, frequentava muito a casa de Sérgio, seu melhor amigo. Os pais de Sérgio estavam separados. O pai de Sérgio tinha um dia certo para sair com ele. Domingo. Iam ao parque de diversões, ao cinema, ao futebol! O pai de Sérgio namorava uma moça do teatro. E a mãe de Sérgio recebia visitas de um senhor muito camarada que sempre trazia presentes para o Sérgio. O sonho de Vítor era ser irmão de Sérgio.

Venancinho, o filho menor, também tinha amigos com problemas em casa. A mãe do Haroldo, por exemplo, tinha se divorciado do pai do Haroldo e se casado com um cara divorciado. O padrasto do Haroldo tinha uma filha de 11 anos que podia tocar o *Danúbio Azul* espremendo uma mão na axila, o que deixava a mãe do Haroldo louca. A mãe do Haroldo gritava muito com o marido. Bacana.

_ Eu não aguento mais esta situação - disse Vera, na mesa, dramática.

_ Que situação, minha filha?

_ Essa felicidade de vocês!

_ Vocês pelo menos deveriam ter o cuidado de não fazer isso na nossa frente - disse Vítor.

_ Mas nós não fazemos nada!

_ Exatamente.

Venancinho batia com o talher na mesa e reivindicava: - Briga, briga, briga.

José e Maria concordavam que aquilo não podia continuar. Precisavam pensar nas crianças. Antes de mais nada, nas crianças. Manteriam uma fachada de desacordo, ódio e desconfiança na frente deles, para esconder a harmonia. Não seria fácil. Inventariam coisas. Trocariam acusações fictícias e insultos.

Tudo para não traumatizar os filhos.

_ Víbora, não! – gritou Maria, começando a erguer-se do seu lugar na mesa com a faca serrilhada na mão.

José também se ergueu e empunhou a cadeira.

_ Víbora, sim! Vem que eu te arrebento.

Maria avançou. Vera agarrou-se ao seu braço.

_ Mamãe. Não!

Vítor segurou o pai. Venancinho, que estava de boca aberta e olhos arregalados desde o começo da discussão – a pior até então –, achou melhor pular da cadeira e procurar um canto neutro da sala de jantar.

Depois daquela cena, nada mais havia a fazer. O casal teria que se separar. Os advogados cuidariam de tudo. Eles não podiam mais nem se enxergar.

Agora era Nora que consolava Vera. Os pais eram assim mesmo. Ela tinha experiência. A família era uma instituição podre. Sozinha, na frente do espelho, Vera imitava a boca de desdém de Nora.

_ Podre. Tudo podre.

E esfregava os olhos, para que ficassem vermelhos. Ainda não tinha olheiras, mas elas viriam com o tempo. Ela seria amarga e agressiva. A pálida filha de um lar desfeito. Um pouco de pó-de-arroz talvez ajudasse. Vítor e Venancinho saíam aos domingos com o pai. Uma vez foram ao Maracanã junto com o Sérgio, o pai do Sérgio e a namorada do pai do Sérgio, a moça do teatro. O pai do Sérgio perguntou se José não gostaria de conhecer uma amiga da sua namorada. Assim poderiam fazer mais programas juntos. José disse que achava que não. Precisava de tempo pra se acostumar com sua nova situação. Sabe como é.

Maria não tinha namorado. Mas no mínimo duas vezes por semana desaparecia de casa, depois voltava menos nervosa. Os filhos tinham certeza de que ela ia se encontrar com um homem.

_ Eles desconfiam de alguma coisa? – perguntou José.

_ Acho que não – respondeu Maria.

Estavam os dois no motel onde se encontravam, no mínimo duas vezes por semana, escondidos.

_ Será que fizemos o certo?

_ Acho que sim. As crianças agora não se sentem mais deslocadas no meio dos amigos. Fizemos o que tinha de ser feito.

_ Será que algum dia vamos poder viver juntos outra vez?

_ Quando as crianças saírem de casa. Aí então estaremos livres das convenções sociais. Não precisaremos mais manter as aparências. Me beija.

01. O padrão familiar abordado no texto, "Lar desfeito", é diferente do convencional. Todos os fragmentos abaixo, retirados do texto, confirmam essa afirmação, EXCETO:

a) "- Eu não aguento mais essa situação – disse Vera, na mesa, dramática."

b) "Venancinho batia com o talher na mesa e reivindicava: - Briga. Briga. Briga."
c) "Claro que já brigamos, mas sempre fizemos as pazes."
d) "Ela seria amarga e agressiva. A pálida filha de um lar desfeito."
e) "Quando as crianças saírem de casa. Aí estaremos livres das convenções sociais."

02. Em seu texto, Luis Fernando Veríssimo, utilizou expressões da linguagem coloquial. Todas as alternativas abaixo são exemplos de linguagem informal, EXCETO:

a) "Víbora, sim! Vem que eu te arrebento!"
b) "Coisa mais chata - disse o menor
c) Sabe como é.
d) Bacana.
e) Estavam os dois no motel.

03. Todas as alternativas abaixo estão corretas, EXCETO:

a) A escolha dos nomes José e Maria, trabalha a ideia da universalização da temática.
b) O texto é irônico à medida que opera uma inversão de valores ao abordar o tema família.
c) O texto apresenta elementos fictícios que jamais acontecem na vida real.
d) Encontramos no texto uma crítica às pessoas que se espelham demasiadamente em outras.
e) A mistura de estilos linguísticos do texto reforça a ideia de que essa situação pode acontecer em qualquer nível social.

04. Todas as alternativas abaixo estão erradas, EXCETO:

a) As convenções sociais apresentadas no texto se diferem do perfil familiar tradicional.
b) Todos os personagens do texto querem se enquadrar em um padrão familiar que não é o convencional.
c) O texto apresenta quatro famílias desestruturadas que buscam solidez em outros relacionamentos.
d) A briga de José e Maria foi o estopim para a separação do casal.
e) No final da história, todos os personagens se mostram satisfeitos com a nova situação vivenciada.

05. Todas as alternativas abaixo estão corretamente interpretadas de acordo com o texto, EXCETO:

a) "- Vocês pelo menos deviam ter o cuidado de não fazer isso na nossa frente." - Vocês poderiam ter o cuidado de não nos deixar transparecer toda essa felicidade que vivenciam.
b) "Depois daquela cena, nada mais havia a fazer. O casal teria que se separar." - Depois daquela cena o casal acabara por se separar. Os advogados cuidaram de tudo.
c) "Vera imitava a boca de desdém de Nora. - Podre. Tudo podre." - Vera e Nora acreditavam que as famílias eram podres.
d) "Os filhos tinham certeza de que ela ia se encontrar com um homem." - Maria, na verdade, se encontrava com José no motel.
e) "Aí estaremos livres das convenções sociais." - José e Maria, um dia, ficariam livres de disfarçar a felicidade do casamento.

GABARITO				
01. C	02. E	03. C	04. A	05. B

Texto 34 - (FUNDEP)

Não tenho curso superior. O que eu sei foi a vida que me ensinou, e como eu não prestava muita atenção e faltava muito, aprendi pouco. Sei o essencial que é amarrar os sapatos, algumas tabuadas e como distinguir um bom Beaujolais pelo rótulo. E tenho certo jeito - como comprova este exemplo - para usar frases entre travessões, o que me garante o sustento. No caso de alguma dúvida maior, recorro ao bom senso, que sempre me responde da mesma maneira: "olha no dicionário, pô!"

Este naco de autobiografia é apenas para dizer que nunca tive que passar pelo martírio de um vestibular. É uma experiência que jamais vou ter, como a dor do parto. Mas isto não impede que todos os anos, por esta época, eu sofra com o padecimento de amigos que se submeteram à terrível prova, ou até de estranhos que vejo pelos jornais chegando um minuto atrasados, tendo insolações e tonturas, roendo metade do lápis durante o exame e no fim olhando para o infinito com aquele ar de sobrevivente da Marcha da Morte de Batan. Enfim, os flagelados do unificado. Só lhes posso oferecer minha simpatia. Como ofereci a uma conhecida nossa que este ano esteve no inferno.

_ Calma, calma. Você pode parar de roer as unhas. O pior já passou.

_ Não consigo. Vou levar duas semanas para me acalmar.

_ Bom, então roa as suas próprias unhas. Essas são as minhas...

_ Ah! Desculpe. Foi terrível. A incerteza, as noites sem sono. Eu estava de um jeito que calmante me excitava.

E quando conseguia dormir sonhava com escolhas múltiplas: a) fracasso, b) vexame, c) desilusão. E acordava gritando: NENHUMA DESTAS! Foi horrível.

_ Só não compreendo por que você inventou de fazer vestibular a esta altura da vida.

_ Mas quem é que fez vestibular? Foi meu filho! E o cretino está na praia enquanto eu fico aqui, à beira do colapso.

Mãe de vestibulando. Os casos mais dolorosos. O inconsciente do filho às vezes nem tá, diz pra coroa que cravou coluna do meio em tudo e está matematicamente garantido. E ela ali, desdobrando fila por fila o gabarito. Não haveria um jeito mais humano de fazer a seleção para as universidades? Por exemplo, largar todos os candidatos no ponto mais remoto da floresta amazônica e os que voltassem à civilização estariam automaticamente classificados. Afinal, o Brasil, precisa de desbravadores. E as mães dos reprovados, quando indagadas sobre a sorte do filho, poderiam enxugar uma lágrima e dizer com altivez: "ele foi um dos que não voltaram". Em vez de "é um burro!".

Os candidatos à Engenharia no Rio de Janeiro poderiam ser postos a trabalhar dia e noite, quem pedisse água seria desclassificado. O Estado acabaria com poucos engenheiros novos - aliás, uma segurança para a população - mas as obras do metrô progrediriam como nunca. Na direção errada, mas que diabo.

O certo é que do jeito que está não pode continuar. E ainda por cima, há os cursinhos pré-vestibulares. Em São Paulo os cursinhos estão usando helicópteros na guerra pela preferência dos vestibulandos que terão que repetir tudo ano que vem. Daí para o napalm, o bombardeio estratégico, o desembarque anfíbio e, pior, uma visita do Kissinger para negociar a paz, é um pulo. Em São Paulo há cursinhos tão grandes que o professor, para se comunicar com as filas de trás, tem que usar o correio. Se todos os alunos de cursinhos no centro de São Paulo saíssem para a rua ao mesmo tempo, ia ter gente caindo no mar em Santos. O vestibular virou uma indústria. E os robôs que saem das usinas pré-vestibulares só têm duas opções: marcar cruzinha e rezar.

O filho da nossa nervosa amiga chegou em casa meio pessimista com uma das suas provas.

_ Sei não. Acho que tubulei. O inglês não estava mole.

_ Mas meu filho, hoje não era inglês! Era física e matemática!

_ Oba! Então acho que fui bem.

- Luís Fernando Veríssimo

01. Todas as alternativas destacam posições assumidas pelo narrador do texto, EXCETO:

a) Crítica à preparação dos candidatos ao vestibular
b) Crítica aos critérios de seleção para as Universidades.
c) Desprezo pelo ensino de nível superior.
d) Sensibilidade para os problemas das pessoas envolvidas.

02. Todas as alternativas apresentam posturas do narrador em relação àqueles que padecem o vestibular, EXCETO:

a) conivência
b) hilaridade
c) indignação
d) solidariedade

03. O narrador faz uma crítica bem humorada aos seguintes grupos, EXCETO:

a) candidatos ao vestibular
b) cursos pré-vestibulares
c) desbravadores da Amazônia
d) engenheiros recém-formados

04. Todas as alternativas apresentam características associadas ao tom humorístico que prevalece no texto, EXCETO:

a) Atribuir ao vestibular proporções de calamidade pública.
b) Descrever métodos absurdos para selecionar candidatos à Universidade.
c) Caricaturar a atuação desastrosa dos cursinhos pré-vestibulares.
d) Dizer frequentemente o contrário daquilo que o leitor espera.

05. O diálogo entre o narrador e uma conhecida funciona na organização do texto como

a) analogia
b) consequência
c) justificativa
d) exemplificação

06. "O vestibular virou indústria". A alternativa que justifica adequadamente essa afirmação é

a) Alunos de cursinhos extrapolam o centro de São Paulo.
b) Cursinhos lutam por frequência dos vestibulandos.
c) Professores e alunos só se comunicam através do correio.
d) Usinas pré-vestibulares produzem robôs em série.

07. Todas as alternativas caracterizam a experiência de se fazer vestibular, EXCETO:

a) uma guerra
b) um inferno
c) um martírio
d) uma terrível prova

08. Em todas as alternativas, há expressões que criam um efeito de sentido figurado, EXCETO:

a) E tenho certo jeito (...) para usar frases entre travessões, o que me garante o sustento.
b) Em São Paulo os cursinhos estão usando helicópteros na guerra pela preferência (...).

c) E o cretino está na praia enquanto eu fico aqui, à beira do colapso.

d) O inconsciente do filho diz pra coroa que cravou coluna do meio em tudo (...).

GABARITO							
01. C	02. C	03. C	04. A	05. D	06. D	07. A	08. A

Texto 35

A vida dos outros (CESGRANRIO)

Almoço fora todos os dias. Isso não é problema, porque meu escritório fica em local muito movimentado e com grande variedade de restaurantes. Em geral, prefiro aqueles que oferecem comida a quilo, essa maravilhosa invenção moderna (há quem garanta ser invenção brasileira) que permite comer na medida certa, sem desperdícios, e observar os pratos antes de fazer a escolha.

Mas gosto dos restaurantes a quilo também por outra razão: são feitos sob medida para os solitários. Neles, reinam os introvertidos, os retraídos, os tímidos. Você entra, escolhe, pesa, se senta, come, paga e vai embora. Se não quiser, não precisa pronunciar uma só palavra.

Talvez por isso, os restaurantes a quilo vivam apinhados de pessoas sozinhas. Neles, elas são têm qualquer pudor de se sentar à mesa sem companhia, nem nos fins de semana, que é tempo de família, amigos, congregação. Os restaurantes a quilo são também frequentados por turistas, pois entrar e comer num lugar em que não precisam tentar se entender com pessoas que só falam essa língua secreta chamada português.

O restaurante a quilo é o lugar onde a palavra é supérflua e onde deveria reinar o silencia. Pois é; deveria. Mas o que ocorre é justamente o contrário. E por quê? Por culpa do telefone celular.

Por alguma razão, as pessoas precisam falar ao celular quando se sentam para comer. Resolvem assuntos pendentes, pedem informações, fazem encomendas, fecham negócios ou mesmo batem papo com o amigo ou amiga que não veem há tempos – e tudo isso enquanto mastigam e engolem o almoço. Pobres estômagos.

E pobre de mim. Não consigo ficar indiferente ao que está sendo dito nos celulares à minha volta. Assim que a conversa se estabelece, começo a prestar atenção ao que está sendo dito e, daqui a pouco, quase sem perceber me vejo vivendo a vida dos outros. Sofro, brigo, peço ou dou informação, falo de trabalho, marco reuniões, fico estressada com a mercadoria que não chegou – e tudo sem ter a ver com isso.

Outro dia, durante o almoço, participei de duas conversas inquietantes. A primeira foi quando uma jovem na mesa à minha esquerda atendeu um telefonema a respeito de uma encomenda. Do outro lado do fio, alguém tinha dúvidas e que ela confirmasse certas coisas. Não consegui entender a que produto se referiam, mas sei que a moça parou de comer e, segurando o celular entre a orelha e o ombro, catou na bolsa um caderninho e repetiu, aos gritos (a ligação parecia ruim), números de série do artigo encomendado. Enquanto isso, a comida em seu prato esfriava. E a minha também. Como eu poderia comer sem ver aquele assunto resolvido?

Mas ela desligou e já tocava o celular de outra senhora, duas ou três mesas à minha frente. Estava encoberta e não pude ver-lhe o rosto. Mas acompanhei, acabrunhada, sua conversa sobre a amiga internada, que acabara de ser operada. Perdi a fome de vez.

Com o advento do celular, minha vida ficou assim: já não tenho noção dos limites (onde acaba a minha vida e começa a dos outros?). Ou talvez tenham sido as pessoas que perderam esses limites. Porque a tecnologia transformou o mundo, mas não surgiram novas regras para acompanhar as transformações. Será que algum dia uma nova etiqueta vai entrar em vigor, estabelecendo que é falta de educação falar enquanto se almoça num restaurante (estando ou não de boca cheia)? Espero que sim. Mas enquanto isso não acontece, vou vivendo a vida dos outros.

– Heloisa Seixas

01. No trecho "essa língua secreta chamada português" (linha 11-12), o texto quês ressaltar que a língua portuguesa

a) é desconhecida pela maioria dos estrangeiros.
b) é uma das línguas menos faladas em todo o mundo.
c) torna-se misteriosa, por ser muito difícil.
d) está restrita a um pequeno número de pessoas, pela sua complexidade.

02. Nos restaurantes a quilo, "... a palavra é supérflua" (linha 13) porque

a) a conversa passou a ser um hábito pouco cultivado pelos clientes solitários.
b) o local é próprio para quem não gosta de conviver com os outros.
c) deve ser evitado ali qualquer tipo de desperdício.
d) quase ano há necessidade de falar para se obter o que se deseja.
e) não se consegue escutar o outro, por causa do barulho existente.

03. No final do quinto parágrafo a expressão "pobres estômagos" dá a entender que

a) não é saudável ingerir problemas e preocupações junto com os alimentos.
b) as pessoas acabam comendo mais do que deveriam, distraídas com as conversas telefônicas.
c) o processo digestivo fica prejudicado quando a pessoa percebe que seus vizinhos de mesa tratam de assuntos desagradáveis.
d) a pressa com que atualmente são feitas as refeições interfere no processo de digestão.
e) a radiação emitida pelos telefones celulares pode causar doenças no aparelho digestivo.

04. A autora considera que vive a vida dos outros nos momentos em que

a) se dispõe a ouvir os problemas particulares daqueles que, como ela, almoçam sozinhos.
b) estabelece uma relação de empatia com as pessoas ao seu redor, identificando-se com as situações por elas vivenciadas.
c) troca confidência, pelo celular, com familiares, amigos e colegas de trabalho durante as refeições.
d) procura descobrir as razões dos conflitos que caracterizam a vida diária daqueles que a cercam.
e) decide buscar solução, mesmo durante o almoço, para as dificuldades que os amigos enfrentam.

05. "Mas acompanhei, **acabrunhada**, sua conversa..." (linha 32). A palavra destacada pode ser substituída, sem interferir n significado do texto, por

a) atenta.
b) solidária.
c) indiferente.
d) alvoroçada.
e) entristecida.

06. O *barulho no local era tão alto que o homem, coitado, saiu rápido*. Indique o único período que mantém exatamente o mesmo sentido da oração apresentada acima, embora com outra estrutura.

a) Quando o barulho ficou muito alto, o homem coitado saiu rápido.
b) O homem, que era muito rápido, saiu por causa do barulho tão alto no local.
c) O homem saiu rápido porque no local o barulho era muito alto. Coitado.
d) Depois de ouvir um barulho muito alto, o homem rápido saiu.
e) No local, o barulho, coitado, era tão alto que o homem saiu rápido.

07. No fragmento "... e repetiu, aos gritos (a ligação parecia estar ruim), números de série..." (linha 28), o trecho entre parênteses visa a

a) apresentar uma controvérsia.
b) introduzir uma informação nova.
c) acrescentar um detalhe imprevisível.
d) fornecer um elemento indispensável à análise.
e) dar uma explicação adicional.

GABARITO						
01. A	02. D	03. A	04. B	05. E	06. C	07. E

Texto 36

FALAR E ESCREVER BEM (FUNDEP)

Mal amparado por escolas que evadem qualquer menção à análise sintática, o brasileiro nem sempre sabe onde buscar régua e compasso para disciplinar a língua que fala. O português é uma entidade dinâmica, continuamente alterada e enriquecida por novas gírias, expressões, palavras importadas. Mas essa fluidez não faz dela um território sem leis.

As gramáticas normativas cumprem um bom papel no esclarecimento de dúvidas sobre o que é ou não correto na escrita. A fala, porém, admite muitas construções que seriam aberrantes na página impressa. – Vou no médico, por exemplo, é a forma mais comum em conversas informais, ainda que não seja a forma mais recomendada pela norma culta da língua. O que é preciso é achar o equilíbrio, inclusive nas diferenças de registro: um adolescente não pode empregar com os avós os mesmos termos que utiliza nas baladas com sua turma.

Nas últimas décadas, por força da urbanização, o fosso que separava a fala culta da – popular tem se estreitado. Em meados do século passado, por exemplo, – a gente não era aceito como um equivalente a – nós. Hoje é uma forma perfeitamente apropriada. - Nós ganhou certo ar formal. – De terno e gravata, a reunião é *conosco*.

De bermuda e chinelo, pode falar com *a gente* mesmo, brinca o professor de português Sérgio Nogueira. – A gente fomos, é claro, continua sendo o que sempre foi: um erro. Aberrações como essa agridem tanto os ouvidos como a natureza da língua.

É saudável manter distância dos modismos linguísticos que logo viram vícios, além de se observar uma outra variável em jogo: a elegância. Um exemplo ilustrativo é o chamado gerundismo. Não é que – vou estar enviando seja errado do ponto de vista gramatical. Mas o transbordamento de verbos ofende a frase, que diria a mesma coisa com um – enviarei ou, na fala, – vou enviar.

O gerundismo pegou porque alguns creem que essa é uma forma sofisticada de falar. Outros, com o mesmo propósito, recorrem ao bacharelismo, confundindo afetação com riqueza vocabular. Nesse caso, tem-se medo de ser simples. Trata-se de um medo infundado: ser simples é ser elegante. Dizer mais com menos é o ideal.

E — falar difícil é andar na contramão do bom-senso.

É de bom-tom, ainda, manter os ouvidos afinados com os modos de expressão correntes. À parte alguns elitistas que acusam a televisão de — empobrecer a linguagem, o veículo faz um excelente registro da boa fala contemporânea, ao eliminar as peculiaridades regionais e etárias da língua. A qualidade dramática das novelas da Globo pode oscilar, mas, em geral, seu texto atinge uma conciliação excelente de coloquialismo e correção. O recurso a gírias regionais, expressões grosseiras e erros de português é, sim, admissível - mas com parcimônia. — Nesses casos, deve-se deixar claro para o espectador que aquele linguajar é uma licença da ficção para retratar um tipo popular diz o noveleiro Sílvio de Abreu. Em *Passione,* há um desses tipos peculiares - e cômicos: Candê, a verdureira suburbana vivida por Vera Holtz, que gosta de chutar a gramática e diz frases como — fazem dois dias que não vejo ela. — O que interessa é que as personagens falem de maneira natural, com a correção possível, mas sem afetação diz Abreu.

VEJA, 11/08/2010, p.94-101. (Texto adaptado).

01. Assinale a afirmativa que **CONTRADIZ** o texto.

a) A língua se organiza a partir de regras e preceitos, apesar de seu caráter vivo que permite que ela seja continuamente modificada e acrescida de vocábulos novos.
b) A linguagem utilizada nas novelas de televisão, eivada de disparates, caracteriza-se pela ausência de equilíbrio entre a expressão verbal considerada correta e a linguagem mais informal.
c) O gerundismo, marcado pelo uso excessivo e desnecessário de formas verbais, não pode ser chamado propriamente de erro gramatical: sua inconveniência é mais relacionada ao estilo, à elegância que à correção.
d) Um dos grandes responsáveis pela dificuldade dos brasileiros com a expressão linguística compatível com as regras é o sistema de ensino do País, especialmente pela negligência com o estudo da gramática.

02. Segundo o texto, o conceito de **certo** e **errado**, no que se refere ao uso da língua, deve ser relativizado pelo objetivo, pelo ambiente e pelas pessoas envolvidas na situação de comunicação.

Assinale o trecho do texto que ***melhor*** ilustra a ideia.

a) – À parte alguns elitistas que acusam a televisão de = empobrecer' a linguagem, o veículo faz um excelente registro da boa fala contemporânea, ao eliminar as peculiaridades regionais e etárias da língua.

b) – As gramáticas normativas cumprem um bom papel no esclarecimento de dúvidas sobre o que é ou não correto na escrita.

c) – De terno e gravata, a reunião é *conosco*. De bermuda e chinelo, pode falar com *a gente* mesmo [...].

d) – O que interessa é que as personagens falem de maneira natural, com a correção possível, mas sem afetação [...].

03. Indique o trecho que **NÃO** foi corrigido adequadamente, de acordo com os preceitos da norma culta e das regras de elegância.

a) – A gente fomos
Nós fomos.

b) [...] – fazem dois dias que não vejo ela.
Faz dois dias que não a vejo.

c) [...] – vou estar enviando
Enviarei.

d) – Vou no médico
Vou ao médico.

GABARITO		
01. B	02. C	03. B

Texto 37

MÚSCULOS JOVENS PARA SEMPRE (FUNDEP - 2012)

Os benefícios de praticar uma atividade física, como correr ou pedalar, vão além do melhor condicionamento físico. Pesquisadores da Universidade de Tel-Aviv, em Israel, descobriram que **se exercitar com frequência e em intensidade moderada eleva a quantidade de células-tronco encontradas na musculatura**. E são elas que garantem que o processo de regeneração dos músculos ocorra de forma eficiente. Os cientistas já haviam constatado que essas células se tornam menos numerosas no envelhecimento, o que explica a queda na capacidade de reparação muscular.

O estudo foi feito com ratos de várias idades. As cobaias correram em uma esteira por 20 minutos, durante 13 semanas. Após esse período, constatou-se que os animais mais jovens tiveram um aumento médio na quantidade de células-tronco de 20% a 35% por fibra muscular. Nos mais velhos, o crescimento foi de 33% a 47%. "É também por esse motivo que as pessoas que praticam exercício ao longo da vida envelhecem de forma mais graciosa", afirma Dafna Benayahu, coordenadora do trabalho.

Mônica Tarantino. *ISTOÉ*, 2159, 30 de março de 2011.

01. No texto, as atividades físicas são consideradas, para os humanos, como

a) benéficas.
b) indiferentes.
c) perturbadoras.
d) prejudiciais

02. Pode-se deduzir, do texto, que o envelhecimento provoca

a) bom condicionamento físico.
b) capacidade de reparação muscular.
c) diminuição de células-tronco.
d) processos de regeneração muscular.

03. A partir das informações contidas no texto, pode-se considerar que a reparação muscular **NÃO** é

a) aceita.
b) desejável.
c) impossível.
d) reconhecida.

04. Os estudos sobre envelhecimento celular mencionados no texto **NÃO** são feitos

a) com animais.
b) com instrumentos.
c) por cientistas.
d) por mero acaso.

05. No texto, admite-se que as pessoas que praticam exercício ao longo da vida podem envelhecer de forma mais graciosa porque

a) se conservam mais bonitas.
b) se tornam mais ágeis.
c) ficam mais saudáveis.
d) têm ampliada sua capacidade de reparação muscular.

GABARITO				
01. A	02. C	03. C	04. D	05. D

Texto 38 (FUMARC - 2012)

Rosely Sayão

Como a data em que se comemora o Dia das Mães está próxima, quero aproveitar e, em nome de muitas escolas, pedir perdão a mulheres que têm filhos que frequentam todos os níveis do ensino básico e da educação infantil.

Senhoras mães: perdão por reclamarmos de seus filhos, por muitas vezes sugerirmos que eles possam ter algum problema emocional, físico ou intelectual e até solicitarmos que eles sejam levados a algum especialista.

É que nossa tradição é a de lidar com alunos exemplares ou medianos, os quais não nos convocam a pensar, refletir ou agir de modo diferente do que estamos acostumados. Então, para evitar que eles revelem as nossas falhas e os nossos limites, adotamos essa postura de creditar a nossos alunos - os seus filhos - alguns defeitos que precisariam ou deveriam ser consertados.

Senhoras mães: perdão por invadirmos tanto a privacidade de sua família, por fazermos tantas perguntas com a finalidade de ter informações que nem usaremos em benefício de seus filhos no exercício de nossa função.

Afinal, saber se nosso aluno foi desejado como filho, como vivem seus pais e quais os problemas que enfrentam e conhecer alguns segredos familiares, por exemplo, não facilita nosso trabalho pedagógico com os alunos, por mais que digamos que sim.

Senhoras mães: perdão por julgarmos e criticarmos a maneira como cuidam de seus filhos e os educam. Demos para acreditar, e nem sabemos ao certo o porquê, que sabemos mais do que vocês a respeito da educação familiar e nem nos damos conta de que, com os nossos próprios filhos, muitas vezes nos comportamos do mesmo jeito que vocês. Temos nos confundido no exercício de nosso papel e não raras vezes queremos educar vocês em vez de ajudarmos os nossos alunos.

Senhoras mães: perdão por enviarmos tantos bilhetinhos e correspondências na agenda a respeito do que se passa com seu filho na escola, convocarmos sua presença para tantas reuniões coletivas e algumas pessoais e, inclusive, solicitarmos sua intervenção em assuntos que, na verdade, são entre seu filho e a escola.

O problema é que não sabemos mais ao certo como lidar com crianças e adolescentes, não conseguimos encontrar estratégias para resolver as situações problemáticas diretamente com eles aqui no espaço escolar e, por isso, apelamos para sua intervenção na esperança de que as coisas se resolvam dessa forma.

Senhoras mães: perdão por fazermos vocês pensarem que a vida escolar de seus filhos é a coisa mais importante da vida e, assim, contribuirmos para que a função materna fique tão parecida com a função docente.

Por fim, perdão por insistirmos nessa história de comemoração do Dia das Mães e, assim, colocarmos tantas mulheres em situações difíceis perante seus filhos.

Esquecemos que muitas delas não podem, por razões que nem nos interessam –ou não querem – comparecer às festas que programamos com o intuito de agradar as mães de nossos alunos. E nessa hora – devemos reconhecer – nem nos lembramos de que não faz parte de nossas funções promover esse tipo de atividade.

Sabemos que pedir perdão é pouco, senhoras mães. Por isso, nos comprometemos a fazer uma reflexão crítica de nosso trabalho.

Texto adaptado, disponível em: <http://blogdaroselysayao.blog.uol.com.br/>. Acesso em 2 maio 2012.

01. São títulos adequados para esse texto, **EXCETO**:

a) Educação familiar.

b) Perdoem-nos, mães.

c) Por uma reflexão crítica sobre o papel da escola.

d) Até onde se pode responsabilizar as mães.

02. Assinale a alternativa em desacordo com o texto.

a) A função do professor e a da mãe são mais próximas do que se pensa.

b) A autora fala assumindo o ponto de vista de um profissional da educação.

c) A autora reconhece falhas nas cobranças de certas escolas.

d) A escola às vezes se põe na posição de autoridade em educação familiar.

03. Sobre esse texto, é **CORRETO** afirmar:

a) Problemas que envolvem estudantes adolescentes devem ser resolvidos com a intervenção das mães.

b) A autora acredita que não incumbe à escola comemorar o dia das mães.

c) Cabe à escola diagnosticar problemas de desempenho dos alunos e contatar as famílias destes.

d) A autora do texto tem como interlocutores, na pessoa das mães do alunos, os grupos familiares vinculados à escola.

04. Em todas as alternativas, a alteração realizada no trecho transcrito entre parênteses representa erro ou mudança de sentido, **EXCETO**:

a) A questão é que não conseguimos lidar com crianças e adolescentes, [...] (O problema é que não sabemos mais ao certo como lidar com crianças e adolescentes).

b) Senhoras mães: perdoem-nos por fazermos vocês acreditarem que a vida escolar de seus filhos é mais importante que outras coisas [...]. (Senhoras mães: perdão por fazermos vocês pensarem que a vida escolar de seus filhos é a coisa mais importante da vida).

c) E nesta hora (reconhecemos), a gente nem se lembra que não tem a menor obrigação de seguir esse tipo de atividade. (E nessa hora – devemos reconhecer – nem nos lembramos de que não faz parte de nossas funções promover esse tipo de atividade).

d) Temos consciência de que pedir que nos perdoem é pouco, senhoras mães. (Sabemos que pedir perdão é pouco, senhoras mães. – 12º§).

05.

I. A autora fala a partir do espaço escolar.

II. Há problemas que devem ser resolvidos apenas no âmbito escolar.

III. A autora se dirige sobretudo a mães de alunos que frequentam o ensino básico e infantil.

Tendo em conta as afirmativas acima, estão **CORRETAS**:

a) I, II e III.

b) I e II, apenas.

c) I e III, apenas.

d) II e III, apenas.

06.

I. A escola costuma indagar às mães se os filhos destas foram desejados.

II. As escolas reclamam dos alunos aos pais, garantindo a estes que suas crianças têm problemas.

III. A escola não está preparada para lidar com crianças diferentes da média.

Tendo em conta as afirmativas acima, estão **CORRETAS**:

a) II e III, apenas.

b) I, II e III.

c) I e III, apenas.

d) I e II, apenas.

07. É que nossa tradição é a de lidar com alunos exemplares ou medianos, os quais não nos convocam a pensar, refletir ou agir de modo diferente do que estamos acostumados. (3º §). O termo em destaque no trecho acima transcrito tem um equivalente **CORRETO** em:

a) que usamos como exemplo

b) cada indivíduo da mesma espécie ou variedade

c) perfeitamente adaptados

d) de comportamento ou intelecto irrepreensível

GABARITO						
01. A	02. A	03. B	04. D	05. A	06. C	07. D

TEXTO 39

Felicidade e alegria

Contardo Calligaris

Quando eu era criança ou adolescente, pensava que a felicidade só chegaria quando eu fosse adulto, ou seja, autônomo, respeitado e reconhecido pelos outros como dono exclusivo do eu nariz. Contrariando essa minha previsão, alguns adultos me diziam que eu precisava aproveitar bastante minha infância ou adolescência para ser feliz, pois, uma vez chegado à idade adulta, eu constataria que a vida era feita de obrigações, renúncias, decepções e duro labor.

Por sorte, 1) meus pais nunca disseram nada disso; eles deixaram a tarefa de articular essas insanidades a amigos, parentes ou pedagogos desavisados; 2) graças a esse silêncio dos meus pais, pude decretar o seguinte: os adultos que afirmavam que a infância era o único tempo feliz da vida deviam ser, fundamentalmente, hipócritas; 3) com isso, evitei uma depressão profunda pois, uma vez que a infância e a adolescência, que eu estava vivendo, não eram paraíso algum (nunca são), qual esperança me sobraria se eu acreditasse que a vida adulta seria fundamentalmente uma decepção?

Cheguei à conclusão de que, ao longo da vida, nossa ideia da felicidade muda: 1) quando a gente é criança ou adolescente, a felicidade é algo que será possível no futuro, na idade adulta; 2) quando a gente é adulto, a felicidade é algo que já se foi: a lembrança idealizada (e falsa) da infância e da adolescência como épocas felizes. Em suma, a felicidade é uma quimera que seria sempre própria de outra época da vida – que ainda não chegou ou que já passou.

No filme de Arnaldo Jabor, "A Suprema Felicidade", que está em cartaz atualmente, o avô (extraordinário Marco Nanini) confia ao neto que a felicidade não existe e acrescenta que, na vida, é possível, no máximo, ser alegre. Claro, concordo com o avô do filme. E há mais: para aproveitar a vida, o que importa é a alegria, muito mais do que a felicidade. Então, o que é a alegria? Ser alegre não significa necessariamente ser brincalhão.

Nada contra ter a piada pronta, mas a alegria é muito mais do que isso: ser alegre é gostar de viver mesmo quando as coisas não dão certo ou quando a vida nos castiga. É possível, aliás, ser alegre até na tristeza ou no luto, da mesma forma que, uma vez que somos obrigados a sentar à mesa diante de pratos que não são nossos preferidos ou dos quais não gostamos, é melhor saboreá-los do que tragá-los com pressa e sem mastigar. Melhor, digo, porque a riqueza da experiência compensa seu caráter eventualmente penoso.

Essa alegria, de longe preferível à felicidade, é reconhecível sobretudo no exercício da memória, quando olhamos para trás e narramos nossa vida para quem quiser ouvir ou para nós mesmos. Alguém perguntará: é reconhecível como? Pois é, para quem consegue ser alegre, a lembrança do passado sempre tem um encanto que justifica a vida. Tento explicar melhor.

Para que nossa vida se justifique, não é preciso narrar o passado de forma que ele dê sentido à existência. Não é preciso que cada evento da vida prepare o seguinte. Tampouco é preciso que o desfecho final seja sublime (descobri a penicilina, solucionei o problema do Oriente Médio, mereci o Paraíso). Para justificar a vida, bastam as experiências (agradáveis ou não) que a vida nos proporciona, à condição que a gente se autorize a vivê-las plenamente.

Ora, nossa alegria encanta o mundo, justamente, porque ela enxerga e nos permite sentir o que há de extraordinário na vida de cada dia, como ela é.

É óbvio que não consegui explicar o que são a alegria e o encanto da vida. Talvez eles possam apenas ser mostrados: procure-os em "Amarcord" (1973), de Federico Fellini, em "Peixe Grande e Suas Histórias Maravilhosas" (2003), de Tim Burton ou no filme de Jabor. "A Suprema Felicidade" me comoveu por isto, por ter a sabedoria terna de quem vive com alegria e, portanto, no encantamento. Segundo Max Weber (1864-1920), a racionalidade do mundo industrial teria acabado com o encanto do mundo. Ultimamente, bruxos, vampiros, lobisomens, deuses e espíritos andam por aí (e pelas telas de cinema); aparentemente, eles nos ajudam a reencantar o mundo. Ótimo, mas, para reencantar o mundo, não precisamos de intervenções sobrenaturais. Para reencantar o mundo, é suficiente descobrir que o verdadeiro encanto da vida é a vida mesmo.

Folha de São Paulo, 18/11/10.

01. São afirmativas **em consonância** com o texto, **EXCETO**:

a) Na infância, a concepção de felicidade do autor era algo vinculado à ideia de autonomia e independência, bem como ao reconhecimento disso pelos outros.
b) Pela discordância dos pais, em relação a certas afirmações de terceiros, o autor pôde criar sua visão sobre o que seria felicidade.
c) Ao dizer que "evitou uma depressão profunda" ao descobrir a inexistência da felicidade idealizada, o autor dá margem a uma interpretação irônica do que afirma.
d) Para Calligaris, o mérito do filme de Jabor, em cartaz, é relativizar o conceito de felicidade, retirando-lhe a aura de algo futuro e inatingível.

02. A sociedade ocidental, a felicidade assume determinadas características peculiares, para o autor. Tais características seriam, **EXCETO**:

a) muda de forma paradoxal, a ponto de inverter-se, ante o olhar do experienciador.
b) depende de fatores excepcionais para seu atingimento, por isso ser alegre é mais comum.
c) nunca é plenamente atingida devido a uma dessintonia com o momento vivido.
d) pode residir mesmo em experiências penosas, porém ricas em termos de experiências.

03. Para construir a argumentação, o autor utiliza das estratégias abaixo, **EXCETO**:

a) Intertextualidade: citações de obras diversas, alusão a fatos científicos.

b) Interlocução com o leitor: uso de perguntas retóricas como elementos de coesão textual e uso da primeira pessoa do plural.
c) Estilo formal: uso de linguagem padrão, inexistindo o recurso a traços de coloquialidade.
d) Polifonia: inserção de outras vozes credenciadas no texto, que reiteram as afirmações do autor.

04. Considerando a argumentação de Calligaris (parágrafos 5 a 8), anteponha V (verdadeiro) ou F (falso) às afirmativas abaixo:

( ) A memória de fatos grandiosos é que confere ao indivíduo um sentimento de felicidade plena e dá valor a sua existência terrena.
( ) Ser alegre é preferível a ser feliz, pois, à medida que vivenciam certa etapa, as pessoas vão se preparando para novas conquistas, amadurecendo.
( ) A alegria e a felicidade são sentimentos que, mais do que explicados, podem ser abstraídos de ou exemplificados por fatos cotidianos.
( ) Ser verdadeiramente alegre não é sinônimo de ser humorista, o que pode indicar um comportamento superficial, mas decorre de uma postura otimista face aos empecilhos da vida.

Assinale a opção que traz a sequência **CORRETA**, de cima para baixo:

a) V – F – F – V
b) V – V – F – F
c) F – F – V – V
d) F – V – V – F

Atente para o fragmento retirado do texto I, a fim de responder às questões 05:

"**Quando** eu era criança ou adolescente, pensava que a felicidade só chegaria quando eu fosse adulto, **ou seja**, autônomo, respeitado e reconhecido pelos outros como dono exclusivo do meu nariz. Contrariando essa minha previsão, alguns adultos me diziam que eu precisava aproveitar bastante minha infância ou adolescência para ser feliz, **pois**, uma vez chegado à idade adulta, eu constataria que a vida era feita de obrigações, renúncias, decepções e duro labor.".

05. Dentre os conectivos (conjunções ou expressão denotativa) destacados acima, estão representadas as seguintes ideias, **EXCETO**:

a) Tempo.
b) Condição.
c) Explicação.
d) Retificação.

TEXTO II

Alegres e ignorantes

Lya Luft

Há fases em que, inquieta, eu talvez aponte mais o lado preocupante da vida. Mas jamais esqueço a importância do bom humor, que na verdade me caracteriza no cotidiano, mais do que a melancolia. Meu amado amigo Erico Veríssimo certa vez me disse: "Há momentos em que o humor é até mais importante do que o amor". Eu era muito jovem, na hora não entendi direito, mas a vida me ensinou: nem o amor resiste à eterna insatisfação, à tromba assumida, às reclamações constantes, à insatisfação sem tréguas. Bom humor zero. Desperdício de vida: acredito que, junto com dinheiro, sexo e amor, é a alegria que move o mundo para o lado positivo. Ódio, indignação fácil, rancores e inveja - e nossa natureza predadora - promovem mediocridade e atos cruéis.

Quando, seja na vida pessoal, seja como cidadãos ou habitantes deste planeta, a descrença e o desalento rosnam como animais no escuro no meio do mato, uma faísca de bom humor clareia a paisagem. Mas há coisas que nem todo o bom humor do mundo resolveria num riso forçado.

Como senti ao ler, numa dessas pesquisas entre esclarecedoras e assustadoras (quando vêm de fonte confiável), que mais de 30% da nossa chamada elite é de uma desinformação avassaladora. Aqui o termo "elite" não tem a ver com aristocracia, roupa de grife, apartamento em Paris ou décima recostura do rosto, mas com a gente pensante. A que usa a cabeça para algo além de separar orelhas. (...) Estar informado e atento é o melhor jeito de ajudar a construir a sociedade que queremos, ainda que sem ações espetaculares.

Mas, se somos desinformados, somos vulneráveis; se continuarmos alienados, bancaremos os tolos; sendo fúteis, cavamos a própria cova; alegremente ignorantes, podemos estar assinando nossa sentença de atraso, vestindo a mordaça, assumindo a camisa de força que, informados, não aceitaríamos. Alegria, espírito aberto, curiosidade, coisas boas desta vida, todos as merecemos. Mas me poupem do risinho tolo da burrice ou da desinformação: o vazio por trás dele não promete nada de bom.

- Veja em 03/03/2010.

06. Lya Luft mostra, a se considerar o título da crônica, um tipo de alegria que é sinônima de, **EXCETO**:

a) Alienação.
b) Futilidade.
c) Engajamento.
d) Indiferença.

07. Lya Luft evidencia que a alegria encontra-se

a) na posse de bens de consumo e culturais.
b) em atos espetaculares e sensacionalistas.
c) na indignação frente a situações de crueldade gratuita.
d) no espírito desarmado e aberto às novas experiências.

08. Abaixo, são dados fragmentos dos textos I e II, com interpretações possíveis. Assinale a alternativa que traz a interpretação **INCORRETA**:

a) Ser alegre não significa necessariamente ser brincalhão. (...) É possível, aliás, ser alegre até na tristeza ou no luto...". O cronista constrói um paradoxo, ao relacionar ideias que se contrapõem.

b) "Há momentos em que o humor é até mais importante do que o amor". A cronista utiliza, como citação, frase de efeito que vai de encontro à argumentação tecida por ela.

c) "Ora, nossa alegria encanta o mundo, justamente, porque ela enxerga e nos permite sentir o que há de extraordinário na vida de cada dia, como ela é." O cronista mostra porque a alegria é essencial à vida; isso é reiterado por Lya Luft, em sua crônica.

d) "Quando, seja na vida pessoal, seja como cidadãos ou habitantes deste planeta, a descrença e o desalento rosnam como animais no escuro no meio do mato, uma faísca de bom humor clareia a paisagem." A cronista, metaforicamente, mostra o valor do bom humor frente aos empecilhos da vida.

GABARITO							
01. D	02. B	03. C	04. C	05. B	06. C	07. D	08. B

Texto 40

Carta-testamento de Getúlio Vargas. (CFO)

24 de agosto de 1954.

Mais uma vez, as forças e os interesses contra o povo coordenaram-se novamente e se desencadeiam sobre mim.

Não me acusam, insultam; não me combatem, caluniam e não me dão o direito de defesa. Precisam sufocar a minha voz e impedir a minha ação, para que eu não continue a defender, como sempre defendi, o povo e principalmente os humildes. Sigo o destino que me é imposto. Depois de decênios de domínio e espoliação dos grupos econômicos e financeiros internacionais, fiz-me chefe de uma revolução e venci. Iniciei o trabalho de libertação e instaurei o regime de liberdade social. Tive de renunciar. Voltei ao Governo nos braços do povo. A campanha subterrânea dos grupos internacionais aliou-se à dos grupos nacionais revoltados contra o regime de garantia do trabalho. A lei de lucros extraordinários foi detida no Congresso. Contra a justiça da revisão do salário mínimo se desencadearam os ódios. Quis criar a liberdade nacional na potencialização das nossas riquezas através da Petrobrás, mal começa esta a funcionar, a onda de agitação se avoluma.

A Eletrobrás foi obstaculizada até o desespero. Não querem que o trabalhador seja livre. Não querem que o povo seja independente.

Assumi o Governo dentro da espiral inflacionária que destruía os valores de trabalho. Os lucros das empresas estrangeiras alcançaram até 500% ao ano. Na declaração de valores do que importávamos existiam fraudes constatadas de mais de 100 milhões de dólares por ano. Veio a crise do café, valorizou-se o nosso principal produto. Tentamos defender seu preço e a resposta foi uma violenta pressão sobre a nossa economia a ponto de sermos obrigados a ceder.

Tenho lutado mês a mês, dia a dia, hora a hora, resistindo a uma pressão constante, incessante, tudo suportando em silêncio, tudo esquecendo a mim mesmo, para defender o povo que agora se queda desamparado. Nada mais vos posso dar a não ser meu sangue. Se as aves de rapina querem o sangue de alguém, querem continuar sugando o povo brasileiro, eu ofereço em holocausto a minha vida. Escolho este meio de estar sempre convosco. Quando vos humilharem, sentireis minha alma sofrendo ao vosso lado. Quando a fome bater à vossa porta, sentireis em vosso peito a energia para a luta por vós e vossos filhos. Quando vos vilipendiarem, sentireis no meu pensamento a força para a reação. Meu sacrifício vos manterá unidos e meu nome será a vossa bandeira de luta. Cada gota de meu sangue será uma chama imortal na vossa consciência e manterá a vibração sagrada para a resistência. Ao ódio respondo com o perdão. E aos que pensam que me derrotaram respondo com a minha vitória. Era escravo do povo e hoje me liberto para a vida eterna. Mas esse povo de quem fui escravo não mais será escravo de ninguém. Meu sacrifício ficará para sempre em sua alma e meu sangue será o preço do seu resgate.

Lutei contra a espoliação do Brasil. Lutei contra a espoliação do povo. Tenho lutado de peito aberto. O ódio, as infâmias, a calúnia não abateram meu ânimo. Eu vos dei a minha vida. Agora ofereço a minha morte. Nada receio. Serenamente dou o primeiro passo no caminho da eternidade e saio da vida para entrar na história.

Getúlio Vargas.
Fonte: Redeglobo.globo.com

01. Getúlio Vargas, enquanto Presidente do Brasil, foi obrigado a renunciar por duas vezes. Aponte a alternativa abaixo que, de acordo com a carta, torna verdadeira essa afirmação:

a) “Nada mais vos posso dar a não ser meu sangue”.
b) “Mais uma vez, as forças e os interesses contra o povo coordenaram-se novamente e se desencadeiam sobre mim”.
c) “Não querem que o trabalhador seja livre”.
d) “Sigo o destino que me é imposto”.

02. Ao afirmar: *"Lutei contra a espoliação do Brasil"*, Getúlio Vargas quis enfatizar que:

a) o país estava sendo privado ilegitimamente, por grupos nacionais e internacionais, do progresso;
b) lutou contra a escravidão de todos os brasileiros que eram submetidos ao regime militar e ao AI n.º5;
c) o Brasil estava no ápice da deflação, por isso organizações internacionais pediram empréstimos e declararam a moratória;
d) o Brasil deveria deixar de ser colônia de Portugal.

03. Ao afirmar que a *"A Eletrobrás foi obstaculizada até o desespero."*, o autor quis dizer que:

a) a Eletrobrás foi fundada com capital estrangeiro e deveria ser nacionalizada;
b) a pressão dos grupos nacionais e internacionais impediu que a empresa gerasse os lucros esperados;
c) foi obrigado a vender a Eletrobrás a custo baixo e os grupos internacionais faziam pressão para que ela gerasse lucros;
d) o Exército estava ameaçando fechar a empresa, por causa da greve geral que se instalou no País.

04. Getúlio Vargas era um Presidente com grande aceitação popular. Ele demonstrou saber dessa situação ao escrever:

a) "Mas esse povo de quem fui escravo não mais será escravo de ninguém."
b) "instaurei o regime de liberdade social."
c) "Voltei ao Governo nos braços do povo."
d) "Não querem que o trabalhador seja livre."

GABARITO			
01. B	02. A	03. B	04. C

REFERÊNCIAS

1. ACADEMIA BRASILEIRA DE LETRAS. *Vocabulário Ortográfico da Língua Portuguesa.* 5ª ed. – São Paulo: Global Editora, 2009.
2. ANDRÉ, Hildebrando de Andrade. *Gramática Ilustrada.* São Paulo: Moderna, 1990.
3. AQUINO, Renato. *Português para concursos.* – 37ª ed. – Rio de Janeiro: Impetus, 2011.
4. AURÉLIO, Buarque de Holanda Ferreira. *Novo Dicionário Básico da Língua Portuguesa.* Rio de Janeiro: Nova Fronteira, 2006.
5. BARTHES, Roland. *O rumor da língua.* São Paulo: Brasiliense, 1988.
6. BECHARA, Evanildo. *Moderna Gramática Portuguesa.* – 37ª ed. – Rio de Janeiro: Lucerna, 2007.
7. BERGO, Vitório. *Erros e Dúvidas de Linguagem.* Rio de Janeiro: Livraria Editora Freitas Bastos, 1944.
8. BEZERRA, Rodrigo. *Nova Gramática da Língua Portuguesa para Concursos.* – 6ª ed. – São Paulo: Método, 2013.
9. BUENO, Francisco da Silveira. *Questões de Português.* São Paulo: Saraiva, 1957.
10. CEGALLA, Domingos Pascoal. *Novíssima Gramática da Língua Portuguesa.* São Paulo: Nacional, 1986.
11. ___. *Dicionário de dificuldades da língua portuguesa.* – 3ª ed. – Rio de Janeiro: Lexikon, 2009.
12. CELSO cunha, LUÍS F. Lindley Cintra. *Nova gramática do português contemporâneo.* – 4ª ed. – Rio de Janeiro: Lexikon Editora Digital, 2007.
13. CIPRO, Neto Pasquale e INFANTE, Ulisses. *Gramática da Língua Portuguesa.* São Paulo: Scipione, 2008.
14. COSTA VAL, Maria das Graças. *Redação e Textualidade.* São Paulo: Martins Fontes, 1999.
15. DE NICOLA, José. *Gramática: palavra, frase e texto.* São Paulo: Scipione, 2009.
16. GARCIA. Othon M. *Comunicação em Prosa Moderna.* – 27ª ed. – Rio de Janeiro: FGV, 2010.
17. HOUAISS, Antônio. *Escrevendo pela nova ortografia: como usar as regras do novo acordo ortográfico da Língua Portuguesa.* São Paulo: 2008.
18. KOCH, Ingedore. *A coesão Textual.* São Paulo: Cortez, 1995.
19. ___. *A coerência Textual.* São Paulo: Contexto, 1996.
20. ___. *Argumentação e Linguagem.* São Paulo: Contexto, 1997.
21. ___. *Desvendando os Segredos do Texto.* São Paulo: Cortez, 2002.
22. LEVY, Pierre. *As tecnologias da Inteligência.* 34ª Ed. Rio de Janeiro. 1993.
23. LUFT, Celso Pedro. *Dicionário prático de regência verbal.* São Paulo: Ática, 2008.
24. MACHADO FILHO, Aires da Mata. "Dúvidas e Sutilezas da Linguagem". In: *Grande Coleção da Língua Portuguesa.* 1ª ed. São Paulo: coedição Gráfica Urupês S/A e EDINAL – Editora e Distribuidora Nacional de Livros Ltda., 1969.
25. MANUAL DE REDAÇÃO PARLAMENTAR DA ASSEMBLEIA LEGISTALIVA DO ESTADO DE MINAS GERAIS – 2007.
26. MANUAL DE REDAÇÃO DA PRESIDÊNCIA DA REPÚBLICA – 1991.

27. MEDEIROS, João Bosco; TOMASI, Carolina. *Português Forense.* – 4ª ed. – São Paulo: Atlas, 2008.

28. MORENO, Cláudio; MARTINS, Túlio. *Português para convencer.* São Paulo: Ática, 2006.

29. NASCENTES, Antenor. *O Idioma Nacional.* 3ª ed. São Paulo: Companhia Editora Nacional, 1942.

30. NASCIMENTO, Edmundo Dantès. *Linguagem Forense.* 5ª ed. São Paulo: Saraiva, 2009.

31. NISKIER, Arnaldo. *Questões Práticas da Língua Portuguesa: 700 Respostas.* Rio de Janeiro: Consultor, Assessoria de Planejamento Ltda., 1992.

32. PAULINO, G.; WALTY. I. *Teoria da Literatura da Escola.* Belo Horizonte: UFMG, FALE, 1992.

33. TERRA, Ernani. *Curso Prático de Gramática.* São Paulo: Scipione, 2006.

34. SACCONI, Luís Antônio. *1000 Erros de Português.* São Paulo: Nossa editora, 1998.

35. ___. Nossa Gramática Completa Sacconi: teoria e prática. – 31ª ed. – São Paulo: Nova Geração, 2011.

36. SAID ALI, Manuel. *Dificuldades da língua portuguesa.* – 5ª ed. – Rio de Janeiro: Acadêmica, 1957.

37. ___. *Gramática histórica da língua portuguesa.* – 3ª ed. – São Paulo: Melhoramentos, 1964.

38. TERRA, Ernani; DE NICOLA, José e FLORIANA Cavalete. *Língua, Literatura e Produção de* Texto. São Paulo: Scipione, 2002.

39. VALENÇA, Ana. *Roteiro de Redação: lendo e argumentando.* São Paulo: Scipione, 1998.

40. VIEIRA, Eliane. *Análise Sintática: português é simples.* – 2ª ed. – Rio de Janeiro: Ferreira, 2012.

Esta obra foi composta com as fontes Minion Pro e Fontin Sans
e impressa em papel off-set pela Prol Editora Gráfica em janeiro de 2014 (1ª edição).

Editora
LETRAMENTO

www.editoraletramento.com.br